W0248129

ESPRIT D'ÉPOQUE

Du même auteur

Morale du masque
Merveilleux, zazous, dandys, punks, etc.
Éditions du Seuil, 1990

Précis d'extravagance
avec des illustrations de Stefano Canulli
Éditions du Regard, 1995

Cioran, l'hérétique
Gallimard, 1997

PARTICIPATION AUX OUVRAGES COLLECTIFS

Les années 60, *Éditions du Regard, 1983*
Les années 70, *Éditions du Regard, 1993*
Dictionnaire de la mode au XXᵉ siècle, *Éditions du Regard, 1994*
Les années 80, *Éditions du Regard, 1995*

PATRICE BOLLON

ESPRIT D'ÉPOQUE

Essai sur l'âme contemporaine et le conformisme naturel de nos sociétés

ÉDITIONS DU SEUIL
27, rue Jacob, Paris VIe

Ce livre est publié
dans la collection « La couleur des idées »

ISBN 2-02-013367-9

© ÉDITIONS DU SEUIL, MARS 2002

Le Code de la propriété intellectuelle interdit les copies ou reproductions destinées à une utilisation collective. Toute représentation ou reproduction intégrale ou partielle faite par quelque procédé que ce soit, sans le consentement de l'auteur ou de ses ayants cause, est illicite et constitue une contrefaçon sanctionnée par les articles L. 335-2 et suivants du Code de la propriété intellectuelle.

www.seuil.com

N'avoir que des idées suggérées et les croire spontanées : telle est l'illusion propre au somnambule, et aussi bien à l'homme social.

Gabriel Tarde, *Les Lois de l'imitation*, 1890.

INTRODUCTION

Le plus grand karaoké du monde

L'ancien manager et véritable créateur du groupe punk les Sex Pistols, Malcolm McLaren, soutenait il y a quelques mois dans une émission de télévision que le monde s'était mué insensiblement en un gigantesque *karaoké* planétaire permanent, face à l'écran imaginaire duquel, comme dans ces bars dont la vogue s'est exportée du Japon à l'Occident et où les consommateurs reprennent en chœur les refrains de *tubes* de vedettes passées de mode en mimant maladroitement leurs expressions immortalisées par la vidéo, nous ne ferions plus aujourd'hui que singer des attitudes, des mentalités et qu'ânonner des idées venues d'ailleurs et procédant elles-mêmes de la copie. Tout n'étant plus devenu de ce fait que reflets de reflets, et ce à l'infini, nous serions condamnés désormais à errer dans le grand palais des glaces de notre ego à la recherche d'une identité de plus en plus hypothétique, tout en nous rêvant et en nous proclamant uniques et originaux. À quoi McLaren opposait une « culture de l'authenticité » et une pratique active du « chaos », seules capables selon lui de nous tirer de la torpeur de cette imitation généralisée où nous nous complaisons et finissons par disparaître, et de restaurer notre singularité perdue.

Même en faisant la part de provocation qu'il contient, il est difficile de ne pas avaliser ce constat. Il suffit de regarder autour de soi. Dans nos merveilleuses sociétés dites par certains du « nouvel âge démocratique »[1], où nous n'aurions jamais joui de plus de liberté, où tous les *styles de vie*, comme tous les goûts, sont permis, où

1. Gilles Lipovetsky, *L'Empire de l'éphémère*, Gallimard, 1987 et « Folios-Essais », 1991.

l'individu a censément tous les droits, constitue la valeur suprême, la valeur de toutes les valeurs, qu'observons-nous en effet ?

Qu'il s'agisse de nos visages, de la façon dont nous les mettons en scène ; de nos corps, de l'entretien que nous leur faisons subir, ainsi que de la forme et des couleurs des tenues dont nous les parons ; des objets dont nous nous entourons et de la manière dont nous les disposons dans nos espaces dits privés ; des conduites *décalées*, insensées, inouïes, jamais vues, que nous affichons ; des jugements hautement personnels que nous énonçons, des sensations et sentiments que nous éprouvons, cela va de soi, en toute spontanéité ; des mots et expressions que nous pensons avoir inventés, ou encore des idées « pures » dont nous nous croyons en notre for intérieur les dépositaires exclusifs : il est impossible de ne pas reconnaître que toutes ces manifestations de notre splendide nouvelle *ultra*-individualité, nous les partageons, à quelques nuances de détail près, *quasiment tous et pratiquement toutes à peu près au même moment.*

Et si, avant-hier, nous affections d'être des *hippies-gauchistes* en rupture avec le *système* de la *société de consommation*, si nous nous rêvions hier en *yuppies-night-clubbers* jonglant avec des liasses d'argent-chic et nous représentons aujourd'hui en *bobos cool* mais avec un fond intensément *rebelle*, demain nous serons tous à nouveau, à n'en pas douter, et dans la plus parfaite des autonomies... *également identiques.* Il n'est pas jusqu'à nos pensées les plus secrètes, nos désirs les plus inavouables et les mouvements les plus infimes de notre âme, qui semblent déjà partagés par les autres avant même que nous les éprouvions.

Le plus grand karaoké du monde, c'est le monde.

Ce constat bien sûr ne saurait suffire. Il faut détailler, analyser, expliquer cette uniformité – mais la juger, voire, à l'instar de McLaren, lui opposer des « solutions » ? Nous n'irons pas jusque-là, et l'on comprendra très vite pourquoi. Et comme, mis à part ces deux dernières tâches, tel est précisément le sujet de cet essai, limitons-nous en cette étape à préciser ce qu'il n'est pas, ne saurait être, ce en quoi nous croyons et ne pouvons croire, et comment nous comptons nous y prendre pour avancer dans l'analyse.

Ce livre n'est d'abord pas un ouvrage de plus sur la mode, même élargie et universalisée, conçue comme le nouveau principe de nos sociétés. Il a plus d'ambition, ou, plutôt, son sujet a une plus grande ambition que cela. Car la conformité dépasse de loin ce que charrie avec elle l'écume de la mode, qui naît, retombe et se remplace de plus en plus vite, mais est cependant facile à suivre car n'est le plus souvent que *du déjà vu déjà maintes fois recyclé*.

Cet essai entend pénétrer plus profondément dans les choses. Il se veut une réflexion sur l'« esprit du temps », le nôtre et celui d'autres temps d'ailleurs – si tant est que l'une des choses les plus difficiles est plus encore de comprendre, de simplement *voir ce que nous avons quotidiennement sous les yeux*, ce qui justifie sans plus de discours la nécessité, que ce livre illustrera dans tous ses chapitres, de va-et-vient constants entre notre présent et des époques passées, récentes ou plus anciennes. Ce terme d'« esprit du temps », auquel on ne recourt plus guère aujourd'hui, qui paraît un peu suranné et sent bon son XIXe siècle, demande d'ailleurs une courte clarification préalable.

Ce que nous appellerons désormais ainsi ne coïncide pas en effet tout à fait, et même en un sens pas du tout, avec la notion proche, plus ou moins concurrente, avec laquelle on la confond souvent et très française finalement, d'« air du temps », d'où émane d'emblée une tonalité plus légère, plus superficielle : plus proche de la mode. Car s'il entretient d'évidence des liens avec cette dernière, si celle-ci forme l'un de ses constituants majeurs, l'esprit du temps se veut plus stable qu'elle, de plus longue vue, moins prisonnier de l'éphémère et sensible à ses fluctuations récurrentes, plus lucide à l'égard des manipulations de tous ordres qu'elle accueille, dont elle vit mais meurt aussi, pour renaître sans cesse[2]. Bref, pour le

2. Un bon exemple récent de cette différence entre esprit du temps et mode ou air du temps est celui de l'utilisation du noir dans notre habillement. Le tout-noir est revenu au début des années 80, poussé par ce qu'on appelait le *post-punk* ou la *New Wave*. C'était alors la marque des *branchés*. Puis la mode s'en est emparée, notamment les stylistes japonais, telle Rei Kawakubo (Comme des garçons), lui donnant un sens de « reflet de crise » et de « puritanisme », en phase avec l'« effondrement des idéologies » et les angoisses sexuelles nées du Sida. Et le noir est devenu l'uniforme de tout le monde. Au point que, dès le milieu des années 90, les magazines de mode, qui l'avaient auparavant encensé, se sont mis tous ensemble à crier haro sur lui, lui reprochant sa « tristesse » et sa « banalité ». Il nous fallait de la couleur pour montrer que nous étions devenus, ou *devions devenir*, des « optimistes » ! Chacun a alors été sommé de remiser au placard ses vêtements de deuil. Or, quelle est la dernière tendance hiver 2001-printemps 2002 ? Le noir, précisément, et même, nous assure un grand magasin, l'« ultra-noir », promu par les stylistes et les officines de tendances comme la couleur la plus intense, intelligente, suprême, la couleur de toutes

dire rapidement – c'est l'un des fils conducteurs de ce livre –, l'esprit du temps se considère un peu comme le principe plus fondamental situé en amont de la mode qui, sinon l'explique, du moins lui offre une de ses clés, lui fournit une de ses « raisons ».

Précisons enfin, pour en terminer provisoirement là-dessus, que l'emploi de ce terme, qui est bien une transposition du *Zeitgeist* allemand, mot passé au demeurant tel quel dans la langue anglaise courante, ne signifie nullement que nous partageons l'idée vaguement ou précisément hégélienne qu'il existerait des forces souterraines dans la société, rendant plus ou moins « nécessaire » l'apparition de tel ou tel phénomène ou événement social ou esthétique. Nous utiliserons ce terme au sens très pratique, empirique même, où l'histoire de l'art s'en sert pour désigner ce qui rapproche ou peut rapprocher, en une époque donnée, les diverses manifestations de l'esprit humain qui, bien que disparates, n'en sont pas pour autant dénuées de cohérence.

Cette dernière remarque nous amène naturellement au second point qu'il nous faut évoquer : ce en quoi nous croyons et ne croyons pas. Pour le dire également très vite – cela sera expliqué plus en détail ultérieurement –, nous rejetons les explications en terme de « complot », qui se limitent à cela ou s'y ramènent, telles celles qui entendent rendre compte des phénomènes d'uniformité et de conformisme par l'imitation, la médiatisation ou encore cette fameuse *pensée unique*, qui semble en passe de remplacer le si commode méchant *système* omniscient de l'après-68.

Que nous ayons placé en exergue de cet essai une citation de Gabriel Tarde ne doit donc pas être pris pour une déclaration ou un aveu de notre part de ralliement à ses thèses – il faudrait d'ailleurs dire sa thèse unique, tant elle est répétitive –, selon lesquelles (laquelle) tout s'expliquerait dans les sociétés par une cascade de

---

les couleurs, alors que chacun sait que sur notre échelle prismatique elle reste *une non-couleur*, puisqu'elle absorbe tous les rayonnements, n'en réfléchit, au plus intense de sa tonalité, aucun. La vérité de tout cela est que le noir n'a jamais cessé d'être notre couleur depuis quinze-vingt ans, car il transcrit l'*esprit de notre temps*, lequel exprime des mouvements de plus grande ampleur et de plus grand fond que la mode, avec ses brusques emballées, ses caprices et ses oscillations incessantes à très court terme, où effets de brouillage et calculs de tous ordres, commerciaux et de marketing, prolifèrent – provoquant le remplacement accéléré de ce que Jean Baudrillard appelle, depuis longtemps déjà, des *simulacres*.

phénomènes d'imitation sans fin. Si nous avons choisi cette citation, c'est parce que nous en aimons le tranchant, l'expression fulgurante, fulminante même : la violence crue de procès-verbal. Mais cela ne saurait nous faire oublier que Tarde n'explique pas pourquoi nous désirons tant imiter, ni ne rend compte du fait que nous n'imitons que certaines choses, et encore ces dernières selon des degrés d'intensité extrêmement variables. Comme quoi l'analyse ne fait pas toujours bon ménage avec la polémique...

C'est d'ailleurs sur un point comparable que nous nous séparerons également, non sans un certain regret – car la provocation est toujours salutaire : elle appelle justement le somnambule en nous à se réveiller –, de McLaren. Car si l'on peut entrer librement dans un *karaoké*, à condition bien sûr de disposer d'un peu d'argent, il faut bien que quelqu'un par ailleurs l'ait organisé et s'en occupe : autrement dit, sous des atours plus légers, plus divertissants, plus « mode », cette vision des choses n'est elle aussi qu'une des innombrables variantes de la thèse du Grand Complot contre l'Individu. Tout comme l'est, mais cette fois de façon ouverte, revendiquée, la représentation qu'on ne peut même qualifier autre que paranoïaque, selon laquelle cette conformité serait soit produite par la « classe dirigeante » ou l'*establishment*, soit résulterait d'une sorte de « totalitarisme démocratique spectaculaire », où la loi du plus grand nombre nous amènerait sans violence, mais justement pour cela avec d'autant plus d'efficacité, à nous conformer à un registre restreint de comportements et de pensées obligés.

Or, pour nous – et c'est à l'évidence aussi le cas, si on le lit avec attention, de Tocqueville dont se recommandent parfois abusivement les adeptes de la Théorie du Grand Complot –, il n'y a hélas ! pas d'« autres » que l'on puisse rendre responsables de notre conformité, pas ou peu de « méchants » qui nous poussent à nous enfermer dans la copie. La raison de celle-ci n'est pas à rechercher dans l'action d'entités physiques ou sociales plus ou moins précises et localisables, mais dans celle d'un esprit commun diffus, qui pèse sur tous les individus et toutes leurs institutions en un moment déterminé. Et il n'entre ou ne transparaît dans cette uniformisation aucune idée de volonté individuelle (ou de passivité, soit de non-volonté, ce qui revient au même), telle celle qu'apparemment y met l'ex-manager des Sex Pistols.

Comme l'indique le sous-titre de ce livre, ce conformisme est par conséquent pour nous chose en sorte « naturelle », au sens d'inéluctable, de logique, de fatale même, qui résulte de l'action d'un réseau complexe de phénomènes et de mécanismes de tous ordres, sur lesquels ou sur une grande partie desquels nous n'avons pas l'entière maîtrise – quoique nous puissions déplacer certains de ceux-ci, conquérir des degrés de liberté sur eux, au travers d'une analyse critique et de l'exercice de la lucidité.

Cela veut dire d'ailleurs que nous ne concevons pas non plus cette conformité comme quoi que ce soit de nouveau, de jamais vu ou de particulièrement spécifique à notre temps. Car s'il est certain que la médiatisation introduit un rouage de plus dans la production et la sanctification du sens commun [3], que les moyens de diffusion de masse actuels suscitent même l'apparition régulière d'événements purement artificiels, qui n'ont d'autre rôle que de faire tourner la machine existante, là n'est pourtant pas l'essentiel. Ces moyens peuvent sans doute renforcer une certaine uniformité ; non, comme nous essaierons de le montrer, la créer de toutes pièces. Et nous ne voyons pas ce qui pourrait autoriser à affirmer qu'il en résulterait une conformité plus présente ou plus « oppres-

3. Comme nous utiliserons à de nombreuses reprises cette expression dans ce livre, il convient de préciser qu'elle ne s'équivaut pas pour nous, contrairement à la définition qu'en donnent la plupart des dictionnaires, notamment le Petit Robert, avec « une manière de juger, d'agir commune à tous les hommes », soit avec un pur synonyme d'un « bon sens » naturel et non historique, ces deux derniers caractères se renforçant l'un l'autre – acception à laquelle demeure d'ailleurs fidèle Kant dans la *Critique de la faculté de juger,* quand il fait du *sensus communis* la seule base « objective » du goût, car il ne traite pas la question de savoir si celui-ci est le même partout et toujours, ou évolue au contraire selon les cultures, les sociétés et les époques. Le sens commun dont nous parlons ici et parlerons par la suite s'approche de ce qu'Aristote appelait la *doxa* et qu'on traduit en général de façon floue et potentiellement tautologique (car employer ce terme pour rendre compte de notre conformité, c'est non seulement supposer le problème déjà résolu, mais lui apporter une réponse par un mot, *via* une simple substitution de vocabulaire) par « opinion ». Dans un autre domaine, épistémologique, Karl Popper (*La Connaissance objective*, Complexe, 1985, pour la trad. fr.) est plus précis, quand il dit que le sens commun est l'« arrière-plan » (*background knowledge*), sur lequel s'appuient forcément, en un temps donné, tous les raisonnements scientifiques. La définition préliminaire que nous donnerons de cette expression, telle que nous l'emploierons désormais, est l'ensemble de ces connexions et associations d'idées que nous n'interrogeons presque jamais et qui fournit la base de toutes nos perceptions, évaluations et actions : non pas donc l'« opinion », qui est le résultat de tout ceci, mais la syntaxe, *la grammaire commune de toutes les opinions qui se développent en une époque, une société et une culture données*. Décrire de quoi celle-ci est faite, comment elle agit, quelles en sont les conséquences et comment nous pouvons pour une part nous en délivrer étant précisément le sujet, d'un point de vue théorique, de ce livre, on nous permettra d'arrêter ici provisoirement nos explications.

sive » aujourd'hui qu'autrefois – quoique cela puisse bien sûr arriver dans certains cas.

L'esprit du temps étant un « intransitif », ajoutons que cela exclut également de notre part tout jugement moral à son égard ou déclaration, comme l'ont fait certains récemment[4], d'appel à une « résistance » contre lui. Résistance qui a sans doute l'attrait de la révolte, mais qui, si l'on accepte ce que nous venons de dire, ne saurait être au mieux qu'une pétition de principe, un acte inutile, une pose ; au pire une volonté de délivrer au monde une vérité qu'il n'avait jusqu'alors pas entrevue et d'appeler à la constitution d'un nouveau parti, d'une nouvelle église, d'une nouvelle secte autour d'elle : d'un nouveau dogme.

Pour mettre un terme à l'exposé de nos buts, disons que nous entendons nous inscrire dans ce qu'on appelait jadis – car il semble qu'on ait un peu oublié son existence – la « tradition critique », faite de scepticisme et de raison. Et, pour préciser définitivement nos hypothèses, ajoutons que nous partageons bien des analyses exprimées par Norbert Elias dans *La Société des individus*[5]. Car il n'y a manifestement pas, d'un côté, des individus libres et autonomes, dotés par nature d'un moi séparé et original, antécédent à leur entrée en société ; et de l'autre, une Société-Moloch qui leur serait fondamentalement hostile et tenterait par tous les moyens de les asservir à ses fins. C'est là une vue romantique, aux deux sens du terme : historique d'abord car liée à un moment des mentalités où l'individu s'est proclamé, rêvé un sujet pur, de naissance ; familier ensuite car illusoire, en ce qu'elle néglige tout simplement le fait premier que nous n'existons, nous, hommes, qu'en société.

Ce qui se passe est à la fois plus simple et plus complexe, beaucoup plus difficile à analyser et, partant, à s'en dégager : les sociétés sont des touts organisés, dont nous procédons pratiquement dès notre naissance, subissons tous les jours et à chaque instant l'influence, avec lesquelles nous entretenons des rapports d'interdépendance continus, quand bien même ceux-ci se placeraient en partie sur le registre de l'opposition, et dont les valeurs pénètrent

4. Daniel Bensaïd, *Les Irréductibles. Théorèmes de la résistance à l'air du temps*, Textuel, 2001.
5. Norbert Elias, *La Société des individus*, Fayard, 1991.

de ce fait jusqu'au plus profond de nos consciences et aux plus « spontanés » de nos actes.

La notion d'un individu libre et autonome ne saurait être dans ces conditions, et n'est dans une écrasante mesure, qu'une fiction produite par ces sociétés et avec notre assentiment, car elle flatte notre ego tout en renforçant les liens que nous tissons avec elles. Au point qu'il semble possible de parler, avec Elias, de l'existence en ce domaine d'une véritable loi paradoxale, selon laquelle plus les sociétés sont organisées, plus leurs valeurs et leurs normes façonnent en profondeur la vie de leurs membres, et plus elles accordent de poids à l'« individu » : plus elles le déifient. Bref, l'individu n'est, comme le dit encore Elias, que l'expression extérieure mouvante des structures successives, des « configurations » historiques particulières des rapports existant entre les sociétés et leurs « sujets ». C'est là, au demeurant, un concept qu'ont ignoré bien des collectivités humaines dans l'Histoire, qui est peut-être une spécificité, voire la pierre de touche de l'Occident, et que notre civilisation n'a élaboré que très tardivement.

Notre conformité apparaît donc, sous ce regard, non tant comme une conséquence malencontreuse de la vie en société, que comme l'un de ses axiomes, *son premier et plus fondamental postulat* même – la seule chose nous restant dès lors échue étant de prendre pleinement conscience de cette situation, d'analyser et de mesurer *en toute clairvoyance* l'empreinte que notre société et notre époque apposent sur nous, afin de pouvoir, pour une part et si tant est que cela se justifie, nous en émanciper.

Tel est précisément ce à quoi nous allons procéder dans cet essai, en passant en revue quelques manifestations concrètes de l'esprit du temps dans plusieurs domaines, sur un éventail de sujets. On aurait pu choisir un autre parti. Nous aurions pu ainsi nous attacher à l'étude exclusive d'objets « nobles », tels que les divers arts, la littérature, la peinture, la musique, le cinéma, etc. Nous aurions pu aussi, à l'inverse, nous limiter à la considération approfondie d'un seul champ de phénomènes, censé particulièrement sensible à l'esprit du temps, comme la publicité ou les règles les plus microscopiques de présentation de soi et de rapport avec autrui dans la conversation.

Parce que nous pensons – à tort peut-être [6] – qu'une société ou une époque se révèle mieux dans ses objets banals que dans ses créations esthétiques les plus hautes, et qu'une véritable analyse en ce domaine suppose l'examen de plusieurs objets d'origines et d'importances diverses afin de comprendre les liens profonds qui existent entre eux, nous avons pris le parti en quelque sorte médian d'analyser les manifestations de l'esprit du temps dans des secteurs assez quotidiens mais toutefois suffisamment riches, en général délaissés, sinon méprisés par la pensée, tels que nos visages, les parfums et les senteurs, nos pratiques culinaires, nos objets, nos principes de décoration intérieure et tous ces mots et expressions « à la mode » que nous utilisons sans y prendre garde.

Parce que nous pensons de plus qu'une description des choses, pour peu qu'elle soit assez précise, peut avoir en elle-même valeur d'analyse, nous n'avons jamais hésité non plus à pousser celle-ci dans ses plus petits détails. Bref, nous avons tenté de procéder, comme l'on dit, à *une archéologie du banal contemporain*, afin d'en tirer également une réflexion sur l'état de notre « âme » actuelle et sa structure – cela sans nous interdire d'aller chaque fois plus loin que les faits, en en extrayant des considérations plus larges sur la nature du contrôle exercé sur nous par les époques.

Et nous avons organisé ces faits et réflexions selon une triple progression ou une progression à trois niveaux, en allant toujours, y compris à l'intérieur des chapitres, du plus particulier au plus général, du plus extérieur et visible au plus intérieur et abstrait, du plus simple, évident et futile à ce qu'il est convenu de considérer comme le plus complexe, sérieux et important.

6. Wilde prétendait l'inverse, affirmant dans ses dialogues esthétiques que c'était dans ses manifestations les plus abstraites, dans son Art majuscule, que s'exprimaient le mieux les caractères profonds d'une époque – les arts décoratifs n'étant pour lui que le lieu des styles de vie, dérisoires et éphémères. Mais cette contradiction n'est peut-être qu'apparente. Quand il affirmait cela, Wilde, qui affectait d'être « platonicien » (c'était très chic en Angleterre à son époque), était manifestement un peu trop guidé par sa passion du paradoxe. Car il était également le premier à proclamer qu'un certain art, le plus grand, pouvait s'émanciper au moins pour une part des déterminations de son temps. Bref, il raisonnait ici plus au niveau des principes et voulait peut-être surtout débusquer l'idée faussement anti-bourgeoise que, du fait qu'il ait *décidé* de se nommer ainsi, n'importe quel artiste pût s'estimer supérieur à son temps – prétention que l'on rencontre encore très souvent de nos jours chez les mauvais artistes.

Après un premier chapitre où nous examinerons comment, ainsi que le notait déjà Oscar Wilde à la fin du XIXe siècle, chaque époque sculpte nos corps et modèle nos visages, nous impose une anatomie et une physionomie – ce qui sera l'occasion d'aborder mais de biais la question de la mode au sens strict –, nous tenterons, dans un deuxième chapitre, de décrire le XXe siècle par ses parfums et ses « bonnes » senteurs. Ces deux chapitres, que l'on pourra considérer ensemble comme une contribution à une histoire « sensuelle » ou « sensualiste », nous permettant de poser quelques définitions préliminaires de l'esprit du temps.

Puis nous passerons à une étude de nos habitudes culinaires actuelles mais aussi révolues, où, sous couvert de nous intéresser à la table, nous chercherons surtout à élucider ce qui se cache derrière ce terme en apparence si simple et transparent mais, quand on le regarde de près, tellement opaque et insaisissable qu'est le « goût », comment il se définit, de quoi il se compose, à quoi il se ramène. Un sujet bizarrement très peu abordé, si l'on excepte les quelques repères posés par Kant à ce propos dans la partie esthétique de sa *Critique de la faculté de juger*, les thèses assez unilatérales de Pierre Bourdieu dans *La Distinction*[7] et quelques réflexions parsemées dans les ouvrages d'histoire de l'art.

Un quatrième chapitre s'efforcera, lui, d'établir la (les) raison(s) de ces étranges récurrences de formes qui affectent à chaque époque nos objets quotidiens : il essaiera de comprendre, au travers d'une analyse du design mobilier et industriel contemporain, ce que sont les « styles », d'où ils viennent et ce qu'ils expriment – énigme sur laquelle l'histoire de l'art s'est beaucoup penchée, puisque c'est même là son objet d'étude par excellence, mais que nous aborde-

7. Pierre Bourdieu, *La Distinction. Critique sociale du jugement*, Minuit, 1979. Dans ce livre qu'on présente régulièrement comme « un classique de la sociologie », Bourdieu s'attache de fait essentiellement, sinon uniquement, à examiner les diverses modalités du goût dans notre société (et en une époque dont il n'est pas sûr qu'elle ne soit pas déjà passée) selon les classes sociales. Il y cherche plus à analyser, et on dirait plus justement encore à *reconstituer la fonction sociale des expressions du goût* telle qu'il la conçoit à partir de présupposés néo-marxistes assez simplificateurs (car son enquête présentée comme empirique est en réalité de part en part tautologique, les conclusions auxquelles elle aboutit étant déjà contenues dans les questions posées et le cadre de référence général qu'il a choisi pour pouvoir les formuler), qu'il n'éclaire véritablement la formation, la composition et l'évolution historique et sociale du goût au sens normatif, qui nous intéresse ici.

rons, nous, sous l'angle des fantasmes qu'ils portent et d'où nous pensons qu'ils émanent.

Le chapitre consacré aux espaces intérieurs, qui lui fera suite, aura surtout pour fonction de décrire de façon objective, non dans les discours qui les accompagnent et les rationalisent, donc souvent les travestissent, mais dans leur réalité empirique, ce que sont nos comportements – raison pour laquelle nous n'avons pas consacré de chapitre à ce sujet. Cela aurait pu se concevoir. Mais il nous a semblé qu'une analyse indirecte pouvait amener à ce propos des conclusions plus vraies, plus justes, car plus immédiates, non encore passées (et transformées, déformées) par le crible du langage. Ce chapitre sur les espaces remplira donc une part de l'objectif signalé dans notre sous-titre comme se voulant aussi un essai de description de notre âme contemporaine.

Les deux derniers chapitres sont de nature un peu différente, quoique dans la logique dessinée par les précédents. Nous y explorerons des sujets considérés comme plus abstraits et même le plus abstrait d'entre tous. Après avoir analysé nos principaux tics de langage actuels et tenté de comprendre à quel point la société, en nous dictant la manière dont nous devons parler des choses, oriente et modèle non seulement l'analyse que nous en donnons et le jugement que nous portons sur elles, mais aussi leur perception, nous réfléchirons en effet sur la manière dont se forment et se diffusent nos idées, si elles sont « pures » et « en soi », ou ne sauraient au contraire être considérées que comme sociales et collectives et, de ce fait, partagées avant même qu'elles n'adviennent à notre conscience. Bref : nous y poserons la grande question de savoir dans quelle mesure nos idées sont effectivement les « nôtres », jusqu'à quel point elles nous appartiennent, et ce qu'il en résulte sur nos capacités de recul par rapport aux normes de la société et de l'époque où nous évoluons.

La conclusion, comme le veut sa traditionnelle finalité de résumer un développement unique ou des notations plus dispersées et d'en tirer une ou des perspectives plus générales, sera consacrée à une réflexion sur ce que nous avons appelé les « allant de soi » – c'est-à-dire toutes ces relations machinales, irréfléchies et le plus souvent inconscientes de ressemblance ou d'équivalence que nous établissons entre des choses, des idées et des valeurs. Et elle élargira cette préoccupation aux cultures. Nous y examinerons en effet brièvement tout ce par quoi les civilisations dont nous relevons et dans lesquelles s'insèrent nos sociétés et leurs époques respectives, structurent nos représentations et nos comportements, influencent, dessinent notre vision du monde. Comme si aux limites apportées par l'esprit de notre époque et de notre société se surajoutaient sans cesse celles émanant d'ensembles plus vastes, un « esprit des cultures » en quelque sorte.

On entre ici dans un domaine qui n'a, en apparence, plus rien à voir avec celui de l'esprit du temps, qui mobilise une réflexion d'une autre nature, anthropologique et ethnologique, et à propos duquel existe une littérature littéralement pléthorique, qu'il ne saurait être question de résumer en si peu de place ou de compléter par de nouveaux éléments. Si, malgré tout, après avoir hésité, nous avons cru nécessaires ces quelques réflexions finales – éléments qui, pour emprunter une expression du XVIIIe siècle, ne doivent être lus que comme un « supplément » aux chapitres précédents –, c'est pour parfaire l'effet de recul, de « dés-adhérence » à l'égard des normes qui nous environnent, qui est l'un des buts recherchés, sinon l'objectif de fond, de ce livre.

Puisque nous avons tenté dans cet essai de rendre présents les présupposés latents qui déterminent selon les époques nos conduites, il est juste d'ailleurs que nous en fassions de même pour nous, en explicitant la raison profonde pour laquelle nous l'avons écrit, ou du moins ce que nous en entrevoyons.

Comme beaucoup, nous nous sommes longtemps cru un individu original, *né original* même, ce que semblaient confirmer les nombreuses attitudes et apparences successives que nous avons endossées, étant sûr qu'elles émanaient des désirs profonds et spontanés de notre incomparable et inimitable personnalité... tout cela pour nous apercevoir après coup que nous n'avions fait en réalité que suivre *à la lettre* le chemin imaginaire particulièrement tourmenté de notre génération ! Y compris dans ce que nous avions vécu sur le moment comme une marginalité d'une audace presque insoutenable, nous n'avions chaque fois jamais été rien d'autre qu'un symptôme et, sans doute du fait de sa très grande instabilité, *de sa volatilité*, un des plus fidèles qui se puisse être de l'esprit changeant de notre temps...

Si toute réflexion n'est que la transcription plus ou moins lointaine d'une expérience personnelle du monde ou, comme le disait plus directement Nietzsche, qu'une idiosyncrasie de son auteur, il n'y a par conséquent pas à chercher loin pour savoir comment ce principe s'applique à nous : cet essai est né du constat personnel relativement récent, qui remonte au mieux à une dizaine d'années, que nous avons été et sommes à l'évidence encore un individu infiniment moins libre et autonome – infiniment moins « individu » – que nous ne le pensions et nous sommes complu si longtemps à le penser. Et peut-être avons-nous simplement cherché par son intermédiaire à parfaire ce nécessaire travail de désillusion sur notre prétendue « originalité », et à nous doter de quelques moyens critiques afin de nous aider à nous arracher à notre condition de somnambule social qu'évoquait Tarde, et de nous permettre de nous approcher pour un peu de ce que Nietzsche appelait du beau nom, si difficile à mériter, d'« esprit libre ».

CHAPITRE I

L'usine des corps et des visages
(Anatomies-Physionomies)

Dans le plus célèbre de ses dialogues esthétiques [1], recueilli en 1891 avec d'autres essais sous le titre *Intentions*, Oscar Wilde soutient que la publication de *La Comédie humaine* a entraîné l'apparition soudaine, dans les rues des grandes villes et les salons mondains de son époque, d'une multitude de personnages balzaciens qui jusqu'alors n'existaient pas, qui n'avaient en quelque sorte auparavant « pas cours » – que cette publication a donc littéralement *mis au monde* une nouvelle race d'hommes : « Le XIXe siècle, écrit-il, est en grande partie issu du cerveau de Balzac. Nos Lucien de Rubempré, nos Rastignac et nos de Marsay ont fait leurs débuts sur la scène de *La Comédie humaine*. Nous nous contentons d'obéir, avec additions inutiles et renvois aux bas de pages, à la fantaisie, au caprice ou à la vision créatrice d'un grand romancier. »

L'antienne classique de la Renaissance, selon laquelle l'art imite la vie, doit en conséquence, selon Wilde, être proprement renversée. La nature, humaine ou physique, n'existe pas en tant que telle. Elle ne possède pas le statut d'une donnée brute, d'un référent antérieur objectif, sur lesquels viendrait se greffer ensuite une activité d'expression ou de symbolisation nommée art. Elle n'est qu'un mot pour désigner un artifice parmi une infinité d'autres – car tout est artifice – que, pour une raison mal définie, nous nous représentons, nous aimons à nous représenter comme « réel ». L'art est premier, tout émane de lui ; et la vie concrète n'en fournit jamais

1. Oscar Wilde, « Le déclin du mensonge », in *Intentions*, Stock, 1928, pour la version fr. (trad. Philippe Neel), repub. dans « La bibliothèque cosmopolite », 1997.

que la copie imparfaite : « Un grand artiste, écrit encore Wilde, invente un type que la vie, comme un éditeur ingénieux, s'efforce de copier et de reproduire sous une forme populaire. [...] En un mot, la vie est le meilleur et le seul élève de l'art. »

C'est ainsi, poursuit Wilde en généralisant cette loi à d'autres domaines, psychologique, politique, historique et même... météorologique et géographique, que le monde ne s'est ouvert au sentiment de tristesse, au pessimisme inéluctable de la vie, que *via* le personnage d'Hamlet surgi de l'imagination de Shakespeare – « Le monde est devenu triste parce qu'un jour une marionnette fut mélancolique » –, que le nihiliste, « cet étrange martyr sans foi, qui monte à l'échafaud sans enthousiasme et meurt pour quelque chose à quoi il ne croit pas », a été « inventé par Tourgueniev et complété par Dostoïevski », et que « Robespierre est sorti des pages de Rousseau ». Dans un autre ordre d'idée, c'est aussi ce qui explique que nous n'apprécions et même *ne voyons* le brouillard que depuis que les impressionnistes, en en faisant un sujet de peinture, le sujet par excellence de la peinture, nous en ont révélé le « charme mystérieux » – que cette école d'art a donc provoqué un changement climatique en Occident ! Ou encore que ce que nous appelons « le Japon » n'a de réalité qu'à travers les tableaux d'Hokusai, d'Hokkei ou « de l'un quelconque des artistes de là-bas »[2].

Les faits que nous interprétons comme « de nature », sur lesquels nous n'avons par définition aucune prise, tels, pour revenir à l'humain, que notre silhouette, la structure de notre corps, les traits de notre visage et ce qu'ils expriment – notre anatomie et notre physionomie –, sont des phénomènes purement cérébraux. Nous n'existons que dans la mesure où nous nous savons exister, où d'autres, les grands artistes, nous ont appris que nous existons, et ce, de surcroît, *sous la forme* qu'ils ont conçue pour nous. Il est même loisible, selon Wilde, d'aller plus loin encore. Non seulement nous ne sommes que les produits de notre imagination, de nos rêves, de nos fantasmes, mais plus ces rêves et ces fantasmes sont détachés du réel, plus ils sont efficaces : plus ils ont de réalité. Le

2. Pour une application de l'esthétique wildienne au domaine du paysage, on lira avec profit l'excellent *Court Traité du paysage*, d'Alain Roger, Gallimard, 1997.

réalisme en art ne saurait déboucher, partant, que sur un échec créatif absolu. La beauté naît du mensonge, des mensonges vrais que nous nous racontons. Le monde n'existe que de l'Idée, qui détermine toutes ses manifestations...

Brillants mais, en définitive, assez vains paradoxes d'un dandy gagné par l'« idéalisme » fin-de-siècle que cette série de remarques outrageusement dissonantes ? Sans nul doute. Wilde possédait au plus haut point cet « art aristocratique de déplaire » par quoi Baudelaire définissait le dandysme, et qui l'amenait à prendre, à tout propos ou presque, le contre-pied des évidences acceptées. Et il avait trouvé dans le courant idéaliste – ce qu'on nommait ainsi à l'époque, soit la conception vague mais fonctionnant comme un axiome, issue d'une lecture littérale de Schopenhauer, selon laquelle le monde n'est rien en dehors de nous, qu'il n'est que le produit de notre volonté conceptuelle ou purement fabulatrice [3] – de quoi conforter son opposition au naturalisme littéraire de Zola et offrir une base à sa philosophie pratique de la vie.

En même temps, comme il le rappelle toujours dans *Le Déclin du mensonge*, ces renversements de perspective n'étaient que les fruits très concrets de son expérience : de simples faits d'observation. Compagnon de route du mouvement *aesthete* anglais issu du préraphaélisme, Wilde avait vécu dans son être cette tyrannie des représentations idéales, qui l'avait « forgé », lui avait conféré son identité, la suite de ses innombrables personnalités.

En 1882, lors de sa fameuse tournée de conférences en Amérique, il était ainsi apparu sur scène vêtu, en petit *Lord Faunterloy*, d'une veste-pourpoint en velours noir de style François Ier très près du corps agrémentée d'un large col à revers, de manchettes de mousseline de soie et d'un jabot en dentelles, portée sur des culottes à la française, des bas de soie et des escarpins vernis ornés d'une boucle d'argent, coiffé, enfin, d'un ahurissant chapeau à bords tombants rejeté en arrière sur des cheveux longs divisés par une raie médiane et le visage empreint en permanence d'un air de lassitude méprisante – comme s'il provenait d'un autre monde,

3. Sur l'idéalisme fin-de-siècle, voir l'ouvrage classique de Jean Pierrot, *L'Imaginaire décadent (1880-1900)*, PUF, 1977.

radicalement étranger au prosaïsme ambiant[4]. Car non seulement la peinture préraphaélite avait engendré une mode vestimentaire et une attitude de vie, mais elle avait donné également naissance à une nouvelle conception de la beauté, laquelle, en rupture avec les canons bourgeois environnants, retrouvait en partie, non sans l'investir d'une autre signification, la vision romantique des années 1830 : « Nous avons tous vu naguère autour de nous, note ainsi Wilde en faisant référence à Dante Gabriel Rossetti et à Edward Burne-Jones, un type étrange et séduisant de beauté inventé et exalté par deux peintres à l'imagination de poètes, si bien influencer la vie, que l'on ne peut aller dans une exposition ou un salon artistique sans voir, ici l'œil mystique du rêve de Rossetti, la longue gorge d'ivoire, l'étrange mâchoire carrée, la sombre chevelure dénouée qu'il chérissait d'une telle ferveur, là la virginale douceur de *L'Escalier d'or*, la bouche en fleur et le charme fragile du *Laus Amoris*, le pâle visage passionné d'Andromède, les mains déliées et la souple beauté de Viviane dans *Le Rêve de Merlin.* »

Dans la foulée du succès de la manière préraphaélite, ce ne sont en effet à partir des années 1880, dans les milieux intellectuels raffinés de Londres, que jeunes femmes virginales au long corps souple et serpentin, comme si quelque chirurgien fou avait procédé à l'ablation de leur colonne vertébrale, au cou démesuré, à l'épaisse chevelure aux reflets roux s'ébrouant sur de larges épaules, au nez fort et droit, aux lèvres pleines boudeuses, au teint clair, quasi translucide, aux grands yeux las un peu globuleux et aux paupières éternellement mi-closes – à croire qu'elles sont toutes atteintes de la même épidémie de langueur. Du côté de leurs compagnons, ce ne sont parallèlement que jeunes gens raffinés et sensibles, aux visages d'enfants étonnés, aux traits efféminés, aux yeux écarquillés et au regard blasé, encadrés par de longs cheveux taillés au carré, qui surgissent subitement, comme en une sorte de « génération spontanée ». Et il ne s'agit pas là d'un accoutrement, d'une panoplie d'emprunt. Ce masque colle tellement à la peau de celles et de ceux qui le portent qu'il en arrive à modifier en profondeur

4. Voir les pages consacrées à cette période de la vie de Wilde par James Laver dans *A Concise History of Costume*, Thames & Hudson, 1969, et, bien sûr, la grande biographie de Richard Ellmann, *Oscar Wilde*, Gallimard, 1994, pour la trad. fr.

ce qui passe pour le plus immuable : la structure physique, la morphologie, la physionomie, l'état de santé.

Face aux solides Junon victoriennes aux épaules tombantes, avec leur dos, leurs bras potelés et leurs visages aux traits pleins et gras, et aux hommes à l'air grave et sévère, affairé et responsable, arborant des faces rougeaudes au profil fortement prononcé, signe de « personnalité », sur des statures boursouflées par des ventres proéminents, symbole de réussite, enserrés dans des habits uniformément noirs, tout se passe en bref comme si une nouvelle race de mutants, d'*aliens*, était apparue...

We're all clichés, « Nous sommes tous des clichés », hurlaient les punks de 1977 : que les femmes et les hommes d'un même temps se ressemblent tous un peu physiquement ne saurait passer pour une bizarrerie circonscrite à une époque particulière, plus unitaire ou conventionnelle que les autres. Chaque époque, chaque moment de société, suscite sa ou ses physionomie(s) type(s), impose, comme l'écrivait déjà Baudelaire en 1863 dans *Le Peintre de la vie moderne*, « son port, son regard, son sourire »[5].

Il y a eu ainsi un visage romantique, au dessin anguleux, au teint olivâtre, aux yeux noirs et cernés intenses et au front haut et large, d'où ne pouvaient émaner qu'un regard passionnel ou « hanté » et des idées d'une profondeur « abyssale »[6] ; tout comme une complexion fin-de-siècle[7], toute de langueurs coupables et d'exténuations morbides ; un type années 30 de jeunes filles délurées et insouciantes, les *flappers*, aux petits minois, aux mentons en ovale, aux lèvres en cœur et à l'œil canaille[8] ; une physionomie 50 d'*All American Boys*, aux traits réguliers, aux nez courts retroussés et aux mentons carrés volontaires, et de *next door's girls* blondes aux visages de Lolitas envahis de taches de rousseur et aux cheveux filasse réunis en queues de cheval ; un look 60, androgyne et naturel. Et ainsi de suite.

5. *Œuvres complètes*, Seuil, « L'Intégrale », 1968.

6. Voir le chapitre consacré aux romantiques de notre *Morale du masque*, Seuil, 1990, et le classique de Louis Maigron, *Le Romantisme et la Mode*, Champion, 1911.

7. Voir Bram Dijkstra, *Les Idoles de la perversité. Figures de la femme fatale dans la culture fin de siècle*, Seuil, 1992.

8. Voir Georgina Howell, *In Vogue. Sixty Years of Celebrities and Fashion from British Vogue*, Penguin Books, 1978.

Cette uniformité fait du reste partie de notre expérience sensible presque quotidienne : quel(le) amoureux(se) n'a-t-il(elle) pas eu la surprenante et fort décevante impression, après une rupture, de croire apercevoir l'objet aimé, perçu auparavant comme si original, « unique », en une multitude d'exemplaires quasi identiques dans la rue – comme si nous n'étions tous que des clones de quelques « modèles » ou stéréotypes assermentés par notre époque ? Et il n'y a pas à chercher loin pour donner des illustrations récentes de ce curieux phénomène de ressemblance. Il suffit d'observer autour de soi. Combien de courtes barbes râpeuses de quatre ou cinq jours, au délicat effet bohème-chic de mal rasé négligé – quoique, comme chacun le sait, nécessitant un patient entretien journalier –, Serge Gainsbourg, l'auto-nommé « Gainsbarre », n'a-t-il pas suscitées en France ? La mode ne se cantonne plus aujourd'hui aux marginaux ou « artistes », les premiers visés, mais atteint désormais de raides professeurs de biologie, de splendides hommes-troncs de la télévision, tenus ordinairement à un sérieux effort de lisse consensuel, voire des politiques...

Et combien de crânes celui de Fabien Barthez n'a-t-il pas, à l'inverse, fait tondre depuis la victoire de l'équipe de France au Mondial de 1998, renvoyant au néant de la « beaufitude » les cheveux longs noués sur la nuque par un catogan d'hier et transformant de fond en comble l'apparence masculine actuelle[9] ? On peut même soutenir que ce que les magazines ont appelé, à l'époque, l'« effet-Mondial » s'est ramené pour une grande part à un mécanisme auto-entretenu de miroirs orientés les uns face aux autres, à une vertigineuse mise en abîmes physionomique analogue, en un autre domaine, à celle produite par le fameux dessin de Benjamin Rabier pour la boîte de « Vache qui rit »[10]. Par la diversité de ses « types », autant physiques que psychologiques – le *Beur* taciturne, le grand *Black* sympa, le Basque *nature*, le *plus-que-Français* petit, râblé et râleur, le *beau gosse romantique* aux yeux bleus et aux longs cheveux blonds, etc. –, l'équipe de France se présentait en

9. Le fin du fin en la matière étant évidemment de coupler ces deux innovations que constituent la barbe courte et le crâne rasé, comme le montre, entre beaucoup d'autres, aujourd'hui un célèbre « nouveau-jeune-grand-écrivain » auto-proclamé.

10. Nous ne résistons pas ici au plaisir de renvoyer le lecteur à l'amusante *Chevauchée de la Vache qui rit*, de Guillaume Villemot et Vincent Vidal, Éd. Hoëbeke, 1991.

effet à la manière d'une coupe longitudinale, presque, comme l'on dit en langage marketing, d'un « éventail représentatif » des apparences des jeunes Français de la rue, lesquels, cherchant par effet de retour à se conformer à leurs modèles qui n'étaient que leurs copies, ont précipité, généralisé, dans une cascade de reflets entrecroisés ces nouvelles physionomies. Au point qu'on a pu dire que ce qui seul différenciait, lors de la finale, les footballeurs français de leurs supporters, c'est que les premiers jouaient. Pour le reste, ils étaient devenus *tous interchangeables*[11].

Le fait, incontestable, que les morphologies et les physionomies aient changé avec le temps et changent sans cesse, qu'on puisse repérer des stades assez précis dans cette évolution et parler même d'une « histoire de la beauté »[12], comme s'il s'agissait là d'une matière objective ou, pour reprendre un mot jadis utilisé par les marxistes, d'une « infrastructure » dotée de sa propre logique autonome, agit comme une vérification expérimentale des notations de l'auteur d'*Intentions*. Comment expliquer, par exemple, que le corps féminin ait pu se métamorphoser aussi radicalement et, surtout, de façon aussi imprévue et néanmoins récurrente, selon une courbe donc presque sinusoïdale, depuis l'aube des temps ?

Entre l'idéal callipyge, aux monumentaux fessiers, des Vénus de la préhistoire, la beauté tout en proportions équilibrées de la statuaire grecque et la morphologie filiforme, presque dénuée d'attributs féminins, des Romaines ; entre le corps tout en longueur

11. Un phénomène du même ordre s'est produit il y a quelques mois lors de cette hystérie collective en mineur qu'on a appelé « le Loft ». Car on a vu là aussi des caractères assez falots au début se définir petit à petit devant nos yeux pour prendre finalement une sorte d'intensité, de « vérité » humaines presque palpables – au point que nous pouvions tous repérer dans notre entourage des Loana, des Jean-Édouard ou des Laure. Un effet d'autant plus remarquable qu'il s'est effectué ici sans contact physique, par le seul biais d'une communion télévisuelle entre les fantasmes des « Lofteurs » et ceux du public. Plus qu'une quelconque « magie du virtuel » (?), cet étrange phénomène pourrait illustrer le fait que ce mécanisme de reflets auto-engendrés les uns les autres est aujourd'hui à ce point intériorisé en nous, qu'il peut désormais s'effectuer sans le moindre contact matériel, *par la simple collusion de nos imaginaires*...

12. Voir, entre autres, Geneviève Leroy et Muguette Vivian, *Histoire de la beauté féminine à travers les âges*, Éd. de l'Acropole, 1989, Dominique Paquet, *Une histoire de la beauté*, Gallimard, « Découvertes », 1997, Sabine Jeannin Da Costa, *La Beauté*, Éd. de La Martinière, 1995, Béatrice Fontanel, *Corsets et Soutiens-gorge. L'épopée du sein de l'Antiquité à nos jours*, Éd. de La Martinière, 1992, et, sur une période plus récente, Kate Mulvey et Mélissa Richards, *Féminin. L'image de la femme 1890-1990*, Éd. de l'Orxois, 1998, et, bien sûr, le classique de Philippe Perrot, *Le Corps féminin*, XVIIIe-XIXe *siècle*, Seuil, 1984.

et en sveltesse, aux membres grêles, au buste menu, aux petits seins et au ventre rond de la femme du Moyen Âge, celui, à nouveau équilibré, de la Renaissance, remplacé, chez Rembrandt, par une profusion de chairs et, durant la grande époque classique, espagnole puis française, par la tournure de la femme « respectable », droite, presque raide, enfouie dans de longues robes noires austères ; entre la stature successivement monumentale et fragile de la courtisane du XVIIIe, naturelle, « en liane », de la Me'veilleuse du Directoire, mourante du haut temps du romantisme, des périodes préraphaélite et fin-de-siècle, redevenue, dans l'intervalle, ample, matriarcale, avec le monde bourgeois du milieu du XXe ; puis les silhouettes de nouveau tubulaires et pré-pubères des garçonnes transgenres aux hanches surabaissées des années 20, généreuses des pin-up aux seins en obus et aux longues jambes fuselées des *fifties*, énergiques des *superwomen* à la Grace Jones des années 80, sportives et élancées des *top-models* des années 90 et, enfin, anémiées, anorexiques, *grunge*, de la fin de cette même décennie – évolution déjà remise en question depuis quelques saisons, si l'on en croit les magazines, par un retour aux formes sensuelles, *glamour*, des « années-Bardot » : entre toutes ces transformations donc, quelle est la logique sous-jacente ? Y en a-t-il même une ? Se font jour ici des évolutions apparemment redevables d'aucun sens historique précis, auxquelles il semble impossible de conférer une raison objective ou un quelconque fondement concret.

Certes, on sait bien que notre corps réagit à son environnement, qu'il s'y adapte en permanence : qu'il n'est en grande part que le résultat, le produit lointain mais en même temps direct de nos habitudes alimentaires et, plus généralement, de vie. On a pu ainsi soutenir que la silhouette plus longiligne qu'avant-guerre de la femme des années 50 n'était qu'un héritage de celle, affinée par une nourriture pauvre en graisses et par la nécessité, en une époque où les carburants manquaient, de pratiquer la marche ou le vélo pour se déplacer, de la femme des temps d'Occupation [13]. La beauté qu'on disait « naturellement harmonieuse » des jeunes filles des *sixties*, aux jambes fines et aux petits seins hauts et fermes, avait d'évidence beaucoup à voir avec une alimentation devenue elle

13. Voir K. Mulvey et M. Richards, *op. cit.*

aussi plus « équilibrée » qu'autrefois. Quant à l'accroissement de la taille des individus dans les pays développés, y compris au Japon, depuis la fin de la Seconde Guerre mondiale, il s'agit d'un phénomène avéré et parfaitement mesurable, qui, couplé au diktat de la *ligne*, en allongeant les silhouettes, a modifié les proportions des corps et métamorphosé en profondeur leur morphologie.

Car si depuis la décennie 1950 la femme, par exemple, a grandi, cela ne s'est pas fait de façon uniforme. Pour une raison inexpliquée, ses jambes se sont étirées comparativement plus que son buste. Du fait d'activités sportives plus courantes, ses épaules se sont élargies et renforcées, masculinisées, et son bassin s'est rétréci. Tandis que ses hanches, tout comme ses fesses et sa poitrine, prenaient paradoxalement plus d'ampleur et de charnu. Enfin, en raison d'une alimentation plus riche et de la généralisation de la pilule contraceptive, sa taille a perdu en finesse et son ventre s'est arrondi. À la femme faussement pulpeuse, car encore marquée dans sa chair par les privations de la guerre – qui se voyait elle-même plus voluptueuse qu'elle ne l'était réellement –, des années 50, s'est ainsi progressivement substitué dans tous les pays développés un nouveau modèle de femme. Une femme tout à la fois plus carrée, plus robuste et aux formes bombées – dont la morphologie s'est, comme le disent les stylistes, « africanisée » – mais à la silhouette par ailleurs moins sinueuse, plus rectiligne, aérodynamique : une femme devenue, en un mot, plus « américaine »[14].

14. Voir, à ce propos, l'article de Cécile Sépulchre, « Le prêt-à-porter doit voir plus grand », *Journal du textile*, nº 1465, 3 septembre 1996. Ces évolutions ne sont d'ailleurs pas sans poser de redoutables problèmes aux industriels de la confection et aux consommatrices. Les tailles 36 et 38, qui étaient jadis la norme pour les femmes, sont désormais trop petites. Les grandes marques de vêtements doivent donc s'adapter à ces nouveaux standards. En même temps, comme ce n'est pas un bon argument commercial que de faire sentir à la femme qu'elle a sinon grossi, du moins qu'elle s'est « épanouie », elles n'hésitent pas à « surtailler » aujourd'hui leurs produits, faisant passer pour des 36 et des 38 des tailles en réalité beaucoup plus larges. Par ailleurs, ne pouvant trop multiplier le nombre des tailles qu'elles proposent pour chaque produit – pour que celles-ci tombent à peu près juste dans 90 % des cas, qu'elles recouvrent la diversité humaine dans cette proportion, on a calculé qu'il faudrait qu'elles n'en proposent pas moins de 97 par produit ! –, ces marques vestimentaires ne définissent pas forcément les mêmes tailles par les mêmes mesures réelles pour tous leurs produits, dans l'espoir que chaque consommatrice finira bien par trouver quelque chose qui lui ira, dans l'éventail de leurs modèles. Résultat : le système actuel des mesures de la mode industrielle est devenu quasiment incompréhensible, car de moins en moins lié à des référents objectifs, de plus en plus arbitraire...

Dans un même ordre d'idée, on sait aussi que ce que l'on prenait jadis et que certains prennent encore pour des caractéristiques raciales ou ethniques « objectives » – la prétendue petite taille des Turcs ou des Chinois, par exemple – comporte un élément plastique qui se modifie très rapidement, parfois même en une seule génération, chez les enfants d'immigrés, sous l'effet de nouvelles habitudes de consommation et de vie [15].

Au-delà de ces quelques repères physiologiques matériels, tout semble cependant se brouiller irrémédiablement. La « sélection sexuelle » dont parlent régulièrement les généticiens – le fait que, dans une collectivité humaine, l'existence de canons de beauté entraîne, doit entraîner, de façon quasi mécanique, par le choix des partenaires qu'ils induisent, une généralisation et une accentuation de ces caractères élus au départ comme « beaux » – demeure un mécanisme assez vague, à propos duquel il faut d'ailleurs souligner que, s'il est très souvent évoqué, on ne lui apporte en général guère d'exemples convaincants. À quoi il faut ajouter qu'en tout état de cause un tel processus ne saurait agir que sur l'assez ou le très long terme. Et, pour que l'explication soit complète, qu'elle en soit une vraiment, encore faudrait-il aussi rendre compte des raisons de l'apparition initiale de ces canons de beauté...

Évacuons aussi rapidement le non moins célèbre et bien plus hypothétique encore phénomène de l'engendrement à distance, dit de « télégonie », auquel même Darwin avait apporté sa crédibilité scientifique (!) – le « fait », sujet à de nombreuses observations, qu'une jument ayant été fécondée la première fois par un certain étalon, aura tendance à donner naissance par la suite, quel que soit le nouveau géniteur, à des poulains « ressemblant » au premier élu. Rien n'a jamais pu être démontré de la réalité d'un tel phénomène, dont certains se servirent, dans l'Allemagne du Troisième Reich, pour rejeter les femmes « aryennes » ayant eu des liaisons avec des hommes juifs. Sous réserve de preuves bien improbables, ce mécanisme ne semble être qu'une de ces nombreuses légendes, proches des superstitions, comme aiment

15. Voir *Qui sommes-nous ?*, du généticien italien Luigi Cavalli-Sforza, Albin Michel, 1994, pour la trad. fr., repub. en Champs-Flammarion, 1997.

à s'en raconter les gens d'un même métier, ici de celui des « éleveurs »[16].

Parler de phénomènes de mimétisme ou, comme Gabriel Tarde à la fin du XIXe siècle, de « lois de l'imitation »[17], et en rester plus ou moins là, ne saurait pareillement fournir d'explication acceptable. Car s'il est certain – et toutes les époques illustrent ce principe – qu'il y a bien, dans n'importe quelle collectivité humaine, de quelque taille et nature qu'elle soit, des types canoniques auxquels chacun de ses membres cherche de façon consciente ou non à se conformer, que ceux-ci sont même devenus aujourd'hui de véritables objets de consommation, encore faudrait-il expliquer par quels moyens cette imitation s'opère dans un domaine apparemment aussi peu susceptible de variations que celui des corps et des visages. Pourquoi ces canons et ces types plaisent. Et surtout, ce qui fait que certains « prennent » et se généralisent, d'autres pas. Remarquer ainsi que la physionomie préraphaélite s'est calquée sur celles, réelles, des modèles des peintres de ce mouvement, tels qu'Elizabeth Siddal, la femme de Rossetti, et Jane Burden, la future Mrs Morris, est sans doute une information importante. Telle quelle, elle ne rend compte cependant en rien des raisons profondes de la propagation de ces modèles, de la volonté des femmes de leur époque de leur ressembler.

Parler de mimétisme suppose également que l'on puisse isoler un lieu d'où est partie l'impulsion de ce mécanisme, que celui-ci possède toujours une « origine » décelable et plus ou moins incontestée. Or, s'il existe bien dans toutes les époques un ou des milieux qui, revêtus d'un plus grand prestige que les autres, donnent « le ton » – tels, sans prétendre à l'exhaustivité, que la Cour dans la France du XVIIe siècle, les salons mondains au XVIIIe, le monde du théâtre ou la *society* en Angleterre au XIXe siècle, Hollywood dans

16. L'une des faiblesses de cette « théorie » réside évidemment dans le fait qu'en l'absence d'une définition rigoureuse de ce que veut dire « ressembler à son géniteur », la preuve ne peut résulter que d'une projection des attentes de l'observateur sur la réalité. C'est ce qui explique que la « télégonie », comme toutes les théories pseudo-scientifiques, auto-vérificatrices, ait pu sembler se voir « confirmée », à l'instar de l'astrologie, par de nombreuses observations. Voir à ce sujet Léon Poliakov, *Le Mythe aryen*, Calmann-Lévy, 1971, repub. par Pocket-Agora, 1994.

17. Gabriel Tarde, *Les Lois de l'imitation*, édition originale 1890, repub. par Slatkine, 1979, et Les Empêcheurs de penser en rond/Seuil, 2001.

les années 30-60, l'univers des pop-stars dans les années 70, le monde enchanté des *people* aujourd'hui –, la recherche en paternité de la plupart des innovations de mode entendue au sens large conduit en général à des résultats peu fiables, ambigus et même contradictoires. Ce d'autant que s'il est un trait des sociétés actuelles depuis les années 50, c'est que nombre de ces innovations émanent désormais de la « rue » et se propagent donc non plus tant (ou seulement) de façon descendante qu'ascendante.

Affirmer, par exemple, que Fabien Barthez a « lancé » la vogue du crâne rasé pour les hommes ne saurait être, dans ces conditions, qu'une simplification pour magazines. Car il faudrait savoir ici qui a copié qui. Et on peut donner à cet engouement tant d'origines possibles – pêle-mêle, le monde des boxeurs, l'univers du sport de haute compétition, les figures, à la télévision et au cinéma, de Kojak, de Bruce Willis et, en remontant plus loin encore, de Yul Brynner, mais aussi les *skinheads*, les *gays*, les *rappers*, sans oublier... les moines bouddhistes du Tibet –, liées à des valeurs elles aussi tellement diverses, que la question ne saurait manifestement être posée dans les termes simplistes d'une initiative ou d'une « invention » surgie d'un centre puis se diffusant vers une périphérie, pour finalement devenir une norme.

Ces modèles d'identification peuvent certes aider à cristalliser une demande sous-jacente, lui offrir un « débouché », mais non la créer de toutes pièces. On se trouve ici devant le problème théorique ardu mais classique de la formation d'un « style ». Et, comme nous le verrons plus tard quand nous aborderons la question de la forme des objets, les grands styles apparaissent tous comme des « résultantes » dialectiques de l'action d'innombrables facteurs d'ordre extrêmement divers, qui viennent en quelque sorte se jeter dans une forme tout à la fois suffisamment fluide et souple et néanmoins relativement précise pour pouvoir agréger des préoccupations et des fantasmes qui, loin d'être identiques ou cohérents, s'avèrent parfois très hétérogènes [18].

Sans anticiper donc sur ce que nous tenterons d'établir plus tard, force est d'admettre que s'il existe indiscutablement des « apparences d'époque », il faut en chercher les raisons ailleurs que dans

18. Voir le chapitre III de ce présent livre.

des déterminations matérielles ou dans la notion vague et passablement tautologique d'une imitation sociale généralisée.

Un premier élément de réponse passe par l'observation qu'il en va des corps comme des habits : la façon de les mettre en scène, la posture et la gestuelle qui les accompagnent – l'analogue de ce que l'on nomme, dans la mode *stricto sensu*, le « porté » – peuvent en altérer profondément l'apparence. La femme moyenâgeuse avait ainsi tendance à relâcher ses abdominaux, à arrondir son ventre et à le laisser aller de l'avant, car, en une époque à la démographie chancelante, plus encore qu'un canon de beauté, il était un symbole de fertilité et de prospérité. Certaines femmes, naturellement dépourvues de cet attribut, n'hésitaient d'ailleurs pas à disposer de petits coussinets sous leurs robes afin d'obtenir la morphologie tant convoitée de leur temps [19]. Et au XVIe siècle, les élégantes se gavaient de nourriture, parce que, dans un univers affecté périodiquement par d'atroces pénuries alimentaires, être dodue signifiait appartenir au monde privilégié de l'aristocratie.

Dans les années 50, l'étrange façon, si peu spontanée, qu'avaient les mannequins des grandes maisons de couture de se déhancher en défilant et de disposer, quand elles s'arrêtaient, une jambe en avant, l'autre en arrière, de biais et cachée par la première, poursuivait d'évidence les deux objectifs contradictoires et complémentaires en même temps, en faisant saillir les hanches, de donner à leur corps, dans une société encore hantée par les restrictions, une plus grande présence physique, de le rendre plus monumental, plus « riche » ; et, en le faisant tenir comme sur un seul pied, d'en affiner la ligne. Les pin-up de la fin de cette même décennie posaient, elles, le corps perpétuellement juché sur la pointe de leurs pieds à la manière de ballerines, afin d'étirer leurs jambes – effet auquel participait également le fait que les photographes recouraient la plupart du temps à des vues en contre-plongée, en disposant l'œil de leurs caméras plus bas que le centre de gravité des modèles [20] –, sans doute parce que, après avoir réussi tant bien que mal à écarter le spectre de la pénurie,

19. Voir Béatrice Fontanel, *op. cit.*

20. Afin d'éviter les distorsions résultant de ces types de poses et de prises de vue, les modèles devaient aussi se tenir penchées en avant, sans quoi leurs visages auraient paru trop petits. Voir *Bernard of Hollywood Pin-Ups, A Guide to Pin-up Photography*, par le photographe de charme américain Bruno Bernard, Evergreen-Taschen, 1999.

la société commençait déjà à rêver d'une autre femme, à la fois plus naturelle et plus *sexy*, et à qui il fallait *nécessairement* des jambes interminables.

Ces modifications ne sont pas toutes de même portée ni de même nature. Comme nous venons de le voir, certaines semblent profondes et à long terme, d'autres, plus superficielles et transitoires. Et, parmi elles, il en est qui s'attaquent à la matérialité même des corps, d'autres qui influent sur leur seule présentation, sur la perception de leurs traits. Mais cette dernière distinction n'est peut-être pas aussi importante et radicale qu'elle n'en a l'air. Car, dans le domaine du corps, apparence et réalité sont si étroitement imbriquées qu'il apparaît impossible le plus souvent de les séparer en pratique. Et l'on voit bien d'ailleurs, par les quelques exemples que nous avons pris et qu'on aurait pu multiplier à l'infini, que, *dans tous les cas*, l'élément moteur, décisif, de ces transformations corporelles n'a que peu de chose à voir avec des enjeux matériels. Il répond au contraire à des demandes avant tout immatérielles, à des désirs, des croyances et des rêves, non point détachés de tout substrat concret, mais qui ne s'y ramènent ni directement ni exclusivement.

De même que Balzac a pu dépeindre les démarches des individus de son siècle en les rattachant, plus encore qu'à leur profession, à leur caractère intérieur[21], on pourrait presque parler ici d'une « allure d'époque », à l'explication de laquelle on peut certes avancer quelques causes matérielles, mais où semble surtout primer l'effet de représentations collectives ou individuelles abstraites. On ne peut ainsi qu'être frappé par la percée actuelle, dans les rues des grandes villes occidentales, d'une certaine démarche féminine qu'on pourrait qualifier d'« asiatique », droite, voire un tantinet raide, mais en même temps fragile et dansante, qui n'entretient aucun lien visible et semble même entrer en contradiction avec les nouvelles silhouettes apparues ces dix dernières années. L'analyse bute ici, à première vue, sur une énigme. Certains pourront y voir l'une des premières traductions du fait que le « centre du monde », ainsi que le soutenaient il y a quelques années les géopoliticiens,

21. Dans sa fameuse « Théorie de la démarche ». Balzac, *Œuvres complètes*, Seuil, « L'Intégrale ».

s'est aujourd'hui déplacé de l'Amérique et de l'Atlantique-nord vers l'Asie et le Pacifique ; d'autres, plus prosaïques, la simple conséquence du rallongement des robes, entraînant l'apparition automatique d'un nouveau « porté »...

À ce modelage des morphologies par l'époque, participent en effet toutes les pratiques sociales et culturelles ayant pour objet le corps, au premier rang desquelles, bien sûr, le vêtement. Pour ne prendre que quelques exemples épars et concernant la seule poitrine – si l'on voulait être complet, c'est l'histoire entière de la mode qu'il faudrait passer ici en revue –, les Romaines comprimaient leurs seins dans des bandelettes de cuir ou des châles très serrés, les *fascia*, afin d'empêcher leur développement, car une gorge opulente était alors considérée comme vulgaire, voire l'attribut, l'outil de travail, des péripatéticiennes. Les garçonnes des années 20 usaient aux mêmes fins de brassières dites « réductrices ». Et la silhouette gracile et furtive, androgyne, des jeunes existentialistes au début des années 60 devait beaucoup au port du pantalon-fuseau et surtout de ces longs pull-overs en grosse laine et à large maille qu'avait popularisés Audrey Hepburn, « la jeune fille du demi-siècle », et qui dissimulaient leurs formes. Le corset d'avant 1907 amenait les femmes à porter les seins bas et un peu pendants, là où les soutiens-gorge fortement armaturés, avec des bonnets coniques rigidifiés par des piqûres en cercles concentriques et parfois rembourrés de la fin des années 50, tout comme le *wonderbra* des années 90 en en comprimant les globes l'un sur l'autre, cherchaient, à l'inverse, à les rehausser et à les faire saillir afin de leur conférer ce « galbé » alors synonyme de féminité.

D'une façon plus générale, chaque époque mettant alternativement l'accent sur une partie spécifique du corps – choisissant d'exalter ou de raboter ici les seins, là les hanches, ailleurs le ventre, les fesses, etc. –, il en résulte l'apparition de véritables distorsions anatomiques auxquelles les femmes ne peuvent que se conformer, que la mode leur permet en partie d'acquérir et qui, pour rester artificielles, n'en ont pas moins des conséquences quasi « réelles ». Ainsi s'explique l'apparition récurrente de ces curieux accessoires, comme, au XVIIIe siècle, les « paniers », chargés de magnifier les hanches en leur conférant une ampleur monumentale, ou, à la fin du XIXe, les « tournures », destinées à sacraliser les fessiers. D'un point de vue social, telle est d'ailleurs, sans doute, l'une des fonctions les plus profondes de la mode, et l'une des rares explications concrètes, quoique partielle, de sa dynamique : mettre l'accent sur telle ou telle particularité du corps, amplifier ou au contraire minorer une de ses caractéristiques naturelles, afin d'illustrer, de renforcer et de glorifier certaines valeurs perçues comme plus prioritaires que d'autres selon les sociétés et les époques – cela sans oublier, bien sûr, dans le cas des femmes, de renouveler leur attrait érotique.

À la fin du XIXe siècle et au début du XXe, la vogue des chapeaux volumineux, qui, par un simple effet d'échelle, rapetissaient les visages des femmes tout en leur déployant le cou et en lui permettant de se rapprocher de ces courbes délicates, « en cygne », qu'on aimait tant alors, correspondait à une représentation de fond, morale, de la société, selon laquelle la femme se devait d'apparaître (et d'être) faible et vulnérable. Dans les années 20, l'usage des chapeaux cloches enfoncés sur la tête aidait, à l'inverse, à renforcer l'ovale du visage féminin et à donner au regard cette expression mutine où l'on voyait une proclamation d'indépendance. Des talons hauts allongeront et affineront la stature bien plus sûrement que n'importe quelle séance d'aérobic ou de gymnastique. Il suffit d'un *padding* bien placé pour que, d'un coup, sans *body-building*, il nous pousse des épaules. Et toutes les modistes savent l'importance dans la mode féminine de ce qu'on appelle techniquement le « point d'accroche » ou « d'ancrage » du vêtement. Situé, selon les époques, au niveau des hanches, à la taille, en dessous ou au-dessus de la ligne des seins ou aux épaules, il provoque des transformations décisives dans l'apparence corporelle, car une robe dont le mouvement part des épaules aura tendance à estomper les formes que nous considérons par tradition « féminines », alors que, prise à la taille, elle en accentuera au contraire les traits.

Autant et même beaucoup plus que les habitudes alimentaires et les usages de vie, ce sont les valeurs proprement culturelles de la société et du temps – ses désirs et ses croyances, qui, ainsi que le notait justement Tarde[22], sont les objets d'élection de ces processus d'imitation-suggestion dont, nous l'avons dit, il n'expliquait cependant pas pourquoi seuls certains d'entre eux ont des effets – qui modèlent notre physique, le transforment et suscitent peu à peu l'apparition de véritables « morphologies d'époque ».

En demandant à l'épouse de montrer sa soumission à son mari, la grande époque bourgeoise du XIXe siècle amenait ainsi la femme à arrondir inconsciemment ses épaules, à les porter d'une certaine manière « tombantes », et en lui assignant un rôle avant tout de génitrice et de gardienne du foyer, la poussait, en comprimant de façon drastique sa taille par le corset, à exemplifier ses hanches, siège et symbole de la maternité. Si l'on ajoute à cela qu'en lui donnant l'allure d'une citadelle imprenable, les laçages étroits et les superpositions de sous-vêtements qu'imposait le corset assuraient un « contrôle » rassurant de la femme, tout en renforçant simultanément un certain exercice puritain et étroitement masculin de l'érotisme, on comprend pourquoi on dut s'y reprendre à plusieurs fois avant de le jeter définitivement par-dessus bord : parce qu'il remplissait plusieurs demandes sociales vitales, impératives, dont certaines éminemment contradictoires, le corset apparaît comme un résumé presque parfait de l'architecture psychique souterraine de toute une époque.

Tout se passe en bref comme si les normes et les valeurs de notre société et de notre temps venaient sans cesse se déposer sur la toile de notre « nature » et, à la manière de scarifications ou de tatouages, y dessinaient peu à peu un nouveau, un autre corps, masquant puis remplaçant notre morphologie initiale. Produit de part en part social et culturel, le corps réfracte l'évolution de la société. Rien d'étonnant, ainsi, à ce que la femme du *New Look* de Dior ait retrouvé, à la fin des années 40, dans sa posture, dans l'enflure et le mouvement de ses vêtements, quelque chose du caractère « hyper féminin », selon nos critères occidentaux depuis le XVIIIe siècle, d'avant l'abandon du corset : proclamation du retour à une ère d'abondance, le *New Look* ne pouvait que faire du corps l'emblème d'un nouvel optimisme et le signe d'un appel à la résur-

22. *Les Lois de l'imitation*, *op. cit.*

gence de tout un ancien art de vivre de la « haute société »[23]. Sauf qu'il faut préciser qu'il ne s'agissait pas là du seul « modèle féminin » alors disponible. Ainsi que nous l'avons évoqué en passant, deux types concurrents s'affrontaient alors : celui, traditionnel, de la créature de plaisirs et celui, nouveau, du *garçon manqué* existentialiste. Comme si s'exprimaient et se matérialisaient là deux comportements alternatifs, deux « réponses » possibles face au retour des valeurs matérialistes : acceptation joyeuse ou, au contraire, refus par l'intellectualisation et retrait dans une « nouvelle intériorité » posée comme supérieure – cette dernière attitude préfigurant les futures normes morales des années 60-70[24].

Tout ce que nous venons de dire des corps peut être aisément élargi au domaine en apparence infiniment plus hétérogène, par définition *hautement singulier*, des visages. Les grandes valeurs morales, qui n'ont aucune raison d'être identiques selon les sociétés et les époques, modèlent même paradoxalement de façon plus franche et directe nos physionomies que nos anatomies. L'équivalence commune au XIXe siècle entre des traits fins et un caractère doux explique ainsi que prévalait alors pour les femmes une cosmétique légère, qui s'évertuait à copier la « nature » sans vouloir la réformer et bannissait les excès de maquillage comme « de mauvais genre ». Or, cette association d'idées est très loin d'aller autant de soi qu'il nous paraît. Elle ne vaut que pour les époques qui enferment la femme dans un statut inférieur, proche de celui des enfants, ou valorisent la jeunesse en soi, voire, comme la nôtre depuis les années 60, lui rendent un culte.

De même, si les jeunes bourgeoises françaises des années 1900 à 1914 arboraient souvent une chevelure bouclée qui leur donnait de loin l'aspect de gentils petits moutons, c'est parce qu'une légende voulait alors que les cheveux bouclés soient l'apanage des personnes « aimables » ; tandis que le port des cheveux lisses passait, à l'inverse, pour le propre des caractères incommodes, indomptables ou « sauvages ». La vérité est qu'en une période dominée par les valeurs puritaines, tout ce qui pouvait suggérer un

23. « J'ai ramené le vieil art négligé de plaire », dira Christian Dior pour justifier le « New Look » en 1947. Cité par *In Vogue*, *op. cit.*

24. Sur la fonction d'« anticipation » de la mode, voir le chapitre VI, « Prophètes en falbalas », de notre *Morale du masque*, *op. cit.*

laisser-aller se voyait automatiquement associé à une activité sexuelle sinon anarchique, du moins forcément coupable. Il n'y avait guère alors que les filles perdues et les désaxées qui pouvaient se permettre de sortir dans la rue, comme l'on disait, « en cheveux ».

Pour revenir au temps présent, la vogue actuelle du crâne rasé chez les hommes fait d'évidence écho à la montée d'une conception plus réaliste, plus dure, de la société : plus encore qu'un retour aux valeurs viriles traditionnelles, étonnamment stables depuis le début du XIXe siècle[25], elle traduit la vision d'un monde dans lequel la survie est perçue comme l'objet d'un véritable « combat ». En même temps, parce qu'il évoque l'univers des bébés[26], le crâne rasé trahit une certaine fragilité et appelle, comme semble du reste le confirmer le célèbre rituel des footballeurs français venant déposer à tour de rôle un baiser sur le crâne nu de Fabien Barthez avant les grands matchs, une sorte de tendresse paternelle ou amicale. Où l'on retrouve une illustration de ce que nous suggérions précédemment quant au caractère de synthèses de plusieurs demandes sociales parfois divergentes des styles.

Par sa tonalité tout à la fois décalée et chic, par les valeurs « artistes » mais aussi de confort qu'elle porte, la courte barbe hirsute paraît, de son côté, entrer en consonance parfaite avec ce renouvellement des critères de la réussite, fondée désormais non plus seulement sur le compte en banque mais sur un alliage d'argent et d'« âme », où l'on a pu voir l'un des centres de gravité de la mentalité « bobo », « bourgeoise-bohème » d'aujourd'hui[27]. Mais, par le savant composite de force sauvage de l'« homme-qui-ne-s'en-laisse-pas-compter » et de vulnérabilité sous-jacente du « solitaire-qui-a-besoin-qu'on-s'occupe-de-lui-à-sa-place » qu'elle diffuse, cette innovation capillaire rend sans doute également compte de la nouvelle vision d'un homme fort, voire *macho*, mais ne dédaignant pas la protection de la Femme, qui s'est instillée depuis une décennie dans nos sociétés : elle pourrait refléter l'image ambi-

25. Voir George L. Mosse, *L'Image de l'homme. L'invention de la virilité moderne*, Éd. Abbeville, 1997, pour la trad. fr.

26. Voir Desmond Morris, *Magie du corps*, Grasset, 1986 et 1992.

27. Voir David Brooks, *Bobos in Paradise. The New Upper Class and How They Got There*, Simon & Schuster, 2000.

guë de l'introuvable « homme du post-féminisme » dont rêvent les magazines, tant féminins que masculins. Combinées ensemble, ces deux micro-inventions d'apparence portant des significations ou plutôt diffusant des sentiments, proches pour une part, opposés pour une autre, offrent ainsi toute une gamme de possibles à l'expression d'un large éventail de sous-types concrets dérivant du nouvel idéal d'homme que nous venons d'évoquer.

Toutes les sociétés, toutes les époques possèdent leurs propres canons de beauté, qui excèdent largement les frontières de classes, par où se réfractent leurs conceptions générales des sexes et de leurs rapports, et inventent des moyens pour s'y conformer.

Rien d'étonnant ainsi à ce que, dans le XVIIIe siècle libertin, où les femmes étaient considérées plus ou moins par les hommes comme des jouets – bien que leur pouvoir fût sans doute largement aussi grand, sinon même plus qu'aujourd'hui : il s'agissait donc bien ici d'un « jeu », au sens propre du terme, d'apparences[28] –, se soit développée toute une cosmétique qui, à coups de larges aplats de blanc de céruse et de touches de fard à joues rouge sur les pommettes, cherchait à faire ressembler leurs visages à ceux de poupées. Et rien d'étonnant, non plus, à ce que dans cette société aristocratique, qui conférait au non-travail une valeur supérieure à l'activité, l'usage de la poudre se soit généralisé aussi bien pour les femmes que pour les hommes : un visage hâlé trahissant un contact trop fréquent avec le soleil et les intempéries, signifiant donc qu'on appartenait à cette classe basse qui avait besoin de travailler pour vivre, il fallait tout faire pour obtenir, naturellement, en évitant de l'exposer au soleil, ou artificiellement, en l'enfouissant sous plusieurs couches de poudre de riz, le visage le plus pâle possible, qui signait l'appartenance à l'élite de la noblesse.

Pour que le culte du bronzage succède à celui de la pâleur, il a donc fallu que s'opère un véritable renversement idéologique, qui a pris près de deux siècles. Il a en effet d'abord fallu qu'aux valeurs aristocratiques du non-travail succèdent des valeurs plus bourgeoises, à la fois plus « actives » et naturalistes. Il a fallu ensuite que

28. Voir, à ce sujet, Norbert Elias, *La Civilisation des mœurs*, Calmann-Lévy, 1973, pour la trad. fr., et *La Société de cour*, Calmann-Lévy, 1974, pour la trad. fr.

la conception décoratrice de la femme comme vitrine, voire bien de possession, capital de l'homme, cède la place à une autre vision de la femme comme personne autonome, que s'accomplisse donc une relative émancipation sociale, économique et culturelle des femmes. Et cette modification supposait enfin l'abandon du corset au profit de vêtements plus souples, mettant en scène un corps libre, débarrassé des contraintes qui condamnaient leurs utilisatrices à l'inaction.

Tout sauf une technique « neutre », le maquillage est toujours une création sociale d'ordre idéologique. Nulle bizarrerie ainsi à ce que les années 70 pré-écologistes aient vu la palette jusque-là fort restreinte des noirs, blancs et rouges intenses du maquillage en vigueur depuis plusieurs siècles, éclater en un extraordinaire arc-en-ciel – aujourd'hui d'ailleurs un peu périmé en raison du retour à une vision de la Femme et à des valeurs morales plus classiques – de bleus, de verts, de prune, de violets, mauves, roses, orange, beiges, bruns, gris, châtains, marron et terre de Sienne, purs ou en pastels, transparents ou opaques, mats ou en reflets, irisés, satinés, nacrés, etc. Ne sont-ce pas là les nuances mêmes, infinies, de notre Divine Nature ?

De même que chaque époque met dans sa mode l'accent sur une partie du corps, chaque époque choisit également de privilégier tel ou tel élément du visage, en lui associant une valeur symbolique singulière. Ce pourra être ici la bouche, là les yeux, ailleurs le cou, le front ou l'ensemble des traits. Les romantiques de 1830 accordaient, comme plus tard les préraphaélites, les décadents et, plus près de nous, les existentialistes des années 50, une importance prééminente aux yeux – on peut même dire que, dans leur conception de la beauté, les visages étaient centrés sur eux –, car ils étaient supposés être le siège du sentiment, la « fenêtre » ou les « portes » de l'âme. Après la grande période aristocratique, qui avait vu le triomphe du masque imperturbable sur le sentiment donné comme plus ou moins vulgaire ou – ce qui revient au même – comme l'indice d'un contrôle imparfait des émotions et par conséquent le signe d'une infériorité sociale, les valeurs d'expression personnelle, d'intériorité et d'authenticité opéraient un retour en force. L'on se mit alors à valoriser les grands yeux, à en accentuer la fixité par un certain auto-dressage du regard ou à en faire le point de mire du visage en en soulignant le tour par du noir, car ils indiquaient une grande âme, naturelle, sincère et ouverte... quand elle n'était pas projetée vers l'au-delà et la transcendance.

Dans les années 20, toutes les jeunes filles à la mode arboraient des lèvres en forme d'« arc de Cupidon », une vogue sentimentale lancée par Hollywood et qu'on a pu expliquer par la nécessité pour la société d'alors de restaurer symboliquement la barrière entre les sexes que la Première Guerre mondiale avait provisoirement fissurée, comme pour donner aux femmes le signal du retour au foyer[29]. Quant aux années 30, elles substituèrent au visage devenu « vague », car naturel et domestiqué, vers le milieu des années 20 un look qualifié de « net » ou de « tranchant » car mieux défini, plus anguleux. Cette transformation s'obtenait par l'entremise d'un maquillage plus soutenu et surtout plus contrasté, faisant mieux ressortir les ombres et les lumières du visage. On y adjoignait une touche de fard un peu plus foncé sur la face latérale extérieure des pommettes afin d'amincir le menton, de l'*eye-liner* pour souligner la ligne des yeux et du mascara pour renforcer l'accent des cils, qu'on prolongeait parfois par de longs faux cils synthétiques. Et on coiffait enfin l'ensemble de cheveux ondulés, en « casque », rendus possibles par la nouvelle technique de la permanente. Tous ces efforts ayant pour but de matérialiser le passage d'une époque « insouciante » à une décennie plus incertaine, marquée par la crise économique et la montée des fascismes[30].

Tout se passe donc bien, ainsi que le soutenait Wilde, comme si la société se mettait sans cesse en devoir de « créer » chez ses sujets les traits, la bouche ou les yeux dont elle a besoin ou dont elle rêve, comme si elle n'était d'abord et avant tout qu'une espèce de grande « fabrique » permanente de visages. Dans les années 60, les magazines féminins recommandaient à leurs lectrices de disposer en dessous de leurs paupières inférieures deux petits lacs de fard clair, afin, en éclaircissant par réflexion de la lumière leurs

29. Voir Alain Rustenholz, *Maquillage*, Éd. du Chêne, 2000.

30. Voir Bevis Hillier, *The Style of the Century*, Londres, A & C Black, 1998, qui illustre son propos (p. 94) par deux portraits photographiques, datant l'un des années 20, l'autre des années 30, très significatifs de cette transformation, de la célèbre Lady Louis Mountbatten. Voir également *In Vogue*, *op. cit.*, qui montre (p. 111) une série de visages de stars dans les années 20 et 30 (Marlene Dietrich, Juliette Compton et Tallulah Bankhead), témoignant de la même métamorphose.

blancs, d'agrandir leurs yeux. Cela leur donnait cet air étonné qui plaisait alors tant chez Twiggy, « la Brindille », le célèbre mannequin anglais au visage d'oiseau dévoré par deux immenses yeux ronds. Ces crèmes se présentaient même parfois, dans les publicités, sous le nom curieux mais très parlant d'« écarquilleurs d'yeux »[31]. Une mise en valeur du regard qui avait pour but d'illustrer, de *confirmer* les nouvelles normes morales montantes, partagées par les hippies de San Francisco, selon lesquelles il fallait désormais que l'expression profonde prenne le pas en toute circonstance sur la pose – ou, pour user des mots de l'époque, que l'« essence » *devait* toujours primer sur l'« apparence ».

La coiffure participe également de façon essentielle à cette création des physionomies. Un livre entier ne suffirait pas à recenser les coupes inventées à cet effet par les hommes depuis l'aube des temps et les valeurs qu'on a pu leur associer. Des cheveux repoussés en arrière sur le crâne et plaqués sur les tempes avec de la gomina, et c'est un front qui se libère, donc, au choix, une volonté ou une intelligence qui s'affirme. Réunis en un chignon haut sur la tête, un cou qui se déplie et une fragilité qui apparaît. Coupés court, brillantinés et agrémentés, comme chez Louise Brooks et Juliette Gréco, d'une frange ombrageuse, un regard qui se met à percer et une nouvelle profondeur qui se révèle. Et ainsi de suite. Toutes les coiffures ont d'ailleurs pour effet principal de modifier les proportions naturelles du visage. Les détracteurs de ces énormes amoncellements de cheveux mêlés à des objets décoratifs de tous ordres, colonnes grecques, portails doriques, frégates miniatures, encorbellements, végétation tropicale luxurieuse, etc., qu'arboraient les femmes au milieu du XVIIIe siècle ne se plaignaient-ils pas que cette mode avait eu pour conséquence inesthétique de « mettre les yeux au milieu du corps » ?

Et la couleur de la chevelure est aussi un enjeu primordial – d'autant que les valeurs morales qu'on lui a attribuées selon les siècles n'ont pas cessé de varier, et varieront encore. La blondeur n'a pas été ainsi toujours associée, comme dans l'Allemagne hitlérienne, à la virilité triomphante[32]. Jusqu'à la fin du XIXe siècle, elle

31. Voir Claudine Chevrel et Béatrice Cornet, *Grain de Beauté, un siècle de beauté par la publicité*, Somogy, 1993, et K. Mulvey et M. Richards, *op. cit.*

32. Voir Eric Bierhahn, *Blondheit und Blondheitskult in der deutschen Litteratur* (La

passait au contraire pour le signe distinctif, par excellence, d'une âme rêveuse au mauvais sens du terme, faible et indécise. Un caractère fort, viril, ne pouvait avoir que des cheveux bruns. Le romantisme français accordait même à ces derniers une sensualité qu'il déniait au blond, qu'on disait alors fade, quand on n'en faisait pas, comme au XVIIe siècle, l'indice d'une dégénérescence physique. Ce n'est que progressivement, en se mêlant à d'autres notions sans lien au départ avec elle, telles celles de la nationalité et de la race, que la blondeur a pris le sens d'un symbole de force naturelle et, plus tard, de « germanité ». Ces valeurs éminemment fluctuantes se reflètent dans l'invention de teintures aux tons eux-mêmes sans cesse évolutifs. Autour de 1830, on utilisait ainsi des décoctions de cassis ou de noix pour se brunir les cheveux [33], tandis que dans les années 30 aucune couleur ne pouvait rivaliser avec le platine brillant qu'avait adopté Jean Harlow.

Sans évoquer la chirurgie esthétique, il existe bien d'autres moyens, et moins définitifs, de modifier son visage pour l'amener à s'aligner sur les normes de son époque. Au haut temps du bourgeoisisme et jusqu'à une période somme toute assez récente, un grand nez passait, chez l'homme, pour l'indice d'un caractère affirmé, puissant, vigoureux [34]. La montée des valeurs féminines, tout autant qu'un certain jeunisme – femmes et enfants possèdent naturellement un nez moins proéminent que l'homme –, peut-être aussi (du fait de l'association symbolique ancestrale, reprise comme un fait quasi scientifique par la psychanalyse, du nez masculin au phallus) la condamnation d'un désir sexuel masculin égoïste et impérieux, niant la personnalité de la femme, soit un certain rejet des valeurs *machistes*, ont amené peu à peu à considérer comme pouvant être beau un petit nez chez l'homme et... fait finalement que l'on ne rencontre plus aujourd'hui de ces créatures aux spectaculaires et agressifs appendices nasaux comme naguère. Non point que l'accumulation de ces renversements de valeurs ait provoqué chez les hommes une modification physiologique au sens

blondeur et le culte de la blondeur dans la littérature allemande), in *Archiv für Kulturgeschichte*, XLVI, 1964.

33. Voir le chapitre sur le romantisme de notre *Morale du masque*, *op. cit.*

34. Edgar Poe soutenait même qu'« un gentleman au nez rond et retroussé est une contradiction dans les termes ». Cité par Desmond Morris, *op. cit.*, p. 72.

strict du terme ; mais il est certain qu'elle a entraîné l'adoption et la généralisation de certaines façons particulières de se tenir, de se faire photographier, de porter tel ou tel accessoire, comme les lunettes, d'arborer telle ou telle coupe de cheveux, susceptibles d'amoindrir, de gommer, une caractéristique soudainement devenue inesthétique, si ce n'est moralement condamnable. Comme si l'évolution des mentalités avait poussé ceux à qui la nature a par malheur donné un grand nez... à tout mettre en œuvre pour le « raccourcir » aux yeux des autres.

La mise en scène incessante de soi à laquelle la société nous convie, et sans laquelle aucune vraie vie sociale ne serait même concevable, s'appuie pour une large part sur ces valeurs environnantes, entraînant dans notre physique des transformations souvent inconscientes mais qui prennent à force valeur de mutations réelles. C'est toute la différence qui existe entre le visage et ce que certains nomment, pour rendre compte de ces changements sociaux, la « figure »[35]. De même qu'il y eut un regard perçant, analyseur, volontiers narquois mais en même temps faussement détaché car sans cesse creusé par un fond d'inquiétude, spécifique à cet « homme de cour » auquel le jésuite Gracian donnait au XVIIe siècle un « manuel » pratique de comportement[36] ; un air condescendant, satisfait mais secrètement ravagé par une ironie radicale, quasi autodestructrice, comme d'un misanthrope finalement résigné aux hommes, propre au dandy ; et un œil sûr de lui, dominateur mais de biais et à la longue fuyant, comme s'il n'arrivait pas, malgré le contentement qu'il tirait de son pouvoir et de sa richesse, à s'aimer vraiment, propre au bourgeois de la fin du XIXe siècle, chaque époque impose un port de visage et un regard en harmonie avec ses buts, ses aspirations, ses fantasmes, ses rêves et ses regrets : une physionomie qui correspond à sa rationalité entendue au sens global du terme.

Et un visage change en fonction de l'intention qu'il entend exprimer et transmettre, intention qui parfois se fige dans les traits et devient peu à peu une seconde nature. Quel adolescent, dans les années 50, ne s'est-il pas ainsi évertué à copier devant sa glace

35. Voir à ce propos Jean-Jacques Courtine et Claudine Haroche, *Histoire du visage*, Rivages, 1988, qui, en dépit de son titre, est en fait surtout un examen des diverses physiognomonies inventées par les hommes depuis le XVIe siècle.

36. Baltasar Gracian, *L'Homme de cour*, Champ Libre, 1972.

les épaules lordosées, la tête projetée en boule en avant, le front buté et le regard torve, par en dessous, des « rebelles sans cause » à la James Dean et Elvis Presley, voulant signifier par là sa révolte – ou une idée de ce sentiment de révolte – à l'égard des valeurs parentales ? Et tous les hommes de cette génération, bien que devenus de respectables quinquagénaires, en portent encore la trace dans leur façon quotidienne de se présenter et de se tenir. Dans la décennie suivante, les jeunes filles affectaient à l'inverse de porter le visage légèrement penché de côté et mimaient l'air un peu ahuri et les gestes gauches de Twiggy, car les valeurs en vogue étaient maintenant celles de la naïveté, de l'innocence, soit plus ou moins de l'enfance – un maintien de « petite fille terrible » qu'on remarque encore chez certaines jeunes grand-mères actuelles. Et ne voit-on pas se généraliser chez les post-branchés d'aujourd'hui cet œil cynique, décalé et se voulant ironique, comme revenu de tout, mais en même temps assez bassement matérialiste, avide et jouisseur, typique d'une mentalité « Guignols » – à l'évidence déjà dépassée –, qu'on pourrait nommer le « regard Canal Plus » ?

Une analyse poussée desdites « techniques de pose » – mais qui ne sont qu'autant de *partis pris intellectuels et moraux* – adoptées par les photographes selon les époques, telle que l'avait initiée Barthes dans sa « mythologie » consacrée au studio Harcourt[37], apporterait sans doute beaucoup à l'histoire récente des mentalités. Contentons-nous ici de remarquer que chaque époque développe sur ce point sa disposition canonique, par où passe sa conception du monde et de son avenir. Dans les années 20, on réalisait les portraits plutôt de face et en plongée, avec un éclairage équilibré – une vision à la prétention « naturelle » –, alors que dans les années 30, on photographiait les visages majoritairement en contre-plongée, légèrement ou franchement de profil, et en disposant de surcroît une source de lumière unique latérale, avec parfois un curieux halo luminescent dans les lointains – manière sans doute de faire advenir cette « magie » dont on ressentait alors le besoin afin de s'évader par l'imaginaire de ces temps devenus, nous l'avons déjà dit, passablement problématiques.

37. Roland Barthes, « L'acteur d'Harcourt », in *Mythologies*, Seuil, 1957.

Dans les années 50, les modèles étaient photographiées le plus souvent frontalement, toujours en contre-plongée, mais avec un éclairage cette fois diffus : les stars restaient des stars, mais on leur suggérait qu'on pourrait bien un jour leur demander poliment de redescendre du piédestal sur lequel nous les avions nous-mêmes posées. Les années 60 témoignèrent, elles, d'une véritable irruption des décors de la rue et du quotidien : en des temps se disant préoccupés de naturel et de vérité, les poses abandonnaient de leur figé et le monde s'invitait sur les plateaux des photographes. Tandis que paraît se réinstaller actuellement une vision de nouveau retranchée du monde extérieur, sans effort particulier de mise en scène, plutôt de face et, d'un point de vue de la hauteur de l'objectif, centrale, où l'on pourrait repérer une volonté de mettre en avant des attitudes de force, de réalisme et de naturalisme, mais où le désir affiché du vrai semble néanmoins le disputer sans cesse à un certaine auto-complaisance larmoyante assez masochiste : comme si se matérialisait ici, bel et bien, toute une « économie pulsionnelle »[38], la structure psychique propre à notre époque[39].

On dit souvent que ce qui différencie les grands acteurs, comme Brando ou Delon, des excellents comédiens, tels Raimu et Serrault, c'est que les premiers se mettent en scène spontanément, savent exalter leur personnalité ou se forger une autre identité, imaginaire mais plus « vraie » que la précédente – là où la qualité principale des seconds, qui, s'ils peuvent gagner la reconnaissance et le respect du public, n'accèdent cependant jamais au panthéon des stars au sens plein de ce terme, est de pouvoir se couler dans des

38. L'expression est de Norbert Elias dans *La Civilisation des mœurs*, *op. cit.*

39. Dans un ordre d'idée approchant, il y aurait lieu de s'interroger sur la vogue récente, quoique, semble-t-il, en légère régression, qui pousse les mannequins féminins (et que demandent ou recommandent peut-être les photographes de mode) à poser la bouche ouverte ou les lèvres serrées et rebondies galbées en avant. L'interprétation de cette coutume, pas plus étrange au demeurant que celles qui l'ont précédée et que celles qui la suivront, est ouverte. L'influence de ce nouveau mot d'ordre commercial des magazines féminins qu'est le *glamour* y est sans doute pour beaucoup. Mais on ne peut s'empêcher non plus de se demander si – de même qu'il ne peut y avoir de réelle et exaltante pornographie que dans les périodes néo-victoriennes comme la nôtre, voire que celle-ci ne peut exister que dans ce cas ; autrement, il ne s'agit que de banal érotisme – cet usage ne montre pas que dans nos sociétés, dont certains prétendent qu'elles se sont dissoutes (?) du fait de ladite « permissivité » des années 70 et dont l'imaginaire semble peuplé quasi exclusivement de pédophiles, de partouzeuses et de touristes sexuels, ce n'est pas justement (ceci expliquant cela) *le Sexe qui en est le plus absent...*

personnages qui restent extérieurs à eux. L'histoire des vedettes est, de fait, tissée de ces transformations physiques parfois minuscules, mais qui bouleversent de fond en comble le sens de leur apparence, substituent à leur première nature une autre, qui finit par s'imposer, y compris à elles-mêmes, comme leur seule, leur vraie réalité [40]. Marlene Dietrich n'accéda ainsi au rang de femme fatale, de mythe accompli de la Femme Surhumaine, qu'en s'imposant un régime drastique, en se faisant ôter ses dents de sagesse afin de creuser son visage, en s'épilant entièrement les sourcils pour les remplacer par deux fines arcades tracées au crayon noir et en redressant son nez, dont elle détestait le retroussé, par une ligne de fard blanc disposée en permanence sur son arête : en s'inventant *ex nihilo* une nouvelle personnalité, sans rapport avec celle de la charmante petite comédienne allemande, *nature*, pétillante et un peu ronde, de ses débuts. Et ce principe ne vaut évidemment pas que pour les stars. Corps et visages sont pour nous tous les lieux d'une telle transformation imaginaire continue. Tout autre qu'une donnée, notre apparence physique résulte en grande part de ce que nous *décidons* consciemment d'en faire : elle est une simple page blanche à partir de laquelle nous nous créons ou pouvons nous créer en fonction de nos valeurs dites « propres », soit d'interprétations plus ou moins éloignées et originales de celles qui nous entourent.

L'esprit d'un temps, c'est ce maillage extrêmement dense, mouvant et évolutif, parce que jamais totalement unitaire, sans cesse pris dans la tension de ses ambivalences et de ses contradictions, d'images, d'idéals, de canons de beauté, de modèles d'identification, de représentations sociales, culturelles, de valeurs esthétiques et éthiques, d'attitudes de vie, de théories explicatives du monde, de sentiments, rêves, peurs, fantasmes, aussi bien collectifs qu'individuels, tabous, symboles, mythes et autres récits fantastiques qui, réagissant les uns sur les autres, sculptent notre être et le plient vers certaines formes plutôt que d'autres. C'est donc bien, ainsi que l'écrivait Baudelaire dans *Le Peintre de la vie moderne*, « la morale et l'esthétique du temps », en particulier l'« idée que

40. Marilyn Monroe disait aux photographes qui venaient faire des portraits d'elle : « Donnez-moi trois ou quatre heures, et je me transformerai en Marilyn. »

l'homme se fait du beau », qui « s'imprime dans tout son ajustement, chiffonne ou raidit son habit, arrondit ou aligne son geste, et même pénètre subtilement, à la longue, les traits de son visage ». Car « l'homme finit par ressembler à ce qu'il voudrait être »[41].

S'il possède beaucoup de choses en commun avec la mode au sens strict, étroit, du terme, s'il plonge ses racines dans le même terreau qu'elle, ce fond ou ce socle psychologique, comportemental, culturel et mythique moitié conscient, moitié inconscient, en diffère néanmoins profondément, car il ne saurait être l'objet, comme elle, de manipulations à des fins commerciales ou autres. Aux oscillations moins prononcées que les leurs, bien que lui aussi fort instable, il se situe *en amont* des modes et des engouements. Il en fournit en quelque sorte la clé, la « raison » – sauf qu'il faudrait se garder de donner à ce dernier terme un sens trop étroitement causal. Il ne s'agit pas en effet de réintroduire ici par la bande la vision marxiste (en réalité, d'ailleurs, plus précisément léniniste), selon laquelle les mentalités et ce qu'Elias avant Bourdieu a pu nommer les « habitus »[42] sociaux ne seraient que des « reflets » d'infrastructures matérielles préexistantes – conception dont toutes les analyses que nous avons faites dans ce chapitre ont montré la faiblesse. Mais il s'agit de rendre compte du fait que, quoique subissant d'innombrables médiations qui en brouillent la perception, il y a bien derrière toute mode une « demande sociale » qui, sinon l'explique totalement, du moins permet d'entrevoir pourquoi, parmi les formes qui se proposent pour traduire ce ou ces besoin(s), il en est qui s'imposent, et d'autres qui échouent : pourquoi certaines modes « prennent » et se généralisent, d'autres pas.

Les éléments entrant dans la composition de l'esprit d'un temps ont beau intervenir les uns par rapport aux autres et réagir les uns sur les autres selon un réseau d'influences croisées d'une complexité telle qu'il paraît vain de parler ici de causalité, il n'en résulte pas que celui-ci soit, ainsi qu'aiment à le soutenir certains snobs assoiffés de surenchère, « irrationnel ». Il est au contraire doté d'une grande rationalité, mais qui ne peut se percevoir intégrale-

41. *Œuvres complètes*, *op. cit.*

42. Qu'il définissait, dans *La Société des individus* (*op. cit.*), par « ce que tout individu, si différent soit-il de tous les autres, partage avec les autres membres de sa société ». Voir également *La Civilisation des mœurs*, *op. cit.*

ment qu'après coup. Car cette rationalité, jouant à la fois comme explication et justification de l'évolution des choses, émargeant aussi bien à la « réalité » des phénomènes qu'à leur interprétation – domaines que nous avons pris l'habitude théorique de séparer, voire d'opposer, mais qui, dans la pratique, sont indissolublement liés [43] –, correspond au *regard* que nous portons sur les choses, se confond avec lui.

L'esprit d'une époque, c'est donc en résumé ce qu'on appelle classiquement son imaginaire social ou collectif, mais qu'on pourrait plus justement nommer, afin d'éviter la connotation unitaire et statique que portent ces expressions, sa « constellation sensible » : le réseau des valeurs de tous ordres se répondant les unes les autres qui la définit, lui confère sa cohérence profonde et l'accompagne continûment, précipitant le développement de certains de ses éléments, bloquant au contraire provisoirement l'évolution d'autres, promouvant ou amenant à délaisser certaines formes et suscitant à intervalles réguliers l'apparition de synthèses mieux adaptées. Comme si en dessous ou à côté de l'univers « réel » se déroulait, dans une autre sphère, une autre continuité, *une autre histoire*, largement aussi importante, sinon même bien plus déterminante que la seule que nous reconnaissons comme telle – avec ses grands événements et ses grands personnages et à laquelle nous accordons une majuscule : l'« Histoire » –, venant imprimer sa marque sur nous, sculpter notre apparence, modeler nos façons de voir, de sentir, de parler, de penser et d'agir, pour faire en définitive de nous non ces êtres indépendants que nous nous enorgueillissons d'être, mais, dans une très large part, de simples créations de notre temps, de modestes duplicata, des *replicants* les uns des autres.

43. Nous reviendrons à d'autres reprises sur cette remarque dans le cours de cet essai, notamment dans le chapitre IV consacré aux objets. C'est pourquoi nous la laissons ici telle quelle, sans l'expliciter plus.

CHAPITRE II

Sur les traces odoriférantes du temps
(Parfums-Senteurs)

Courant 1920, déjà renommée en tant que couturière, Gabrielle Chanel décide, neuf ans après Poiret, de créer elle aussi son parfum. Bien que sous l'impulsion notamment de Paul Parquet, de la maison Houbigant, d'Aimé Guerlain, le fils aîné du fondateur de la célèbre dynastie, et de son neveu Jacques, et surtout de François Coty, la parfumerie française se soit convertie, dès avant 14, à la conception moderne d'un parfum « émotif », usant des molécules de synthèse découvertes récemment par les chimistes pour forger des fragrances inédites sans lien avec celles de la nature [1], l'époque demeure encore au quotidien pour les femmes aux « bouquets floraux », légèrement boisés et avec fond poudré de rigueur, qu'on doit utiliser de plus à des dosages généreux. Mélanges d'essences naturelles (et certaines en réalité artificielles, mais non présentées comme telles [2]) dissoutes dans de l'alcool, que l'on confectionne parfois

1. Nous faisons référence ici aux premiers grands parfums modernes, apparus à la fin du XIXe siècle-début du XXe, tels « Fougère royale » et « Quelques Fleurs » (Houbigant, respectivement 1882 et 1912), « Jicky » et « L'Heure bleue » (Guerlain, 1889 et 1912) et « L'Origan » et « Chypre » (Coty, 1905 et 1917). Voir, à ce sujet, l'excellent livre de Michael Edwards, *Parfums de légende. Un siècle de créations françaises*, HM Éditions, 1998, dont nous nous sommes beaucoup servi pour retracer l'histoire du « N° 5 » de Chanel.

2. Du fait de la prévention des consommatrices à l'encontre des produits industriels, les parfumeurs cachent très souvent, à cette époque, l'origine synthétique de leurs articles. Tout le monde sait bien qu'il n'y a pratiquement pas de violette naturelle et qu'on ne peut extraire d'essence du muguet ou du trèfle. Les parfums présentés sous ces noms, soit ont donc été très tôt des reconstitutions artificielles, soit n'ont même jamais été que cela ! On peut renforcer la violette avec de l'ionone, imiter le trèfle par du salicylate d'amyle et le muguet par « un mélange convenable d'hydroxycitronellal, de linalol et d'alcool phényléthylique » (*L'Art des parfums*, par Maurice Chastrette, Hachette, 1995), toutes substances synthétisées par les chimistes à la fin du XIXe siècle-début du XXe. Quant aux essences d'héliotrope vendues avant 1914, elles étaient toutes constituées d'héliotropine, découverte en 1869. Voir

soi-même, ces préparations s'altérant rapidement, il faut en effet ne pas avoir peur de les corser et s'en arroser d'abondance avant de sortir si l'on veut espérer sentir encore le parfum en fin de soirée. Le résultat est une ahurissante débauche olfactive : lourdes senteurs entêtantes de violette, d'héliotrope, de tubéreuse, de muguet, de géranium, de gardénia, d'iris, de jasmin et de rose exhalent et s'entremêlent à tout va dans les dîners et les réceptions. Bref, en dépit des fantastiques bouleversements politiques, sociaux, intellectuels et moraux sortis du grand traumatisme de la Première Guerre mondiale et des révolutions opérées dans les années 10 par les diverses avant-gardes artistiques, le secteur de la parfumerie reste dominé, dans son ensemble, par une esthétique descriptive bourgeoise et une vision traditionnelle de la femme, d'une « femme-fleur », douce et virginale, conceptions toutes deux héritées du XIXe siècle [3].

Quand, à la faveur d'un séjour sur la Côte d'Azur en compagnie du grand-duc Dimitri Pavlovitch, Chanel rencontre pour la première fois Ernest Beaux – un Français né à Moscou qui avait travaillé jusqu'en 1917 comme chimiste pour la firme A. Rallet & Cie, fournisseur officiel de la cour, puis, après la révolution bolchevique, était devenu le « nez » d'un petit laboratoire de Cannes-La Bocca produisant des mélanges pour les grandes maisons parisiennes –, elle ne rompt d'ailleurs pas vraiment avec ces tendances d'époque : dans son langage concret et direct, elle lui demande de lui élaborer un parfum « tenace », qui colle à la peau, puisse être porté, à l'instar de ses robes, aussi bien la nuit que le jour, et dont l'odeur évoquerait celle d'un jardin en été. Ce devra être, lui dit-elle, comme une « collection de fleurs vivantes », dans laquelle, elle ajoute, « on mettra tout ce qu'il y a de plus beau ». Mais, exactement comme dans la mode où, s'affranchissant des lignes opulentes et contrefaites par le recours au corset, surchar-

aussi Marylène Delbourg-Delphis, *Le Sillage des élégantes. Un siècle d'histoire des parfums*, Jean-Claude Lattès, 1983.

3. Si, sous l'influence du décadentisme, la fin du XIXe siècle s'était enivrée de senteurs musquées, « orientales », le fait est qu'on en revient prudemment, entre 1900 et 1914, à une vision plus classique du parfum et de la femme, où se lit encore l'influence du romantisme – ce dont témoignent les manuels de bienséance de cette époque, qui conseillent invariablement aux jeunes filles d'éviter les fragrances d'origine animales, l'ambre et le musc, considérées comme « de mauvais genre ».

gées de volants, ruches, frisés, froncés, dentelles et fanfreluches en tout genre, de la fin du XIXe siècle, elle a été avant-guerre l'une des premières, et sans doute avec beaucoup moins d'ambiguïté que Poiret, à introduire une silhouette féminine plus naturelle, proche du corps, sans ornements superflus et rendue fluide par l'emploi de tissus souples tels que le jersey et les laines tricotées, « Mademoiselle » a son idée de la femme à qui elle veut s'adresser : une femme non point, comme on l'a dit un peu vite, « libérée » – ce sera pour bien plus tard – mais, du moins, plus active et émancipée qu'auparavant. Une femme qui entend certes encore séduire les hommes, mais ne se vit plus comme leur simple faire-valoir et désire aussi, d'abord, se sentir en harmonie avec soi, sans excès d'égocentrisme ni stérile agressivité envers le monde masculin : bref, une femme réaliste qui, comme elle, a fait vœu envers et contre tout d'indépendance.

Pour ce qui est de la composition de la fragrance elle-même, Chanel fait confiance à l'imagination et au métier d'Ernest Beaux, mais elle lui donne cependant quelques directions. Mademoiselle, qui, souvenir de ses origines modestes, s'est toujours enorgueillie d'avoir des goûts simples et pour qui le fin du fin en la matière s'est longtemps résumé à « sentir le propre » [4], apprécie les senteurs florales affirmées mais en même temps légères ; et elle ne répugne pas qu'on les souligne par des accents un peu plus chauds et épicés, tels ceux qu'apportent certains bois, ou encore, plus secs et verts, quand on y adjoint par exemple du vétiver. Enfin, elle ne rejette pas l'idée classique d'intégrer dans son futur parfum des touches fruitées ou « hespéridées », à base d'écorces d'agrumes, en tant que « notes de tête », les plus volatiles et les premières perceptibles, pour lancer la composition et faire sourdre les senteurs florales ; et, bien qu'elle ne les aime guère pour elle-même parce que faisant « cocotte », animales et ambrées, afin de stabiliser l'ensemble et de prolonger son effet [5].

4. Selon Edmonde Charles-Roux (*L'Irrégulière, ou mon itinéraire Chanel*, Grasset, 1974), c'était même là le seul « mérite » que Coco Chanel, qui « suspectait volontiers les femmes trop parfumées d'avoir de "mauvaises odeurs à cacher" », concédait à la demi-mondaine Émilienne d'Alençon, qu'elle avait connue au temps de Royallieu.

5. Sur la classification des parfums et leur terminologie, on se reportera à la publication, sous ce titre, du Comité français du parfum de décembre 1998.

Ernest Beaux suit assez fidèlement les désirs de Coco Chanel ; mais, d'une part, il est bien obligé de les interpréter, car ils demeurent relativement flous, et, de l'autre, comme tout créateur, il y met aussi sa patte. Reprenant une de ses compositions récentes qui avait été, semble-t-il, rejetée par Coty en raison de son coût de revient trop élevé[6] – il faut dire qu'elle mettait en jeu plus de cinquante matières ; le futur « N° 5 » en comptera, lui, autour de quatre-vingts ! –, il choisit de privilégier comme thème central de sa composition un jasmin de Grasse très blanc et très pur et, de ce fait, fort onéreux, d'y associer de l'essence de rose de mai, une touche d'iris, de muguet et, pour varier les plaisirs, de l'ylang-ylang des Comores. D'une puissante suavité et très volatile, cette dernière fleur doit fournir le « départ » du bouquet, que Beaux amorce par de l'essence de néroli, ce distillat tonifiant et un peu âpre de fleurs d'oranger amer connu depuis la Renaissance et à la base des premières eaux de Cologne, et qu'il renforce par de la méthylionone, une molécule de synthèse déjà présente dans l'« Origan » de Coty. L'aspect bois sera représenté par la dualité chaude-verte du santal et du vétiver, qu'il assoit sur un sol de mousse de chêne et relève d'un soupçon de fève Tonka. Quant à la base animale, elle sera assurée classiquement par un fond de civette et de musc. Là où Beaux pourtant innove, c'est quand il décide d'avoir très largement recours à des matières synthétiques découvertes par les chimistes au début du siècle, mais qui n'avaient jusqu'alors été employées que de façon très marginale par l'industrie du parfum : les aldéhydes gras.

Si l'on savait depuis quelque temps déjà que ces composés fonctionnels pouvaient exalter et rehausser les senteurs naturelles – les

6. Ce point est l'un des nombreux mystères qui entourent la création de « N° 5 ». Beaux avait travaillé pour Coty, et il semble effectivement que ce dernier ait refusé un de ses mélanges, jugé trop cher – ce que semble confirmer le fait que Coty lancera en 1928 un parfum très proche de celui de Chanel, « Aimant », qui n'aura d'ailleurs que peu de succès. On peut donc penser qu'il s'agit d'une variante de ce produit, que Beaux a, en quelque sorte, « livré » à Chanel, en le retravaillant un peu. Si cette version des faits enlève au « N° 5 » une part de son aura mythologique, il reste que c'est Chanel qui a choisi le mélange et, surtout, qui lui a donné sa signification. Car si, dans un parfum, la fragrance est l'élément de base, ce n'est pas toujours ni forcément le plus important : le nom, le conditionnement, mais aussi la « légende » qu'on arrive à créer autour de lui – ce qu'on appelle aujourd'hui le « concept » –, sont essentiels, sinon la définition même de ce qu'on nomme depuis la fin du XIXe siècle un « parfum ».

« renforcer », comme l'on dit dans le jargon des parfumeurs –, ainsi qu'en les « fixant », les rendre plus durables, leur utilisation se heurtait en revanche à un énorme problème pratique. Comme cela arrive aussi de certaines fragrances animales ou florales raffinées – c'est même là l'une des plus grandes énigmes du parfum –, tels l'ambre, le musc, la civette ou le muguet, qui, en très fortes concentrations, diffusent des senteurs fétides, quasiment fécales même dans le cas du musc, les effets des aldéhydes sur l'odorat changent du tout au tout en fonction des proportions utilisées. À l'état brut, ils exhalent une odeur de beurre rance assez désagréable, tandis qu'à des doses moindres, ils ne sentent plus rien, se contentant de « potentialiser » le reste de la composition. N'étant efficaces qu'à une certaine concentration – laquelle varie de surcroît selon les ingrédients associés –, on comprend les difficultés d'utilisation qu'ils soulèvent. Un mauvais dosage en plus ou en moins, et c'est le désastre ou l'inefficacité. Bref, il faut beaucoup de doigté et d'innombrables tâtonnements afin de ne garder d'eux que leur fonction positive et d'obtenir l'effet recherché.

Esprit scientifique convaincu que toute découverte procède d'essais et d'erreurs, Beaux ne s'interdit *a priori* aucune expérimentation. De tempérament aventureux, il a pour habitude de travailler jusqu'aux limites d'utilisation des produits ; et, tenace, il croit en ses intuitions. Au début de l'année 1921, il présente à Chanel une dizaine de fioles emplies de mélanges aux dosages divers, qu'il a simplement désignées par des numéros. L'échantillon 5 est dosé presque jusqu'à saturation en aldéhydes[7], dont les premiers effets, un peu chlorés, s'adoucissent néanmoins très vite puis se dissipent, pour laisser place aux senteurs florales du bouquet initial. Et, non seulement ils libèrent et propulsent, tout en les séparant, ces dernières et en accroissent la longévité, mais ils vont jusqu'à leur conférer un curieux caractère abstrait – comme si l'on se trouvait en présence non plus tant de jasmin, de rose et d'ylang-ylang, que d'*esprit* du jasmin, d'*idée* de rose et d'une *image* d'ylang-ylang, l'ensemble dessinant une sorte de « pure arabesque

7. Le dosage en aldéhydes de « N° 5 » est de 1 %, alors que les précédents parfums qui avaient eu recours à ces molécules, tels que « Quelques Fleurs » et « Le Fruit défendu » (créé par Henri Alméras en 1914 pour Poiret), n'avaient jamais osé dépasser le seuil des 0,3 %, qui semblait leur limite d'emploi. Voir *Parfums de légende*, *op. cit.*

olfactive »[8]. Chanel a le coup de foudre pour cette dernière version, la plus improbable et la plus inventive de toutes, qu'une légende impossible à vérifier donnera plus tard comme le résultat d'une erreur de manipulation d'un assistant de Beaux[9].

Écartant les noms pommadés et autres périphrases maniérées dont les parfumeurs affublent à l'époque leurs créations, tels que « Le Bosquet d'Apollon », « Un air embaumé », « Soir hindou », « Bel Oiseau bleu », « Fille du roi de Chine », « L'Amour dans le cœur » ou encore « Il pleut des baisers », et ayant toujours accordé aux chiffres un pouvoir magique, Coco Chanel choisit pour désigner l'échantillon retenu, à l'encontre, semble-t-il, de l'avis de Beaux, apparemment moins novateur sur la forme que sur le fond, le terme neutre et quasi scientifique de « N° 5 ». Influencée par l'esthétique nouvelle, la mécène de Stravinski fait enfermer, sur les conseils de son amie Misia Sert, l'ancienne modèle de Vuillard, de Toulouse-Lautrec et de Renoir, l'élixir doré dans un cube légèrement allongé en hauteur et aux arêtes rectilignes (qui seront plus tard arrondies) – en fait, l'adaptation d'un flacon d'eau de toilette pour hommes datant de l'avant-guerre du chemisier Charvet –, qu'elle ferme par un bouchon rectangulaire taillé en émeraude. Et elle le fait enfin frapper d'une étiquette à la graphie fonctionnelle en noir et blanc, sur laquelle sont imprimés ces seuls mots : « Parfum N° 5. Chanel. Paris ».

Lancé en même temps que sa nouvelle collection de couture, le 5 mai 1921, soit le cinquième jour du cinquième mois de l'année, « N° 5 » remporte un succès d'estime immédiat. Bien qu'il soit devenu impossible aujourd'hui d'apprécier celle-ci à sa juste valeur, étant donné les innombrables copies qu'il a suscitées et l'apparition, depuis, de molécules de synthèse de plus en plus violentes, c'est surtout la nouveauté du recours aux aldéhydes qui retient,

8. L'expression est d'Edmond Roudnitska. Voir *Le Parfum*, PUF, « Que sais-je ? », 1990. Voir également André Holley, *Éloge de l'odorat*, Odile Jacob, 1999.

9. Étant donné le très grand métier d'Ernest Beaux, cela semble en effet à n'en pas douter une légende. Mais il se peut aussi qu'elle ait eu une part de vérité. En tentant ses expériences, Beaux a pu avoir sur un échantillon la main un peu lourde en aldéhydes, sauf qu'il a su immédiatement qu'il avait trouvé quelque chose. Le hasard a peut-être donc joué dans ses manipulations de chimiste, mais pas dans son jugement d'artiste. Profitons de cette note pour préciser que notre brève histoire du « N° 5 » n'est qu'une reconstitution, une série d'hypothèses plus ou moins probables. La vérité vraie, personne ne la saura jamais...

séduit, étonne, voire choque dans « N° 5 ». On invente même pour lui – ou, plutôt, on transpose spécialement pour lui de l'univers très intellectuel de la musique post-wagnérienne à celui, futile, de la parfumerie – le qualificatif, appelé à une grande carrière, de « dissonant ». Car c'est un parfum qui non seulement s'affirme d'emblée, revendique hautement sa présence et dure plus longtemps que ses prédécesseurs, mais qui, aussi, à l'encontre du « bon goût » d'avant, ne cherche plus à faire naître à partir de plusieurs matières différentes une harmonie de senteurs, mais entend lui substituer un véritable feu d'artifice de fragrances individualisées, qui explosent à tour de rôle et en tous sens comme des fusées. Les élégantes assaillent la boutique du 31, rue Cambon, mais il plaît également beaucoup aux femmes plus jeunes, moins riches et moins, ou *autrement* sophistiquées. On affirmera même ultérieurement pour cette raison qu'il a contribué à « démocratiser » la base traditionnelle des acheteuses de parfum.

S'il profite d'un certain snobisme – avec habileté, Chanel l'a remis gratuitement à titre de faveur, avant sa mise sur le marché et en faisant croire que jamais elle ne le commercialisera, aux grandes figures féminines de la haute société d'alors : elle a constitué, comme l'on dit aujourd'hui en langage de marketing, un premier « panel de prescriptrices » –, « N° 5 » tire surtout son succès du fait qu'il entre de façon presque magique en résonance avec l'air de son temps. On peut même dire qu'il préfigure de quelques saisons le climat de ces *roaring twenties*, les années 20 « rugissantes » des Américains, *reckless*, « insouciantes », aux yeux des Anglais et simplement « folles » pour nous. Il est vrai qu'il est tout à la fois agressif, anticonformiste et coloré comme les Ballets russes [10], direct, optimiste et conquérant à l'image des courbes de la Bourse prêtes à s'envoler, géométrique, rationnel et moderne, « puriste », au même titre que cet « Esprit nouveau » dont Le Corbusier n'est encore que le héraut très marginal et qui perturbera quatre ans plus tard la grande exposition des Arts décoratifs. Enfin et surtout, il correspond à un nouveau mode de vie féminin, dont

10. La première saison à Paris des Ballets russes, animés par Serge de Diaghilev, remonte à 1908 et le scandale du *Sacre du printemps* au théâtre des Champs-Élysées au 29 mai 1913, mais leur influence s'est poursuivie bien après la fin de la Première Guerre mondiale.

Chanel, qui a coupé ses cheveux dès 1917 et affecte en permanence une élégance simple et confortable, pré-*sportswear*, donne elle-même l'illustration : il introduit à une nouvelle conception de la femme que, tout à la fois, il reflète et cristallise.

Comme il arrive toujours dans ces cas-là, l'effet de miroir joue en effet à plein dans les deux sens. « N° 5 » colle à la nouvelle image de la jeune femme active et libre, en cheveux courts coiffés au carré, chapeau cloche enfoncé sur les yeux et jupe s'arrêtant au genou sur de fines jambes sportives gainées de bas de soie couleur chair, qui, petit à petit, fait son chemin, passera à la postérité, grâce au roman de Victor Margueritte en 1922, sous le nom de la « garçonne » [11], et deviendra la norme des années 1924 à 1926. Mais il permet aussi à celle-ci de prendre conscience de son existence : il réfléchit une image mentale, qu'il renforce, voire crée, en lui conférant une première matérialité de reflet.

« N° 5 » est, en bref, une magnifique machine à identification des représentations fantasmatiques et des valeurs nouvelles, sociales, culturelles et morales, de son temps – ce qui explique qu'il s'imposera à partir de 1923-1924 comme la « signature olfactive » de toute une génération de femmes « différentes ». En même temps, sa simplicité et le bon sens de sa conception, son classicisme, en font un indémodable, qui se vendra sur des décennies – posant au passage les bases de la fortune de Chanel –, s'imposera dans les années 50, grâce à Marilyn Monroe, comme l'un des mythes de la féminité et demeure aujourd'hui encore un des *best-sellers* planétaires de la parfumerie industrielle [12].

Tous les grands parfums « historiques » possèdent, bien qu'à des degrés divers, cette qualité de symbole de leur temps, en ce que, avec plus ou moins de fidélité et de force, ils en expriment le caractère, en retranscrivent les inflexions, en reflètent l'esprit. On a ainsi pu soutenir que « Fougère royale », d'Houbigant (1882), cet

11. Voir Christine Bard, *Les Garçonnes. Modes et fantasmes des Années folles*, Flammarion, 1998.

12. Comme le rappelle M. Delbourg-Delphis (*op. cit.*), le véritable succès commercial de « N° 5 » ne viendra que dans les années 50 et même 60. Offrir un reflet parfait de la société de son temps ne garantit donc pas le succès populaire : « N° 5 » fut la fragrance de la génération des garçonnes, mais Chanel a vendu infiniment plus dans les années 30 de son « Cuir de Russie », qui n'avait pourtant pas les qualités esthétiques, sociales et fantasmatiques de son premier parfum.

accord de coumarine, une molécule de synthèse aux effluves de foin fraîchement coupé, avec des notes d'agrumes, de lavande et de bois, qui n'a pourtant rien d'une description « naturelle », puisque la fougère en elle-même est inodore, donnait à sentir la campagne française de la fin du XIXe siècle, tout comme « Après l'ondée » de Guerlain (1906), aux émanations de mimosa, de violette et d'aubépine sur un arrière-plan de terre mouillée, offrait une image de la nature provinciale plus chic de *Du côté de chez Swann* de Proust [13]. Et quel plus beau tableau du Paris d'avant-guerre, raffiné, sensuel et enjoué mais aussi alangui, avec un fond de mélancolie et d'angoisse, comme s'il avait déjà la prémonition de la catastrophe qui allait advenir, que cette « Heure bleue » créée par Jacques Guerlain en 1912 et qu'il définissait comme « une brassée de fleurs douces et délicates, enveloppées d'une aura poudreuse d'iris, posées sur une base orientale » [14] ?

Non contents de décrire leur temps, certains parfums anticipent même parfois une organisation sociale, des mentalités, des valeurs morales ou tout un climat intellectuel et culturel encore en gestation, comme s'ils donnaient des coups de sonde dans ce fond inconscient mais déjà présent d'où surgissent les époques à venir. Créé en 1917 par Coty, le novateur « Chypre », rhapsodie complexe de senteurs de bergamote, de jasmin et de coumarine ponctuées de touches de vanilline, de patchouli, de santal, de vétiver et de ciste-labdanum sur un lit terreux de mousse de chêne, donnait ainsi déjà le *la* au tournant de la Première Guerre mondiale, par ses évocations des odeurs troubles et un peu mourantes de sous-bois en fin d'été, de cette époque en mi-teinte qu'allait être l'entre-deux-guerres. Ce ne fut d'ailleurs qu'après la fin des hostilités qu'il prit vraiment son envol. On pourrait presque parler ici d'une « traduction olfactive » de *L'Après-midi d'un faune*, dont les « chyprés », devenus une famille de parfums, devaient poursuivre l'intuition. Il arriva d'ailleurs à celui qui reste sans doute le plus beau d'entre eux, « Mitsouko » (« mystère » en japonais), de Guerlain, qui, en y rajoutant de prééminentes notes fruitées (dues à l'adjonction d'undeca-

13. Voir D. Veuillet-Gallot, *Le Guide du parfum*, Hors Collection, 1995, petit dictionnaire précis, dont nous nous sommes inspiré parfois pour la description matérielle des parfums. Voir également Sylvie Girard, *Le Livre du parfum*, Messidor, 1986.
14. Cité par Michael Edwards, *op. cit.*

lactone, une molécule aldéhydique à forte odeur de pêche) et en en poussant à fond la base vanillée, en donnait une déclinaison plus capiteuse, une mésaventure identique à celle de l'original : créé en 1919, il dut attendre les années 30 pour rencontrer l'imaginaire féminin et s'imposer, grâce à la météorique blonde platinée Jean Harlow, comme l'une des fragrances les plus appréciées des femmes.

Humer les effluves légués par les parfums d'une époque, c'est non seulement éprouver sensuellement le climat dans lequel celle-ci a baigné, les ambiances qu'elle a traversées, mais aussi comprendre, ou se mettre en état de le faire, cette « autre histoire » que nous évoquions à la fin du précédent chapitre, qui court sous la grande. C'est participer à la vie fantasmatique de ce temps, en entrevoir peut-être même l'essence la plus profonde, car la plus humaine. Apparu en 1925, quatre ans seulement après « N° 5 », « Shalimar », toujours de Guerlain, un ambré intense, fortement poudré, vanillé et animalisé, mêlant l'opopanax, le benjoin, le baume du Pérou, la coumarine, l'encens et l'éthylvanilline, sur un fond de civette et de patchouli et avec des notes de tête de citron, de mandarine et de bergamote arrondies par du bois de rose, qui relançait la vogue des fragrances « orientales » amorcée à la fin du XIXe siècle par « Jicky », tout en matérialisant les rêves des années folles, témoignait ainsi déjà d'un relatif glissement d'époque.

L'Europe s'enthousiasmait pour le jazz. À Paris, Joséphine Baker triomphait dans la Revue nègre. Après le *shimmy*, le *boston*, le *fox-trot*, le *two-step* et le *black-bottom*[15], toute une société s'étourdissait aux pas du charleston. C'était le temps des surprises-parties, des drinks et des cocktails, dépeint par Morand. « Shalimar » puis « Arpège », de Jeanne Lanvin, en 1927, un floral poudré et boisé aux senteurs de fourrure, reflétaient le climat virevoltant de cette fête ininterrompue, mais en y rajoutant une sophistication nouvelle, voire, pour le second, une tonalité nocturne un peu énigmatique – comme si s'interposait déjà, par rapport à l'ambiance franche décrite par « N° 5 », une espèce de

15. Pour une description de ces danses dont ne reste plus pour nous, à l'exception du charleston et du fox-trot, que le souvenir amusé des noms, voir *In Vogue* (*op. cit.*), et *Images Mémoire. De Coco Chanel à Maurice Chevalier 1900-1945*, Larousse, 1996.

distance esthétique ou critique. Chanel, d'ailleurs, ne s'y trompera guère, quand, toujours secondée par Beaux, elle lancera avec succès en 1927 un « Cuir de Russie » plus voluptueux, quoique un peu trop timoré pour faire réellement date et égaler son premier parfum.

Des coulisses de ce temps coloré du « Bœuf sur le toit » que célébrera plus tard Maurice Sachs [16], des ombres commençaient à monter. Au cœur des plaisirs, une aigreur diffuse perçait. Dans les arts, Cocteau prônait, par Raymond Radiguet interposé, le retour à un certain classicisme français [17]. Dans les formes, c'était le règne du style Arts-Déco de Ruhlmann, réinterprétation fastueuse de la tradition aristocratique du XVIIIe siècle sous le regard des innovations des avant-gardes – triomphe du *modernisme* donc plus que du moderne. Dans la mode, enfin, après 1926, date où les robes furent les plus courtes de l'histoire avant la mini-jupe des *sixties*, les ourlets, subrepticement, se rallongeaient, la taille petit à petit reprenait sa place. Bientôt, Madeleine Vionnet imposerait le port du fourreau et ses spectaculaires coupes en biais ; Elsa Schiaparelli, la grande rivale de Chanel, prônerait une nouvelle ampleur et l'emploi de matériaux luxueux, soyeux, veloutés ou brillants ; on évoquerait même à Londres le retour d'un style « néo-victorien » [18]. La ligne serpentine et les cheveux longs et bouffants, teints parfois en platine, évinceraient le look filiforme et les coupes courtes masculines, et les épaules se renforceraient : après les excès naturalistes des garçonnes, on revenait progressivement, sans remettre toutefois en cause tous les acquis de leur libération, à une conception de la femme plus proche du supposé « éternel féminin ».

C'est de ce changement que prendra acte, en 1932, le magnifique « Scandal », de Jeanne Lanvin, un cuir ambré fortement aldéhydé, qui, tout en restant fidèle à la veine orientale de « Shalimar », lui

16. Maurice Sachs, *Au temps du Bœuf sur le toit*, NRF, 1939, repub. par Grasset en 1987 dans « Les Cahiers rouges ».

17. Ce qu'on a appelé le « retour », ou plutôt le « rappel à l'ordre » dans les arts et les comportements plongeait de fait ses racines dans l'époque de la guerre. Mais il faut toujours compter, dans les sociétés, avec les effets de décalage. Si les principes de ce retour au classicisme avaient été définis, notamment par Cocteau, dès 1917-1918, ses effets ne se matérialisèrent vraiment que dans la seconde partie des années 20 et les années 30. Voir, à ce sujet, Kenneth E. Silver, *Vers le retour à l'ordre. L'avant-garde parisienne et la Première Guerre mondiale 1914-1925,* Flammarion, 1991.

18. Voir Georgina Howell, *op. cit.*

adjoignait des notes plus profondes, plus denses – plus « fauves » –, bien en phase avec l'esprit d'une époque sur le point de basculer. Entre-temps Wall Street, sans prévenir, s'était, il est vrai, proprement effondré ; au-delà du Rhin, le « caporal bohémien » Adolf Hitler gravissait les marches du pouvoir ; et, partout, on fourbissait déjà les instruments de la grande destruction à venir. En 1933, Guerlain, décidément en veine, lançait « Vol de nuit », un ambré fleuri épicé, en hommage au roman de Saint-Exupéry, mais dont le nom et l'ambiance brumeuse un peu mystérieuse qu'il installait résonnaient autant comme une description de l'époque que comme un présage de l'obscurité qui allait bientôt l'engloutir.

Si l'on continuait à s'amuser en apparence comme par le passé, l'esprit commençait à déserter : après la fête, venaient les temps de la gueule de bois. Dans les arts et les comportements, le « rappel à l'ordre » tant de fois annoncé se faisait de plus en plus pressant. Stravinski revenait à la tonalité ; on parlait, en architecture, de « nouvelle tradition » ; et même Le Corbusier chantait maintenant les louanges de Palladio. Une vague de conversion au catholicisme s'emparait des artistes et des mondains. Toute une esthétique baroque empreinte de décadence perçait dans les nouvelles figures féminines promues par Hollywood, Garbo et Dietrich. Les visages, à nouveau, se maquillaient ; on portait les chapeaux en biais, comme pour assombrir le regard ; et Molyneux relançait la crinoline. Comme le montreraient les émeutes de 34 et le Front populaire de 36, l'ancienne règle du jeu se lézardait. Et, à l'Exposition universelle de Paris de 1937, tandis qu'on inaugurait le Palais de Chaillot, les pavillons néo-classiques de style gréco-monumental de l'Allemagne et de l'URSS se toisaient, annonçant la future confrontation-collusion des deux grands totalitarismes.

Autant d'incertitudes qui expliquent l'apparition en 1930 (mais dont la commercialisation ne remonte qu'à 1935) de « Joy », fastueux bouquet floral à très haute concentration d'essences les plus rares de rose et de jasmin renforcées par de la tubéreuse et de l'ylang-ylang, puis, en 1937, de « Shocking », de Schiaparelli. Présenté comme « le parfum le plus cher du monde », l'élégant Jean Patou dédiait le premier à une de ses clientes américaines ruinée par le krach de 29 et le réservait pendant plusieurs années à des acheteuses triées sur le volet de leurs comptes en banque. Quant au second, un ambré intense et fortement poudré sur le fond duquel se détachait avec théâtralité l'audacieuse note d'une rose verte et miellée, il demeure l'une des compositions les plus extravagantes, quasiment même « surréaliste », qu'on ait jamais créée : il fallait bien compenser par l'imaginaire ce que la réalité se prenait désormais à refuser, s'évader de ce monde devenu décidément si invivable...

Après la Libération, l'« Air du temps » (1948), de Roberto Ricci, bouquet entêtant de jasmin et de gardénia épicé d'œillet et de rose poivrée sur un fond ambré-boisé, inaugurait la vogue des parfums « à sillage », qui tiennent toute la journée – illustration manifeste du nouveau devoir d'optimisme de l'après-guerre, déjà exemplifié par le voluptueux « Femme » de Rochas en 1944, avec sa centaine d'essences et son flacon en forme d'amphore censé emprunter son galbe aux hanches rebondissantes de Mae West, et les créations tonitruantes de Piguet, « Bandit », de 44 également, aux odeurs capiteuses de peau et de fourrure, et « Fracas », en 45, hymne à l'envahissante tubéreuse. Mais, par rapport à ces derniers, l'« Air du temps » rajoutait opportunément, de par sa fraîcheur de serre, une note romantique de jeunesse et, *via* son célèbre flacon à colombes dessiné par Marc Lalique, une dimension démocratique de luxe à la portée de tous. C'était les débuts de la Reconstruction, où politiques et économistes prophétisaient que des ruines fumantes laissées derrière lui par le IIIe Reich allaient s'élever une Europe réconciliée et s'installer des années « glorieuses » de croissance presque sans limites ; et où, impatiente d'oublier les bas à couture peints à même la peau et les semelles en bois compensées de l'Occupation, la Parisienne s'imaginait, sous la houlette de Dior et de son « New Look », bientôt revenir aux fastes du XVIIIe siècle, à ses crinolines et ses paniers exubérants.

Décennie du triomphe de la consommation – ou plutôt de son rêve de triomphe, car il y avait encore fort à faire pour que celui-ci soit effectif –, les années 50 plébiscitèrent les senteurs florales féminines, tel l'étonnant muguet « Diorissimo » dopé aux aldéhydes du grand compositeur de parfums Edmond Roudnitska en 1956, mais en les ponctuant alternativement de notes plus vertes, hespéridées ou, au contraire, balsamiques. Comme si, n'en faisant qu'à sa tête, devenue – pour reprendre le nom du beau chypré cuiré aux reflets changeants, imaginé en 1958 par Madame Grès – « cabocharde », la femme hésitait, au gré de ses humeurs, entre ses rôles de nouvel agent économique, d'ancienne femme au foyer et de traditionnelle séductrice. Moins créatrices en ce domaine que les années folles, les *fifties* devaient aussi piocher sans vergogne dans la panoplie des grandes fragrances historiques : « N° 5 », « Arpège », « Joy » et même le vénérable « Jicky » connurent alors tous une nouvelle jeunesse.

Créée en 1966 par Roudnitska également, « Eau sauvage » de Dior, avec ses notes dynamiques d'eau de Cologne rehaussées par une forte touche féminine de jasmin (en réalité, de l'hédione, une nouvelle molécule de synthèse, donnant là aussi de la fleur suprême une interprétation quasi abstraite et produisant dans les compositions un remarquable effet d'amplification) s'élevant sur un fond sensuel de mousse de chêne, fut la grande sensation de la période de la fin des années 60 et du début des années 70. C'était, il est vrai, la fragrance idéale de ce « nouvel homme », viril mais laissant parler en lui la « part féminine », dont commençaient à parler les magazines et que sut si bien, dans la publicité qui accompagnait sa commercialisation, illustrer le graphiste Gruau.

À quelques encablures du tremblement de terre social et culturel de Mai 68, ce jus précurseur des innombrables « eaux fraîches » qui allaient submerger le marché du parfum semblait lui aussi, avec une rare habileté, faire la synthèse de toutes les valeurs montantes de son époque. *Sixties* en diable, « Eau sauvage » était jeune et insouciant comme le Swinging London des Beatles et de Mary Quant ; naturel et « basique » comme le San Francisco des hippies et leur volonté de retourner à des valeurs essentielles, déniées par le matérialisme de la société de consommation ; pré-écologiste enfin, et déjà unisexe, car, bien que conçu pour les hommes, utilisé aussi par les jeunes filles, qui l'« empruntaient » à leur frère ou à leur père.

Rompant violemment avec ce naturalisme, Yves Saint Laurent imposait en 1977 « Opium », un oriental capiteux, fortement épicé, animalisé et boisé, séducteur et sophistiqué, de prime abord sans douceur superflue, puis s'arrondissant petit à petit dans le poudré-sucré. Entraînant dans son sillage le vénéneux « Poison » de Dior, le plus conventionnel « Samsara » de Guerlain et le baroque

« Coco » de Chanel, ce parfum enivrant soulignait le retour à une conception plus traditionnelle du rôle de la femme et traduisait à sa manière le tournant « décadent » annoncé par le mouvement punk. Mais, par sa luxuriance, sa richesse sans complexe et une espèce de cruauté de fond – comme si après l'extase ne pouvait succéder que la chute –, il préfigurait également les années 80 yuppies de l'apparence, des *fashion victims* et de l'argent-roi presque tout aussi facilement perdu que gagné.

D'une surprenante couleur bleue acidulée jusqu'alors inusitée en parfumerie, présenté dans un spectaculaire flacon en forme d'étoile et exsudant des odeurs de fête foraine mêlant à tout va le chocolat, la praline, la vanille et la barbe à papa (toutes saveurs venant du recours à l'éthyl-maltol, une molécule à note sucrée, caramel), « Angel », de Thierry Mugler, lançait en 1992 la mode des fragrances « gourmandes » ou « gustatives » – reflets parfaits d'années hédonistes, qui, après la chute du Mur de Berlin, ne pouvant plus croire en rien, optèrent pour le repli sur les plaisirs individuels, jusqu'à la grande régression infantile du *cocooning*. Fragile bouquet de lotus, freesia, cyclamen, eau de rose, pivoine, œillet et lys blanc posé sur un délicat fond boisé, « L'Eau d'Issey », du couturier japonais Issey Miyake (1992 également), par son parti pris d'évocation de senteurs naturelles et ses notes océanes et aériennes, résultant de l'apport d'une nouvelle molécule de synthèse, la calone, aux senteurs de marée, apparaît comme le prototype même des parfums « écologiques », avec une dimension tout à la fois réaliste et fantastique, naturaliste et scientifique, où se font entendre les thèmes du courant de pensée *New Age*. Quant à « CK One », de Calvin Klein (1996), le plus grand succès planétaire de la fin du XXe siècle, une eau légère mouillée d'eau de mer, avec un fond d'ananas et un arrière-goût de lessive – bref, ne sentant rien d'autre ou presque que le propre –, c'était le produit type des « années-Sida », du *politiquement correct*, du Prozac et d'une androgynie un peu douloureuse, plus proche du *No Sex* que du jeu pervers et décadent sur les genres. Autant d'ambiances et de valeurs que semblent déjà contester les fragrances quasiment sans mélange, brutes et fortement odoriférantes – des ambres et des muscs qui sentent, pour une fois, *vraiment* l'ambre et le musc, des cuirs orientaux d'une rare densité qui évoquent les odeurs prégnantes des échoppes de Marrakech, ou encore des lys d'une fraîcheur absolue, des roses somptueuses, des iris et des jasmins ultra purs –, quoique empreintes en même temps d'une élégance puritaine de dandy, des nouvelles compositions de l'ex-photographe de Shiseido, Serge Lutens.

Si l'histoire des parfums épouse celle des mentalités et finit par rejoindre la « grande histoire » et se confondre avec elle, ce n'est pas cependant sans que s'y manifestent de fréquents décalages. En 1945, Pierre Balmain lançait ainsi un « Vent vert » saturé de galbanum qui anticipait de deux décennies la mode des eaux fraîches des années 70. Cette fragrance n'en connut pas moins un grand succès à sa création et devait, sous couvert d'écologie, opérer son retour en grâce au début des années 90. À l'inverse, « Anaïs Anaïs », créé par Cacharel en 1979, un bouquet floral tendre et léger posé sur un fond acidulé, paraît naturellement s'inscrire dans la ligne des fragrances féminines types des années 60. Ce fut pourtant l'une des compositions les plus prisées des années 80. Et tous les grands parfums historiques, à l'exception de ceux qui ont créé un genre comme par exemple « Fougère royale » et « Chypre », ou lancé une molécule de synthèse, tels que « N° 5 », « Eau sauvage » ou « Angel », ont été précédés de quelques saisons ou de quelques années par d'autres, quasi identiques, mais qui, pour des raisons inconnues, n'ont pas eu le même succès, sinon ont connu l'échec.

Ces chassés-croisés, qui perturbent à intervalles réguliers la splendide logique des liens entre les senteurs et l'histoire que nous avons tenté de reconstituer, trouvent d'abord leur raison dans le mouvement classique de balancier de la mode et, plus avant, dans un phénomène naturel d'érosion de la sensibilité et de nécessité de renouveler celle-ci, qui fait qu'après un temps dominé par les senteurs fleuries en vient quasi nécessairement un autre où l'on redécouvre les charmes des senteurs animales, et *vice versa*. La palette des senteurs disponibles ayant beau être vaste, leurs nuances presque infinies, et la chimie inventer sans cesse des arômes inédits, il n'y a de plus, dans le parfum, qu'un certain nombre de grands accords de base, qui jouent un peu le rôle d'invariants ou d'archétypes, traduisant – à l'intérieur d'un même système de références olfactives – ici la féminité séductrice, là la jeunesse active et indépendante, ailleurs la virilité, l'unisexe, ou d'autres valeurs encore. Tout n'est par conséquent pas à l'évidence qu'esprit du temps en ce domaine. Se font jour également ici des phénomènes sinon intemporels, du moins qui relèvent d'une temporalité tellement plus large que les autres, qu'ils paraissent par rapport à ces derniers presque fixes.

Ainsi que nous l'avons noté à propos des physionomies, les époques ne sont de surcroît jamais entièrement dominées par une seule tendance mais le plus souvent, pour ne pas dire toujours, traversées par plusieurs *trends* d'importance et d'amplitude diverses. Dans le parfum comme ailleurs, il y a les grandes lignes de force structurelles et des phénomènes de surface plus éphémères, entre lesquels s'intercalent et se chevauchent de façon parfois très désordonnée toutes sortes d'évolutions et de glissements à plus ou moins long terme, mécanismes par où se reflètent la vie concrète foisonnante des sociétés et les options de styles de vie que celles-ci mettent à la disposition de leurs membres. On retrouve ainsi la même hésitation, la même ambivalence, dans la parfumerie française des années 50, écartelée entre des senteurs voluptueuses et sophistiquées et des mélanges plus frais et romantiques, que dans la mode de la même époque où s'affrontaient les modèles opposés de la Parisienne sophistiquée et de la « sauvageonne » existentialiste de Saint-Germain-des-Prés [19].

Mais on connaît aussi des époques qui oscillent entre plusieurs senteurs génériques, car leur font défaut non seulement ou non tant l'unité – les époques peuvent très bien vivre avec une cohérence réduite ou mal assurée, ce peut être même l'indice d'une forte créativité ou d'un grand bouleversement à venir –, mais surtout ou plus encore la claire conscience de ce qu'elles sont et, à partir de là, de ce vers quoi elles se dirigent ou veulent se diriger : bref, des époques confuses qui, comme on le dit vulgairement, « se cherchent ». Tel est manifestement le cas de nos années présentes. Car, entre « Angel », « L'Eau d'Issey », « CK One » et les basiques de Lutens, c'est une sorte de choix inconciliable parmi des contraires qui se présente à nous. Entre baroquisme

19. Voir le chapitre I.

sensuel, sentiment de la Nature, minimalisme puritain et rêve d'une pureté intemporelle, quelle résolution ou synthèse pourrait-elle en effet intervenir ?

Poursuivant sur cette lancée, on ne peut manquer d'ailleurs de se demander si notre époque, sur ce point comme sur d'autres, ne fait pas là que manifester son caractère incertain et velléitaire, comme si rien n'était plus étranger à son esprit que de prendre une décision et de s'y tenir. L'absence de style qui la caractérise, dont nous rencontrerons bien d'autres signes plus parlants encore, notamment dans la décoration intérieure, ne vient donc pas, comme le veulent ou voudraient nous le faire croire certains sociologues optimistes, d'une ouverture démocratique dont il faudrait se féliciter, mais peut-être plus modestement (et tout autrement) d'une véritable *confusion des sentiments* dans laquelle nos sociétés évoluent et même qu'elles renforcent, avec l'objectif avoué prosaïque et non dénué d'une certaine veulerie, plutôt que de traiter ces contradictions, d'espérer pouvoir profiter alternativement, voire en même temps (?), des antinomies dont elles procèdent : de jouer sans cesse – on dirait mieux : de jongler – avec des attitudes ou des postulations opposées mais qu'elles font croire compatibles.

Ce manque d'unité, s'il n'est pas toujours aussi général ni accusé que dans notre temps, n'est pas une exception dans l'histoire. De façon ponctuelle ou localisée, il est plus ou moins la règle de toutes les époques, qui, face à certains enjeux ou à tel en particulier de ceux-ci, apparaissent toutes un peu comme des périodes de transition. Si les années 65-75 consacrèrent par exemple le triomphe des eaux vertes, cela ne doit pas faire oublier que ce fut aussi le temps où, orientalisme et passion du voyage aidant, ce qu'on appelait alors *la jeunesse* se prit à redécouvrir hors commerce les senteurs « orientales » plus tenaces, et la plupart du temps utilisées sans mélange, du santal, de l'encens et du patchouli. Comme si, entre « nouveaux hommes » et hippies, s'était engagé là aussi un débat profond au sein des consciences, si ce n'est que, contrairement à ce qui se passe aujourd'hui, il y avait bien une résolution possible entre ces voies alternatives car possédant toutes deux un caractère commun, synthèse d'où a d'ailleurs sans doute surgi ce que nous nommons aujourd'hui la mentalité ou conscience écologique.

C'est peut-être justement l'un des privilèges des parfums que de pouvoir traduire, et sans doute bien mieux encore que la mode vestimentaire, les diverses facettes d'une époque, d'un même univers mental et fantasmatique. Les observateurs se sont ainsi souvent étonnés du fait que les années 20, années les plus créatrices, les plus « modernes » en matière de fragrances, furent aussi celles où triomphèrent les références sentimentales. Loin d'être une contradiction, cette dualité reflétait peut-être tout simplement celle, à l'époque, des mentalités. Car si la femme s'émancipait alors *via* les garçonnes, cela n'allait pas sans lever en elle des interrogations quant au nouveau statut qui pouvait plus ou moins lointainement en résulter, à ses conséquences aussi bien bénéfiques qu'en sa défaveur[20]. Toute libération est source d'angoisse ; et l'on comprend qu'au moment même où elle se délivrait en partie de son rôle de faire-valoir de l'homme, la femme ait songé aussi à se rassurer en réassurant en quelque sorte son pouvoir sur l'homme, par un renouveau, apparemment contradictoire avec son désir d'émancipation mais au fond tout à fait logique, d'une volonté de séduire et de se faire aimer.

Il faudrait donc se garder de concevoir l'esprit d'un temps et sa mentalité comme un bloc monolithique : non seulement toute époque est tiraillée entre plusieurs tentations opposées – d'où elle tire sa vitalité et son dynamisme – mais, dans la vie concrète des sociétés, toute évolution, même nette, s'accompagne d'inévitables tâtonnements, rectifications, ajustements. Et le parfum exprime les uns et les autres : de son temps, il est tout à la fois la mélodie et son accompagnement, le chant et le contre-chant.

Les incohérences ou restrictions dont nous venons de faire état ne ruinent donc pas l'idée d'un esprit du temps se réfractant dans les caractères des parfums, mais elles poussent à donner de celui-ci une description toujours plus fine, à s'interroger sur la

20. Un fait qui semble « valider » cette remarque est l'apparition totalement inédite, dans les années 20, de noms de parfums en forme de questions : Patou lancera ainsi en 1925 un « Que sais-je ? », et Poiret un « Qui es-tu ? ». Voir M. Delbourg-Delphis, *op. cit.*

nature des liens qui peuvent se tisser entre une époque et ses senteurs, ainsi – nous décomposons la question pour les besoins de l'analyse, mais, dans les faits, ces trois interrogations sont indissociables – que sur les particularités de ce médium si singulier qu'est le parfum. Emprunter, comme nous l'avons fait implicitement tout au long de notre courte rétrospective historique, l'image du miroir pour rendre compte de ce processus apparaît en effet comme une simplification, une schématisation, car cela voudrait dire que les parfums peuvent être définis de façon précise et que tout le monde les perçoit et les interprète spontanément de la même manière. Or, il s'agit là d'une hypothèse que dément la réalité de la perception olfactive. Car si toute image visuelle peut avoir plusieurs lectures, les parfums semblent, eux, faire naître des commentaires quasi infinis et souvent profondément divergents, au point qu'on se demande parfois, en lisant la littérature qui leur est consacrée, si on ne se trouve pas en présence d'un pur délire associatif.

On sait d'ailleurs bien que dans le choix délicat et jugé souvent essentiel d'une fragrance par une femme (ou un homme), les effets d'identification sont déterminants, que cette décision dépend beaucoup moins de la qualité du parfum considéré que de la façon dont on l'appréhende et entend, de façon consciente ou non, se servir de lui afin de communiquer une information sur soi à autrui. Car nous ne sélectionnons pas tant un parfum pour ce qu'il est vraiment – ceci, bien sûr, à supposer que nous puissions le définir objectivement – que pour l'image que nous pensons, espérons, qu'il va donner de nous. Loin de se ramener à un déterminisme simple, associant mécaniquement à une matière un sens bien défini, ce processus apparaît ainsi largement imaginaire et, sous certains aspects, mensonger. Telle femme optera ainsi pour un parfum très ambré afin de montrer que, malgré ses apparences de froideur, elle est en réalité sensuelle ; une autre élira une essence florale plus discrète afin de mettre en scène une douceur qu'elle n'a pas, estime ne pas avoir assez, ou encore avoir mais ne pas être reconnue comme l'ayant ; et ainsi de suite. Les parfums apparaissent, en ce sens, comme des analogues pour l'odorat des fameuses taches de Rorschach pour les psychologues : ce sont des instruments de projection, on pourrait presque dire d'affabulation [21], dont l'intérêt majeur réside dans le fait qu'ils sont aptes à capter nos fantasmes et à leur donner l'occasion et la possibilité de s'exprimer.

Un bref détour par la physiologie de l'odorat peut aider à rassembler et à ordonner les remarques que nous venons de faire, et à aller plus loin dans l'analyse [22]. Selon la neurophysiologie actuelle, c'est un contresens ou, du moins, une facilité de langage sans rapport avec ce qui se passe en réalité, que de dire par exemple de la rose (de l'objet-rose) qu'elle « sent » la rose – comme si son arôme était une de ses qualités matérielles intrinsèques.

Ce que nous percevons en un éclair comme son « odeur » n'est, en effet, que le résultat d'une très longue chaîne de processus en petite part physiques mais surtout neurologiques, enclenchés par l'action d'un stimulus initial constitué par le fait que de cette rose se détachent de fines particules de matière qui se diffusent dans l'air ambiant. Inhalées, humidifiées et réchauffées par notre nez, ces particules sont captées par les neuro-processeurs qui tapissent nos muqueuses olfactives ; et les informations qu'elles délivrent, traitées ensuite successivement ou simultanément par plusieurs zones de notre encéphale, correspondant à des fonctions de repérage dans l'espace, de mémoire, de jugement et de formalisation conceptuelle et langagière.

La sensation olfactive n'a donc, dans un premier temps, à voir qu'avec un simple exercice réflexe de reconnaissance d'ordre chimique. Autrement dit, la rose ne « sent » quelque chose, ne peut sentir quoi que ce soit, que parce que les molécules qui émanent d'elle rencontrent des molécules identiques à (ou compatibles avec) celles dont sont composés les capteurs situés dans notre nez. De cette première opération de pure coïncidence entre des matières physiques similaires ou proches, naissent des influx nerveux cor-

21. Nous reprenons ce terme, très bien choisi, à M. Delbourg-Delphis, *op. cit.*

22. Il ne s'agit évidemment pas ici de faire de la physiologie pour la physiologie – nous en serions bien incapable –, mais de donner quelques indications qui permettent d'aller plus loin dans notre propos sur l'« esprit du temps ». Pour une vision plus complète et plus scientifique, quoique, il faut le rappeler, dépendante de certaines hypothèses que l'avenir peut modifier et modifiera sans nul doute, on se reportera aux ouvrages des deux spécialistes français en la matière, A. Holley, *Éloge de l'odorat*, *op. cit.*, et Patrick McLeod, *Bases neurophysiologistes de l'évaluation sensorielle*, avec François Sauvageot, Éd. Lavoisier, 1986, ainsi qu'au numéro de la revue *Autrement* consacré aux *Odeurs. L'essence d'un sens*, paru en 1987.

respondant à des informations, à un ensemble d'informations, que notre cerveau va se mettre alors en devoir de traiter, en faisant intervenir plusieurs de ses zones dont la fonction générale consiste à procéder à des opérations de tri et de comparaison. Contrairement à ce que nous dit la perception olfactive dans sa simplicité apparente, non seulement il n'y a pas de senteur des choses en soi, *sui generis* ; mais le véritable organe de l'olfaction n'est pas notre nez. C'est notre cerveau, qui va faire advenir à notre conscience la sensation olfactive – le fait que l'objet-rose, par exemple, sentira finalement *pour nous* la rose.

Ce qui fait le cœur de ce mécanisme, ce sont par conséquent les diverses confrontations auxquelles va procéder notre intellect entre les informations venues du stimulus (ici, la rose concrète) et celles qu'il possède déjà. Cela veut dire, ainsi que l'avait génialement perçu Proust par les seules ressources de sa sensibilité artistique quand il rattachait les odeurs aux souvenirs, que la sensation olfactive est un travail cérébral qui se sert avant tout de nos capacités qu'on peut qualifier de façon globale comme « de mémoire » – une mémoire essentielle, puisque ce n'est que par rapport à elle que notre cerveau va pouvoir reconnaître un objet olfactif qu'il a déjà rencontré, ou, si ce n'est pas le cas, tenter de rattacher un objet inconnu à l'un de ceux dont il a en quelque sorte « archivé » la description. Ce n'est qu'après cette première identification qu'il appréciera cet objet, lui associera une valeur, là aussi par rapport à un ensemble de jugements qu'il possède déjà en mémoire, et enfin – ce qui n'est à l'évidence pas l'opération la moins importante ni la moins neutre –, entreprendra de synthétiser le résultat de toutes ces opérations et de le rendre intelligible aussi bien pour nous que pour les autres : qu'il le conceptualisera et le formalisera par le moyen du langage[23].

23. Cette représentation n'est évidemment qu'une hypothèse, ou, pour reprendre le terme utilisé par Popper, qu'une « conjecture », dont on voit bien qu'elle emprunte beaucoup à la théorie de l'information et aux processus en jeu dans les ordinateurs, qu'elle repose sur un certain « paradigme informatique ». En l'état de nos connaissances, elle est pour l'instant celle qui arrive le mieux, avec le moins de contradictions avec les faits observés, à rendre compte de l'énigme de la perception et de la sensation olfactives. Ajoutons qu'il est intéressant de noter que l'odorat, ce sens qui passe pour fruste, animal, est en réalité une construction extrêmement cérébrale, abstraite et raffinée. En fait, dans le discrédit qui a longtemps pesé et pèse encore sur l'odorat, on a tout simplement pris son incertitude (le fait qu'il ne mène pas à des conclusions objectives incontestables) pour de la rudesse ou de

Et ce n'est là sans doute qu'une représentation assez schématique de la façon dont se forme notre sensation olfactive. Parmi et peut-être avant ces opérations de tri et de comparaison, il semble en effet qu'il faille compter également avec l'influence de nos inhibitions, qui refoulent certaines odeurs taboues, lesquelles, à partir d'une certaine étape du processus de l'olfaction, *n'existent donc plus* pour notre conscience. Et tout se complique encore du fait que nos sens ne travaillent pas de façon séparée, mais en réagissant sans cesse les uns sur les autres. Car de même que le goût d'un vin provient autant de sa saveur (de nos papilles gustatives) que de la considération de son odeur et de la perception de la couleur de sa robe, la sensation olfactive que nous procure une rose naît aussi, et de façon indissociable, de la vision (ou de l'imagination quand l'objet n'est pas présent à notre vue) de ses formes et de ses couleurs.

Confronté à un mélange de senteurs comme en sont tous les parfums sans exception, y compris les « soliflores », telle par exemple l'essence de rose qui, bien qu'incorporant les senteurs d'une fleur unique, intègre plusieurs centaines de composés chimiques odoriférants différents [24], notre odorat n'en retiendra donc qu'une partie, parfois infime. Et cette partie sera ensuite décryptée *via* une série de comparaisons avec les informations que nous possédons déjà, images, idées, valeurs et tabous, qui forment en quelque sorte notre capital de connaissance des senteurs. Un mécanisme que semblent d'ailleurs avoir toujours su intuitivement, du moins dans ses grandes lignes, les parfumeurs, qui ont l'habitude de distinguer dans un parfum ce qu'ils appellent le « matériau », la « matière » et la « forme olfactive » [25], soit, respectivement, l'ensemble des senteurs de base qui le composent, ce que

la primitivité, alors que c'est sans doute avec l'ouïe le sens potentiellement le plus imaginatif et poétique que nous possédons.

24. Dont certains, en quantités infimes, à l'état de « traces », participent néanmoins de façon décisive à l'odeur considérée (voir M. Chastrette, *op. cit.*). Ces composés relevant très souvent d'« impuretés », il arrive d'ailleurs qu'en purifiant rigoureusement une essence de fleur ou de plante, on fasse disparaître également la note qui lui donnait sa qualité et son originalité (voir A. Holley, *op. cit.*). Il est intéressant là aussi de constater que la qualité d'une grande senteur peut venir de ce que l'on considère au niveau chimique comme une « impureté ». Même la Nature rejette donc l'idée que la « pureté » soit une valeur absolue – fait d'où l'on pourrait sans doute tirer de fructueux enseignements pour les sciences sociales et politiques...

25. Voir E. Roudnitska, *op. cit.*

seul nous en percevrons et ce que notre cerveau, à la suite d'une interminable cascade de tris, de jugements, d'inhibitions, d'appels à la mémoire, de conceptualisations et de verbalisations, en tirera finalement de façon en apparence spontanée : « Cela sent la rose, cela sent bon ou mauvais, cette odeur évoque pour moi la sensualité ou la froideur, la gaîté ou la tristesse, etc. »

Il découle de ces remarques préliminaires plusieurs conclusions d'un intérêt primordial pour les parfums et plus largement pour notre sujet. La première, et la plus fondamentale de toutes, est qu'à l'inverse de ce qui se passe dans la vision ou l'audition, qui sont des sens redevables de descriptions universelles parce que physiques, en termes de longueur d'ondes, il n'y a pas, il *ne peut y avoir* en matière d'odorat, comme l'on dit, d'« observateur standard », apte à donner une description et encore moins un jugement objectifs d'une senteur donnée. Les normes, inhibitions et autres tabous qui nous permettent de trier les informations olfactives qui viennent à nous n'ont en effet aucune raison *a priori* d'être identiques selon les cultures et, à l'intérieur de celles-ci, les sociétés qui en dérivent. L'ethnologie nous a, au demeurant, familiarisés depuis plus d'un siècle avec ces différences ; et chacun a pu en constater l'existence lors d'un voyage ou d'une rencontre : non seulement la notion du « sentir bon » diffère parfois considérablement d'une culture à l'autre, mais celles du « sentir neutre » ou du « non-sentir », de la frontière qui sépare l'odeur de l'absence d'odeur, ne coïncident pas non plus – comme le montre le fait que nous sommes souvent incommodés par des senteurs auxquelles des individus d'autres cultures ne font pas attention, même formellement *ne sentent pas*, et *vice versa* bien sûr.

Et la même absence d'observateur standard se retrouve entre les individus d'une même culture ou d'une même société. Car si nous naissons tous, semble-t-il, avec en gros le même « équipement olfactif », celui-ci peut être modifié par l'expérience. Mettant en jeu des activités cérébrales, il est susceptible d'un entraînement, d'une adaptation, d'un apprentissage. Face à une senteur déterminée que nous avons à décrypter et à juger, nous ne partons par conséquent pas tous avec les mêmes armes, car nous n'avons pas la même « culture olfactive ». Les grands parfumeurs sont capables ainsi de déceler dans un mélange la présence de plusieurs dizaines de composants, dont certains en très faibles quantités, là où nous n'en sentirons pour la plupart d'entre nous que quelques-uns, voire un ou deux, les plus « dominants », ceux qui s'y trouvent à la dose la plus élevée, ou les plus courants. La seconde raison qui fait qu'il ne peut exister de base objective à la sensation olfactive, c'est que le traitement des informations qui la constitue dépendant, ainsi que nous l'avons dit, de nos expériences personnelles passées, de nos souvenirs, nous n'associerons pas tous la même senteur nouvelle à une même senteur passée et plus encore au sentiment auquel, dans notre esprit, cette dernière se trouve rattachée.

Si les senteurs ont bien, en leur départ, une base matérielle concrète, celle-ci se ramène donc à un pur stimulus chimique, dont les effets concrets sur notre perception demeurent entièrement subjectifs[26]. Les parfumeurs ont d'ailleurs aujourd'hui pratiquement abandonné le vieux rêve qu'ils avaient caressé pendant des siècles d'établir un « vocabulaire universel des senteurs » ou un « tableau des senteurs de base », grâce auxquels certains espéraient, par combinaison, pouvoir décrire toutes les senteurs disponibles ou concevables. La perception olfactive étant un processus intellectuel qui engage un imaginaire qui n'a aucune raison d'être partagé par tous les hommes, les façons de percevoir les senteurs et d'en rendre compte sont donc en résumé *théoriquement infinies.*

Nous venons d'employer l'adverbe théoriquement ; et c'est

26. L'hypothèse selon laquelle la nature chimique ou physique des odeurs pourrait avoir des effets matériels objectifs directs et par conséquent aussi universels sur l'homme, qui ruinerait évidemment la reconstitution de la sensation olfactive que nous présentons ici – hypothèse qui a donné naissance aux deux courants complémentaires dits de l'« aromachologie » (sur les effets psychologiques des odeurs) et de l'« aromathérapie » (sur leurs effets thérapeutiques) –, n'est pas en théorie à exclure. Mais, s'il en était ainsi, on ne voit pas comment il pourrait exister des façons aussi différentes, voire incompatibles, entre les hommes de concevoir une même senteur ; et il faut signaler qu'on ne dispose aujourd'hui d'aucune preuve réelle quant à la possible validité de cette conjecture. Voilà pourquoi nous nous permettons de l'ignorer ici. La même remarque vaut de la question de l'éventuelle existence chez l'homme de « phéromones » ou « phérormones », ces substances chimiques sécrétées naturellement par certains animaux et qui provoquent chez leurs congénères (ou partenaires de reproduction) des comportements réflexes. En dépit des innombrables recherches effectuées à ce sujet et de quelques observations troublantes, cette hypothèse n'a elle non plus, pour l'instant, pas reçu encore le moindre début de preuve. Remarquons d'ailleurs que si elle était confirmée, cela voudrait dire que l'on pourrait fabriquer ce « philtre d'amour » dont a rêvé l'humanité depuis des millénaires (et qu'elle n'aurait pas manqué de trouver s'il en allait réellement ainsi)...

autour de lui justement que tout se joue. Car « théoriquement », cela veut dire en l'occurrence en faisant l'impasse sur le fait que nous vivons dans une société qui nous abreuve continuellement et quotidiennement depuis notre naissance d'informations de tous ordres, valeurs, normes, obligations, interdits, traditions, etc. Et c'est précisément la prise en compte de ces éléments communs qui change tout et explique que, en dépit du fait que la sensation olfactive soit totalement subjective, donc potentiellement différente pour chacun, elle le sera dans la pratique beaucoup moins, voire témoignera parfois de différences presque nulles. Car cette mémoire par rapport à laquelle nous reconnaissons et jugeons les senteurs, il en est certes une partie qui nous est propre, qui dépend de notre histoire personnelle et de sa traduction en termes de souvenirs ; mais la plus grande partie d'entre elle, nous la partageons bien évidemment avec nos semblables du fait de la vie. Et c'est pourquoi nous pouvons nous accorder sur la description et le caractère de telle ou telle senteur et avoir à son propos un échange avec autrui. On pourrait dire à ce sujet pour résumer que les façons de percevoir les senteurs dépendent des goûts et des valeurs de la civilisation et de la société auxquelles nous appartenons, des conceptions de la société et de l'époque dans laquelle nous évoluons, registre commun auquel nous ajoutons quelques éléments personnels, qui ne sont par rapport à ces grands cadres de référence collectifs que des modulations, de minces et parfois même *microscopiques variations*.

On comprend, dans ces conditions, l'importance fondamentale que revêtent dans la perception et l'interprétation d'un parfum les « indices » que délivrent son nom, sa présentation, sa légende – au point que les parfumeurs se refusent aujourd'hui à appeler parfum une formation qui ne possède pas toutes ces caractéristiques : ils parlent alors simplement de « senteurs » –, qui guident notre perception olfactive, la mettent sur la voie de certaines interprétations plutôt que d'autres, la modèlent profondément et, dans certains cas, peuvent même littéralement la « créer ». Cette dernière éventualité n'a rien de théorique. Elle est même très fréquente, comme lorsqu'un jus banal et déjà mille fois proposé réussit, grâce à un nom bien choisi et à la politique habile de *communication* qui l'accompagne, à s'imposer comme la fragrance que toutes les femmes *se doivent de porter* si elles prétendent à l'existence[27].

Le caractère éminemment subjectif de la sensation olfactive explique aussi à rebours pourquoi on peut si bien lire les évolutions profondes de la société dans les parfums. N'ayant pour ainsi dire pas de sens en eux-mêmes, ce sont des réceptacles parfaits de notre imaginaire, qui peuvent tout capter de lui. Leur souplesse de signification garantit leur capacité à véhiculer les fantasmes les plus flous, ou les plus profonds, voire les plus déviants, que d'autres objets plus construits ou plus précis échouent à attraper. Tout peut se loger en eux. Jetant leur ancre au plus inconscient de notre âme, les parfums sont de véritables réservoirs de fantasmes sans fond et comptent pour cette raison parmi les instruments d'observation les plus fins de la société dont nous disposons.

Sous un autre angle, on entrevoit aussi de ce fait l'influence déterminante, écrasante même, qu'exercent sur notre sensation et notre jugement olfactifs les valeurs de notre société et de notre époque. Si la perception olfactive résulte d'une suite d'associations d'idées, la plupart d'entre elles – on peut même se demander s'il ne faudrait pas dire ici toutes – viennent en effet du social. Mais elles sont d'ordres divers et n'ont pas toutes la même importance ni la même emprise sur nous. Certaines introduisent des liaisons faibles, assez superficielles et très transitoires : on pourrait dire qu'elles participent de la mode au sens strict. D'autres posent des relations plus fortes que les précédentes, mais finalement pas très profondes, et s'inscrivent dans un espace temporel un peu plus large bien que restant limité : elles pourraient correspondre à ce que nous avons nommé (et qu'on pourrait donc, par ce moyen, différencier de la mode) l'air du temps. Mais il en est qui interviennent à un niveau beaucoup plus fondamental, dont l'aire de

27. Ce n'est pas ici le lieu de mettre des noms sur ce type de phénomène, où l'on voit triompher des parfums qui ne sont que des concepts purs sans la moindre réalité ni assise, et dont se désolait déjà, dans les années 70, Edmond Roudnitska. Nous ne résistons d'ailleurs pas au plaisir un peu cruel de rapporter ici l'un de ses jugements sévères (in *Le Parfum*, *op. cit.*) : « Ces dernières années ont vu éclore une profusion d'étiquettes venant de tous les horizons, de France et d'ailleurs. Il s'en faut que ce nombre supplée la qualité et l'originalité. Aux beaux parfums qu'on ne sait plus faire ont succédé des mélanges violents, souvent vulgaires [...]. C'est le mode d'expression de générations qui, ayant perdu le sens des valeurs et toute sensibilité, se soûlent de mots, de bruit, de violence, pour s'étourdir et donner le change sur leur vide intérieur. »

validité temporelle est plus vaste et dont les racines plongent plus profondément dans notre imaginaire : qui ressortissent à l'esprit du temps proprement dit. Parce qu'elles établissent des relations d'équivalence entre des sensations ou des objets sensitifs et de grandes représentations intellectuelles, concepts ou valeurs, ces dernières associations d'idées occupent une fonction cruciale. Elles structurent notre façon même de raisonner : elles jouent le rôle de principes de lecture, forment *la syntaxe de notre olfaction.*

Or, ce dont il faut bien prendre conscience, c'est que même les plus apparemment assurées pour nous de ces associations d'idées non seulement ne sont pas valides pour toutes les cultures, mais changent de plus à l'intérieur d'une société selon les époques. S'il nous semble ainsi aujourd'hui aller de soi d'associer les fragrances d'origine animale, telles que le musc, la civette et l'ambre, à une idée de sensualité – c'est une des clés de lecture implicites sur laquelle reposait notre rétrospective historique des parfums du XXe siècle –, il faut savoir que toutes les époques n'ont pas partagé cette équivalence abstraite. Proscrivant les ambres et surtout les muscs dont le XVIIe siècle raffolait, qui parurent alors subitement « vulgaires » et firent même l'objet d'un véritable tabou, le XVIIIe français devait ainsi reporter la qualité de sensualité à laquelle on les associait sur les essences florales plus légères. L'on vit alors des courtisans, qui n'avaient rien de particulièrement efféminé ou d'équivoque, arborer des parfums que l'on jugerait aujourd'hui déplacés, de « cocottes », et que l'on jugera peut-être demain, dans un siècle ou deux, comme le comble de la virilité. Et la remarque vaut aussi de l'eau de Cologne, qui passe pour trop parfumée et douceâtre, mais dont Napoléon s'aspergeait par litres entiers – on dit même qu'il en buvait ! – et qu'il faisait venir spécialement par tonneaux de chez Roger & Gallet (c'était de l'« Extra-Vieille ») sur les champs de bataille.

La question qui se pose ici est celle, centrale, de l'évaluation ou de la « valuation »[28] des senteurs, qui, tout sauf fixe, évolue au contraire constamment, se renverse même périodiquement, est un phénomène de part en part social et temporel, baignant dans la convention et le transitoire. Un arbitraire dont il nous faut prendre

28. Nous reviendrons ultérieurement sur cette notion centrale d'évaluation ou de valuation, notamment dans le chapitre VI consacré au langage.

la mesure si nous voulons échapper aux équivalences, ou nous en émanciper pour un peu, que nos époques nous poussent à poser dans notre appréciation des parfums.

La perception et le jugement des senteurs s'inscrivent donc dans une histoire sociale et culturelle qui les domine entièrement et où s'agrègent une infinité de facteurs, afférents aux grandes valeurs ou idées, aux habitudes, aux styles de vie et aux modes de nos époques, mais aussi à des éléments en apparence très éloignés, voire étrangers, qui jouent parfois un rôle essentiel, décisif, dans ceux-ci. C'est le cas par exemple des grandes hypothèses scientifiques dominantes. Si l'on recourait avant le XVIIIe siècle à des parfums très forts, ce n'était pas ou pas seulement, ainsi qu'on l'a beaucoup écrit et qu'on le voit encore parfois affirmer, pour masquer un manque d'hygiène particulier à ces époques, mais parce que les odeurs, les « miasmes », passant alors pour le véhicule des maladies, ces senteurs très relevées, telles que le musc ou l'ambre, apparaissaient comme des protections contre les épidémies [29] : comme de véritables remèdes. Dans le système médical issu du Moyen Âge, dont les principes s'étaient petit à petit implantés au cœur de la conception de la vie quotidienne, étaient devenus des normes de comportement partagées par tous les hommes, sentir bon et fort signifiait être propre et valait comme preuve de santé – une conception magique que seule la médecine moderne issue des découvertes microbiennes de Pasteur a pu détrôner [30].

Il y aurait bien d'autres considérations encore à faire pour être ne serait-ce qu'un tout petit peu complet et donc juste sur la question. Dans tout ce que nous avons dit jusqu'à présent, nous avons fait comme si l'on pouvait isoler les senteurs une par une, les considérer chacune en quelque sorte *en soi*. Or il s'agit là à l'évidence d'une très grande schématisation. D'abord parce que, comme nous l'avons dit des « soliflores », des essences de fleurs uniques, aucune senteur que nous pouvons rencontrer naturellement n'est pure. Elles sont toutes composites. Ce qui fait que, dans la nais-

29. Voir, à ce sujet, le classique d'Alain Corbin, *Le Miasme et la Jonquille*, Flammarion, 1986, et les précisions apportées par Annick Le Guérer dans *Les Pouvoirs de l'odeur*, Odile Jacob, 1998.

30. D'une certaine façon, l'« aromathérapie » que nous évoquions dans la note 26 ne fait que renouer avec ces principes de la médecine pré-pastorienne.

sance de la sensation olfactive, il faut considérer aussi *les relations* que ces composés entretiennent entre eux. Et la question se pose d'autant plus dans le cas des parfums, qui, ainsi que nous l'avons vu du « N° 5 », intègrent parfois près d'une centaine de senteurs de base, elles-mêmes composées d'éléments plus simples.

Or, il en va des senteurs exactement comme des mots dans une phrase : leur sens ne vient pas tant ou pas seulement d'elles-mêmes que du système de rapports, d'éloignement et de proximité, de ressemblance et de dissonance, dans lequel elles sont plongées. Dans le jugement des senteurs, les contrastes importent donc au moins autant, sinon plus, que les valeurs absolues. Il en résulte que, même à l'intérieur d'un système d'équivalences fixe, leur interprétation dépendra des éléments que, pour une raison ou pour une autre, nous déciderons de privilégier en fonction de notre sensibilité, de notre histoire personnelle, ou d'autres considérations encore. À la fin du XIXe siècle, les senteurs animales furent ainsi associées à des valeurs de raffinement, de décadence et de dandysme, car elles rompaient tout simplement avec la vogue des senteurs douces et fleuries plus « décentes » qu'avait lancée le romantisme de 1830 puis qu'avait reprise à son compte la bourgeoisie triomphante du Second Empire. Le sens que leur accordèrent alors les décadents était donc un sens en quelque sorte en réaction, qui venait se mêler et jouer avec toutes les autres significations nées d'associations d'idées plus communes ou plus traditionnelles.

Les paramètres que nous venons d'évoquer étant en nombre élevé et les combinaisons qu'ils permettent presque infinies, cela explique que le succès d'un parfum ne soit jamais prévisible et qu'il n'ait, en général, que très peu à voir avec les calculs conscients des parfumeurs. Sur le bon millier de compositions lancées sur le marché français depuis le début du siècle, seule une cinquantaine a connu un réel succès. Car, loin d'être simple et directe, la perception d'un parfum – sur lequel repose son éventuel succès – est une opération complexe et à multiples sens, qui résulte d'une myriade de rencontres-correspondances entre des senteurs, des valeurs et un certain nombre de pistes données *a priori* : d'une *interminable chaîne d'associations d'idées*, lesquelles non seulement découlent les unes des autres mais réagissent aussi les unes sur les autres.

Cela ne veut pas dire que l'effet des parfums soit totalement arbitraire, encore moins que tous s'équivalent, mais qu'ils mettent en œuvre une sorte d'expression (et, en ce qui concerne leur interprétation, de lecture ou de connaissance) « poétique », plus ou moins productrice de sens selon les cas, mais (quand ils sont réussis) à la signification ouverte presque à l'infini, bien que celle-ci ne demeure intelligible et transmissible que parce qu'elle repose sur une syntaxe acceptée par tous. Faute de pouvoir rendre compte rationnellement de ce processus extrêmement complexe, mouvant et énigmatique, le grand créateur de parfums Roudnitska en arrivait d'ailleurs à soutenir que la seule comparaison possible ici était celle de l'art, et à tracer un parallèle entre la composition d'un parfum et celle d'un morceau de musique. Créer une fragrance, c'était pour lui forger un « accord » entre diverses senteurs de base – les notes de la gamme, en quelque sorte –, apte à faire naître une image assez précise pour engendrer chez les utilisateurs des sensations proches qu'ils puissent partager, mais en même temps suffisamment vague, riche et subtile, pour stimuler et faire travailler leur imagination et leur mémoire personnelles particulières.

Si l'on voulait transposer cette dernière remarque à la question centrale de cet essai, on pourrait en tirer l'hypothèse que ce que nous avons appelé l'esprit d'un temps, ce pourrait être la base sur laquelle s'opèrent les expressions et interprétations personnelles de cet hypothétique esprit que sont nos jugements, comportements et actes individuels – soit, *l'ensemble des associations d'idées communément admises à l'intérieur de cette culture, de cette société et de cette époque déterminées*. C'est cette série d'équivalences automatiques entre des faits, des images et des valeurs, que nous croyons souvent posséder en propre et ressentir en pleine spontanéité, mais qui émanent en réalité du monde qui nous entoure, dont nous dépendons intégralement, et que, quand bien même nous arriverions à les connaître et à prendre un certain recul par rapport à elles, *nous ne pouvons pas ne pas respecter* au moins jusqu'à un certain point, si nous voulons rester intelligibles et pouvoir communiquer avec autrui : en bref, *notre syntaxe sociale*.

On retrouve ici, en un certain sens, la notion d'imaginaire social ou collectif que nous évoquions dans le chapitre précédent, mais formulée de façon plus précise et pratique, presque même instrumentale. Car qui dit chaîne d'association d'idées dit aussi possibilité de prolonger celle-ci ou d'en perturber au contraire par endroits l'ordonnance *via* l'introduction d'autres associations d'idées. Une telle opération, qui dans l'univers du parfum a donné naissance aux grandes créations telles que le « N° 5 » de Chanel, pourrait s'avérer, élargie au niveau social, la seule définition possible, restrictive mais réaliste, de ce que nous appelons avec emphase la « nouveauté » et que nous croyons déceler partout – alors qu'elle n'advient à l'évidence que très rarement, qu'elle n'est qu'une exception à la règle ordinaire de la répétition ; et, quand elle existe, n'a de toute façon, la plupart du temps, qu'un champ fort étroit, correspondant à la modification ou au déplacement de quelques-unes, voire d'une seule, de ces associations d'idées.

Parce qu'elle forme le socle de l'interprétation de toutes les senteurs à l'intérieur d'un même espace culturel, social et temporel, l'aune à laquelle elles se jugent, se définissent et hors de laquelle même elles n'ont pas de sens, la notion de sentir neutre ou de non-sentir que nous avons évoquée dans le cours de nos explications pourrait, en l'élargissant elle aussi au domaine du social, mener à une définition encore plus précise de l'esprit d'un temps, entrevu comme *le plus petit dénominateur commun des associations d'idées recommandées, assermentées*, par ce temps. Où l'on retrouve ce que Colette appelait le « thème mélodique » de chaque époque, dont elle disait que les parfums donnaient la meilleure expression, et qui n'est peut-être qu'une des modalités d'existence de ce qu'on nomme communément le « goût » (au sens normatif de « bon goût ») d'une époque, notion qu'il nous faut maintenant tenter d'élucider. C'est ce que nous allons faire par le biais d'une comparaison de nos tics culinaires avec ceux d'autres siècles – soit, par une étude de nos habitudes alimentaires et de la manière dont elles s'insèrent dans l'histoire de la cuisine.

CHAPITRE III

Qu'est-ce qu'on appelle le « goût » ?
(Cuisine-Saveurs)

Soupe froide de petits pois aux glaçons de leur bouillon, sardines en boîtes millésimées Le Connétable servies avec leurs toasts de beurre de sardines au whisky pur malt ou *ceviche* de noix de Saint-Jacques, calamar, crevettes, dés d'avocat et de fruits rouges crus marinés dans un jus de citron vert assaisonné de gingembre, cannelle et piment, en entrée ; magret de canard laqué à l'Orangina ou poulet fermier « bio » rôti au Coca-Cola et leur timbale de coquillettes Lustucru aux morilles, fondue de camembert Cœur de Lion pommes de terre grenailles, filet de bar à la vapeur, hot-dog au homard ou encore hamburger de thon au *wasabi*, la moutarde verte au raifort japonaise, pour plats de résistance ; moka marbré au Nutella et au Nescafé, pain d'épices au ketchup, glace au Carambar ou fantaisie « orientale » de macaron, crème à la rose, litchis et framboises, en dessert ; enfin, café ou thé à la menthe servis avec des copeaux d'agrumes au gingembre, en issue de table : ainsi se décompose la carte des plats proposés par un restaurant parisien à la dernière mode [1]. Une carte symbolique de l'évolution des goûts culinaires actuels. Car, il y a peu encore, pareil pot-pourri de matières nobles et de produits de grande consommation, d'ingrédients traditionnels et de préparations exotiques, sans oublier la volonté de détourner des mets « mythologiques », en substituant à leurs ingrédients usuels d'autres, plus insolites, une prédominance générale des saveurs aigres-douces et sucrées-salées, et le recours enfin,

1. Nous avons « croisé » ici une partie de la carte du Korova, 33, rue Marbeuf, à Paris, avec d'autres plats présentés par Frédérick E. Grasser-Hermé, le « conseiller culinaire » de ce restaurant, dans son livre *Délices d'initiés*, Éd. Noesis, 1999.

dans les sauces et les desserts, à des boissons gazeuses, des confiseries et des condiments industriels d'origine le plus souvent nord-américaine, auraient fait hurler à la barbarie n'importe quel chef ou chroniqueur gastronomique dignes de ces noms.

Un pied dans la tradition, un autre dans l'exploration de nouveaux goûts « modernes », le tout sur fond de mondialisation culinaire et avec une touche de régression infantile : l'esprit ou, comme l'on dit aujourd'hui, le concept sous-jacent à ce type de carte est d'offrir une cuisine décontractée, *cool*, mais aussi volontairement *décalée*, surprenante et branchée, dans l'air du temps.

Cette étrange mode, inspirée par la cuisine des restaurants *up-to-date* de Londres, porte déjà son nom : cela s'appelle le *fooding*, une contraction sauvage, de *food*, « nourriture », et de *feeling* – ce dernier terme devant être pris au sens où on l'emploie dans l'argot du jazz ou du rock, de se comporter « au sentiment », suivant l'inspiration affective du moment. Bref, une volonté de manger selon son bon vouloir, en faisant un pied de nez à la définition du bon goût qui nous entoure et aux tabous qu'elle impose, et plus encore de s'amuser, de se distraire en mangeant, en détraquant les chaînes d'association des goûts établies pour ramener dans l'assiette les souvenirs gustatifs de notre enfance, quand nous étions tous censés *accros* aux saveurs de ce que les Américains nomment la *junk-food*, ces barres sucrées ou salées, boîtes de conserve à marques, sauces et autres objets de grignotage des années 60-70, sous-tend cette nouvelle conception culinaire.

L'avenir dira ce qui pourra bien rester dans quelques semestres de cette « cuisine-plaisir » au fort accent anglo-saxon, si elle ne va pas s'enfuir avec la nostalgie d'enfance de la génération des *bobos* – en gros, celle des trente-quarante ans – à qui elle est destinée, nostalgie qui, dans le domaine du divertissement, ramène parallèlement sur le devant de la scène les images kitsch des « séries cultes » télé et les refrains débiles des stars populaires des *seventies*, fait fleurir dans le design les formes gonflées simili *pop*, ou encore promeut le patin à roulettes et la trottinette comme de nouveaux moyens de transport. Car les *bobos* ne vont pas pouvoir passer éternellement pour « jeunes »... pour autant qu'ils ne soient pas *déjà vieux*. Et ce ne serait ni la première ni sans doute la dernière fois qu'on verrait un style culinaire coloniser les chroniques gastronomiques pendant quelques mois, puis s'évanouir brutalement du jour au lendemain comme s'il n'avait jamais été.

Qui se souvient encore aujourd'hui de cette mode mort-née qui, sous couvert de fascination *rétro* pour les temps « intéressants » de l'Occupation, fit revenir certains branchés parisiens des années 80 aux boudins de bœuf et aux pâtés d'abats, aux salades de luzerne accommodées à l'huile de navette, aux tartes au potiron et aux blettes, topinambours et rutabagas cuits à l'eau de leurs parents [2] ? Où est passé ce style « canaille » du début des années 90, quand les mondains se prirent à s'extasier sur les arômes raffinés des salades de lentilles, des pieds, des oreilles de cochon et des têtes de veau farcies ? Dans le domaine culinaire comme partout, il faut faire la part des engouements éphémères, qui se diffusent par effets de snobisme, des *pures lubies*, et des tendances de fond, plus stables, qui structurent notre goût.

La consommation alimentaire constituant, à l'instar du vêtement ou de la décoration intérieure des appartements, un élément décisif de statut, jouant le rôle, comme on le dit quand on a lu Bourdieu, d'un « marqueur social », cette carte d'évidence assez éloignée de l'ordinaire des tables françaises témoigne des mentalités et des aspirations d'un groupe social et professionnel bien défini. Elle paraît très *ciblée*. Elle s'adresse prioritairement non seulement, comme nous l'avons dit, à une classe d'âge bien déterminée, mais aussi, à l'intérieur de celle-ci, à un milieu circonscrit de jeunes actifs urbains à hauts revenus travaillant ou rêvant de travailler dans les secteurs du *show business*, de la mode, des médias ou de feu la « nouvelle économie ». Elle correspond à un « segment » de la population, dont elle traduit l'attitude générale face à la vie, faite de « rébellion » spectaculaire mais douce, sans risque, de transgression jouée, au deuxième ou troisième degré.

Mais, par-delà son parti pris de gadget, il est juste cependant de reconnaître dans ce menu l'influence de mouvements à plus longue

2. Voir le chapitre consacré aux restaurants dans *La Vie parisienne sous l'Occupation*, d'Hervé Le Boterf, France-Empire, 1997. La navette est une plante de la famille des crucifères, proche du colza, dont on tire des graines une huile.

haleine, d'évolutions déjà consacrées de notre sensibilité culinaire, de tendances « lourdes » – ce qui pourrait d'ailleurs expliquer qu'en dépit de sa bizarrerie affichée, les clients le trouvent acceptable et même « bon ».

On y repère d'abord, dans la sélection des matières premières et la manière de les apprêter, nombre d'éléments issus de ce vaste courant, né à l'orée des années 80, d'ouverture de la cuisine occidentale aux saveurs exotiques, en particulier ici extrême-orientales et *latino-tex-mex*, la désormais célèbre *world-food* des magazines, qui fait qu'aujourd'hui toutes les cuisines du monde coexistent à Paris et que, dans le moindre supermarché, on trouve des *nems* vietnamiens et des *tacos* mexicains surgelés, des poudres pour confectionner des *naan* indiens ou des *falafel* israéliens, ou encore tout un assortiment de sirops d'érable et de *chutneys* [3].

Le mixage d'éléments autochtones et étrangers, comme dans cette soupe froide de petits pois, qui entend manifestement revisiter en en modifiant la composition le *gaspacho* andalou, dans ce *ceviche*, plat d'origine péruvienne à base de poissons et de légumes crus, mais ici « européanisé » par l'usage de coquillages, crustacés, mollusques et fruits, dans ce magret de canard laqué mi-landais, mi-chinois, ou encore dans ce filet de bar à la vapeur, qui recourt à une méthode de cuisson jusqu'à une période récente peu pratiquée dans notre cuisine, apparaît, lui aussi, tout à fait actuel. Il participe de cette vogue du métissage culinaire qui a fait suite à la *world-food* ; et qui, sous le nom de *fusion-food*, ou cuisine « de fusion », amène actuellement certains chefs à proposer qui des *sushis* au saumon fumé ou des *sashimis* de foie gras, qui des *tajines* servis avec des viandes cuites au gril, ou encore toutes sortes de préparations classiques cuisinées au *wok*, cette poêle chinoise en fonte et à fond bombé traditionnelle.

S'y perçoivent également des influences de la « cuisine-minceur » ou « allégée », hypocalorique et sans matières grasses, des

3. Les *tacos* sont des crêpes de maïs mexicaines fourrées de sauces ou de viandes hachées et les *naan*, les petits pains plats indiens à la farine de blé cuits au four. On appelle *falafel*, ces boulettes de purée de pois chiches frites qu'on trouve aussi au Liban, et *chutneys*, ces condiments indiens aigres-doux, « faits de fruits ou de légumes (ou d'un mélange des deux) cuits dans du vinaigre avec du sucre et des épices jusqu'à une consistance de confiture » (*Larousse gastronomique*).

années 80, des plats dits assez improprement « des terroirs » – car la plupart d'entre eux ne sont, en réalité, pas plus anciens que d'un siècle[4] –, en vogue depuis plus d'une vingtaine d'années, ainsi qu'une très forte tonalité végétarienne, en phase avec nos angoisses alimentaires actuelles.

Cette carte poursuit aussi un certain mouvement de désacralisation de la gastronomie, entamé par l'alimentation rapide des *fast-foods* et transcendé par ce que d'aucuns, traçant un parallèle avec l'*easy listening*, la musique d'ameublement, au mètre, de certains bars, ont appelé à la fin des années 90 l'*easy eating*, une façon de se nourrir en toute simplicité, sans y prendre garde, avec des cuissons rapides, voire sans cuisson du tout, par le biais de marinades épicées censées conduire à un résultat équivalent. Quant à la pratique du détournement des plats, elle est tout sauf inédite, comme le montrent ces restaurants qui proposent depuis quelques années déjà des pot-au-feu de cochon aux épices ou des hachis parmentier au canard. Enfin, de par sa prédilection pour le cru et plus encore le chromatisme de ses plats, on y décèle une certaine emprise de la cuisine japonaise – du moins de la façon dont nous l'interprétons en Occident, comme un art mettant sur le même pied les préoccupations d'esthétique et de goût, faisant même prévaloir les premières sur les secondes, jusqu'à organiser l'assiette comme une « œuvre picturale ».

Si l'on en excepte ses quelques aspects provocateurs, ce menu qui se veut, se proclame « original », s'inscrit donc entièrement dans ce qu'on peut appeler le goût dominant ou « médiant » de notre époque. Il s'annonce comme un résumé de toutes les modes culinaires récentes et, à ce titre, une véritable radiographie des

4. Que les cuisines du « terroir français » soient d'une invention relativement récente est un fait historique acquis. Il ne pouvait y avoir de cassoulet avant les XVIe-XVIIe siècles, puisque son ingrédient principal, les haricots blancs, vient d'Amérique ; et la ratatouille n'a pu apparaître qu'au début du XXe siècle, car elle incorpore des aubergines, légume venu d'Inde en Europe un siècle plus tôt. Elle ne fait d'ailleurs pas partie des plats recensés par Jean-Baptiste Reboul dans sa *Cuisinière provençale* publié en 1897. Cependant, comme le suggère Philippe Gillet dans *Soyons français à table !*, Payot, 1994, si « une grande partie des spécialités régionales ne datent pas, dans la forme où nous les connaissons aujourd'hui, de plus d'un siècle à un siècle et demi [...], en revanche, les méthodes culinaires, apprêts et autres "façons de faire" qui les caractérisent relèvent le plus souvent de traditions authentiques ». Bref, les « cuisines régionales » ont évolué en fonction des matières premières disponibles, sur un fond de pratiques qui, elles, sont sans doute très anciennes, voire millénaires.

goûts nouveaux. Il en illustre les facteurs passablement contradictoires qui les fondent : large ouverture sur le monde et, en même temps, volonté d'affirmation d'une identité culturelle singulière ; accent sur la diététique mais aussi amour des « bons produits » bien de chez nous ; simplicité et rapidité des préparations et désir de promouvoir de nouvelles saveurs « inédites ».

On se trouve, quoi qu'il en soit, assez loin ici des principes de la grande gastronomie française du XIXᵉ siècle et du début du XXᵉ, caractérisée par un nationalisme étroit, voire un chauvinisme alimentaire[5], une faible inclination pour l'acide et une séparation radicale des saveurs salées et sucrées. Cela sans parler de sa prédilection pour des cuissons longues et lentes, « mijotées », et de son amour des sauces riches et nappantes, résultant d'une suite de processus culinaires complexes organisés de façon quasi scientifique selon des étapes hiérarchisées chronologiquement, avec confection préalable de bouillons, de coulis, d'extraits et d'« essences » de viandes et de légumes, liés ensuite par des roux au beurre ou à la crème et à la farine. La « nouvelle cuisine » des années 60-70 est à l'évidence aussi passée par là, avec son souci diététique et sa volonté de respect du « goût vrai » des choses, *via* des sauces légères, des garnitures de mousses de légumes et des cuissons séparées et raccourcies, *al dente*, supposées moins « dénaturer » la saveur originelle des ingrédients.

Par rapport à la cuisine française classique, on peut donc dire que ce menu témoigne d'une suite de glissements, qui, couplés les uns aux autres, induit un goût tout à la fois pour plus de simplicité, de « naturel » et de légèreté. Un goût également moins sûr de sa primauté culturelle, plus mondial et « aventureux », tout en restant

5. Il y aurait sans doute lieu de tempérer fortement cette affirmation, car les cuisines occidentales ont subi depuis fort longtemps des influences étrangères (on connaissait déjà, dans la Venise du XVIᵉ siècle, le couscous) et le cosmopolitisme est un des traits majeurs de la grande cuisine française depuis le début du XIXᵉ siècle. Dans sa célèbre *Physiologie du goût*, publiée pour la première fois en 1825, Brillat-Savarin, après avoir évoqué, entre autres, la *polenta* italienne, l'*olla-podrida* (sorte de pot-au-feu) espagnol, le riz de l'Inde et le *soy* (sauce soja), note qu'« un repas tel qu'on peut l'avoir à Paris est un tout cosmopolite où chaque partie du monde comparaît par ses productions ». Si nous avons maintenu, malgré cela, l'expression de « chauvinisme alimentaire », c'est qu'il est de fait que la grande cuisine bourgeoise française de la fin du XIXᵉ est revenue à une certaine clôture, que fait exploser aujourd'hui la *world-food*. Bref, comme nous le remarquons un peu plus loin dans ce chapitre, parler de nationalisme ou d'internationalisme alimentaire ne peut se concevoir que par rapport à une situation antérieure, est un phénomène relatif, non « objectif ».

fortement ancré dans la tradition. Car il faut prendre avec une certaine ironie la dénomination des plats : comme cela arrive souvent, l'originalité de leur nom exagère de beaucoup celle de leur saveur. Le poulet au Coca-Cola, véritable « clou » de cette carte, ne sent ainsi guère la célèbre boisson gazeuse, laquelle n'est incorporée dans la préparation qu'en très petite quantité et en tout dernier lieu – en tant qu'édulcorant d'une acidité de base et que principe décoratif, par la sécrétion d'une fine couche de caramel – d'une cuisson par ailleurs tout à fait conventionnelle au citron et au vinaigre. Et on peut bien sûr n'opter dans ce menu que pour les plats « normaux », choisir de demeurer en terrain connu...

Reste que dans la façon dont nous avons rendu compte de cette carte, un fait apparaît clairement : les plats qui la composent, nous ne les avons décrits, n'en avons détaillé les caractéristiques, que *par rapport* à des normes existantes, admises, que nous connaissons et savons connues de tous. Nous n'avons fait que repérer les lignes de rupture qu'ils entretiennent avec des usages anciens répertoriés, mais sans définir de façon directe, en quelque sorte « positive », leur saveur. Analyser de l'intérieur en quoi consiste(nt) le ou les nouveau(x) goût(s) actuel(s) est une autre affaire. Car ce que nous nommons « goût », au sens de la qualité que nous accordons aux ingrédients et à leurs apprêts, est chose sinon indicible, du moins dont l'expression passe par le vocabulaire dont nous disposons et qui reflète les appréciations dominantes de notre culture, de notre société et du temps auxquels nous appartenons. Ce qui fait qu'en ce domaine il paraît difficile, voire impossible, d'atteindre cette objectivité de jugement que requiert tout raisonnement rigoureux : une cuisine peut sembler « mondiale », étant donné le nationalisme alimentaire de celle à laquelle elle succède, ou « légère », parce qu'elle est un peu moins consistante que jadis, tout en restant fortement liée à des usages nationaux et plutôt indigeste.

Et il faudrait s'entendre également sur le sens de certaines notions que nous avons employées : que veut dire ainsi le mot « naturel », si l'on admet qu'en cuisine, outre leurs méthodes de préparation, qui sont des faits manifestes de culture, toutes les matières premières ou presque résultent d'une intervention humaine, culture ou élevage, qui en font non des produits « de nature », mais des *artefacts* humains ? Le « naturel » ne serait-il qu'un artificiel d'avant l'artificiel de notre époque, que, pour des raisons d'habitude, nous ne percevrions plus comme tel ? Et la « simplicité », une sophistication à ce point passée dans les mœurs que nous en oublierions son caractère construit ?

Le goût n'étant pas un sens redevable, à l'instar de la vision et de l'audition, d'une mesure objective, sa perception et sa formulation, soit une grande part de sa manifestation, sont tributaires des grands schèmes culturels que nous héritons de notre société et de notre époque. Saisir avec lucidité, comprendre *véritablement* le monde qui se trouve devant nos yeux, demande de ce fait un recul, presque une indifférence à l'égard des normes et des valeurs qui nous entourent, qui ne sont ni aisés ni naturels.

Rien n'illustre peut-être mieux ce que nous venons de dire que les interrogations que soulève cette mode, on dirait mieux cette attitude culinaire – car elle traverse aujourd'hui tous les autres courants et elle a sinon provoqué, du moins accompagné ce bouleversement global de nos pratiques que nous nommons « nouvelle cuisine », comme lorsque, à l'encontre des liaisons « riches » du XIXe siècle, certains cuisiniers prônent le retour à une acidité et à une maigreur « moyenâgeuses » des sauces, *via* notamment le réemploi du *verjus*, ce jus de raisins verts auquel on ne recourait plus que dans les campagnes reculées, ou encore réhabilitent l'utilisation de fruits dans la cuisson des viandes ou des poissons –, initiée par quelques grands chefs des années 70[6], et qui consiste à tenter de retrouver les saveurs des temps anciens, gallo-romains, du Moyen Âge, de la Renaissance ou de la Préhistoire.

Cette attitude est significative – elle forme même l'une des bases de notre esprit du temps actuel en cuisine –, car elle repose sur une prémisse nouvelle : elle part du point de vue neuf selon lequel les saveurs n'ont pas toujours été identiques, qu'elles ont au contraire évolué avec le temps. Bien sûr, on a toujours su qu'il y avait eu des goûts différents en cuisine selon les époques, que chaque époque avait même développé en cette matière son propre

6. Nous pensons ici surtout à Alain Senderens, l'un des premiers grands chefs à s'être intéressé à la cuisine historique et à avoir fouillé les anciens recueils de recettes, notamment dans son établissement L'Archestrate – au nom symbolique puisqu'il évoque le « premier gastronome grec » – dont l'un des plats phares était le « Canard Apicius », ainsi appelé en l'honneur du plus grand gourmand-dandy de l'Antiquité.

goût. Mais, jusqu'à une période récente, ces goûts n'étaient pas considérés vraiment comme des entités en soi, dotées de leur propre logique et dignes d'un intérêt autre que documentaire : ils étaient posés implicitement comme inférieurs aux nôtres, comme si la cuisine du Moyen Âge, par exemple, n'avait jamais été qu'un art mal dégrossi, une ébauche de grande cuisine, que la « révolution culinaire » du XVIIe siècle, puis ses perfectionnements du XVIIIe et du XIXe, s'étaient heureusement chargés d'« affiner ».

Bref, on ne sortait pas, en cette matière comme en d'autres, d'une lecture en termes de progrès, conférant à l'Histoire un sens défini et univoque. Les cuisines du passé s'ordonnaient, ne pouvaient se ranger et s'apprécier que par rapport à cet Âge d'or représenté par la haute époque de Carême puis d'Escoffier : elles n'étaient perçues que comme des étapes imparfaites vers ce qui incarnait le goût culinaire par excellence, un absolu universel, un « oméga » du goût. Or, cette position – qui semble encore la conviction intime d'essayistes par ailleurs fort cultivés et subtils [7] – n'est plus tenable aujourd'hui, surtout alors que notre cuisine s'ouvre aussi largement aux saveurs extra-occidentales. Cette nouvelle acceptation de la relativité historique de nos préférences alimentaires peut paraître une mince inflexion. Par les questions qu'elle fait naître, elle n'en bouleverse pas moins de fond en comble notre conception de ce qu'est « le goût ».

La question fondamentale que pose cette attitude est en effet de savoir dans quelle mesure elle peut être réellement menée à son terme, aboutir à une reconstitution authentique des goûts d'antan. Les ingrédients, d'abord, ont beaucoup évolué depuis la parution à la fin du XIVe siècle des premiers livres de recettes français, tels

7. Ce biais apparaît en effet sans cesse dans le fameux essai de Jean-François Revel, *Un festin en paroles*, Plon, 1978 et 1995, notamment en ce qui concerne la cuisine du Moyen Âge. Dans la conclusion, on peut ainsi lire : « La cuisine médiévale était une cuisine où la force des épices, des sucres et des acides, et leur mélange, écrasaient les autres goûts, et la "révolution gastronomique" des XVIIe et XVIIIe siècles fut d'abord une recherche de saveurs fines contre cette grosse artillerie médiévale. » Bien que J.-F. Revel précise immédiatement que cette révolution a « engendré à son tour, au XIXe siècle, des excès semblables à ceux qu'elle avait éliminés », le choix des mots et des qualificatifs induit l'idée d'une supériorité absolue et sans question du goût nouveau sur celui du Moyen Âge, qui demanderait à être sérieusement discutée. Pour une vision plus juste et une compréhension plus fine, de l'intérieur, du « système du goût » moyenâgeux, on se reportera à l'avant-propos très éclairant de *La Gastronomie au Moyen Âge*, d'Odile Redon, Françoise Sabban et Silvano Serventi, Stock, 1991.

les célèbres *Viandiers* attribués à Taillevent. On ne connaissait à cette époque en France ni la tomate ni la pomme de terre ni le poivron, tous trois venus des Amériques après Colomb. L'artichaut, cette fleur du chardon sauvage perfectionnée, ne nous sera transmis qu'à la Renaissance par les Italiens, qui le tenaient eux-mêmes des Arabes. Et jusqu'au XVIIe siècle, on n'avait jamais consommé sous nos latitudes d'autres oranges qu'amères.

À l'inverse, le *Jardinier françois* de Nicolas de Bonnefons, paru en 1651, dénombrait soixante-quatorze variétés de poires venant à maturité en août et septembre : du fait des impératifs de la rationalisation, nous n'en disposons plus que d'une quinzaine. Et, parmi toutes les « racines » – on nommait ainsi les légumes poussant sous terre – qui formaient alors l'une des bases de l'alimentation quotidienne dans les campagnes, nous n'en utilisons désormais qu'une dizaine, tels les carottes, les navets, les céleris-raves et les radis, ces derniers encore presque uniquement roses. Qui cuisine encore les panais et les pousses de houblon ? Hormis les cuisiniers et les historiens, qui sait, en ce début de troisième millénaire, ce qui se cache sous les termes délicieux de « chervis », de « barbe-de-bouc » et de « scorsonères »[8] ? Même le salsifis est en passe de devenir un mot, qui ne porte plus d'évocation précise que pour les personnes de plus de cinquante ans !

Non seulement l'éventail des produits disponibles différait profondément, mais rien n'autorise, de plus, à affirmer que leur goût était identique à celui des nôtres. Jusqu'au début du XIXe siècle, les artichauts cultivés étaient de petites variétés rondes, de la taille des mandarines et avec un bouquet très serré, à la saveur beaucoup plus verte et entêtante que celle de nos grosses variétés actuelles. Nos endives « améliorées » sont infiniment moins amères que les endives d'il y a un siècle. Et on parle suffisamment aujourd'hui – quoique, sans doute, de façon assez désordonnée[9] – de « mal-

8. Les *chervis*, aujourd'hui inconnus de presque tous les dictionnaires, sont des plantes de la famille des ombellifères, originaires de Chine, dont on consommait au Moyen Âge les racines farineuses et sucrées, mais dont on a abandonné la culture en raison de leur faible rendement. La *barbe-de-bouc* est un salsifis sauvage et les *scorsonères*, le nom savant de la seule variété, la noire, de salsifis que l'on cultive.

9. Si nous écrivons « de façon désordonnée », c'est qu'au-delà des grandes affaires de santé que sont la « vache folle » et les OGM, il est indéniable que les techniques de production alimentaire industrielles ont apporté non seulement un grand élargissement de

bouffe », pour qu'on hésite à affirmer que la chair des volailles élevées dans les basses-cours du Moyen Âge avait le même goût que celui de nos poulets de batterie industriels, et même de ceux arborant le fameux « Label Rouge ».

Côté épices, les différences ne sont pas moins marquées. Seuls les fabricants de certaines liqueurs passées de mode [10] ont conservé la mémoire de l'hysope, herbe sacrée aux yeux des Anciens, dont, pendant plus d'un millénaire, personne n'imaginait pouvoir un jour se passer. En dépit des recherches, on n'a jamais retrouvé la recette exacte du *garum*, cet extrait du suc de putréfaction au soleil de viscères de poissons baignant dans du sel et des épices, qui semble avoir ressemblé au *nuoc-mâm* vietnamien et dont les Romains assaisonnaient avec une grande générosité tous leurs mets [11]. On ne peut lire aujourd'hui un réceptaire de sauces moyenâgeuses qu'armé d'un solide dictionnaire, car nous avons oublié ou presque en Occident ce que sont le galanga ou garingal, la maniguette ou graine de Paradis, le citoual et le macis [12]. Cela sans parler même du fort énigmatique « pygurlac » et des plantes aromatiques de chez nous, comme le dictame, la barbotine, la rue, le

la palette des produits que nous consommons et une « démocratisation » de ceux-ci (qui mangeait des mandarines il y a seulement cinquante ans, si ce n'est, et à Noël seulement, quelques privilégiés ? – cela sans parler des avocats ou du saumon fumé, qui passaient alors pour des produits extrêmement exotiques ou particulièrement raffinés), mais aussi une certaine garantie de fraîcheur et de neutralité microbienne qui n'était pas toujours, et de loin, assurée en ces temps supposés par certains « bénis » des productions artisanales. Parler de « malbouffe » et s'en tenir à cela, c'est oublier à la fois les terribles disettes et les spectaculaires intoxications alimentaires de jadis. Bref, la question ne saurait se trancher en termes unilatéraux d'une perte du vrai goût des choses du fait de la technique et d'un retour au bon vieux temps de l'« authenticité ». Ce qu'on a gagné d'un côté, on l'a tout simplement perdu de l'autre, quoique l'on puisse considérer que la balance est ici néanmoins, en définitive, positive.

10. L'*hysope* entre notamment dans la confection de la Chartreuse.

11. Dans son *Histoire naturelle et morale de la nourriture*, Larousse, 1987 et 1997, Maguelonne Toussaint-Samat explique que le *garum* naissait de « l'autodigestion de la mixture par l'action des propres microbes intestinaux des poissons ». Cette affirmation est séduisante mais invérifiable. En tout cas, personne ne semble avoir été jamais intoxiqué par ce condiment, qui paraît aujourd'hui si bizarre et comme appartenant à une culture lointaine...

12. D'une saveur qui rappelle le safran, le *galanga* est encore très utilisé dans les cuisines indonésienne et thaïlandaise. De goût poivré, la *maniguette* demeure une épice courante en Afrique de l'Ouest, d'où elle est originaire. Quant au *macis*, au parfum de cannelle et de poivre, c'est la poudre tirée de l'enveloppe de la noix de muscade, qu'on utilise encore fréquemment en Angleterre et dont on se sert parfois, en Allemagne, pour parfumer certaines charcuteries.

pouliot, le pyrèthre et la balsamine, qui faisaient partie de l'ordinaire quotidien des cuisines.

Et il semble, là aussi, que la saveur de certaines épices d'alors n'entretenait que d'assez lointains rapports avec celle des nôtres. Du fait des difficultés d'acheminement, le gingembre et la cannelle, qui entraient dans la composition de la plupart des plats au Moyen Âge [13], étaient beaucoup plus secs que ceux d'aujourd'hui. Le poivre était surtout consommé dans sa version longue, en épis, d'une flaveur beaucoup plus prononcée et piquante, presque âcre, que celle de notre poivre rond moderne. Quant au sucre, qui était considéré au Moyen Âge comme une épice et même un médicament, il n'intervenait que dans de très rares plats, comme le blanc-manger, à destination des malades. Et la façon de l'utiliser différait de notre façon actuelle car, comme pour le beurre, il n'était pas question de l'utiliser brut : il fallait auparavant le « purifier » – une opération assez longue, qui nécessite l'emploi de blancs d'œufs, et que plus personne n'aurait de nos jours la patience d'effectuer. Élargissement du registre des ingrédients d'un côté, restriction de l'autre, évolution de leurs saveurs et de leurs modes d'utilisation : cela fait déjà beaucoup d'incertitudes...

Et ce ne sont ni les seules ni les plus importantes. Jusqu'au XVIIe siècle, il était rarissime – sauf pour les préparations à visée médicinale telles que l'*hypocras*, ce vin sucré ou miellé infusé dans des aromates puis filtré au chinois et à l'étamine, qu'on servait en fin de repas et qui était censé favoriser la digestion – que les recettes détaillent les proportions exactes des ingrédients. La balance était un instrument d'apothicaire, non de cuisinier. Pour la cuisine, on faisait confiance aux tours de main enseignés de génération en génération. Ce qui fait que la reconstitution de certains plats d'avant cette époque paraît des plus hasardeuses. Ce d'autant que les temps et les modes de cuisson n'étaient, eux non plus, généralement pas spécifiés. Dans les livres de recettes du Moyen Âge, il est ainsi régulièrement prescrit de bouillir les viandes avant toute autre opération – une pratique qui fut jugée par les cuisiniers des

13. Voir notamment *Fêtes gourmandes au Moyen Âge*, Imprimerie nationale Éditions, 1998, et *Chronique de platine*, Odile Jacob, 1992, du plus grand historien français de l'alimentation, Jean-Louis Flandrin, disparu récemment, à qui la partie historique de ce chapitre doit beaucoup.

siècles suivants dénaturante, voire « destructrice ». Sauf que, depuis quelque temps, les spécialistes [14] avancent que si l'on bouillait les viandes avant de les griller ou de les rôtir, c'était non seulement de façon brève – on ne les faisait pas à proprement parler « bouillir » ; on se contentait, comme l'usage s'en est généralisé de nos jours pour les légumes, de les « ébouillanter » –, afin de détruire les moisissures superficielles apparues du fait de l'absence de procédés de froid dans la maturation des viandes et peut-être aussi d'en extraire le « mauvais sang », mais surtout pour détendre leurs tissus et leur donner cette consistance particulière, qu'on tenait alors pour un élément essentiel de leur goût.

Or, toutes ces indications manquantes sont capitales : quelques minutes de cuisson en plus ou en moins, et c'est l'arôme d'un plat qui chavire. Si l'on ajoute à cela que la cuisson dans l'âtre, qui resta longtemps la norme, était beaucoup plus irrégulière, avec de brusques flambées ou ralentissements dus au volume des bûches que l'on y disposait et à l'apport d'oxygène provoqué par le simple fait d'ouvrir une porte, que nos cuissons au gaz ou à l'électricité ; que le gril d'une cuisinière moderne ne conduit pas à la même chimie des aliments qu'un gril en plein air ; et enfin que, pendant longtemps, posséder un four constituant un luxe réservé aux grandes maisons aristocratiques ou bourgeoises, à défaut de porter les plats chez les boulangers ou les pâtissiers (ceux qui confectionnaient des mets en croûte, aussi bien sucrés que salés), on y substituait une double cuisson par-dessous sur le feu et par-dessus, au moyen d'un couvercle tapissé de braises, ce qui ne revient assurément pas au même ; et l'on comprendra là aussi toutes les difficultés à ressusciter la « vraie saveur » des plats d'autrefois.

Le vocabulaire génère également de continues méprises. Certains mots utilisés dans les livres de recettes de jadis sont éminemment trompeurs : la plupart des sauces du Moyen Âge, à dominante acide, n'incorporaient pas de matières grasses, et leur liaison s'effectuait essentiellement à l'aide de pain, nature ou grillé, écrasé au pilon dans du vinaigre ou du verjus. Sauces *aillées*, à l'ail,

14. Voir les précisions apportées à ce sujet par Edmond Neirinck et Jean-Pierre Poulain dans leur brève mais lumineuse *Histoire de la cuisine et des cuisiniers*, Éd. Jacques Lanore, 2000.

vertes, au persil, à la menthe, au serpolet et à la sauge, ou *camelines*, à base de vin, de cannelle et de gingembre, avaient donc plus à voir avec ce que nous appelons des « condiments », tels que la moutarde, qu'on disposait dans des coupelles autour des viandes et des poissons, comme le fait encore la cuisine indienne, qu'avec des sauces telles que nous les concevons depuis le XVIIe siècle. Or la saveur d'un mets n'émane pas uniquement de ce mets en particulier, conçu isolément, mais aussi de la manière dont on le consomme, c'est-à-dire des garnitures, des sauces et des boissons dont on l'accompagne, ainsi que de la place qu'on lui attribue dans le déroulement des repas.

Jusqu'au XVIIe siècle, on ne servait de vins purs qu'en ouverture des déjeuners et des dîners, pour porter des toasts aux hôtes – une coutume qui nous est restée sous la forme des « vins d'honneur » des noces et des banquets républicains. Et il s'agissait principalement alors de vins blancs doux et liquoreux, de cépages ambroisie ou malvoisie, importés de Crète, de Chypre ou de Campanie, ou encore de muscats du Languedoc. Le repas lui-même était arrosé d'*aqua simplex* ou, à la rigueur, d'un vin « clairet », rouge clair ou rosé, vert, acide et léger, qu'il était de plus d'usage de « baptiser » avec de l'eau – boire du vin pur en dehors des toasts passant pour le comble du mauvais goût et même de l'ivrognerie. Ce n'est qu'à partir de la fin du XVIIIe siècle qu'on consommera des vins purs et vieux, d'abord en majorité des blancs, censés plus « nobles », puis des rouges. Et il faudra attendre le tout début du XXe siècle pour que se généralise cette recherche des accords entre les vins et les mets, qui nous semble aujourd'hui si naturelle, comme aller de soi.

Or, ces accompagnements modifient le goût des mets – un fromage de chèvre n'aura pas la même saveur, servi avec un vin rouge ou avec un blanc sec, ainsi que les sommeliers le préconisent de plus en plus fréquemment depuis une dizaine d'années. Et ce goût différera aussi, suivant que l'on mêlera dans un repas le sucré et le salé, comme c'était le cas jusqu'à la fin de la Renaissance, où les sauces et les entremets servis entre les viandes incorporaient souvent du sucre, ou qu'on les ordonnera au contraire, comme le veulent nos usages depuis le XVIIIe siècle, selon une succession rigoureuse, allant des saveurs salées au saveurs sucrées, pour rejeter ces dernières en fin de repas.

Les habitudes et coutumes que les sociologues et les ethnologues regroupent sous le terme général de « manières de table » interfèrent également de façon essentielle dans le goût culinaire. Jusqu'au milieu et même la fin du XIXe siècle, régnait chez nous le service dit « à la française » : on apportait par vagues successives, par « services », des dizaines ou des vingtaines de plats flanqués de leurs sauces-condiments, à la manière d'une suite de buffets dans lesquels les mangeurs piochaient à leur guise et forgeaient leur propre menu. En résultaient des mariages de saveurs dont on n'a plus idée aujourd'hui, et que ne permettent ni le service « à la russe », où chaque plat est servi l'un après l'autre, à l'unité en quelque sorte, qui est devenu le nôtre, ni encore moins le service « à l'assiette » qu'a généralisé la Nouvelle Cuisine dans les restaurants, où tout est pré-organisé par le chef, maître des plaisirs à la fois gustatifs et visuels de ses hôtes.

Et la même remarque vaut pour les outils de table. Un même plat n'aura pas le même goût consommé à la main, à l'aide de baguettes ou par l'entremise de fourchettes et de couteaux. On peut même avancer qu'on ne cuisinera pas de la même façon selon les usages en vigueur dans la société et le temps où on se trouve. Manger sans fourchette, comme au Moyen Âge, prédispose aux préparations de viandes en tourtes et pâtés ou en boulettes qui soit n'ont pas à être découpées, soit sont plus faciles à saisir entre les doigts. Substituer, comme on le fit en France à la fin du XVIe siècle, aux « tranchoirs » ou « tailloirs », ces épaisses tranches de pain sur lesquelles on disposait les aliments, des assiettes en étain, argent ou faïence, en permettant la confection de mets à la fois plus liquides et plus fermes, a ouvert de nouvelles voies à l'invention culinaire. Et, du fait qu'il respecte mieux la chaleur des plats, le service séquentiel à la russe explique en partie que la gastronomie française se soit dirigée au début du XXe siècle vers la recherche d'associations de saveurs plus subtiles et plus fragiles.

Il y a enfin toutes les valeurs, croyances, légendes, significations symboliques, pensées explicatives et autres conceptions du monde propres à notre société et à notre temps, qui, bien qu'extérieures à l'assiette, n'en influent pas moins non seulement sur le choix de nos aliments mais aussi sur l'appréciation de leur saveur. Comme l'odorat, le goût est un sens très intellectuel, qui ne peut être séparé ni des autres sens – où les senteurs, les perceptions visuelles, tactiles et même sonores interviennent constamment [15] – ni, non plus, de tous ces paramètres sociaux et culturels changeants.

Écho de la vision d'un univers initiée par Empédocle puis développée par Hippocrate et Aristote [16], dominé par quatre « éléments » fondamentaux, la terre, l'eau, l'air et le feu, auxquels correspondaient quatre « qualités », de froideur, d'humidité, de chaleur et de sécheresse, et toutes les combinaisons deux à deux qu'elles permettaient, les aliments se rangeaient jusqu'au XVIIe siècle sur une échelle de valeurs fort différente de la nôtre. Froids et humides comme la terre, les racines se trouvaient au bas de cette hiérarchie. Les dominaient mais de peu le concombre, l'asperge, le melon et toutes les salades, dont on se méfiait ; car, bien que ne poussant pas sous terre, ils y reposaient. Associés à l'air, les fruits poussant dans les arbres étaient réputés, à l'instar des oiseaux dans le registre animal, les aliments les plus sains, et donc le fin du fin d'une nourriture aristocratique. Et une autre hiérarchie ordonnait parallèlement les viandes et les poissons. La volaille venait après les oiseaux. Le gibier et le poisson s'intercalaient entre eux, avec toute une échelle interne en fonction des catégories de poissons et de gibiers. Le veau, viande jeune et pour cela première d'entre elles, surclassait en noblesse le porc, qui n'était vécu comme sain que sous la forme du cochon de lait ou en salaison. Le bœuf, enfin, vivant au contact de la terre, était considéré comme l'animal le plus bas et l'un des comestibles les plus grossiers, auquel on ne recourait dans la cuisine raffinée que pour la confection des bouillons, afin d'en extraire la quintessence, le « suc », seul noble, tandis que la viande elle-même, les tissus, n'était perçue que comme un « résidu » sans valeur, réservé aux estomacs rustiques des travailleurs de force [17].

15. Voir, à ce sujet, le dialogue entre le neurobiologiste Jean-Didier Vincent et le chef Jean-Marie Amat, *Pour une nouvelle physiologie du goût*, Odile Jacob, 2000.

16. Voir Colin Ronan, *Histoire mondiale des sciences*, Seuil, 1988.

17. Telle est encore, au début du XIXe siècle, la conception de Brillat-Savarin dans sa *Physiologie du goût*. Après avoir chanté les louanges de l'« osmazôme » (du grec *osmê*, odeur, et *zomos*, bouillon), le suc nourrissant de la viande selon le chimiste français Louis-Jacques Thénard (1777-1857), il affirme ainsi avec vigueur que « les professeurs ne mangent jamais de bouilli (*les fibres*), par respect pour les principes et parce qu'ils ont fait entendre

On se trouve bien loin ici de notre hiérarchie actuelle – car nous en avons une, nous aussi, pas toujours consciente ni des plus raisonnées –, privilégiant les fruits et les légumes, tous les fruits et tous les légumes sans presque d'exception, quel que soit leur rapport d'éloignement ou de proximité avec la terre, voyant même dans le melon, l'asperge ou la cerise des « primeurs » raffinées. Et rien n'est plus étranger aux conceptions du Moyen Âge que cette sacralisation du bifteck qu'évoquait Barthes dans ses *Mythologies* [18], qui, du fait de la présence en lui de sang régénérateur, passait dans les années 60 pour le « nutriment » suprême, le reconstituant par excellence, chargé de toutes les qualités, à la fois de vigueur et de maigreur – statut, nul ne l'ignore, remis aujourd'hui en question par la maladie de la « vache folle »...

Encore cette échelle de valeurs éminemment évolutive, sur laquelle on pourrait gloser à l'infini et qui semble avoir comporté à chaque époque ses incohérences [19], n'est-elle pas la seule à peser sur nos comportements alimentaires. Elle se mêle en effet et souvent même se heurte à d'autres soucis, d'ordre médical, diététique ou de conformité à des stéréotypes de beauté, voire à de purs préjugés, qui n'ont pas cessé, eux non plus, de changer. Jusqu'au XVIIe siècle, régnaient encore en Europe les principes fort anciens de la médecine galiénique, dérivée de celle d'Hippocrate, qui répartissait les hommes en une typologie de « tempéraments », sanguins, colériques, flegmatiques ou mélancoliques, révélant chez eux la prééminence d'une « humeur » particulière, sang, bile jaune, pituite ou phlegme, et bile noire – ces diverses

---

en chaire cette vérité incontestable : *Le bouilli est de la chair moins son jus* » – c'est-à-dire, bel et bien, comme au Moyen Âge, un « résidu ».

18. Roland Barthes, « Le bifteck et les frites », in *Mythologies*, *op. cit.*

19. Dans l'avant-propos de *Fêtes gourmandes au Moyen Âge* (*op. cit.*), J.-L. Flandrin note ainsi que certains plats de cette époque ne semblent pas respecter la logique diététique que nous avons évoquée. Prudent, il se demande cependant s'il s'agit là d'« incohérences » véritables, ou bien qui n'apparaissent telles qu'en raison de l'insuffisance de notre connaissance des normes de cette époque. Les préceptes et raisonnements diététiques n'étaient en effet pas tous conscients, et certains ne valaient même, semble-t-il, que parce qu'ils n'étaient jamais explicités : ils relevaient d'une sorte d'« initiation » entre les générations des cuisiniers. On peut se demander s'il n'existe pas aussi, de nos jours, des phénomènes de ce genre, produisant d'apparentes bizarreries, que les générations qui nous suivront évalueront elles aussi en termes d'« incohérences » par rapport à notre diététique « rationnelle » actuelle, alors qu'elles ont bien en réalité une explication. Bref, s'il y a une « logique » dans nos choix alimentaires, c'est une logique globale, *normes inconscientes, légendes et autres échelles symboliques comprises*.

complexions entraînant autant de recommandations diététiques ou d'impératifs alimentaires différents. Et ces prescriptions se compliquaient encore du fait de la prise en compte de l'effet des saisons.

On ne sait d'ailleurs toujours pas bien comment ces facteurs se combinaient concrètement avec les valeurs accordées aux aliments. Devait-on corriger les uns par les autres en fonction d'une qualité de chaleur ou d'une double qualité de chaleur-humidité, tenue pour la plus haute de toutes ? De la réalisation d'un équilibre général des humeurs, s'équivalant à la bonne santé ? Ou bien fallait-il tenter de faire correspondre les uns et les autres facteurs suivant un esprit d'affinité, réservant par exemple les aliments chauds aux sanguins et les froids aux mélancoliques ? La doctrine semble avoir varié avec les siècles, et les opinions, divergé selon les médecins.

La seule chose que l'on puisse affirmer, c'est qu'on « retravaillait » les caractères naturels des aliments en fonction des saisons et des humeurs des mangeurs. C'est ce qui fondait au Moyen Âge le recours aux épices, qui, contrairement à ce que l'on a longtemps pensé et que certains croient encore, ne servaient nullement ou qu'accessoirement à masquer le mauvais état hygiénique des produits et à assurer leur conservation – on connaissait depuis des millénaires les vertus plus sûres à ce sujet du sel ou du vinaigre. Outre qu'elles permettaient aux nobles et aux riches de se distinguer, elles semblent avoir eu pour principale fonction de transformer les qualités originelles des aliments afin de leur conférer cette « chaleur » ou, en été, cette « froideur » qui les rendaient consommables.

Car la pensée scientifique de l'époque concevait aussi l'appareil digestif et le corps tout entier comme un organe de cuisson, une sorte de grande marmite sur pieds, dont il fallait « ouvrir les pores » en début de repas par des sauces et des fruits acidulés, comme les raisins et les cerises, et les « refermer » en fin de repas par des fromages et du vin doux, puis par un choix d'épices, censées favoriser la cuisson interne des aliments. De même, si à cette époque on n'utilisait pas ou peu les graisses, la raison n'en était pas qu'elles manquaient, mais parce qu'on les considérait d'une part comme des condiments, et non des nutriments, et d'autre part, que leur action de fixer les saveurs naturelles des ingrédients contrevenait à la fonction aromatique des épices. Il a donc fallu que nos conceptions médicales et scientifiques changent pour que notre goût culinaire s'ouvre aux graisses. À quoi il faut ajouter l'influence des canons évolutifs de la beauté féminine. Car – et cette corrélation est à méditer – c'est au même siècle, au XVIIe, que sont apparus les roux au beurre et que le modèle de la femme médiévale frêle et aux petits seins s'est vu évincé par celui de la femme ronde et plantureuse, en quelque sorte « pré-bourgeoise »[20]...

Quant aux préjugés alimentaires, un livre entier ne suffirait pas à les répertorier. Car, mis à part les grands interdits religieux, dont l'influence perdure sur la consommation de certaines viandes, on a presque tout pensé et son contraire sur les aliments. La truffe, ce « diamant de nos cuisines », ainsi que la qualifie Brillat-Savarin dans sa *Physiologie du goût*, fut considérée selon les époques comme un aliment de roi ou comme un des « poisons de la nature humaine », tout juste bon pour les porcs[21]. Pour les Romains, le beurre était un aliment barbare, parce que consommé par les Germains du Nord. Il régna jusqu'à la fin du XVIIe siècle en Occident la théorie dite des « signatures », en vertu de laquelle les légumes et les fruits étaient réputés bons pour les organes du corps qui avaient la même forme qu'eux[22] ! Au XVIIIe, les paysans prétendaient que la pomme de terre donnait la peste. Et si, au Moyen Âge, un grand banquet ne pouvait se concevoir sans son paon « déguisé » ou « habillé », cuit mais servi revêtu de sa peau et de toutes ses plumes, c'est que sa viande, trop filandreuse pour nos palais actuels, passait pour divine car imputrescible – une affirmation que certains assuraient avoir vérifiée en

20. Voir le chapitre I de ce livre.

21. C'est ainsi que les esprits éclairés du XVIIIe siècle voyaient la truffe et rejetaient pour les mêmes raisons « les chairs lourdes et visqueuses, l'ail, l'oignon, les drogues fortes et les mets salés ». Voir l'étonnant *Goût du chocolat*, Grasset, 1992, de Piero Camporesi, sur l'art de vivre au siècle des Lumières. Ce livre est par ailleurs une mine d'informations sur les jugements les plus fantaisistes apparus sur les aliments. On y apprend ainsi qu'on croyait au XVIIIe siècle (et cette croyance est encore attestée dans certaines régions de France et d'Italie au milieu du XXe siècle) que la chair des poulets nourris à la pulpe de vipère était la meilleure du monde, ce qui amenait certains paysans ou éleveurs à partir régulièrement à la cueillette des reptiles dans les forêts !

22. Sur la théorie des « signatures », qui était celle du médecin et alchimiste Paracelse (v. 1493-1541), voir Michel Foucault, *Les Mots et les Choses*, Gallimard, 1966, qui en fait une des manifestations centrales du champ épistémologique, de l'*épistémè* du XVIe siècle, sur lequel se fondait alors tout savoir possible.

consommant de la viande de paon laissée à l'abandon pendant plusieurs mois !

Toutes ces habitudes, règles, conceptions et légendes, qui nous semblent délirantes, pour ne pas dire nocives, nous les avons remplacées par de lumineuses théories, proclamées « scientifiques », telle l'analyse chimique des quantités de lipides, glucides, protides, sels minéraux et autres vitamines contenues dans chaque aliment – par une doctrine « rationnelle » de la diététique. Mais qui peut assurer que, dans un siècle ou deux, nos descendants ne se gausseront pas de ces représentations, les trouvant aussi insensées et arbitraires que, pour nous aujourd'hui, celles du Moyen Âge ?

Comment expliquer d'ailleurs, si ces raisonnements sont aussi objectifs que nous le prétendons, les controverses incessantes qui surgissent entre les diététiciens quant à la valeur ou aux dangers des graisses, sur l'existence d'un « bon » et d'un « mauvais » cholestérol ? Ou encore les jugements changeants sur le vin, nourriture miracle des campagnes françaises jusqu'au début du XXe siècle, d'où elles tiraient leur santé enviée par le monde entier, divin élixir du courage patriotique de nos valeureux poilus de 14-18, qui les faisait se précipiter joyeusement à l'assaut de cotes déjà plusieurs fois prises et reperdues sur les « Boches », puis sinistre vecteur de ce fléau gaulois, l'alcoolisme, comme une hydre plongeant ses noirs tentacules dans notre belle Nation, la dévitalisant et la précipitant dans le gouffre de la décadence... pour redevenir, si l'on en croit certains actuellement, l'explication de ce *so beautiful french paradox*, qui veut qu'en dépit de notre amour des graisses, nous avons moins d'hypertension, de cholestérol et de maladies cardio-vasculaires que les Américains ?

Le fait est que, quand nous consommons un plat, nous n'ingérons pas seulement ce plat en particulier, mais, en même temps et de façon indissociable, tout un ensemble de valeurs et de représentations qui modèlent notre jugement, aussi bien sur le plan sensitif qu'hygiénique, de ce qui est « bon » ou « mauvais ». Se mettre dans la peau des mangeurs des anciens temps, afin d'éprouver les mêmes sensations qu'eux, apparaît, dans ces conditions, une entreprise des plus hasardeuses, conduisant à d'inévitables contresens.

Cette leçon vaut aussi pour les cuisines du monde. Quel Occidental n'a pas été décontenancé en découvrant, à l'occasion d'un voyage en Chine, que les *dim-sun*, les bouchées à la vapeur, ne constituaient pas des entrées pour déjeuners ou dîners, comme les présentent les restaurants chinois de nos grandes villes, mais sont exclusivement servis au petit déjeuner, avec du thé vert ? Le goût qui résulte de ces habitudes divergentes n'est évidemment pas identique. De même, la prédilection pour le cru des Japonais semble ne se référer aucunement, ainsi qu'on le croit en Occident, à une volonté diététique de légèreté, mais à la quête d'un « goût du vivant » assez impénétrable à nos mentalités – des conceptions qui modifient les satisfactions gustatives que l'on attend et peut tirer d'un *sushi maki* ou d'un *sashimi*. Et comment pourrions-nous être spontanément sensibles à la notion, centrale dans la cuisine aussi bien que dans l'esthétique et l'éthique chinoises, du « fade »[23], comme goût confinant, du fait de l'absence d'un choix tranché, forcément éphémère, avec un « goût d'au-delà du goût », une espèce d'absolu du goût, supérieur à tous les autres et les résumant tous, car se bornant à l'allusion ? Encore ces façons de rendre compte de conceptions étrangères sont-elles sans doute superficielles, entachées de toutes sortes de projections et d'erreurs d'interprétation.

Bref, de quelque côté que l'on tourne le problème, force est d'admettre qu'il paraît impossible d'isoler la saveur d'un mets des usages et conceptions qui l'entourent, lui donnent son assise et forgent la façon dont elle est *réellement*, *intérieurement* perçue. Pour qu'il en aille autrement, il faudrait que l'on puisse confectionner et consommer ce plat, comme l'on dit en science expérimentale, *ceteris paribus*, toutes choses étant par ailleurs égales – ce qui, vu la profusion des facteurs qui entrent en ligne de compte, semble tout à fait irréalisable...

Ce que nous désignons par le mot en apparence si simple et si transparent de « goût » ne constitue donc que la manifestation extérieure presque « épiphénoménale », la partie émergente très modeste, d'une formation extrêmement complexe, qui excède de très loin cette pauvre combinaison des quatre saveurs de base, le salé, le doux, l'amer et l'acide – auxquelles certains rajoutent parfois l'*umami* des Japonais, ce renforcement du goût naturel des aliments qu'apporte l'emploi du glutamate de sodium, pré-

23. Voir François Jullien, *Éloge de la fadeur*, Éd. Philippe Picquier, 1991.

sent dans la sauce de soja, en lieu et place de notre sel –, par quoi nous avons pris l'habitude de définir la sensation gustative. Il est la résultante, l'effet d'un nombre presque illimité de structures entrecroisées, réelles ou imaginaires, certaines conscientes, d'autres pas, qui s'imposent à nous. Il forme un véritable « système » cohérent – si tant est, ainsi que nous l'avons vu tout au long du précédent développement, que les divers éléments qui le composent, sinon expliquent les autres, du moins en « appellent » certains plutôt que d'autres, se répondent les uns les autres et réagissent sans cesse les uns sur les autres –, par rapport auquel il ne nous est pas aisé de prendre nos distances, puisque c'est ce système, précisément, qui fonde notre perception. Et comment pourrions-nous voir le Différent et y être sensible, à l'aide d'un instrument qui assure et reproduit sans cesse le Même, qui nous y enferme presque sans retour ? Au point que, prenant le contre-pied de l'idéologie actuelle du métissage, d'un métissage « naturel » à quoi ne suffirait qu'un choix moral pour qu'il se produise spontanément, on peut, *on doit* se demander si chaque goût ne forme pas une totalité en soi, dotée de sa propre logique, qu'on ne saurait avoir la prétention de mélanger en profondeur avec les autres et *a fortiori* de comparer avec eux.

Pour que cette dernière opération, que nous faisons couramment en toute innocence, ait un sens, il faudrait en effet que nous puissions parvenir à une espèce de sensation gustative « pure », détachée de tous les déterminants culturels et sociaux qui pèsent sur elle, et en particulier de ce langage sans lequel nous ne pouvons communiquer nos sensations : autrement dit, qu'une partie de notre esprit, réflexive, d'analyse, puisse se dissocier totalement de l'autre, purement sensitive et muette, qui reconnaît objectivement les qualités gustatives des aliments ! Même en étant un contorsionniste habile, c'est bien sûr là un mouvement impossible. Car c'est d'abord au niveau de la sensation, en apparence directe et « primitive », mais en réalité de part en part culturelle, que se matérialise pour nous ce qui est « bon » ou « mauvais ».

Cela ne veut pas dire que dans le goût culinaire tout soit culturel, et donc relatif. Il semble en effet qu'il y ait des saveurs, notamment celle du pourri, unanimement rejetées par toutes les cultures et toutes les sociétés. Organe de vigilance, le sens gustatif sert aussi à rejeter l'ingestion d'aliments potentiellement dangereux, voire mortels, pour notre santé. Mais s'il est un enseignement sur ce point de l'ethnologie et de l'histoire, c'est que chaque culture, chaque société et chaque époque développe un niveau de tolérance fort différent à l'égard de ces saveurs « mortifères », comme le montrent aussi bien le rejet hors de l'Occident de certains de nos fromages, tel le camembert, que le fait que nous ne pourrions plus ingurgiter de nos jours du gibier faisandé à l'ancienne, sur plusieurs semaines.

Tout sauf immuable, notre goût culinaire possède son histoire, sa mémoire, son esthétique, son éthique. Et prendre conscience de tous ces facteurs, afin de s'en dégager, constitue à l'évidence, en dépit de tous les efforts que nous pouvons faire en ce sens, un but hors de notre portée : cela exigerait que nous puissions nous abstraire des normes qui fondent et notre pensée et notre perception.

Il n'est, pour se convaincre du profond irréalisme de cet objectif, que de relire l'*Essai sur le goût* de Montesquieu[24], repris par *L'Encyclopédie* de Diderot. Car comment l'auteur des *Lettres persanes* définit-il le goût, au sens normatif, idéal, de « bon goût » ? Par la variété des sensations, par un jeu incessant sur les contrastes et la surprise, et enfin par le plaisir né de l'ordre, de la symétrie et de la raison... Où l'on ne retrouve rien d'autre qu'une formalisation des règles esthétiques et morales de mesure, d'équilibre et de délicatesse sous-jacentes au goût des classes « éclairées » du XVIIIe siècle. Un alignement sur les canons de son temps qui amène d'ailleurs Montesquieu à rejeter, dans un autre passage du livre, comme « confuse » et « de mauvais genre » l'architecture gothique. Si l'homme le plus sceptique de son temps ne peut, quand il tente de définir objectivement le goût, que reprendre les critères sur lesquels reposait le « bon ton » de son époque, comment pourrions-nous prétendre à plus de lucidité ?

Ce caractère « systémique » du goût laisse d'ailleurs également entrevoir qu'à l'encontre de ce à quoi nous poussent toutes nos habitudes de pensée et de langage, il n'y a sans doute jamais en

24. Repub. en 1993 aux Éd. Rivages, « Petite Bibliothèque ».

ce domaine de « révolutions », de métamorphoses soudaines et radicales de nos préférences gustatives, mais uniquement des évolutions lentes et partielles, dont seule l'accumulation donne *a posteriori* le sentiment que quelque chose, un « nouveau goût » par exemple, est apparu. Comme s'il fallait qu'un certain nombre de facteurs du goût se déplace, pour qu'on soit à même de percevoir l'existence d'une transformation.

Ainsi en va-t-il de cette « grande révolution gastronomique » française du XVIIe siècle évoquée par les historiens, qui ne s'est pas faite d'un coup mais s'est accomplie sur au moins deux siècles, par une suite de glissements et de réaménagements progressifs, de véritables sauts de puce successifs. Une évolution qui tient d'abord à l'influence italienne sous la Renaissance, qui a modifié nos manières de table et réhabilité les légumes, puis à l'apparition des nouvelles denrées venues des Amériques, à la perte de prestige, ensuite, des épices d'Extrême-Orient, banalisées par le développement de la maîtrise des mers, et l'appel corrélatif à d'autres moyens de se distinguer, *via* le raffinement des cuissons et la sophistication des saveurs. À quoi s'est ajoutée, enfin, une autre conception diététique et, plus généralement, une autre théorie du corps [25], perçu non plus comme un microcosme devant calquer ses évolutions sur celles du macrocosme que représente l'Univers, mais comme une « machine » autonome, qu'on doit entretenir, à qui il faut donner un « combustible », de l'énergie – ce qui entraîna un plus grand recours, notamment dans les sauces, aux graisses nourrissantes. Et il se peut qu'on ait oublié dans cette longue énumération ce qui fut peut-être le facteur le plus décisif, quoique, en apparence, le plus étranger à la cuisine : l'apparition d'une nouvelle attitude face au monde, l'avènement d'un « nouvel esprit », soit cette rationalisation symbolisée par *Le Discours de la méthode* de Descartes, prônant la décomposition de tout problème en ses éléments simples, et qu'on retrouve dans la nouvelle organisation des procédés culinaires apparue au XVIIe siècle [26]. Cela fait beaucoup de facteurs – encore cette liste est-elle très loin d'être exhaustive et rien ne

25. Voir Georges Vigarello, *Histoire des pratiques de santé*, Seuil, 1993 et 1999.

26. Cette remarque est sans doute l'un des apports les plus originaux du très beau livre de l'Américaine Barbara K. Wheaton, *L'Office et la Bouche* (Calmann-Lévy, 1983, pour la trad. fr.), sur l'histoire des mœurs de la table en France entre 1300 et 1789.

permet de l'ordonner logiquement –, dont les effets entrecroisés ont permis une modification de notre goût.

Tout ce que nous venons de dire du goût culinaire vaut également des autres goûts, notamment artistiques, non cependant sans quelque transposition. Il y a déjà plus de vingt ans, l'historien anglais de l'art Norman Haskell faisait sensation en montrant, dans *La Norme et le Caprice*[27], comment nos préférences picturales, en particulier notre échelle de valeurs des grands maîtres, n'avaient cessé d'évoluer depuis le début du XIXe siècle. Jusqu'à cette époque, non seulement plus personne ne s'intéressait à ce qui s'était produit dans la Renaissance italienne avant Raphaël – à l'exception notable de Giotto, qu'on créditait d'avoir « inventé la peinture » –, mais on considérait aussi Botticelli comme un petit maître, dont on aurait échangé toutes les toiles en contrepartie d'une seule œuvre du « Guide », Guido Reni. Quand il n'était pas tout simplement ignoré, Le Greco passait pour un fou, dont on pensait même qu'il avait été atteint d'une maladie physique de la vue, seule explication possible de ses visions tourmentées ! Watteau était ravalé au rang d'un artiste mondain superficiel. Quant à Vermeer, son nom n'apparaissait dans aucun dictionnaire ; et les rares spécialistes qui connaissaient son existence ne voyaient en lui qu'un épigone sans intérêt de Metsu, jugé alors le grand Hollandais de la peinture, qu'éclipsait seul aux yeux des connaisseurs Rembrandt ! Une échelle des valeurs qui n'a que peu de liens avec la nôtre, et qui ne s'est progressivement renversée au long du XIXe siècle que par les choix des riches collectionneurs, puis sous l'influence de critiques ou de lettrés redécouvrant ces « disparus ».

Contrairement à ce qui se passe en cuisine, pratique foncièrement collective aussi bien dans ses méthodes que dans ses jugements, le goût en peinture, et dans l'art en général, apparaît certes beaucoup plus déterminé par des décisions individuelles, se diffusant ensuite à l'ensemble de la société par des phénomènes de mimétisme et de snobisme. Là où cependant les deux domaines se rejoignent, c'est que, quand bien même ils n'ont pas été provoqués par elles, tous ces bouleversements de hiérarchie se sont accompagnés d'évo-

27. Norman Haskell, *La Norme et le Caprice*, Flammarion, 1986 et 1993. Ce livre essentiel et brillant date, dans sa version anglaise originale, de 1976.

lutions parallèles de l'interprétation, venant en quelque sorte les « justifier ». Si la postérité accorde aujourd'hui une des toutes premières places, sinon la première, à Vermeer – alors qu'elle a presque oublié Metsu –, ce n'est pas en effet, ainsi qu'on l'a souvent affirmé, sous l'influence des impressionnistes, mais parce que, *dès avant l'impressionnisme*, les critères de la « bonne peinture » et même la conception de ce qu'est celle-ci avaient changé, conférant à la couleur et à la lumière un rôle prépondérant sur le dessin. Sous ce regard, Vermeer ne pouvait plus apparaître comme un sous-Metsu, mais au contraire comme un créateur majeur le dépassant absolument, car étant le ou l'un des premier(s) peintre(s) à avoir historiquement placé la lumière au centre de sa (la) peinture.

De même, si la renommée de Botticelli écrase actuellement celle de Guido Reni, c'est parce que nous n'aimons plus les peintures d'histoire, que nous tenons toutes aujourd'hui abusivement pour « académiques ». Quant à Watteau, débarqué à la fin du XVIIIe siècle de l'Olympe des grands peintres pour des motifs idéologiques – il rappelait par trop les séductions de cet Ancien Régime dont on voulait à tout prix se détacher –, il fut réhabilité pour des motifs eux aussi évolutifs : d'abord, pour sa géniale maîtrise de la couleur ; puis, sous la Restauration, pour l'exact inverse des raisons qui l'avaient fait rejeter, parce que justement il avait réussi à rendre cette douceur de vivre du « bon temps » de l'avant-Révolution ; et, à la fin du XIXe siècle, pour sa profonde, son incurable « mélancolie » de génie entravé par la foule stupide – ce qui, soit dit en passant, est un contresens absolu, puisqu'il fut en son temps célébré comme le plus grand ou presque !

Si notre hiérarchie des grands maîtres picturaux a changé, change et évoluera encore à l'avenir, c'est donc parce que chaque époque soit perçoit, découvre en eux d'autres choses que l'on y voyait en leur temps, soit tout simplement *plaque sur eux* des interprétations souvent fort éloignées de la réalité et n'entretenant que de lointains rapports avec l'esthétique, *de purs fantasmes* par conséquent, qui reflètent et consolident nos partis pris collectifs du moment [28].

28. Pour actualiser les remarques de N. Haskell, de même que les années 60 ont pu redécouvrir, *via* le pop' art et la pop music, l'Art nouveau puis l'Arts-Déco ; les années 70, *via* le rock « décadent », Gustave Moreau et Aubrey Beardsley ; et les années 80, au travers de la peinture dite « cultivée », les maniéristes italiens de la seconde moitié du

Le goût en peinture a beau s'annoncer comme plus « individuel », sa justification met en jeu des phénomènes de nature identique à ceux qui participent à la formation du goût culinaire. Les processus diffèrent, mais le résultat est du même ordre. Constat banal sans doute que ce caractère social et transitoire du goût artistique, mais que nous oublions régulièrement quand nous proclamons aimer librement, sensuellement – et va-t-on discuter des goûts et des couleurs d'un individu « autonome » ? – tel ou tel peintre, alors que, dans l'écrasante majorité des cas, nous ne faisons que reproduire les préférences collectives et largement inconscientes pour nous de notre époque...

Il se pourrait d'ailleurs – cela serait même, quoique la raison n'ait pas grand-chose à voir avec l'affaire, en un certain sens logique – que ce soit précisément par ce qui nous semble en nous le plus spontané et sincère, nos jugements immédiats du bon et du mauvais, nos penchants instinctuels pour ou contre, nos réactions pulsionnelles de plaisir ou de non-plaisir, toute cette kyrielle de « j'aime », « j'apprécie », « je sens », « je déteste », « je préfère », qui forme la trame de notre perception des choses quotidienne et de nos conversations avec les autres, que s'insinue, s'exprime et se scelle le mieux notre conformité à l'esprit de notre époque. Car le goût n'est, en résumé, que *l'autre nom des structures mentales* et, plus au fond, psychiques, qu'en raison de la tradition commune dont nous émanons et des habitudes de pensée que renforce sans cesse en nous l'exercice de la vie en collectivité, *nous partageons avec nos semblables* : il se confond avec l'esprit de

---

XVIe siècle et les préraphaélites anglais, on observe depuis dix-quinze ans un grand retour souterrain de la peinture néo-classique des années 30. Perçue il y a peu encore comme désuète, réactionnaire, voire trop proche des attitudes d'un certain art nazi (en réalité d'ailleurs surtout de l'architecture néo-grecque, rêvant d'éternité, d'Albert Speer), cette peinture, où l'on pourrait faire entrer le Chirico d'après la période métaphysique, le Derain post-fauve, le renégat du cubisme Lhote et l'inclassable Vlaminck, est aujourd'hui analysée et appréciée sous le registre de l'« inquiétante étrangeté », qui se dégage de ses œuvres. D'une certaine façon, on ne peut que saluer cette redécouverte de peintres longtemps abusivement rejetés et qui en permet d'ailleurs d'autres, telles celles de Jean Dupas, d'Amédée de La Patellière, d'Arbit Blatas ou encore de Georges Sabbagh. En même temps, il est sûr que cette réhabilitation est l'effet de notre désabusement à l'égard du mouvement moderne et que sa vision saturnienne entre en résonance avec notre conception elle aussi devenue fataliste du monde : qu'elle confirme et valide en quelque sorte l'esprit de notre temps. Sur cette peinture, voir le livre d'Emmanuel Bréon, le conservateur du musée de Boulogne-Billancourt, *L'Art des années 30*, Somogy, 1996, ainsi que l'essai de Jean Clair, *Malinconia. Motifs saturniens dans l'art de l'entre-deux-guerres*, Gallimard, 1996.

notre temps, dont on pourrait dire, puisqu'on a évoqué Montesquieu, que les facteurs constitutifs en sont presque identiques, à l'exception peut-être du premier dont on faisait grand cas au XVIIIe siècle mais auquel on ne croit plus guère aujourd'hui, à ceux que l'auteur de *De l'esprit des lois* faisait entrer dans la constitution de ce qu'il appelait l'« esprit général des nations » : « le climat, la religion, les lois, les maximes du gouvernement, les exemples des choses passées, les mœurs, les manières [29] ».

Un fait qui a deux conséquences principales différentes bien qu'étroitement liées entre elles. La première est qu'en dépit des innombrables modulations auxquelles il se prête selon les classes sociales, les milieux professionnels et intellectuels et, de façon marginale, la spécificité de nos individualités, on peut assurer qu'il n'y a sur le fond *qu'un seul goût* dans une société et à une époque déterminées. La seconde est que, parce qu'il correspond à la structure psychique de l'individu de cette époque, ce goût vaut aussi comme une description véridique, une véritable radiographie de l'« âme » de cette époque [30].

29. Montesquieu, *De l'esprit des lois*, T. I, livre XIX, chapitre IV.

30. Ces deux affirmations un peu tranchantes, mais qui ne font que résumer ce qui les précède, ont trouvé de façon indirecte (et, partant, d'autant plus exemplaire) leur confirmation et presque leur « vérification expérimentale » dans le film d'Agnès Jaoui et Jean-Pierre Bacri, *Le Goût des autres,* qui fut, comme l'on sait, un des plus grands succès populaires du cinéma français pour l'année 2000. Car, à bien y regarder, cette comédie qui s'annonçait (et qui a été interprétée par presque toute la critique cinématographique ou ce qu'il en reste dans notre époque de *communication commerciale* tous azimuts) comme un plaidoyer pour la tolérance envers le « mauvais goût » de l'Autre, dit en réalité *exactement l'inverse*. Rappelons-en l'argument : Castella (J.-P. Bacri), patron de PME un peu rustaud, qui aime les téléfilms et les blagues salaces, brocarde les « pédés » et croit que l'argent peut tout acheter, tombe amoureux d'Anna (Anne Alvaro), une théâtreuse ratée et snobinarde qui lui donne des cours d'anglais. Sûr de lui au début, ce qui vaut d'assez bonnes scènes de muflerie, Castella prend peu à peu conscience qu'il a « mauvais goût » et que, pour séduire Anna, il doit se « raffiner ». Il se met à lire Racine, écrit des poèmes, fréquente les vernissages, fait exécuter une fresque moderne pour son entreprise par un jeune artiste d'« avant-garde », impose enfin dans sa maison toute en pompons et perlouses, décorée par sa femme, une de ses toiles. Et Anna finit par tomber amoureuse de lui. Bien que ses efforts de « raffinement » échouent en partie (ce qui conserve au film une relative ambiguïté), il faut remarquer que ce n'est qu'en se ralliant, même imparfaitement, au goût d'Anna, *en s'alignant sur son esprit*, que Castella réussit à lui plaire. On peut ajouter à cela que les valeurs et les choix esthétiques d'Anna, s'ils feraient rire n'importe quel « vrai » artiste (c'est une précieuse ridicule moderne), ne provoqueraient cependant à l'évidence pas le même mépris, ou un mépris d'ordre différent, de la part de ce dernier que celui qu'elle éprouve pour les goûts de Castella. La raison en est tout simplement que ces valeurs, bien que maniées par elle de façon caricaturale, décrivent le goût médiant, obligé, de notre temps, sur la base et à l'intérieur duquel se développent des goûts sans doute plus authentiques, plus « créatifs », que le sien, mais qui n'en restent pas moins dépendants de cet étalon du (bon) goût qu'elle

Dans la carte dont nous sommes partis, il y a d'ailleurs un trait en apparence mineur que nous avons relevé sur le moment sans y insister, mais qui pourrait bien être l'un des plus parlants à cet égard : c'est cette étrange façon de revendiquer tout à la fois les acquis de la tradition et le piquant d'une « originalité » qu'y parsèment quelques micro-détails dissonants qui n'en modifient cependant pas fondamentalement l'essence qu'elle révèle. Car cette manière de se singulariser sans s'affirmer, de poser à l'« individu » prudemment, *en troupeau*, cette stratégie en mi-teinte visant à pratiquer le décalage mais en douceur, afin – pour user d'une métaphore familière mais très adaptée à ce chapitre – de bénéficier simultanément du beurre de la révolte et de l'argent du beurre du confort, pourrait bien s'avérer la quadrature du cercle sociale et psychologique de notre époque : un des éléments centraux, *canoniques*, de l'esprit de notre temps.

rêve d'illustrer. Ce film est intéressant donc en ce qu'il confirme qu'en dépit de l'idéologie libérale-relativiste dans laquelle nous baignons du « tous les goûts sont permis dans la (notre) nature », il n'y a bien sur le fond dans notre époque, comme dans toutes les époques, *qu'un seul goût*, « canonique », bien que celui-ci soit évidemment susceptible de plusieurs traductions, de plusieurs modalités de surface différentes. Ce film livre également à son corps défendant une certaine vérité de notre âme contemporaine qui, sous ses apparences d'ouverture *cool* et son discours de tolérance, paraît si attachée à la respectabilité sociale et si peureuse d'enfreindre la règle, qu'elle se mue en son inverse, une âme mesquine et fermée, velléitaire, voire puritaine (car, après tout, si Anna désire Castella, que lui importe ses goûts esthétiques ?), hypocrite car double, « tordue », en désaccord avec elle-même : une âme bourgeoise néo-victorienne – traits sur lesquels nous reviendrons plus longuement dans les chapitres V et VI consacrés aux espaces intérieurs et au langage.

CHAPITRE IV

Objets, formes et styles
(Design industriel et mobilier)

C'est une expérience courante, banale même, que découvrant par hasard un objet d'une époque révolue, une voiture, un meuble, un appareil ménager, que nous n'avions jamais vu auparavant et sur lequel nous ne savons *a priori* rien, nous soyons spontanément capable – et ce, sans que nous possédions une culture particulière du design des meubles, des voitures ou des objets industriels – de le dater. Les estimations que nous formulons alors demeurent certes en général assez vagues. Suivant une habitude anglo-saxonne que nous avons reprise, nous parlons en termes de décennies. Nous disons d'un objet qu'il est, ou de façon moins affirmée, plus allusive, qu'il « fait très années 50 », « années 60 », « années 70 ». Et il nous arrive bien sûr à ce jeu de nous tromper, y compris face à des objets par ailleurs très bien répertoriés – attribuant par exemple la DS 19 aux années 60, alors qu'elle fut créée au milieu de la décennie précédente, ou regroupant encore des meubles, tels le célèbre fauteuil dit *The Chair* en forme d'amibe de Charles Eames, le siège *tulipe* d'Eero Saarinen et la chaise *zig-zag* monobloc en plastique empilable de Verner Panton, sous l'égide d'une même époque, alors que leurs dates d'apparition respectives s'échelonnent en réalité sur une bonne vingtaine d'années [1].

Si dans cet exercice de « divination » nous commettons parfois des erreurs, le statut de celles-ci peut néanmoins, dans presque tous

1. Pour se remettre en mémoire ces petits « monuments » du design du XXe siècle, que nous connaissons tous sans en savoir parfois le nom, on consultera la petite encyclopédie très pratique *Design du XXe siècle*, de Charlotte et Peter Fiell, Taschen, 2000, et, pour les sièges en particulier, les amusantes et subtiles *Assises du siècle*, de François Baudot, Éd. du May, 1990.

les cas, se discuter. La DS 19 fut bien ainsi la grande sensation, la « bombe » même, du Salon de l'automobile de Paris au Grand Palais d'octobre 1955, mais elle dérivait d'un projet de « véhicule de grande diffusion » (VGD) destiné à remplacer l'inusable Traction avant, dont l'étude avait été confiée par Citroën au carrossier italien Flaminio Bertoni dès le milieu des années 30, projet qui devait être plus ou moins gelé durant l'Occupation, avant de se voir repris à la Libération. Et les difficultés de mise en route de la production ainsi que les nombreux défauts dont souffraient les premiers exemplaires de la DS, notamment en ce qui concerne sa légendaire suspension « oléopneumatique » avec « correcteurs d'assiette », ont fait que celle-ci ne put effectivement devenir un objet véritablement courant qu'à l'orée des années 60[2]. La date de 1955, moment de sa présentation et du début de sa production, d'abord « à la main », hors chaînes de montage, puis industrielle, ne joue par conséquent pour elle que le rôle d'une espèce de date moyenne, ni totalement exacte ni entièrement erronée non plus.

De même, si Eames dessina *The Chair* en 1948, ce n'était à l'origine qu'un prototype réalisé dans le cadre d'un concours international sur le *low-cost furniture design*, le « design mobilier à bon marché », organisé par le Museum of Modern Art (MOMA) de New York, aux lignes fortement décalées par rapport à celles des meubles de son époque. Du fait de son originalité dérangeante, il ne fut produit pendant longtemps qu'à quelques unités, et ce n'est somme toute qu'assez récemment qu'on le fabrique en série. Les sièges et les tables de la ligne tulipe ou *Pedestal*, à piètement central, conçus par Saarinen dès 1948, demeurèrent eux aussi pendant une longue période des objets très marginaux, quasiment même à l'état de types abstraits car en fort petit nombre, jusqu'à ce que les industriels du mobilier sachent mieux maîtriser le mélange de plastique et de fibre de verre dans lequel sont réalisés leurs assises et leurs plateaux – tant et si bien qu'on les date usuellement, dans les histoires du design, de leur diffusion commerciale, en 1955-1956. Quant à la chaise de Panton, l'une des

2. Sur l'histoire de la DS, que nous avons ici considérablement simplifiée, voir Fabien Sabatès, *La DS. Objet de culte*, Massin, s.d.

icônes, comme l'on dit aujourd'hui, du Moderne, elle ne put être confectionnée en série – et encore très limitée – qu'en 1967, soit plus d'une décennie après que le grand designer danois l'eut sortie de ses cartons, et ce à la suite d'interminables expérimentations sur la nature du plastique utilisé, qui se sont poursuivies jusqu'à ces dernières années.

La chronologie des objets est donc loin d'avoir la rigueur supposée – car bien souvent, là aussi, les choses ne sont pas si simples – que l'on attribue généralement à l'histoire dite événementielle. Comme en technologie, où plusieurs décennies, si ce ne sont même des demi- ou des siècles entiers, séparent parfois l'invention d'un procédé expérimental de sa mise au point pratique puis de sa commercialisation, il faut distinguer dans la vie des objets leur apparition en tant que prototype de leur production à plus vaste échelle et de leur adoption, enfin, comme supports d'un nouveau « mode de vie » : leur naissance au niveau de l'idée de leurs naissances en quelque sorte « réelle » puis symbolique.

Et cette série d'écarts brouille régulièrement nos évaluations, y compris celles des spécialistes. Quelle date faut-il ainsi assigner à la Volkswagen Coccinelle ? 1927, année au cours de laquelle, s'inspirant des travaux sur l'aérodynamisme de Paul Jaray, le futur co-créateur de la Tatra V8, l'ingénieur Ferdinand Porsche dessina les premières esquisses d'une « voiture populaire allemande », déjà très proche du modèle qui devait en résulter ? 1936, quand, avec le soutien de Hitler, il en réalisa trois exemplaires de démonstration ? Ou bien encore 1947, date à laquelle la voiture fut enfin usinée en série et commercialisée ?

À ces incertitudes temporelles intrinsèques s'ajoutent parfois de vraies erreurs cette fois-ci, concernant des objets qui semblent en avance ou en retard sur leur époque, ou sont si simples, si dépouillés, que le temps paraît n'avoir sur eux que peu, voire pas de prise ; et celles, enfin, issues des caractéristiques spécifiques et quelquefois profondément divergentes des contextes sociaux et culturels dans lesquels ils sont apparus. Dans le premier cas, il suffit de penser au célèbre fauteuil club en porte à faux de Marcel Breuer, plus tard rebaptisé *Wassily* en hommage à Kandinsky, avec son squelette enchevêtré de tubes d'acier chromé tendu de bandelettes de tissu ou de cuir, mis au point au milieu des années 20, mais qu'une habitude de pensée nous fait généralement attribuer soit aux années 50, soit aux années 60 – ou encore, dans le domaine du design automobile, aux fabuleuses anticipations de l'Allemand Luigi Colani, dessinant dès la fin des années 60 des châssis « biomorphes » aux lignes lisses et organiques évocatrices des formes élaborées par la nature et dotés d'effets de sol, tels que l'industrie automobile n'en produira en série que dans la dernière décennie du XXe siècle [3].

Si l'on veut évoquer à l'inverse le cas d'objets en retard sur leur époque, il faut bien dire qu'on n'a que le choix. Il suffit de penser à la pléthore des meubles de faux style produits par le faubourg Saint-Antoine, qui reprennent des formules souvent périmées depuis des siècles, ainsi qu'à tous les phénomènes revivalistes des périodes passées, comme on en a vu se succéder des dizaines et des dizaines en file indienne dans les années 70-80. Le cas de ces courants de nostalgie *rétro* n'est pourtant pas aussi simple qu'il ne peut sembler de prime abord. À bien les considérer, les copies qui en résultent portent en effet toujours au moins autant, sinon plus de traits de l'époque qui les ont vus naître, que de celle(s) qu'elles sont censées ressusciter. Car de même que les édifices et les décors intérieurs néo-gothiques anglais de la fin du XIXe siècle, par leur côté fantasmagorique – littéralement *gothic*, au sens où on emploie en Angleterre ce terme pour désigner les romans noirs –, relevaient infiniment plus du style et de la mentalité fin-de-siècle que de ceux d'un Moyen Âge à la définition au demeurant des plus imprécises ; de la même manière, parce qu'ils s'intègrent dans un autre contexte et reprennent dans leurs courbes un certain baroque environnant, ainsi que, dans leurs couleurs, une qualité spectaculaire de transparence, les meubles *néo-pop* actuels témoignent, par exemple, à l'évidence bien plus des goûts et des valeurs de notre époque que de ceux et de celles des années 60.

Pour illustrer le cas d'objets à première vue « atemporels », on peut penser à la chaise *Sandow*, conçue par René Herbst à la fin des années 20, simple cadre de métal habillé de sangles élastiques comme on en utilisait jadis pour stabiliser des paquets sur le porte-

3. Voir Philippe Pernodet et Bruce Mehly, *Luigi Colani*, Éd. Dis Voir, 2000, et Raymond Guidot, *Histoire du Design 1940-2000*, Hazan, 1994 et 2000.

bagages d'une bicyclette, d'une nudité telle qu'elle aurait pu voir le jour aussi bien au début qu'à la fin du siècle dernier, ou encore à l'étonnante *Sitzgeiststuhl*[4], littéralement, la « Chaise de l'esprit du siège », des frères Heinz et Bodo Rasch, datant de 1927, mais dont les formes semblent ne se référer à aucun cadre historique précis, tant elle confine, comme son nom l'indique, à un archétype, à une idée quasi platonicienne de la chaise.

Quant à la troisième source d'erreurs dont nous parlions, un des exemples les plus frappants qu'on puisse en donner demeure l'extraordinaire dissonance apparue dans les années 50 entre d'une part le design des automobiles aux États-Unis, avec leurs sculpturaux museaux en obus, leurs calandres rutilantes de chromes et leurs ailerons en forme d'empennages de jets ou de requins, et de l'autre, les petites voitures économiques aux formes simples, telles la rudimentaire 2 CV, la BMW Isetta en forme d'œuf ou encore l'Austin 850 Mini d'Alex Issigonis, et, bien sûr, cette véritable sculpture vivante que fut la DS 19, que l'Europe produisait à la même époque. Une opposition apparemment absolue entre des formes élaborées en une même époque, que nous éprouvons toujours de la difficulté au fond de nous-mêmes à admettre, même quand nous arrivons à nous doter d'une culture raisonnée de l'histoire du design.

D'aussi grandes divergences surgissent d'ailleurs parfois au sein d'un même contexte culturel et temporel entre les formes produites par les divers arts dits appliqués et purs. Si l'on ne perçoit ainsi que trop bien les liens évidents de parenté qui existent dans l'Amérique des années 50 entre l'architecture ostentatoire des premiers restaurants *fast-food* Mc Donald's, les lignes redondantes des juke-box Wurlitzer et cette véritable pièce-montée de métal et de verre que fut la Cadillac Eldorado Brougham, *must* des voitures-paquebots lancées à l'époque par les grandes firmes de Detroit[5], on ne voit guère en revanche ce qui peut bien rapprocher toutes ces formes opulentes et extravagantes tentées par le kitsch avec l'essor parallèle en architecture d'un « style

4. Voir *Design du XXe siècle*, *op. cit.*

5. Voir à ce sujet le texte de Jocelyn de Noblet, in *Design, miroir du siècle*, catalogue de l'exposition au Grand Palais à Paris de mai-juillet 1993, Flammarion/APCI, 1993, sur les « Styles optimistes ou la mise en formes de la joie de vivre » de cette époque.

international » prude et rectiligne apporté par les transfuges allemands du Bauhaus installés après 1934 aux États-Unis, et plus encore avec le mouvement de l'« abstraction lyrique » qui dominait alors la peinture américaine. Autant, en effet, les premières formes semblent diffuser un optimisme quasi délirant de la consommation de masse mêlé à un rêve futuriste de technologie spatiale et le second style appeler à la poursuite et à la généralisation du rationalisme géométrique européen d'avant-guerre ; autant le troisième mouvement apparaît, lui, presque comme la traduction d'une réaction de rejet des univers économique et technique glorifiés par les deux autres, et témoigne, à leur envers, d'une volonté de repli introspectif un peu douloureux sur une subjectivité intérieure.

Les divers secteurs de l'activité créatrice humaine suivant chacun leur cours, possédant leur propre logique interne et se développant selon des temporalités différentes, il en résulte l'apparition fréquente de décalages, voire de contrastes entre eux, qui paraissent parfois irréductibles. Pour ne prendre qu'un exemple, on peut ainsi soutenir que ce qu'on a appelé, vers la fin des années 50 et le début des années 60, le pop' art a imposé une nouvelle conception des rapports entre l'« art noble » des académies et le « sous-art » de la culture de masse populaire, le second venant peu à peu renouveler les thèmes et les modes d'expression du premier, attitude dont il a fallu attendre la toute fin des années 60 et même les années 70 hippies pour trouver une traduction dans le mobilier, *via* l'anti-design ou design radical italien. Et la grande époque du pop' art n'a-t-elle pas coïncidé aussi avec celle, en peinture, d'une nouvelle abstraction géométrique dite *hard-edge* ou *post-painterly* et des débuts du minimalisme – soit, de styles reposant sur des partis pris esthétiques sans lien ni commune mesure apparents entre eux [6] ? Même dans les époques qui se flattent d'être « unitaires »,

6. Cet essai n'étant pas une histoire de l'art, on se reportera pour la description de ces courants aux livres existant à ce sujet, notamment au très connu et contesté *The Shock of the New*, de Robert Hughes, Thames & Hudson, 1980 et 1991, mais qui n'en reste pas moins un ouvrage de référence, ainsi qu'à la très bonne petite synthèse d'Edward Lucie-Smith sur *Les Mouvements artistiques depuis 1945*, Thames & Hudson, 1999, pour la trad. fr. Sur le pop' art, un des meilleurs livres demeure celui de Lucy R. Lippard, *Le Pop Art*, chez Thames & Hudson également, 1996, pour la trad. fr.

il est de fait très rare que ne se fassent pas jour plusieurs manières concurrentes d'aborder la question de la forme.

Ces incohérences reconnues amènent d'ailleurs régulièrement les critiques ou historiens d'art – sur le moment, selon leurs projections personnelles du devenir des formes ou, plus simplement, leur goût individuel, et après coup, en fonction de la reconstruction dominante de l'histoire qui s'est en définitive imposée – à distinguer parmi les styles d'une époque ceux qui se situeraient « au centre » de l'évolution et en donneraient une interprétation moyenne, d'autres, qui se posteraient dans la « marge » et s'avéreraient de ce fait capables d'anticiper les traits de la ou des période(s) à venir.

S'il n'est pas à rejeter – nous y avons eu nous-mêmes recours dans cet essai, quand nous évoquions le caractère « anticipateur » de la mode vestimentaire[7] –, ce type ingénieux de lecture ne doit cependant pas faire oublier que la splendide marche des styles s'extrayant mécaniquement les uns des autres en une sorte de grande métaphore biologique évolutive, dont font invariablement état nos manuels d'histoire de l'art, ne se vérifie qu'exceptionnellement dans la pratique, où trône en général une âpre confusion, un désordre qui paraît n'obéir à aucun plan intelligible. Et que ces styles semblent de plus s'amuser à échapper sans cesse à ces grandes découpes conventionnelles que sont les décennies, dont on ne voit d'ailleurs pas à la réflexion pour quelle raison objective ils les suivraient. Afin de redonner un semblant de logique à ce qui n'en possède, semble-t-il, dans la réalité que très peu, ces mêmes commentateurs en sont d'ailleurs réduits tout aussi régulièrement à ruser avec la définition des décennies, à en élargir ou, au contraire, en restreindre les bornes – certains faisant ainsi débuter pour les besoins de leurs analyses les années 60 en 1955, d'autres en 58 ou en 62, et finir alternativement en 68, 75, 77, 80, etc., etc. Bref, pour peu que l'on entre même superficiellement dans le détail des choses, les difficultés s'amoncellent, vidant en apparence la notion d'un « esprit du temps », s'imposant à toutes les formes créées par l'homme en une époque donnée, de toute substance ou presque...

Si des limites se dressent donc de toutes parts à la « divination » de la date des objets, si le statut de ces limites peut se discuter

7. Voir le chapitre I de cet essai et notre *Morale du masque*, *op. cit.*

pour ainsi dire à l'infini et si, de façon plus fondamentale, on ne peut manquer de poser la question, sur laquelle nous reviendrons, de savoir dans quelle mesure cet exercice ne revêtirait pas un caractère purement tautologique – nos estimations se bornant de fait à confirmer *a posteriori* la réécriture sociale dominante de l'histoire des formes et des styles –, reste que, dans la plupart des cas, quand nous tentons de deviner la date d'un objet que nous n'avions jusqu'alors jamais vu, nous « tombons juste »... même en prenant en compte le fait que ce « juste » ne relève bien souvent que d'une assez grossière approximation.

À la vérité, d'ailleurs, le mot de « divination » auquel nous avons recouru à plusieurs reprises est sans doute trompeur. Il ne semble être pour une grande part qu'une habitude, qu'une convention de langage. Ainsi que l'expliquent les spécialistes des processus cognitifs, ce que nous nous plaisons à désigner sous le terme un peu magique d'« intuition » ressortit en effet la plupart du temps à la simple révélation pratique d'un savoir latent, implicite, presque *subliminal* des choses, que nous possédons du fait de notre histoire et de notre vie en société, mais sans avoir conscience, excepté quand il s'impose à nous et que nous réussissons à le formuler clairement, que nous l'avons.

Quoi qu'il en soit pour l'instant de toutes ces questions, si cette opération réussit en général *grosso modo* assez bien, c'est qu'elle s'appuie sur la reconnaissance de certains motifs décoratifs récurrents spécifiques à chaque époque, sur l'existence même d'un véritable « répertoire de formes » propre à chaque temps, que certains objets déclinent de façon caricaturale, que d'autres se contentent d'évoquer dans de menus détails, mais dont tous semblent néanmoins porter la trace. Comme dans le vêtement, il existe une mode dans les objets, qui influe sur leurs lignes, leurs couleurs, leur parti pris stylistique et leur donne à tous un « air de famille ».

Au rang de ces engouements en apparence entièrement formels, on peut évoquer ainsi, par exemple, que ce soit dans le design automobile ou dans celui du mobilier, des ustensiles de cuisine, des gadgets quotidiens, dans le graphisme des affiches de cinéma, dans celui des publicités, des pochettes de disques ou encore des papiers peints, la très soudaine et fort étrange prolifération au cours des années 50 des formes en amibe, en boomerang, en palette de peintre ou, comme l'on disait alors, en « rognon », puis, *via* la télévision et le mythe des Objets volants non identifiés, des configurations en ellipses ou en soucoupes. Une mode particulièrement bizarre, à laquelle on pourrait associer également ce drôle de maniérisme décoratif qui consistait à agrémenter de façon quasi systématique les pieds des meubles, les aiguilles des horloges, les tiges des portemanteaux et les branches des luminaires, de curieuses et bien inutiles petites boules en bois ou en plastique coloré, que les Anglais nommèrent à l'époque avec humour, faisant référence à ces bâtonnets plantés de cerises confites dont les *barmen* ornent les cocktails, le style *cocktail cherry*.

Certes, il ne s'agit là que d'affectations de surface, de préciosités sans conséquence, de *gimmicks* de forme, qui nous font aujourd'hui sourire. Mais même les styles en apparence les plus raisonnables, les plus ancrés dans une raison, font parfois l'objet d'une pareille exploitation de mode. Issue du design des avions, des locomotives et des projets automobiles les plus futuristes comme la mythique Dymaxion de Buckminster Fuller – où la silhouette « en goutte d'eau », en permettant une meilleure pénétration dans l'air, était supposée apporter un surcroît de vitesse et une économie d'énergie par rapport aux anciennes formes rectilignes –, l'esthétique dite *streamline*, « aérodynamique », s'est ainsi très largement diffusée dans l'Amérique des années 30-40 au dessin d'objets quotidiens statiques. Réfrigérateurs, broyeurs, mixers, grille-pain, sèche-cheveux et matériel de bureau, tels la monumentale agrafeuse Hotchkiss curviligne ou le taille-crayon géant tout caréné de Raymond Loewy, prirent alors d'étranges formes « profilées », qui ne pouvaient évidemment correspondre par définition qu'à un effet stylistique, à une pure convention de goût, liée à une représentation elle aussi purement conventionnelle du beau comme manifestation d'une idée de « vitesse ».

À l'encontre de ce que les doctrines esthétiques rationnelles ou plus romantiques tentent régulièrement de nous faire croire, les formes des objets, aussi bien artistiques qu'industriels, semblent donc dériver le plus souvent non tant d'une nécessité matérielle ou des éclairs de génie inventifs traversant le cerveau de quelques sublimes « créateurs », que de la simple application, presque même de *la transposition naïve* de grandes thématiques, d'« idées » et de représentations collectives pré- ou co-existantes dans la société de cette époque. Comme si ces formes avaient avant tout pour charge d'exprimer de façon inconsciente (et en même temps, aussi, pour une part, de les élaborer) des peurs, des rêves et des fantasmes de tous ordres en quelque sorte *garantis d'époque* : de réfracter et de rendre consciente en la cristallisant toute une « ambiance » intime de la société d'alors. Dans *The Style of the Century* [8], où il procède à l'historique divertissant des modes décoratives apparues dans les arts mineurs des sociétés occidentales au XXe siècle, l'Anglais Bevis Hillier donne d'ailleurs en passant quelques clés utiles à l'archéologie de ces configurations « en rognon » que nous venons d'évoquer.

Les formes en amibe seraient nées, selon lui, à la fin des années 40 de la reprise « positive » – Hillier forge même, pour rendre compte de cette interprétation « amicale » d'une forme « ennemie » évoquant le drame du Blitz, le curieux néologisme assez intraduisible d'*amicization* – des structures « éclatées » (*disruptured patterns*) des camouflages militaires utilisés pendant la guerre. Un certain besoin d'évasion à l'égard de cette période sombre et l'élan d'optimisme de la reconstruction, provoquant l'appel à des figures plus fantaisistes, « artistes » (d'où le motif, stylistiquement proche de l'amibe, de la palette de peintre), ainsi qu'une nouvelle fascination pour la science – c'était l'époque des premiers satellites artificiels, du début de la conquête de l'espace, celle aussi où les biologistes découvrirent le schéma moléculaire de l'ADN, les physiciens, la structure de l'atome [9] –, auraient eu pour effet de confirmer le bien-fondé en quelque sorte « réel » de ces configurations analogues.

Désormais convergentes et raisonnées, elles auraient ensuite pris peu à peu valeur d'une esthétique en rejoignant (et en s'y fondant) le grand courant dit des « formes libres » [10], soit de cette variante

8. Bevis Hillier, *The Style of the Century*, *op. cit.*, chapitre I.

9. Rappelons que c'était également l'époque (1958) de l'Exposition universelle de Bruxelles, avec son célèbre « Atomium », qui devait lancer dans la mode vestimentaire et dans la décoration intérieure tout un style dit « Atome ». Voir *L'Expo 58 et le Style Atome*, ouvrage collectif, Éd. Magic-Strip, Bruxelles, 1983. Voir également Polly Powell et Lucy Peel, *'50s & '60s Style*, Londres, Apple Press, 1988.

10. Sur ce courant esthétique que nous ne pouvons qu'évoquer en passant, voir *Les Années 50*, ouvrage collectif dirigé par Anne Bony, aux Éd. du Regard, 1983, *Les Années*

curviligne de l'esprit moderne, symbolique d'une liberté retrouvée après la parenthèse de l'économie de guerre, qui dominait les arts et dont témoignaient à l'époque aussi bien les sculptures de Brancusi, de Moore et les mobiles de Calder, certains motifs en peinture des tableaux de Arp et de Miro et, en architecture, les ellipses du musée Guggenheim de F.-L. Wright, les structures « organiques » du terminal TWA de l'aéroport Kennedy conçu par Eero Saarinen, la chapelle de Ronchamp du Corbusier et les premières réalisations de Niemeyer à Brasilia.

Et ces formes, devenues dominantes, seraient enfin passées ou « descendues » ou encore auraient rejoint celles déjà présentes dans le dessin de nos chaises et de nos tables, telles celles du Français Jean Royère, de l'Italien Carlo Mollino et du Japonais Isamu Noguchi, de nos luminaires, comme ceux de Serge Mouille, de nos services à thé, tel celui conçu par Lino Sabattini pour Christophle, de nos vases, à l'instar du célèbre *Mouchoir* de verre de Max Ingrand, et d'une myriade d'autres objets quotidiens, verres, assiettes, couverts, bols, coquetiers, bouilloires, Thermos, machines à café, robots ménagers, appareils radio, postes de télévision et réfrigérateurs ventrus, que toutes les ménagères du monde libre rêvaient alors de posséder...

Cette archéologie des formes en amibe semble certes, racontée de cette manière [11], un tantinet mécanique. Elle tombe un peu trop juste pour être parfaitement honnête. Mais elle n'en fournit pas moins un modèle, au sens mathématique ou logique du terme, assez pertinent de la dynamique de propagation et de généralisation de certaines formes plutôt que d'autres, concurrentes, au sein d'un même ensemble social. Elle ne fait du reste que confirmer dans ses grandes lignes ce que nous notions dans le premier chapitre quant au caractère de « synthèses naturelles » des styles d'apparence et, dans le second, sur la nature de « réservoirs de rêves » des grands parfums historiques.

50, par Patrick Favardin, Éd. du Chêne, 1999, *Les Années 50 de A à Z*, par Brigitte Cornand et Bernard Marcadé, Rivages, 1988, ainsi que R. Guidot, *op. cit.*

11. La présentation par B. Hillier de l'histoire de la forme en amibe n'est pas aussi systématique que ce que nous venons d'en dire, d'une part parce que, traitant de tous les motifs de cette époque, elle est plus diffuse, d'autre part, parce que Hillier n'a dans son livre, qui se limite à une description, manifestement pas les mêmes buts que nous dans cet essai. On a donc « poussé » un peu le caractère mécanique de l'essor des formes en amibe pour rendre plus claires certaines de nos propositions.

Comme ces deux dernières manifestations esthético-sociales, les structures en amibe ou moléculaires peuvent en effet être perçues comme l'agrégation, la résultante presque géométrique d'un certain nombre de fantasmes divergents-convergents de leur époque : le résumé, en un motif générique simple et déclinable presque à l'infini, de tout un climat temporel, de ce que Bloch appelait les « rêves éveillés » des sociétés. Comme si, sous les formes produites par les époques et leur donnant leur cohérence sensible, fourmillait une entière vie affective collective, aux innombrables résonances, ramifications et influences croisées : qu'affleurait ici cette « autre histoire » cheminant sous la grande, que nous avons déjà à plusieurs reprises évoquée.

Ce modèle pourrait également donner la clé ou du moins certaines clés de compréhension de cette étonnante prolifération depuis le milieu des années 80, dans tous les domaines du design sans presque d'exception, de ces formes biomorphes déjà signalées, qui font ressembler nos caméras à autant de grenouilles ou de crustacés, les haut-parleurs de nos chaînes stéréo à de drôles de champignons et donnent à nos voitures l'aspect étrange de coquillages lissés par l'érosion des vagues. Bien que le recul manque pour en analyser lucidement toutes les implications, ces formes, qui semblent « signer » notre époque, peuvent s'apprécier elles aussi comme la synthèse d'un certain nombre de rêveries et de conceptions dominantes contemporaines.

Sans être exhaustif, dans ces structures qui tirent ouvertement leur inspiration d'organismes vivants issus de processus d'adaptation sur des milliards d'années, on ne peut manquer de subodorer d'abord la présence d'une certaine célébration écologiste de la Nature, devenue le référent suprême, si ce n'est ultime, de nos sociétés. Par la généralisation qu'elles ont entraînée, en particulier dans le secteur de l'automobile [12], des lignes lisses et enrobantes, d'un jet, tout en convexités et dessinant des sortes de cocons protecteurs mais avec de larges ouvertures vitrées, on peut y voir aussi la tentative, en un temps marqué par des crises économiques, poli-

12. Mais aussi dans celui du transport ferroviaire, comme le montrent le TGV-Atlantique de Roger Tallon lancé à la fin des années 80 et, plus encore, certaines de ses variantes, tel le projet du TGV-Texas jamais construit. Voir Chloé Braunstein et Gilles de Bure, *Roger Tallon*, Éd. Dis Voir, 1999.

tiques et idéologiques de tous ordres, de se doter de « refuges » à la fois solides et *cool*.

Il semble que s'y loge également, sur un versant plus pragmatique, une nouvelle attitude face à la technologie, qu'on ne sacralise plus comme avant, mais qu'on entend désormais et exclusivement faire servir notre vie quotidienne. Il se pourrait donc en bref que se fasse jour, dans ces formes *soft*, un nouveau rapport aux objets, qu'on désire plus « amicaux », plus proches de nous, dont on cherche à faire des prolongements de notre main et des reflets de notre ego – ce que les spécialistes de marketing formulent en disant que nos sociétés sont passées d'une « culture du producteur » à une « culture du consommateur » [13] –, et en même temps plus fantaisistes, plus autonomes et « sensuels », comme s'ils avaient droit eux aussi à une existence propre, quasi « biologique ».

Certains commentateurs ont même pu adjoindre à ces considérations une dimension plus géo-politique ou « géo-culturelle », en suggérant que ce type de style – initié historiquement dans le secteur de l'automobile par Nissan avec sa Figaro, et devenu dans le domaine des appareils photos la « signature » de Nikon – pourrait ressortir à une sorte de diffusion (et d'adaptation) au monde moderne des principes millénaires de l'esthétique japonaise, de cet idéal d'harmonisation avec la Nature dont témoignent depuis toujours les ustensiles utilisés dans le *sado,* la cérémonie traditionnelle du thé [14]. Bref, on vivrait là les débuts de la pénétration en Occident de normes culturelles extrême-orientales, portées par une montée en puissance économique. Et l'on pourrait sans doute faire entrer dans le bio design bien d'autres facteurs encore... Comme si, au travers de cette formation stylistique en extérieur simple mais profondément composite, où se jettent, comme en un fleuve, des milliers d'affluents hétéroclites et volontiers contradictoires, provenant de champs divers sans lien apparent entre eux, le bio design procédait à une synthèse sauvage de tous les éléments qui participent

13. Dans sa très bonne synthèse, Peter Dormer, *Le Design depuis 1945*, Thames & Hudson, 1993, pour la version fr., fait remonter ce changement aux premiers Macintosh du début des années 80. Voir également R. Guidot, *op. cit.*

14. C'est une partie de la thèse de Mike Jones sur le « biodesign », in *Design, miroir du siècle*, *op. cit.* Bien que Jones ne semble guère aimer Luigi Colani, il faut tout de même souligner l'apport fondamental de ce dernier dans l'émergence du bio-design au Japon, pays où il a résidé et travaillé de 1982 à 1986. Voir *L. Colani*, *op. cit.*

à l'architecture mentale latente, psychique, voire pulsionnelle, de notre époque.

Et cette analyse pourrait à l'évidence être élargie à la question de la couleur des objets, de leur colorisation. Car, d'une façon générale, chaque société, chaque époque privilégie certaines couleurs aux dépens d'autres, en promeut ou en invente au besoin des nuances, et élabore ses propres descriptions-définitions de celles-ci, ainsi que sa conception particulière des rapports existant ou devant exister entre elles : chaque moment de société développe son système tonal, impose sa « palette », associant de plus aux éléments de celle-ci des valeurs spécifiques qui n'ont aucune raison de coïncider avec celles apparues ailleurs ou en d'autres temps [15]. Et tout autre que techniques ou esthétiques, ces repré-

15. Pour ne donner qu'une illustration de cette remarque générale, alors que le bleu est aujourd'hui la couleur privilégiée de l'Occident, les Romains, la considérant comme « barbare », évitaient de l'utiliser, et les Grecs n'avaient pas de mot pour la désigner : la mer était, à leurs yeux, verte tirant sur le noir, l'eau, transparente, et l'air, sombre, et même, selon Empédocle, noir comme la nuit. Ces divergences avec nos conceptions des couleurs ont des fondements d'ordre très divers. Le rejet du bleu par les Romains s'expliquait par le fait culturel qu'au temps de Rome, les Germains et les Celtes, peuples jugés non civilisés, se teignaient la peau de « guède », une plante d'où ils extrayaient un bleu très foncé. Dans le cas des Grecs, la divergence est beaucoup plus profonde. Leur représentation des couleurs ne s'échelonnait pas en effet, comme la nôtre, suivant l'arc-en-ciel et la décomposition de la lumière au travers du prisme, mais s'organisait selon une vision spirituelle, opposant certaines couleurs abstraites, le blanc et le noir, censées être celles du monde des Idées et de l'Être, à d'autres, telles que le jaune et le rouge, supposées refléter le monde de la Nature et de la Substance. Dans cette représentation, tout ce que nous nommons bleu participait donc de l'ombre, était même doté d'une qualité confuse, « orientale », dont il fallait se détourner – ce qui explique les apparentes bizarreries pour nous des associations visuelles des couleurs des Grecs. Ce dont il faut bien prendre conscience, c'est donc que non seulement, à l'intérieur d'un spectre fixe et bien défini par le langage, chaque époque d'une même société apporte des déplacements dans la perception et la conception des couleurs ; mais, de plus, que toutes ces représentations, y compris la nôtre qui nous semble plus « objective » parce que « confirmée » par les expériences de Newton, ne sont en réalité que *des conventions culturelles évolutives*. Car si la décomposition de la lumière par le prisme est un fait observable, elle n'épuise pas toutes les dimensions du phénomène de la couleur. Elle n'analyse celle-ci qu'en fonction du seul paramètre physique des longueurs d'onde. Or, la couleur a bien d'autres paramètres, tels ceux de brillance ou de non-brillance, de texture et de matière, dont notre conception actuelle ne rend pas, *ne peut pas rendre compte*. On retrouve ici, dans un autre champ et à propos d'un autre sens, des phénomènes assez comparables (quoique s'exerçant différemment) à ceux dont nous avons fait état dans le chapitre II à propos de l'odorat. C'est toute la question ici de la part sociale des perceptions, qui est l'objet par excellence de cette nouvelle science qu'on appelle le « cognitivisme », l'étude raisonnée de nos processus sensibles et intellectuels. Sur le sujet passionnant mais ardu des couleurs, qui aurait pu fournir la matière d'un chapitre de ce livre, voir le très bel essai de l'Italien Manlio Brusatin, *Histoire des couleurs*, Champs-Flammarion, 1986, et le *Dictionnaire des couleurs de notre temps*, du grand spécialiste français en la matière mais

sentations et évaluations émanent de choix sociaux, moraux, culturels au sens le plus large du terme, reflétant la structure ou le climat intellectuels et sensibles de ces sociétés ou époques, décisions qui ont évidemment leur traduction dans la mise en couleurs concrète de nos objets.

Le recours presque exclusif des designers du Bauhaus et plus généralement du Mouvement moderne aux tons primaires semble avoir eu ainsi essentiellement pour but, en rehaussant et en mettant en scène la géométrie de leurs objets, de démontrer la valeur du concept de rationalisation sur lequel ces objets se voulaient fondés et, en usant de teintes prétendument faciles à produire, de célébrer les bienfaits « démocratiques » de l'industrialisation : un tel choix n'était donc qu'en apparence esthétique. Il reposait sur un *a priori* d'ordre idéologique, un parti pris politique : bel et bien *un fantasme*. La prééminence du blanc et de la couleur acier, avec ses reflets, venait en appui, dans le style *streamline* américain des années 30, d'une esthétique apaisée du lisse, où tout était fait pour asseoir l'idée – l'utopie sociale et culturelle – qu'il était possible d'envisager désormais l'avènement d'une société sans conflits.

Les couleurs acidulées des années 50 renforçaient l'optimisme naturel des formes dionysiaques de cette époque. Le célèbre beige-brun adopté au début des années 60 par les designers de la firme allemande Braun proclamait, par sa neutralité revendiquée, le caractère censément objectif d'un « bon design » se rêvant purement fonctionnel, donc scientifique et incontestable. Au milieu de cette même décennie, on vit se développer dans les objets une mode de l'argenté, évocateur de cette technologie spatiale qui faisait alors tant rêver, fantasme qui se traduisit parallèlement dans le vêtement, notamment chez Courrèges, par une efflorescence de damiers et la promotion d'une variante brillante, comme caoutchoutée, du blanc. Quant à la vogue actuelle du luminescent, du transparent, du phosphorescent, du translucide et du fluo, qu'on retrouve aussi bien dans l'habillage de l'iMac d'Apple, de l'aspirateur sans sac DC02 de James Dyson, du réfrigérateur OZ de Zanussi et des coques des

qui s'attache lui essentiellement à leur dimension symbolique (car c'est encore un autre aspect de la question, auquel il faudrait adjoindre, pour être complet, celui de la dénomination de nos sensations : du langage des couleurs), Michel Pastoureau, Éd. Bonneton, 1999.

portables Nokia, dans les jeux de lumière des magasins *in* de vêtements et des restaurants *up-to-date*, que dans la colorisation de certaines brosses à dents, des Tupperware et... des balayettes pour WC [16], qui ne voit qu'elle a avant tout pour charge d'exprimer cette idée moderne mais très loin d'être avérée, *ce cliché contemporain*, selon lequel la technologie est aujourd'hui à ce point avancée que toutes les formes sont permises [17], et que nous sommes par conséquent entrés et sans retour dans un univers « immatériel » où la matière, n'ayant plus la primauté, s'efface devant le simple spectacle suggéré, « virtuel », de l'idée ?

Parce que, vivant sans cesse au sein de ces formes et couleurs assermentées par notre temps, nous nous y accoutumons et finissons par les considérer comme des données, des faits presque de nature, jusqu'à ne plus faire attention à elles et même *ne plus les voir*, la perception des traits communs qui peuvent exister entre les objets d'une même époque nécessite souvent un certain recul. Des rapprochements s'imposent avec le temps qui, sur le moment, nous étaient imperceptibles.

C'est ainsi qu'au regard de ce que nous avons dit des « formes libres », la DS paraît loin d'être aussi décalée et isolée par rapport à son époque qu'elle ne pouvait le sembler au moment de sa création. Non seulement sa ligne générale n'est qu'une transposition du style organique architectural des années 50 dans le domaine de l'automobile – qu'on retrouve à la même époque dans le design du coupé Cisitalia de Pininfarina en 1947, dans ceux de la SAAB 92 de Sason en 1950 ou encore de la Fiat-Abarth de Zagato en 1958 –, mais plusieurs de ses détails décoratifs, telles la forme en obus des pare-chocs des modèles Pallas et l'esthétique emphatique des feux arrière de sa version Break, ainsi que certaines de ses caractéristiques tout à fait centrales, en particulier sa ligne « ponton », d'un seul tenant, sans décrochage et la volonté d'apporter aux occupants de la voiture, par l'inclinaison et la courbure des glaces avant et arrière et la quasi-suppression des montants latéraux des vitres, une

16. Voir *Les Années 90*, sous la direction d'Anne Bony, Éd. du Regard, 2000.

17. Comme on le verra plus loin dans ce chapitre, là où ce raisonnement en effet pèche et *se meut dans l'illusion*, c'est que le plus souvent, pour ne pas dire toujours, ce n'est pas la technologie qui fait les formes, mais les formes, reflets de fantasmes sociaux, qui « appellent » la naissance ou le développement de telle ou telle technologie.

vue panoramique du paysage, bien loin d'entrer en rupture avec l'esprit de la carrosserie automobile américaine de son temps, ne faisaient qu'en donner une autre version, qu'en accommoder la plupart des principes.

Et une démonstration du même genre pourrait être faite à propos de nombre de ces incohérences, ou « aberrations », entre des formes nées dans une même époque, que nous évoquions au début de ce chapitre. Il arrive même assez fréquemment que des mouvements sur le moment violemment opposés témoignent avec le recul d'une surprenante proximité esthétique.

Alors que la grande exposition des Arts décoratifs à Paris en 1925 avait été marquée par une controverse intense entre les tenants d'un Arts-Déco « bourgeois » regroupés autour de Ruhlmann, cherchant à renouer le fil avec la tradition décorative française du XVIIIe siècle, et ceux d'un « Esprit nouveau », menés par Le Corbusier et proscrivant au contraire tout ornement au profit de la pureté des lignes – conflit qui est même allé jusqu'à un projet d'exclusion des seconds par les premiers [18] –, bien des meubles ou objets produits par ces deux tendances semblent aujourd'hui partager plus d'affinités que de dissemblances. Certains, notamment ceux dus aux créateurs réunis plus tard dans l'Union des artistes modernes (UAM) [19], tels Robert Mallet-Stevens, Pierre Charreau et Eileen Gray, se posent comme des espèces de synthèses entre ces deux courants. Et d'autres paraissent d'ores et déjà à ce point interchangeables que si, par suite d'un bouleversement politique ou social, les références s'en perdaient et qu'on n'avait plus les moyens d'établir leur origine exacte, il se pourrait que nos descendants les attribuent dans deux ou trois siècles à la tendance opposée, à des créateurs qui étaient donc sur le moment *leurs pires ennemis esthétiques*. Comme si le temps avait déjà raboté, en moins de quatre générations, les divergences de détail de ces objets, qui faisaient diversion, pour ne plus laisser apparaître que leurs structures parentes, exprimant une « qualité commune » propre à leur époque.

18. Voir le chapitre sur l'Arts-Déco de *Design, miroir du siècle*, *op. cit.*
19. Voir *Les Années UAM 1929-1958*, catalogue de l'exposition au musée des Arts décoratifs de Paris septembre 1988-janvier 1989, Union des arts décoratifs, 1988.

On ne peut évidemment manquer de se demander quelles parts respectives de « réalité vraie », venant des ressemblances effectives existant entre ces objets, et d'interprétation, de reconstitution ou d'élaboration après coup de celles-ci, entrent dans ces renversements continuels d'optique. C'est toute la question cruciale, dont nous avons déjà fait état, de savoir dans quelle mesure la perception de ces analogies est un fait ou le produit d'une rationalisation historique *a posteriori*.

Les formes ne signifiant rien ou que très peu par elles-mêmes, n'étant que des *indices de sens*, la signification qu'on leur accordera dépendra en effet en grande part, sinon en totalité, des éléments avec lesquels on choisira de les mettre en perspective. Ceux-ci étant innombrables et l'ingéniosité interprétative humaine presque infinie, il semble par conséquent presque toujours possible d'établir des liens de proximité entre des objets qui n'entretiennent aucun rapport formel entre eux, et *vice versa*, rendant ainsi toute interprétation *potentiellement légitime*. Ce qui pose deux questions redoutables liées entre elles : qu'est-ce qui peut donc bien distinguer une « bonne » interprétation, juste, d'une autre, « forcée » ou délirante ? Et que voulons-nous dire exactement quand nous affirmons que deux formes « se ressemblent » ?

Ces interrogations sont loin d'être abstraites, purement intellectuelles. Elles sont au contraire très concrètes. Dans le domaine industriel ou de la consommation – mais cela vaut à l'évidence aussi avec quelque transposition des arts nobles –, il faut en effet compter avec les conséquences de ce qu'on appelle les stratégies de différenciation individuelle des produits et d'« image » des firmes. En une époque d'omniprésence de la courbe, il peut ainsi s'avérer payant pour une entreprise de mettre sur le marché un produit offrant une version un peu plus rectiligne du style dominant, mais sans remettre de façon fondamentale en cause celui-ci : d'organiser sciemment un écart minime par rapport à la norme pour se singulariser.

Et le cas est très fréquent. Pour ne prendre qu'un seul exemple parmi des milliers, c'est ce qui est arrivé lorsque, vers 1995, afin de se démarquer du bio-design régnant, les stylistes de la Fiat décidèrent de réintroduire dans leurs modèles, notamment la Lancia Ypsilon, tout en restant fidèles au principe de la coque lisse et enveloppante, des arêtes vives et des lignes tendues. Les designers parlèrent alors de *new edge*, de « nouvelle linéarité » ; et la tendance se généralisa par la suite aux autres constructeurs. S'agissait-il là d'un nouveau style ? Ou bien d'une simple modulation de l'ancien ? Telle est la question, qu'on pourrait formuler de façon plus générale ainsi : à partir de quel moment une variation opérée sur la base d'une esthétique référencée se dégage-t-elle suffisamment de cette esthétique, pour pouvoir être considérée sans conteste comme une création à part entière, « originale » ?

Toutes ces interrogations entrecroisées, inévitables si l'on veut aller un tant soit peu au fond des choses, évoquent l'un de ces casse-tête épistémologiques à tiroirs ou en cascade, mettant en jeu d'abord la question épineuse de la reconnaissance des formes – comment définir une forme et quelle modification, quelle déformation, peut-elle tolérer sans changer de nature ? –, puis celle de leur interprétation, sur lesquels on peut écrire des traités entiers sans jamais parvenir à une conclusion quelconque. Ce d'autant que s'il est une spécificité en la matière du champ esthétique, qu'il partage avec le social, c'est qu'ici, contrairement à ce qui se passe dans les sciences expérimentales [20], réalité et interprétation ne sont pas disjointes mais au contraire profondément liées, qu'elles procèdent même l'une de l'autre et l'autre de l'une, cela à l'infini – ouvrant ainsi la question vertigineuse de savoir ce que peut bien signifier ici le mot de « réalité » et s'il y en a même une...

Car, en ce domaine, nos interprétations exercent une influence déterminante sur notre perception des choses – ne serait-ce qu'en possédant le pouvoir décisif de les nommer. Et, une fois encore, cette question est des plus concrètes. Elle nous concerne même très directement. Il faut en effet remarquer que la notion assez floue d'« époque », que nous avons jusqu'à présent utilisée sans jamais la définir ni la mettre en question, présuppose, pour pouvoir naître dans notre conscience et devenir opératoire, qu'intervienne un évé-

20. Il faudrait sans doute dire ici « se passait », car l'un des renversements épistémologiques majeurs de la science actuelle consiste justement à reconnaître l'influence de l'observateur sur la chose observée. Voir à ce propos le chapitre VII, qui revient sur cette évolution déterminante de la science post-quantique.

nement extérieur délibéré, d'ordre interprétatif ou artistique, venant en quelque sorte la « conceptualiser ».

Il n'a pu ainsi y avoir de *Swinging London* que de l'instant où un journaliste de *Time-Magazine*, rassemblant des signes épars et en eux-mêmes sans signification, *muets*, a bâti en avril 1966 la représentation d'une capitale « swingante » où la jeunesse prenait le pouvoir – a donc *décidé* plus ou moins qu'il en était ou devait en aller ainsi ; puis lorsqu'un cinéaste, Antonioni, s'est saisi un peu plus tard de cette interprétation pour lui donner une réalité esthétique et l'élever au rang de mythe dans *Blow up*. Des concepts intellectuels ou fantasmatiques qui nous ont servi en retour à inscrire certains faits de ce temps dans cette « époque » désormais nommée et qualifiée, sans lesquels il est probable et même assuré que nous ne les aurions pas vus et grâce auxquels la réalité d'un *Swinging London* a pu être établie et partagée par tous.

Peut-être est-ce d'ailleurs précisément à cette opération mentale que nous servent ces grandes découpes temporelles arbitraires que sont les décennies : à donner une possibilité d'ordre à un désordre de fait, en nous imposant un cadre commun de compréhension, à l'intérieur duquel nous pouvons relier entre eux des phénomènes et en faire surgir un sens et une unité. Sauf qu'en procédant ainsi, on crée bien sûr un nouveau problème. Car faits et explications réagissant sans cesse les uns sur les autres, on se trouve alors irrémédiablement plongé dans une sorte de grand cercle ou de grande chaîne vicieux(se) de réalité-interprétation-nouvelle réalité-nouvelle interprétation de cette réalité interprétée, etc., etc., et sans guère d'espoir d'en jamais sortir...

Un détour critique peut cependant aider à surmonter cette impasse logique et à lui substituer une vision globale stable, proche des faits et respectueuse de leur complexité – une vision dans laquelle l'interprétation ne serait plus conçue, ainsi que toutes nos habitudes de pensée nous y conduisent, comme disjointe de la réalité, mais au contraire comme partie prenante de sa création, de son élaboration permanente. Ce biais consiste à éprouver, à déconstruire la théorie en quelque sorte adverse, celle qui croit et assure justement que le problème ne se pose pas car il existe, selon elle, une base matérielle solide, *certaine*, à partir de laquelle tout peut se comprendre et s'expliquer des objets. Cette théorie, c'est bien évidemment celle qu'on a appelée le « fonctionnalisme ». Au cœur de ce que le Mouvement moderne a régulièrement présenté comme une sorte de vérité irréfutable, se trouve en effet l'idée d'une détermination objective de la forme d'un objet par la fonction qu'il remplit – relation quasi mécanique qui, si elle s'avérait fondée, ruinerait toute idée de formes influencées par d'autres facteurs plus subjectifs et, par conséquent, toute notion d'un « esprit du temps ». *La forme suit la fonction*, *la fonction détermine la forme* : l'idée d'un ajustement « naturel » ou obligatoire de la forme des objets à leur fonction ne laisse aucune place, sinon subalterne, d'ordre purement décoratif, à une possible empreinte du temps.

Or cette idée, qui a toutes les apparences de la raison, apparaît à l'examen des plus problématiques. Notons d'abord qu'on la confond souvent – pour ne pas dire toujours – avec une autre notion, apparemment proche mais en réalité sans lien avec elle : le rationalisme, soit l'idée, qui fut l'une des bases et en même temps l'un des points aveugles des doctrinaires du Bauhaus puis de tous les Modernes, selon laquelle les corps géométriques élémentaires, tels que la droite, le carré et le cercle, étaient posés, sans que rien ne vienne jamais le démontrer, comme plus « fonctionnels » que des formes complexes, telles que la spirale ou des courbes plus alambiquées encore, voire aléatoires. Or, il ne s'agit évidemment là que d'un parti pris, d'un *a priori* : d'une idéologie au sens propre du terme.

Car s'il est incontestable que certains objets sont plus pratiques, mieux adaptés à leur usage que d'autres, au nom de quoi, sinon de cette équivalence purement arbitraire entre fonctionnalisme et rationalisme – de ce *jugement de valeur moderne* – une radio se présentant sous la forme de la traditionnelle boîte noire carrée serait-elle plus pratique, supérieure sur le plan des fonctions qu'elle remplit, à la même radio enfermée dans des formes courbes de quelque nature qu'elles soient, voire, ainsi que l'a proposé en 1980 le designer anglais Daniel Weil avec son célèbre *Radio Bag*, dont les éléments seraient disséminés au hasard dans un sac en plastique transparent ? Et on peut faire état d'un doute identique en ce qui concerne l'équation, chère aux années 60, entre miniaturisation et fonctionnalité. Dans le domaine des récepteurs de télévision, à quoi peut donc bien servir un écran grand comme un mouchoir de poche, si ce n'est pour symboliser *un rêve*, un fantasme, mais en aucune façon une réalité, de technologie ?

Cette distinction posée, si l'on en vient maintenant à l'examen du fonctionnalisme *stricto sensu*, on peut remarquer que juger de la fonctionnalité d'un objet dépend non seulement de la définition qu'on veut bien donner à cette notion, mais également de l'aire qu'on choisit pour l'apprécier. Les réponses à ces deux questions étant en nombre infini ou presque, les évaluations qu'on peut en tirer sont elles-mêmes infinies et le choix qu'on peut faire entre elles donc fatalement arbitraire. D'où il résulte qu'il est tout à fait impossible de trouver des objets, sinon les plus simples comme la roue – et encore –, qui ne soient, sans plus de précision, que « fonctionnels ». C'est ce qu'on peut montrer sans grande peine sur l'exemple du plus banal de nos meubles, la chaise.

D'un point de vue physiologique, on peut en effet d'abord se demander, comme le fait l'Américaine Galen Cranz dans son livre *The Chair*[21], si la position assise occidentale n'est pas une posture si peu « naturelle » ou si particulière que, de quelque façon que l'on tourne le problème, il ne soit pas rigoureusement impossible de lui faire correspondre un quelconque objet, une chaise, qu'on puisse qualifier de « fonctionnel ». Les besoins physiques du corps – exigence d'une assise stable donc fixe et, en même temps, d'une certaine souplesse, autorisant des gestes infimes permanents ; équilibre des pesées opérées sur certaines parties de la colonne vertébrale et sur le squelette dans son entier ; nécessité de ne pas bloquer la circulation sanguine en certains points vitaux, etc., etc. – ne pouvant trouver dans cette position de résolution, il en résulte en effet qu'on ne saurait définir en ce domaine de fonctionnalité globale et définitive, mais uniquement des fonctionnalités partielles et temporaires, différant suivant ce à quoi et ceux à qui on destine ces chaises – selon la définition de leurs objectifs et la désignation de leurs usagers – ainsi, plus globalement, que selon la notion

21. Galen Cranz, *The Chair. Rethinking Culture, Body, and Design* (La Chaise. Repenser la culture, le corps et le design), New York, W. W. Norton & Company, 1998.

de « confort » (absence totale de travail du corps ou position la plus relaxante qui soit) pour laquelle on décide d'opter.

Et la question se complique encore du fait de l'intervention de bien d'autres critères, d'ordre extra-physiologiques cette fois. D'un point de vue ergonomique, d'adaptation de l'objet-chaise aux nécessités du corps employé à une certaine fonction, rien ne semble ainsi justifier le fait que dans les bureaux de la plupart des entreprises occidentales, on affecte aux personnes qui occupent des fonctions de direction des fauteuils à haut dossier et à accoudoirs, tandis que celles qui remplissent des emplois dits subalternes, telles les secrétaires, en sont réduites à se jucher sur des variantes de tabourets tournants inconfortables à dossiers bas. Si la fonctionnalité avait un sens objectif, scientifique, la répartition des sièges sur les lieux de travail devrait être en réalité strictement inverse : les tâches de direction étant aujourd'hui, ainsi que l'assurent d'ailleurs les discours sur le « nouveau management », principalement des tâches de conceptualisation et de coordination d'équipes, de discussion et de conseil, elles appelleraient en effet logiquement l'emploi de chaises indifférenciées les plus simples possible, tandis que les secrétaires, ayant à réaliser un travail somme toute assez physique de frappe, requerraient en principe, et de façon tout aussi logique, des chaises à hauts dossiers favorisant le repos.

La raison pour laquelle il n'en va pas ainsi est très simple. Tout le monde la connaît. Elle réside dans le fait que la chaise répond à bien d'autres usages qu'à celui de s'asseoir. Les valeurs de statut s'équivalant symboliquement et s'étant même confondues historiquement, depuis leurs origines, dans nos sociétés – où la chaise a d'abord été liée à une fonction de pouvoir, voire royale [22] – à celles de hauteur et de monumentalité, un chef *ne peut* par définition avoir et arborer chez nous qu'une chaise à haut dossier et à accoudoirs, signant par là la supériorité « incontestable » de son statut sur celui de ses subordonnés.

Or, pour être en théorie irrationnelle, sans rapport avec la fonction « pure » remplie, cette supériorité symbolique n'en a pas moins

22. Voir G. Cranz, *ibid.*, et Edward Lucie-Smith, *Histoire du mobilier*, Londres, Thames & Hudson, 1990, pour la version française.

des effets tout à fait concrets – est en quelque sorte un « fait » réel –, produisant des dysfonctionnements quand, pour une raison ou pour une autre, elle n'est pas respectée. Les frustrations qu'entraîne le non-respect de ces nécessités de statut social pouvant s'avérer très destructrices, se traduire par une chute de la productivité du chef et une désorganisation de son équipe, cela amène d'ailleurs régulièrement les consultants en ergonomie à transgresser dans la pratique leurs propres normes prétendument rationnelles et universelles. Non seulement donc, pour résumer, l'évaluation de l'hypothétique fonctionnalité d'un objet dépend de la définition que l'on donne à ce mot, mais elle se modifie aussi, et parfois de façon radicale, selon l'aire qu'on prend en compte pour l'apprécier, les divers composants, objectifs et subjectifs, de pure fonction et de statut, qu'on décide d'y faire entrer.

Cela veut dire – on passe ici à une critique d'ordre externe du fonctionnalisme – qu'on ne peut manquer non plus de s'interroger sur ce que recouvre exactement le terme en apparence neutre de « fonction », ainsi que sur la valeur de l'équation entre décoration et superflu qui sous-tend la doctrine fonctionnaliste. Car il n'est pas sûr que tout ornement ne soit qu'une pure excroissance, une surcharge inutile, un simple « brouillage » stylistique. C'est même peut-être strictement l'inverse. Il faut en effet d'abord compter avec ce qu'on appelle aujourd'hui la « sémantique » des objets – la façon dont se bâtit leur identité, dont on reconnaît leur nature –, qui entraîne le recours à certaines formes plutôt qu'à d'autres, à des configurations symboliques qui diffèrent en fonction des usages des collectivités et de leur histoire, et délimitent le cadre à l'intérieur duquel ces formes peuvent naître et prendre un sens.

Car, de même que la forme de nos voitures dérive de celle de nos carrosses – ainsi que le suggère sans ambiguïté l'étymologie du mot « carrosserie » –, on sait bien par exemple que si la conception des wagons de voyageurs européens, notamment anglais, avec leur suite de compartiments fermés s'ouvrant des deux côtés de la voie, a longtemps différé de celle des wagons américains, avec leur plateau d'un seul tenant desservi par deux accès en tête et en queue, c'est que les premiers s'inspiraient des formes des anciennes voitures de poste, alors que les seconds reposaient sur une conception entièrement nouvelle d'un transport ferroviaire, qui n'avait pas eu ou presque d'antécédents historiques[23]. Tout sauf « techniques », ces deux conceptions dérivaient, émanaient, de deux traditions historiques et sémantiques – ce dernier terme englobant tous les signes de communication, aussi bien langagiers, visuels que symboliques de ces deux sociétés et traditions considérées – profondément différentes.

Si l'ornement sanctifie un statut dont on pourrait concevoir de se passer – ce qui demanderait tout de même, ce qui n'est pas rien, une entière révolution sociale et des mentalités –, il sert donc aussi, et là on ne voit guère en revanche comment on pourrait l'éliminer ou par quoi le remplacer, à exprimer des valeurs nullement « périphériques », mais au contraire *centrales*, essentielles, de fond, pour chaque société et époque, car assurant leur intelligence, leur compréhension par elles-mêmes et par leurs membres.

Le fameux argument de Loos dans *Ornement et Crime*, comparant tout motif décoratif dans l'architecture et le design à un tatouage barbare de délinquants, semble de ce fait extrêmement naïf et même passablement obtus après un siècle d'apports de l'ethnologie. Car on sait bien qu'il n'y a dans les cultures que très peu d'éléments – surtout pas, d'ailleurs, les tatouages – dénués de toute fonction sociale ou culturelle ; mais, au contraire, que *tous les signes* produits par une culture lui servent à se définir et à se préciser : que ce sont même eux qui lui donnent en quelque sorte naissance.

Assurer qu'un objet puisse être « objectivement fonctionnel » – ce qui, soit dit en passant, si l'on suit la « théorie » fonctionnaliste, n'est qu'un pléonasme – revient donc, par la négation de toutes ces dimensions symboliques, diverses selon les environnements culturels, sociaux et temporels, à poser le système complexe de valeurs de la collectivité et de l'époque dont nous relevons et toute la tradition historique dont il découle comme universels et intemporels, les considérer sans question comme communs à toutes les sociétés et à tous les temps – hypothèses irréalistes que démentent aussi bien l'histoire des mentalités, des arts, que bien sûr celle des cultures...

23. Voir, à ce sujet, les développements de John Heskett dans *Industrial Design*, Thames & Hudson, 1980 et 1997.

Rappelons d'ailleurs que c'est en partant de réflexions similaires que les pré-modernes, tel Viollet-le-Duc [24], en arrivèrent à la fin du XIXe siècle à bouleverser de fond en comble la perception de la prétendue « non-fonctionnalité » du style gothique. Car le gothique, qui passait alors pour aberrant – et qui l'était d'un point de vue positiviste, par rapport aux valeurs laïques et scientistes de la société industrielle du XIXe siècle –, redevient en revanche tout à fait cohérent, si l'on prend en compte que le but de l'art moyenâgeux différait profondément de celui du nôtre. En conformité avec les valeurs profondes de la société chrétienne occidentale de cette époque, son objectif n'était en effet pas de permettre à chacun d'« exprimer » sa personnalité, mais, ainsi qu'a pu l'écrire Georges Duby [25], d'offrir à l'ensemble des hommes une approche de l'Invisible par le Visible, de s'appuyer sur le visible pour donner une idée de l'au-delà, afin de « favoriser les communications avec l'autre monde » : l'Art se voulait une marche vers Dieu ; la cathédrale, un Évangile de pierres. Non fonctionnel par rapport à notre système de valeurs, le gothique l'est donc, et même intensément, si on le rapporte à l'idée centrale, structurante, de la société et du temps qui l'ont vu naître.

Et cette discussion n'est pas qu'historique. Car c'est ainsi qu'on a pu s'apercevoir que, loin de correspondre à une volonté décorative irrationnelle, qui ne pouvait germer que dans le cerveau des descendants des barbares Goths [26], la cathédrale gothique reposait sur tout un système d'équilibre extrêmement ingénieux de forces et de tensions, d'où l'architecture moderne devait tirer son principe constructif fondateur du « mur-rideau », d'une enveloppe architecturale non porteuse venant habiller une structure sur laquelle seule repose l'édifice [27]. Et le même type de raisonnement vaut de cet autre style lui aussi longtemps considéré comme absurde que fut le baroque, qui avait sa rationalité profonde, d'ensemble, qu'il nous

24. Voir bien sûr les *Entretiens sur l'architecture* de Viollet-le-Duc, Paris, 1863, ainsi que la synthèse en trois volumes de Michel Ragon, *Histoire de l'architecture et de l'urbanisme modernes*, Casterman, 1986, repris en Points-Seuil, 1991.

25. Georges Duby, *Art et Société au Moyen Âge*, Seuil, 1995 et 1997.

26. Rappelons en effet que c'était là l'origine du mot « gothique » inventé à la Renaissance. Voir Erwin Panofsky, *La Renaissance et ses avant-courriers dans l'art d'Occident*, Flammarion, 1976, notamment le chapitre I.

27. Voir, à ce propos, Jean Cosse, *Initiation à l'art des cathédrales*, Zodiaque, 1999, qui donne des schémas éclairants de la répartition et de l'équilibre des forces mises en œuvre dans les grandes cathédrales françaises.

faut faire un effort pour comprendre et même en accepter l'existence, car elle exprimait une conception des rapports avec Dieu, puissance incontestable dont on devait sans cesse réaffirmer le pouvoir, qui nous est devenue étrangère [28].

Il ne faut donc jamais perdre de vue que, lorsque nous jugeons de la plus ou moins grande « fonctionnalité » d'un objet, nous le faisons en tenant pour acquis tout un complexe de valeurs sous-jacent à cette affirmation, que nous ne questionnons en général pas. Sous ce regard, le fonctionnalisme apparaît bien, ainsi que l'ont soutenu les post-modernes, comme une doctrine « vide », introuvable [29]. Loin d'une théorie en due forme, elle n'est qu'une représentation particulière du monde, dépendante d'un certain état de notre environnement : une opinion donc, qui ne fait que refléter notre volonté – et sans doute aussi la nécessité – de nous conformer à ce qui est pour nous une « donnée », les valeurs conscientes et inconscientes de notre société.

Et on peut en dire autant du lien posé également comme objectif par les Modernes entre l'évolution des techniques et des formes. Car ce lien, qui, comme celui de la fonctionnalité, va pour nous de soi, paraît, à l'analyse, beaucoup plus lâche qu'on ne le présente habituellement. S'il est évident ainsi que les matières synthétiques moulables, en particulier les plastiques, ont permis de réaliser des chaises monoblocs comme celle de Panton, le dessin de cette dernière et plus encore celui du fauteuil *The Chair* d'Eames anticipait, comme nous l'avons du reste vu, de beaucoup l'évolution des matières. Alors qu'il semble naturellement adapté au style organique, le béton a servi pendant plus d'un siècle à reproduire des constructions de type « Beaux Arts ». Et, quarante ans après les célèbres « architectures invisibles » sur coussins d'air d'Yves Klein et alors qu'on ne parle que d'« immatériel », on attend toujours l'application en ce domaine de la technique de plus en plus poussée des lasers. Bref, comme le soutient Pierre Francastel dans *Art et Technique* [30], si la

28. Ce ne sont là que des notations très rapides et allusives, que nous laissons en l'état, étant donné que nous reviendrons sur le baroque dans le chapitre suivant consacré aux « espaces ». Pour plus de détails, voir le grand essai classique de Guilio Carlo Argan, *L'Âge baroque*, Skira, 1989, et l'introduction d'Henry A. Millon de *Triomphes du baroque. L'Architecture en Europe, 1600-1750*, Hazan, 1999.

29. Voir à ce sujet Peter Dormer, *op. cit.*

30. Pierre Francastel, *Art et Technique aux XIXe et XXe siècles*, Minuit, 1956.

technologie influence à l'évidence sur le long terme nos choix esthétiques, le lien entre les techniques et les formes n'est cependant ni obligatoire, ni temporellement déterminé. Les historiens d'art ont d'ailleurs souvent noté que les formes ont chronologiquement plus souvent créé leurs matériaux que l'apparition de matériaux nouveaux n'a donné naissance à de nouvelles formes [31]. C'est la société, avec ses usages, ses mentalités et ses rêves, qui décide en dernier ressort de recourir à telles ou telles techniques existantes, ou d'en chercher de nouvelles. Il se pourrait d'ailleurs que l'influence de la technique sur les formes soit principalement négative, en ce sens qu'elle semble plus en interdire certaines qu'en recommander d'autres. Une des raisons du développement de l'esthétique *streamline* dans les années 30 tenait ainsi au fait qu'on ne connaissait pas à l'époque de procédés permettant de plier des feuilles d'acier selon des angles droits sans les casser [32]. Comme si la plus grande vertu du style « profilé » avait été, à quelques exceptions près, notamment dans l'aéronautique où il se justifiait d'un point de vue matériel, proprement aérodynamique, d'avoir permis à la société industrielle d'alors... de rationaliser une certaine impuissance technologique.

Pour extraire de ces remarques en tous sens des enseignements plus ajustés à notre sujet, on pourrait dire qu'il en ressort essentiellement deux ou trois conclusions. La première c'est que, comme nous l'avons vu des deux exemples, celui un peu dérisoire des configurations « en rognon », l'autre, plus « sérieux », du bio design, sur lesquels nous nous sommes plus particulièrement penchés dans ce chapitre, les formes canoniques des objets d'une époque ne dérivent pas, ou qu'en très petite part, d'enjeux matériels, fonctionnels ou technologiques. Elles résultent principalement de l'expression et de l'agrégation d'un certain nombre de rêves, fantasmes, valeurs, partis pris prétendument esthétiques mais en réalité profondément sociaux, mentaux et moraux, pratiques quotidiennes et représentations conceptuelles, de toute une architecture de la société telle qu'elle est et telle qu'on la voudrait, qu'on imaginerait

31. Voir « La notion de style », *in* Meyer Schapiro, *Style, Artiste et Société*, Gallimard, 1982, pour la version fr.

32. Voir le chapitre sur l'esthétique aérodynamique, de Jeffrey L. Meikle, in *Design, miroir du siècle, op. cit.*

qu'elle soit ou désirerait qu'elle devienne : de ce qu'on peut nommer une entière et foncièrement subjective *vision du monde*.

Les objets étant pris en permanence dans un réseau inextricable de pure utilité et d'utilité sociale (la première de ces expressions n'ayant d'ailleurs peut-être pas de sens), il en résulte, en second lieu, la ruine non seulement de tout concept de fonctionnalité *en soi* mais celle, également, de toute idée d'une forme définitive et indéfiniment stable, parce que « parfaite ». Loin de s'inscrire dans un progrès, avec, pour horizon ultime, une modalité esthétique des choses supérieure à toutes les autres – telle a été, pendant longtemps pour nous, la signification du mot « moderne » –, l'histoire de la forme des objets, n'obéissant à aucune détermination en particulier, ne poursuit, n'accomplit aucun sens défini. Résultant de l'action d'innombrables facteurs entrecroisés, elle fluctue, elle n'a qu'un cours [33]. Et ce n'est que par une illusion d'optique qu'elle nous semble atteindre parfois une formule indépassable. Cette dernière n'étant jamais que le signe extérieur du fait que la société où nous évoluons est arrivée à trouver une cohérence provisoire entre ses valeurs, ses goûts et sa vie imaginaire : qu'elle a réussi à forger ce qu'on appelle un « style » – cadre qui s'impose à nous comme chose naturelle, plus ou moins obligée, sauf qu'il n'est, par comparaison avec les styles qui le précèdent et ceux qui le suivront, comme eux, qu'une simple convention transitoire de son temps.

Si, enfin, malgré les appels çà et là à un purisme détaché du temps et pour cette raison bien utopique, et le désir affiché parallèlement par certains de promouvoir des lignes plus aiguës, pour le moment cependant surtout par anticonformisme, donc en réaction [34] – sans

33. Nous reprenons cette distinction à Cioran, qui soutenait que l'Histoire (il parlait, lui, de la « grande », non, comme nous, de la petite) n'avait pas de « sens », mais uniquement un « cours ». Voir notre *Cioran, l'hérétique*, Gallimard, 1997.

34. Nous faisons référence ici, dans le premier cas, à la tendance reflétée entre autres par le Flamand Maarten Van Severen et les frères Erwin et Ronan Bouroullec, les nouvelles jeunes « stars » montantes du design mobilier français, dont le but avoué est de produire ce qu'ils appellent des « archétypes », soit, si l'on comprend bien, des meubles dégagés de tout ancrage historique, des objets-« idées » en quelque sorte ; dans le second, au discours accompagnant la Vel Satis, la nouvelle berline haut de gamme de Renault, aux formes volontairement aiguës, avec pour but, *dixit* cet argumentaire, de séduire la « clientèle décalée des bobos ». Or, il est évident qu'un style qui se pose comme l'inverse d'un autre par volonté d'anticonformisme – surtout si ce style est très isolé – ne fait que rendre hommage à celui-ci et renforcer son emprise. Ce qui fait que, même si son règne semble prêt à s'achever, on peut dire du biomorphisme, ou de ce qu'on peut regrouper aujourd'hui sous

oublier les inévitables nostalgies de toutes époques, qui continuent de visiter notre imaginaire [35] –, le style dominant de nos objets actuels demeure le biomorphisme avec ses innombrables déclinaisons, interprété alternativement de manière un peu plus rectiligne, ronde ou elliptique, ici plus *écolo*, là plus *techno*, ailleurs empreint de classicisme, d'infantilisme, etc., il ne faudrait donc pas en voir la raison dans le fait que ce style aurait réussi à élaborer une forme plus rationnelle ou « achevée » que les précédentes [36].

Comme tous les styles, le bio-design n'est que la traduction, dans le goût de notre temps, de la quête ancestrale de cohésion de la société autour de ses valeurs dont témoignent *tous les objets de toutes les époques*. Il n'est même qu'une variété du rationalisme, un rationalisme émanant non plus de représentations mathématiques abstraites *a priori*, mais de l'observation des formes plus irrégulières quoique non moins « raisonnables » inventées par l'univers, autrement dit, un rationalisme plus pragmatique, expérimental, qui cherche à se mesurer à la Nature. Luigi Colani, le maître de ce style, a d'ailleurs souvent confié le peu de cas qu'il faisait des dessins en deux dimensions, préférant étudier ses formes à partir de moulages du corps humain à l'aide de glaise ou de pâtes à modeler, selon une méthode non plus déductive mais inductive, en rien supérieure aux précédentes, simplement différente, issue d'options intellectuelles et morales propres à notre temps, d'une autre vision spéculative du monde – une approche tout aussi arbitraire et fantasmatique donc que les autres, mais dont la grande (l'unique ?) supériorité est, sinon de refléter de façon parfaite notre « âme » contemporaine, du moins de lui permettre de s'y mirer sans trop de déformations : d'offrir un reflet assez ressemblant de ses contradictions.

---

ce terme – car les concepts aussi ont une vie : ils s'amenuisent ou, comme dans ce cas, s'élargissent au cours de leur existence, agrégeant à eux des phénomènes qui étaient au début pour une part différents d'eux, bien que sur d'autres plans potentiellement proches... – qu'il demeure, malgré tout, le style dominant, canonique, de notre époque.

35. Dans le secteur automobile, un des symptômes de cette permanence de la nostalgie est l'extraordinaire succès récent, qui a même pris de court Chrysler, du cruiser PT, dont les formes évoquent les carrosseries des années 1930.

36. Cette illusion semble partagée par Colani lui-même, qui évoque sans cesse dans ses interviews (voir *Luigi Colani*, *op. cit.*) le caractère « parfait », par conséquent indépassable, de ses configurations suggérées par la nature. Comme quoi on peut être un grand cynique et avoir une vision naïve de ce que l'on fait...

L'esprit du temps, de notre temps, ce n'est par conséquent rien d'autre que l'ensemble de ces représentations conventionnelles, de ces habitudes mentales qui, en se généralisant, en se légalisant, prennent pour nous la valeur d'une nouvelle, d'une seconde nature. Autrement dit, c'est tout simplement *la définition propre à notre époque* (et chaque époque a la sienne) *de ce que nous appelons naïvement « la réalité »*. Cette désignation possédant l'ahurissant pouvoir, par une sorte de magie du verbe, de conférer à ce qui n'est que fantasmes capricieux, rêves transitoires et attitudes réversibles, la densité d'un bloc de marbre ou de béton, devant lequel nous nous prosternons, que nous nous interdisons de déranger – comme s'il nous était tombé du ciel et se trouvait désormais là pour l'Éternité, alors que c'est nous qui l'avons fait, qu'il n'existe que du crédit que nous lui accordons et qu'il disparaîtra avec nous...

Ce sentiment d'éternité, à la naissance et au renforcement duquel participent toutes les activités humaines, parmi elles, comme nous allons le voir dans les chapitres suivants, notre conception de l'espace, la logique de notre langage et la structure de nos idées, relève bien sûr de l'illusion. Il est le mensonge qu'il nous plaît de nous raconter. Car que, pour une raison ou pour une autre, notre définition implicite et en grande part inconsciente de la « réalité » change ou, du fait du déplacement de certains de ses éléments sans modification des autres, se mette à boiter ; et ce sont toutes les formes de tous les objets qui nous entourent qui se prennent alors à basculer avec elle, nous projetant de proche en proche dans un nouvel espace de compréhension du monde, qui s'impose lui aussi peu à peu, avec le temps et l'habitude, comme « naturel ».

Ces mutations, que nous qualifions ordinairement de façon vague « de goût », lequel, nous l'avons dit, n'est que l'autre nom de l'entier système social, culturel et temporel auquel nous appartenons, ne suivent donc aucune logique objective, ou une logique si compliquée qu'il semble rigoureusement impossible d'en pénétrer les raisons et d'en donner une explication simple. Elles ne font que suivre et traduire un « vouloir »[37] d'époque changeant. Elles n'en

37. En utilisant ce terme réminiscent du *Kunstwollen* d'Alois Riegl, nous ne suggérons aucune intentionnalité de l'époque ou de la société, conçues comme des espèces de sujets conscients. « Vouloir » signifie simplement ici pour nous que le climat profond d'une époque aura tendance à s'exprimer, même sans chercher à le faire, dans toutes les productions d'un

sont que la résultante, sur laquelle nous n'avons au mieux qu'une prise partielle, que nous suivons tout en nous imaginant la créer, que nous nous bornons à aménager, à moduler, sans jamais la bouleverser ou seulement de temps à autre, par la création, le surgissement presque inopiné d'un nouveau « style ».

---

même temps. Au-delà de cette précision, nous renvoyons à la discussion de ce concept par Erwin Panofsky, « Le Concept du Kunstwollen », in *La Perspective comme forme symbolique*, Minuit, 1975, pour la trad. fr.

CHAPITRE V

Les podiums fantasmatiques des âmes

(Décoration intérieure)

Forcément moderne, *Mélanges d'époques*, *Une prouesse minimale*, *Révolution baroque dans un ancien pub de Londres*, *La Beauté de l'angle droit*, *Quand la géométrie perd la boule*, *Une élégante simplicité*, *Splendeurs et Romantisme en Sicile*, *Le Style Île de Ré*, *Le Néo-Mauresque à Marrakech*, *L'Esprit du Bauhaus retrouvé*, *Un palazzo parisien*, *Second Empire à tous les étages*, *Années 50 : le retour*, *Blanc essentiel*, *Symphonie en beige et en gris*, *De verre et d'eau*, *Lumière et Ombre du noir*, *Période bleue*, *Hissez les couleurs*, etc., etc. : à feuilleter les magazines de décoration actuels [1], un curieux vertige saisit le lecteur, entraîné dans un ahurissant carrousel où tournoient indistinctement les genres, les siècles, les décennies, les pays, les régions, les civilisations. Quelques pages de publicité seulement séparent des univers relevant de styles, d'époques, de milieux géographiques, ethniques, sociaux et culturels radicalement étrangers les uns aux autres. Le droit, le courbe, le dépouillé, le surchargé, le simple, le tarabiscoté, le contemporain, l'historique, le primitif, le chichiteux, le pur, le métissé, le mat, le brillant, le translucide, l'opaque, le noir, le blanc, le beige, les gris, les pastels, les fluos, les couleurs primaires, secondaires... : tout ce qui jadis s'excluait terme à terme semble désormais non seulement toléré, mais mis sur un pied d'égalité, par des titres qui résonnent comme autant de slogans esthétiques contradictoires.

Et le grand mélange se poursuit, voire s'approfondit à l'intérieur des décors, où l'on voit de paisibles méridiennes Empire drapées

1. Les expressions en italiques sont tirées de titres d'articles parus récemment dans (pêle-mêle) *Maison française*, *Marie-Claire Maison*, *Elle Décoration* et *AD*.

d'un châle oublié là comme par hasard côtoyer de dynamiques sièges monocoques tout lisses en plastique multicolore, d'alanguis fauteuils en S de type « confident » fin XIXe lourdement ornementés et recapitonnés en un tissu bleu métallique brillant voisiner avec de frêles bergères Louis XV passées au chalumeau et repeintes en blanc délavé ou avec d'abstraites chaises en résille d'acier soudé évasées en cône, sous des luminaires en grappes et en corolles ornés de boules colorées kitsch néo-*fifties*, des lithographies de Warhol, des photos d'Helmut Newton et des tableaux-graffitis de Basquiat, avec, de-ci de-là, des chiffonniers anthropomorphes Arts-Déco, des tables basses en verre pop' ou chinoises laquées rouge, d'énormes poufs gonflables transparents ou « sac » en cuir blanc – le tout envahi de nattes japonaises, submergé d'imprimés africains rayés, agrémenté de lanternes marocaines artisanales et d'objets-gadgets vietnamiens en tôle emboutie de canettes de Coca-Cola, rehaussé enfin par la silhouette élancée, au loin, de quelque totem dogon ou copie de statue grecque en plâtre crème.

Quant aux commentaires, ils jonglent avec les notions les plus hétérogènes, prônant tour à tour ou *en même temps* aussi bien la rigueur extrême, si ce n'est l'ascétisme mystique, que le complet laisser-aller *cool*, la raison raisonnante que le triomphe des sens, la simplicité pure que la sophistication *glamour*, la brutalité que la douceur ou le confort décalé *bobo*.

Difficile, à première vue, de repérer dans les revues de décoration d'aujourd'hui l'impulsion unitaire, la forme standard, l'inspiration commune ou un simple registre de références partagé, qui rapprocheraient ou sous lesquels s'inscriraient tous nos décors contemporains. Et la dispersion n'est pas moindre à considérer les articles historiques que l'on trouve aussi dans ces magazines, sur les grandes figures de l'art décoratif du passé, où l'on passe sans transition, d'un numéro à l'autre, d'un éloge du géométrisme austère de l'école de Glasgow à une évocation de la manière romantique poétique d'un Iribe ou surréaliste alambiquée d'un Beistegui, d'une célébration des objets hyper fonctionnels créés pour Braun par les anciens de l'École d'Ulm à la redécouverte des meubles peluchés aux couleurs guimauve de Jean Royère. Cela sans parler de leurs pages « pratiques », censées rendre compte des nouveautés récentes et donner des conseils de consommation, dans lesquelles une interview du dernier architecte puriste en vogue s'insère entre deux *flashes* mi-informatifs mi-promotionnels sur les nouvelles tendances dandy ou *destroy* surgies à Londres, Paris, Milan, New York, Los Angeles, Berlin ou Anvers.

Certes, cette diversité reflète pour une part le rôle social, culturel et mondain de ces versions modernes des « gazettes du bon ton » de jadis. Fonctionnant, comme tout ce qui touche au luxe dans nos sociétés, à l'exemple, avec à la clé une idéologie sous-jacente de l'ascension-sociale-toujours-possible, les journaux de décoration sélectionnent des décors hautement personnalisés et riches – la maison de X, styliste en pointe, de Y, célèbre acteur, de Z, auteur de best-sellers –, par définition tous un peu exceptionnels et bien éloignés de la banalité de nos intérieurs quotidiens. Les prendre pour des représentations fidèles de l'habitat moyen de notre époque serait sans doute commettre la même erreur qu'un historien amateur du futur qui, sur la foi d'une lecture approximative des *Mémoires* de Saint-Simon, en déduirait que tout le monde en France au XVIIe siècle habitait Versailles. Ces décors ne décrivent pas tant la « réalité » qu'ils ne mettent en forme des rêves concernant celle-ci, que seuls quelques rares lecteurs ont ou auront un jour les moyens de concrétiser.

Les dépenses liées à la décoration d'un intérieur étant en règle générale importantes, on ne peut les renouveler tous les six mois : les styles ont donc aussi forcément tendance, dans ces magazines, à s'accumuler en dépit de leur obsolescence. Et l'hétérogénéité qui en résulte est encore accentuée par la politique éditoriale de ce type de revues, qui non seulement, pour plaire à un maximum de lecteurs, doivent s'attaquer à toutes les « niches » de consommateurs – il en faut pour tous les goûts, toutes les bourses, tous les statuts, toutes les aspirations, les riches, les très riches et les moins riches, les modernes, les traditionalistes, les installés, les débutants dans la vie, les bourgeois, les bohèmes, les bourgeois-bohèmes et les bohèmes-bourgeois, etc. –, mais qui, de plus, tirant une part importante de leur chiffre d'affaires des encarts de publicité achetés par les grandes maisons de création et de distribution de mobilier, évitent les recommandations stylistiques par trop précises afin de ne froisser personne. Bref, même quand elles se veulent raffinées et « créatives », ces publications demeurent par nature composites et conciliantes, en conséquence assez fondamentalement conservatrices ; et ce n'est assurément pas dans leurs pages qu'on pourrait apprendre l'arrivée d'une nouvelle avant-garde picturale, architecturale et décorative, telle, par exemple, au début du XXe siècle, que la Sécession viennoise...

Bien sûr, de tout ce fatras, se dégagent tout de même quelques lignes de force. Les intérieurs tout *high tech* aux allures d'entrepôts futuristes, avec pléthore de lanternes de chantier, de rangements d'usine en cages grillagées, de sols et de stores métalliques industriels de série détournés, ou post-modernes à la Memphis, accumulant les formes boursouflées ou au contraire violemment aiguës rehaussées de larges aplats de couleurs vives évoquant l'univers des bandes dessinées, qui passaient pour le fin du fin au milieu des années 80, ne font ainsi plus guère recette. Et si le minimalisme du début des années 90 règne toujours en maître dans les boutiques de mode et les *show rooms* des couturiers, où il semble chargé de faire ressortir par contraste l'exubérance des vêtements et leur donner un statut de quasi-œuvres d'art, il se voit, d'un côté, de plus en plus concurrencé par un retour à la manière pop' curviligne et colorée des *seventies* et l'essor d'un style « néo-baroque » ou « moderne-primitif », aux formes rococo foisonnantes ou comme ramenées à leur abstraction ; de l'autre, il semble s'arrêter, du moins dans sa version extrême, au seuil des appartements au nom d'une défense du « plaisir privé ».

Ce n'est pas que tous ces styles récents bien que déjà *out*, fanés, du fait de la valse frénétique des modes aient entièrement disparu ; mais, à de rares exceptions près, on n'a plus recours à eux en tant que systèmes décoratifs d'ensemble. Comme en une expérimentation permanente de biologie ou d'agronomie, on se contente désormais de prélever certains de leurs éléments un à un, pour les greffer ensuite sur des environnements relevant d'un ou plusieurs autres partis pris stylistiques, afin de renforcer ou d'égayer leurs caractéristiques initiales. De même, si, écologie aidant, on évoque de plus en plus la venue d'un « design vert », et si certains prônent une « esthétique de la récupération », rares sont les décors actuels placés sous les signes exclusifs d'une volonté naturaliste ou de recyclage. La tendance « verte » ne s'épanouit vraiment qu'à l'intérieur de certains espaces privilégiés, telles la cuisine et la salle de bains, et s'applique en priorité aux résidences de campagne. Quant à la « récup' », elle concerne avant tout, en tant que style unitaire, les décors marginaux, bohèmes, d'avant-garde ou *crypto-punks*. Et il en va de même d'un certain esprit *zen* ou de la « philosophie » décorative *feing shui*, proches tous deux du mouvement *New Age*, dont la destination naturelle semble concerner aujourd'hui surtout, sinon exclusivement, le domaine de la chambre à coucher.

Au-delà de ces quelques retouches, le constat ne fait pourtant guère de doute : bien que les revues d'art aient enterré depuis un certain temps déjà le post-modernisme des années 80 et sa succession de « néo » en tous genres, -classique, -expressionnisme, -futurisme, -conceptuel, -minimal et -*arte povera*, force est de reconnaître que l'éclectisme apparaît bien comme le trait saillant de notre époque en ce qui concerne ses espaces intérieurs. Difficile même aujourd'hui de repérer en la matière des interdits, y compris sous-jacents ou non dits. Tout paraît se justifier, car, ainsi que l'assure de façon très œcuménique le catalogue de la section « déco » d'un grand magasin parisien[2], « la maison est le reflet de toutes les tendances de style et de société ». Chaque style de vie appelant, requérant son intérieur, il y a donc autant de conceptions de décor possibles que de « tribus » néo-urbaines existantes – les deux étant posées de plus sans commune mesure les unes par rapport aux autres, puisqu'il s'agit là de choix personnels de vie qui ne sauraient, par définition, se discuter.

Et cela va bien au-delà, puisque l'on peut – c'est même conseillé – changer de décor en fonction de ses désirs changeants de l'instant, ou, pour poursuivre le raisonnement, des rôles et des statuts sociaux temporaires que l'on doit ou désire emprunter. Le *total look*, suivant le sabir conventionnel-branché de ce catalogue, est par conséquent *out* ; et l'hétérogénéité, promue en principe tout à la fois de liberté, de plaisir et d'étonnement. Un grand mixage des références qui se combine naturellement avec une certaine idéologie-apologie du métissage. Car de même qu'en cuisine, ainsi que l'explique encore cette publication, on alterne, on *doit* alterner, les cultures (« Chez vous, un soir, c'est *navarin d'agneau* et, le lendemain, c'est *sushis ou bien tagine* »), rien de plus « tendance » aujourd'hui que la *world-deco* ethnique, combinant le rigorisme

2. Il s'agit du Printemps ; et la phrase est tirée d'un numéro récent de son magazine.

scandinave avec l'« extravagance latine », la praticité anglo-saxonne et la « culture de la futilité » française, le « décorum arabe » et la « subtilité asiatique » ou encore le « primitivisme africain ». Quand le tour du monde culinaire se double d'une odyssée exotique autour de la chambre qui, comme on le voit, n'évite pas toujours les clichés...

Non seulement la maison doit refléter le caractère, la psychologie profonde de son occupant (« La déco et vous : affirmez votre personnalité ! », enjoint la couverture d'un magazine), mais chacune de ses pièces, chacun de ses recoins doit aussi idéalement évoquer un « climat », une « ambiance » spécifiques. Et il est entendu que, de ces ambiances et de ces climats, on peut en changer au gré de ses humeurs, suivant les saisons, les mois, les jours, les heures, les minutes, les secondes. Voici donc venir les temps bénis, comme le proclame dans son charabia techno-sociologique le catalogue d'une célèbre chaîne anglaise de magasins de mobilier et de design [3], des décors mettant en œuvre un « éventail d'options multifonctionnelles pour un mode de vie versatile » !

Tel est bien également ce qu'illustre l'une des créations parisiennes récentes d'un des plus célèbres designers français actuels, un restaurant organisé sur le plan d'une demeure particulière et dont chacun des cinq « salons-sensations » qu'il comporte entend installer une atmosphère différente – comme si à chaque plan-séquence de la vie devait correspondre sa scène appropriée [4].

Dans l'étroit couloir d'entrée aux arcs en plein cintre soutenus par des piliers et des pilastres néo-grecs, un « espace-brasserie » – une simple et interminable table haute repoussée contre les murs devant laquelle tous les clients sont obligés de passer – permet les grignotages rapides en solitaire ou informels en bande d'amis qui n'ont rien à se dire. Puis on débouche sur un hall immense où se

3. Il s'agit d'Habitat, dont la « direction du design » est assurée par le jeune (quarante-deux ans) designer anglais très lancé Tom Dixon.

4. Le lecteur aura reconnu le restaurant Bon, 25, rue de la Pompe, dans le XVIe arrondissement de Paris, designé par Philippe Starck, et qui, bien que datant « déjà » de 2000, demeure un décor très symbolique des mentalités actuelles. Pour des vues photographiques de ce lieu, voir *Cafés et Restaurants*, Actes Sud/Motta, 2000. Il est d'ailleurs à noter que le nouveau grand « lieu » de la nuit à Paris, le Nirvana-Lounge, 5, avenue Matignon, animé par Claude Challe, témoigne d'un même éclectisme et d'une même volonté de « voyage immobile », quoique dans d'autres univers, plus « orientaux » ou « extrême-orientaux », un peu *New Age* revisité façon jet-set *back from Goa*, en un mot : *hippy chic*.

déploie en son centre un espace dit « formel » au mobilier moderne fonctionnel neutre pour les repas normaux, d'affaires ou de famille, que cernent d'un côté l'inévitable bar à sushis en ellipse, avec son tout aussi inévitable tapis roulant-présentoir d'assiettes, dédié aux soupers « mode », et de l'autre, une série de niches capitonnées et boutonnées, mi-fin XIXe siècle mi-années 50, en cuir jaune brillant éclairées par de petites lampes-jouets à abat-jour plissé, jaunes également, réservées aux dîners en amoureux ou aux fins de soirée « flirt ». Dans une salle attenante en contrebas au plafond haut de six mètres – une ancienne serre –, une sculpturale table cruciforme en verre incrusté de paillettes d'argent, agrémentée de chandeliers dorés et surplombée par un gigantesque écran vidéo plat, offre une échappée vers un futur techno-classique à la *2001 : l'Odyssée de l'espace*. Tandis que dans une autre pièce un peu à l'écart, avec vue reposante sur un jardin anglais intérieur, un boudoir romantique *cosy* de style rococo moderne, tendu de voilages marron clair et de rideaux blancs, semble se mettre à la disposition de ceux qui voudraient prolonger l'atmosphère *relax* de leurs maisons de campagne ou de leurs vacances.

L'idée sous-jacente de ce kaléidoscope d'ambiances réunies, compilées, en un seul lieu, analogue en décoration de ces *Best of* de *dance music* qui font fureur, étant que l'on puisse élire son décor en fonction de son état d'esprit variable du moment – y compris, cela va de soi, au cours d'une même soirée. Les tables de ces divers « espaces » sont d'ailleurs toutes de hauteur différente, sous le prétexte, *dixit* le propriétaire, qu'« on doit pouvoir avoir, selon les jours, un point de vue différent sur la vie » !

Évoluant en fonction des situations changeantes où l'on se trouve plongé, se modelant sur les masques sociaux que l'on porte, reflétant les rôles alternatifs qu'on doit interpréter, la décoration semble avoir ici pour charge de démultiplier nos personnalités et nos possibilités d'existence. Elle se fait voyage dans le temps, les espaces, les climats intellectuels et affectifs, comme en une sorte de grande comédie dramatique-étude de mœurs pré-scénarisée et pré-scénographiée qui n'attendrait plus pour acteurs que les clients. Au point que, devant ce Luna-park d'ambiances, revient en mémoire la remarque ironique qu'un esthète allemand de la fin du XIXe siècle passionné par l'art décoratif de son temps, Jacob von Falke, fit de retour de l'Exposition universelle de Vienne en 1873 : « En ce qui concerne les styles, le Français moderne (on pourrait substituer sans peine à cette expression l'"homme contemporain", car le confusionnisme semble actuellement un phénomène planétaire) habite au XVIIIe siècle, dort dans ce même siècle, mais prend ses repas au XVIe ; parfois, il fume un cigare ou boit son café en Orient, tandis qu'il prend son bain à Pompéi ou dans la Grèce antique [5] »...

La décoration d'intérieur se ferait-elle aujourd'hui le lieu ou le refuge de l'exercice d'une liberté presque sans limite, où toute idée d'un esprit du temps qui s'imposerait à tous et modèlerait nos goûts n'aurait subitement plus cours ? Par un coup de baguette magique, notre époque serait-elle en passe de réaliser la merveilleuse utopie d'un monde où, du moins sur le plan domestique, nous serions tous devenus sans exception des créateurs originaux, des individus autonomes, *des uniques*, sans liens de pouvoir ni rapports d'influence et encore moins de domination les uns en relation des autres ? Rien n'est moins sûr. Car si, sous couvert du respect de la pluralité des goûts, des opinions et des sensations, l'hétérogénéité se voit non seulement admise mais même promue en norme (« Folie douce ou sobriété des lignes, couleurs extravagantes ou très sages, les nouveautés de la rentrée sont résolument placées sous le signe de la diversité », affirme encore un autre magazine de décoration) ; et si, comme nous l'avons dit, il est difficile de repérer aujourd'hui en ce domaine des prescriptions négatives qui délimiteraient au moins par élimination, en creux, un style minimal acceptable pour tous, les traits communs existant entre tous ces décors hétéroclites l'emportent cependant de très loin sur leurs différences.

Notons tout d'abord qu'aucun d'entre eux, pour ce qui est de la maison et de l'appartement individuels, ne se hasarde à remettre en cause de façon fondamentale le système de répartition des pièces – ce que, depuis Blondel [6], on appelle la distribution – en vigueur dans nos sociétés depuis le milieu du XXe siècle. Certes, on remarque

5. Cité par Peter Thornton dans *L'Époque et son style. La décoration intérieure 1620-1920*, Flammarion, 1986, pour la trad. fr.

6. Dans son traité *De la distribution des maisons de plaisance et de la décoration des édifices en général*, paru en deux volumes en 1737-1738, qui a été lu et commenté par tous les architectes et décorateurs français jusqu'au moins la fin du XIXe siècle.

bien dans les intérieurs contemporains une certaine tendance à la résurgence de la salle à manger en tant que pièce autonome, séparée du salon – en rupture donc avec la conception d'un living-room en plan libre pourvoyant aux deux fonctions de lieu pour les repas et les réceptions qui avait été initiée dans les années 20 par le Mouvement moderne, puis s'est généralisée, dans la décennie 50, sous l'influence de l'*American Way of Life*. Mais cette évolution n'est peut-être pas aussi significative qu'elle n'en a l'air. D'une part, parce qu'elle ne concerne évidemment que les appartements assez ou très grands, donc par définition haut de gamme et riches. D'autre part, parce que cette distribution qui remonte à la fin du XVIIIe siècle n'a peut-être tout simplement jamais été abandonnée en France par toute une frange de la population classique ou attachée au respect d'une certaine tradition. En revanche, sinon dans les décors qui se veulent historiquement authentiques, on ne perçoit aucun retour, même sous la forme d'une vague tendance, au doublement, qui était la règle au XIXe, de l'espace de réception en grand et petit salon, et aucune résurgence non plus de ces pièces jadis réservées aux hommes, telles que le billard ou le fumoir[7].

Si l'on voit aussi volontiers les cuisines de certains décors chic s'agrandir, se raffiner et se cribler de tables et de chaises, afin, outre la confection des plats, d'autoriser la prise des repas, cela ne paraît de même nullement signifier que celles-ci soient devenues des salles à manger au sens conventionnel du terme. Car il semble entendu que, y compris lorsqu'elles se font très brillantes-pimpantes, ruisselantes de reflets d'acier, d'aluminium et de verre, et personnalisées-élégantes, ces cuisines non seulement conservent et intensifient la fonction technologique dans laquelle les avaient enfermées les Modernes, mais que, de plus, elles restent destinées aux déjeuners et dîners *conviviaux* en petits comités d'individus qui se connaissent bien et s'apprécient, d'amis, d'intimes ou de proches. Bref, se fait jour sans doute moins un transfert dans l'affectation des pièces,

7. Sur l'histoire de la répartition des pièces des maisons et des appartements, voir la déjà classique *Invention de l'habitation moderne. Paris 1880-1914*, de Monique Eleb avec Anne Debarre, A.A.M./Hazan, 1995 ; Riccardo Montenegro, *Styles d'intérieur. Les arts décoratifs de la Renaissance à nos jours*, Éd. de La Martinière, 1997, pour la version fr. ; la petite synthèse d'Anne Massey, *La Décoration intérieure au XXe siècle*, Thames & Hudson, 1991, pour la trad. fr. ; ainsi que P. Thornton, *op. cit.*

qu'un simple élargissement de *l'usage* de certaines d'entre elles (ici, la cuisine), provoqué par le glissement d'une sociabilité très rigide et formelle – bourgeoise XIXe siècle, en quelque sorte – vers une autre, plus « décontractée », quoique toujours restreinte aux personnes d'une même classe sociale, d'un rang identique ou d'une commune « option de vie ». Il est probable, en résumé, qu'on n'assiste ici qu'à l'effet restreint sur nos espaces privés de l'apparition d'une modeste variante « néo-bourgeoise », *bobo*, de la très ancienne sociabilité aristocrato-bourgeoise française, dont les principes de fond n'ont pas changé depuis près de trois siècles...

Mis à part dans les demeures extrêmement fastueuses, on ne voit pas non plus réapparaître, comme c'était le cas jusqu'au début du XXe siècle, aux côtés des espaces privés et de réception, un troisième espace distinct dédié au service, à destination des domestiques. Enfin, si, rompant avec son rôle de pure « machine à dormir » que lui avaient attribué les Modernes, plus grande, mieux équipée et décorée avec plus de soin, la chambre a tendance à redevenir un « lieu de vie » ; si l'achat d'un lit paraît une décision moins technique qu'auparavant pour se poser lui aussi comme un élément de l'expression de notre personnalité [8] ; et si l'on reparle même en certains cas de « boudoir », les décors actuels ne dénotent cependant aucun vrai retour à une fonction publique ou de « parade » des chambres de coucher, où, jusqu'au milieu du XIXe, il était fréquent, surtout pour la femme, de recevoir ses invités. Le boudoir servant alors, dans un sens, d'antichambre à ce lieu mi-privé, mi-public et, dans l'autre, de « sas de préparation » entre les espaces intérieur et extérieur, qui, sur les plans des architectes, se situait d'ailleurs logiquement dans le prolongement de la suite salon-petit salon-chambre de l'épouse. Une permanence que semble confirmer le fait que, quelle que soit l'option stylistique adoptée pour le reste de l'appartement et bien qu'elle se soit indéniablement « réhumanisée », la salle de bains demeure – sauf dans certains décors très extravagants – le lieu de la rationalisation technologique par excellence, un espace clinique consacré à l'hygiène et au travail de la

8. Voir l'article de Véronique Cauhapé, « Chambres à vivre », *Le Monde*, 24 mars 2001. Pour une vision plus large de l'histoire et des fonctions de la chambre à coucher, on lira l'intéressante petite *Ethnologie de la chambre à coucher*, de Pascal Dibie, rééd. récemment par les Éd. Métaillé, 2000.

propreté, et non ce cabinet d'élégance dévolu à la « toilette », où l'on élaborait les signes attenant au rôle qu'on allait occuper sur la scène de la société, qu'entre le début du XVIIIe siècle et la fin du XIXe il demeura[9].

Y compris dans les décors mettant en jeu un désir de reconstitution historique, on peut donc dire, pour conclure, que la structure de base de la maison ou de l'appartement individuels n'a guère changé, demeurant fidèle au principe en vigueur depuis un bon siècle et demi d'une bipartition stricte des fonctions publiques et privées – la chambre, séparée des espaces de réception, le plus souvent située sur cour, conservant, voire accentuant, y compris quand elle s'agrandit, son caractère de « sanctuaire de l'intimité » où ne peuvent pénétrer que le résident de la maison et ses proches – associée à une affectation souple bien que sans doute un peu moins mixte qu'il y a deux ou trois décennies de cet « espace à vivre » qu'est le living-room ou la « pièce principale », donnant, en règle générale, sur la rue. Par rapport à l'ordonnancement usuel de la maison depuis le milieu du XXe siècle, aucune rupture cruciale par conséquent, seules quelques évolutions mineures ou modulations de surface, qui s'inscrivent toutes dans le même sens d'un allégement de l'impératif ancien de fonctionnalité au profit du retour, réel ou rêvé, à un certain « plaisir ».

Tout intérieur, tout décor quotidien n'étant que la matérialisation spatiale d'une manière de vivre, d'un « habitus » particuliers, ces permanences n'ont rien d'étonnant : pour que les structures de l'habitat se transforment profondément, il faut en effet qu'intervienne une évolution elle aussi radicale des modes de vie. Il ne peut ainsi y avoir ou resurgir de fumoir réservé aux hommes que dans une société où la répartition des rôles hommes-femmes est très étanche et où, de plus, fumer passe pour un attribut exclusif de la condition masculine. Cet espace disparaît dans le cas, comme aujourd'hui, inverse. La distinction, valable jusqu'au début du XXe siècle, entre la chambre de l'homme, plus petite et faisant parfois aussi office de bureau, et celle de la femme, plus grande et ouverte sur les fonctions de réception, reflétant le caractère socia-

9. Sur le débat quasi « idéologique », à la fin du XIXe siècle-début du XXe, entre le cabinet de toilette et la salle de bains, voir M. Eleb, *op. cit.*

lement arrangé de la plupart des mariages d'alors et le rôle de représentation sociale de la femme, « propriété » ostentatoire de l'homme, ne peut que s'effacer et même disparaître depuis que la société a réussi à nous convaincre que le couple doit être fondé non plus sur l'intérêt mais sur l'amour et le désir, et qu'est intervenue une relative émancipation économique et culturelle de nos compagnes. Et la présence de plus en plus rare de domestiques dans la vie courante entraîne l'abandon de l'organisation d'un espace de service distinct des espaces privés et de réception.

Au vu de tout ce que nous venons de dire, on mesure d'ailleurs l'extraordinaire différence – le grand grand-écart – qui existe entre ce que la société, par la voix de ses commentateurs officiels, sociologues, psychologues, philosophes de l'art de vivre, critiques d'art et autres rédactrices de mode, nous présente comme d'incessantes « révolutions des mœurs », d'absolus « bouleversements des mentalités » et autres « tournants historiques majeurs », et ce qu'il en est *réellement* dans la vie de tous les jours – soit presque rien. Car, à considérer de près nos espaces actuels, on ne peut en effet guère qu'en induire qu'en dépit du renouvellement accéléré des modes dans tous les domaines de notre vie, notre société, du moins dans ses structures de fond, est demeurée étonnamment stable depuis le milieu du XXe siècle...

À peine note-t-on, et encore en cherchant bien, la quasi-disparition dans les revues de décoration actuelles de ces minuscules « boîtes à vivre » *technos*, hyper-rationalisées et suréquipées, à destination des célibataires, qui faisaient tant rêver les années 60 du *space-age* pour leur allure de capsules de cosmonautes, et qu'on avait vu resurgir dans les années 80 ; et le retour corrélatif à une organisation et à des valeurs plus classiques, sinon même assez foncièrement traditionnelles, fondées sur le Roi-Couple et sa Cour, la Famille. Une autre permanence qui pourrait illustrer le fait que les prétendues « société des célibataires » et autre « civilisation nomade » dont se gargarisaient les prospectivistes d'hier ont trouvé très vite leurs limites dans le retour, sida aidant, à une plus grande « stabilité affective » – notion devenue d'ailleurs l'un des slogans-phares des magazines féminins, de *lifestyles* et de psychologie pratique.

Une identique stabilité se constate en ce qui concerne ce que l'on nomme, dans les manuels théoriques de décoration, l'« enveloppe architecturale » des intérieurs. Car si l'on entend beaucoup évoquer ces derniers temps le retour décoratif au « baroque », ce baroque, quand il est perceptible, demeure des plus épidermiques. Il n'engage en effet que de façon très exceptionnelle la structure dans laquelle s'insèrent ces décors, qui paraît toujours régie par le sacro-saint principe moderne de l'angle droit et des surfaces, murs et plafonds, lisses, dénués d'ornement.

Sous ce regard, il est intéressant de noter que l'on ne voit reparaître nulle part – sauf s'ils existaient préalablement – dans les compositions qui entendent restaurer l'esprit de la Renaissance, de plafonds à caissons, dans celles qui s'inspirent de l'Empire, comme alors, de fresques murales, ou encore dans celles évoquant le Second Empire, à l'instar d'un certain hôtel-restaurant parisien branché récent[10], d'éléments architecturaux décoratifs néo-gothiques ; et que ces décors historicisants ne cherchent que plus rarement encore, sinon jamais, à rétablir les polychromies d'époque. Ces divers appels à la résurrection de l'Empire, de la Renaissance ou du Napoléon III semblent donc tous s'opérer sur le mode d'un recyclage moderniste du passé, comme si l'on n'avait affaire ici qu'à de simples « habillages fantasmatiques » d'une norme classique-moderne par ailleurs inchangée.

En dépit des exhortations répétées au retour de la couleur en tant que « signe d'optimisme retrouvé » (c'est l'invariable cliché auquel se ramènent les « analyses » à ce sujet des décorateurs et critiques actuels), il est à noter de même que celle-ci n'affecte pour ainsi dire que les meubles et les objets, soit les éléments mobiles des décors, qu'on peut remplacer aisément. Les murs, eux, sont toujours dominés par l'exigence moderne du tout-blanc, avec lequel tout est censé pouvoir se marier, ou se contentent de décliner d'infimes et presque imperceptibles nuances autour de cette absence de couleur du côté des beiges, des gris ou de pastels très délavés. De la même manière qu'au XIXe siècle un certain « fleuri-fouillis » pouvait proliférer sur un fond classique inchangé, les décors actuels ne se sophistiquent donc ou ne s'exotisent qu'à partir d'une enveloppe matérielle extrê-

10. Nous faisons bien sûr référence ici au *world-famous* Hôtel Costes, rue Saint-Honoré dans le Ier arrondissement de Paris, décoré en « pur » style Napoléon III « moderne » par le Français Jacques Garcia, où top models et stars internationales de la photo de mode ne peuvent que descendre et se montrer au moment des collections de prêt-à-porter.

mement stable, marquée par une grande nudité et une volonté architectonique, privilégiant la structure aux dépens des détails, l'unité sur l'accident, usant de formes géométriques simples, non pittoresques, et accordant la primauté aux vides sur les pleins – tous traits issus une fois de plus du Mouvement moderne. Ce qui fait que les mises en scène de fantasmes auxquelles on assiste aujourd'hui dans les intérieurs, y compris celles se voulant les plus « imaginaires », gardent toutes un aspect fortement transitoire, passager. S'attachant avant tout aux contenus, mais sans modifier ou que de façon infinitésimale les contenants, elles n'érigent donc, au sens propre et même théâtral du terme, que des « décors », dont il est posé qu'on peut en changer presque aussi rapidement et fréquemment que de mises vestimentaires.

Il se pourrait d'ailleurs qu'avec cette dernière notation nous ayons mis presque par hasard le doigt sur un des traits majeurs qui, par-delà leur éclectisme revendiqué, rapproche, *sur le plan de leurs intentions* du moins, tous les intérieurs actuels, et leur confère une première unité. Très exactement comme dans le vêtement où, tournant le dos au respect littéral, au suivi à la lettre des modes, chacun forge ou est prié, sommé, de forger sa propre apparence individuelle, son *look*, en panachant des éléments disparates empruntés de-ci de-là à des panoplies types d'horizons divers exprimant des styles de vie alternatifs – « rebelle », « rock », « dandy » ou « nouveau bourgeois »[11] –, les décors contemporains témoignent d'une liberté en extérieur beaucoup plus grande que jadis face aux diktats de la mode et aux prescriptions du « bon goût ». Les modèles de comportement s'étant ici également fortement différenciés et individualisés, voici donc venir le temps de la décoration « en kit » et des pratiques de détournement et de recyclage – attitudes renforcées dans le domaine de la maison par le fait qu'il faut bien réutiliser les meubles dont on a hérité ou que l'on a achetés il y a un certain temps déjà et qui se sont démodés.

Cette façon de jongler avec les références et de les croiser entre elles, cet esprit généralisé de la citation et du collage, ne semble,

11. C'était là les quatre tendances qu'évoquaient régulièrement en 2001 les magazines de mode masculine. Il suffit d'y rajouter le « cool » et la « (nouvelle) simplicité » pour obtenir peut-être celles de 2002...

au demeurant, connaître dans la décoration actuelle à proprement parler plus de limite – les rapprochements les plus inouïs pouvant toujours trouver une cohérence ou une raison dans ce qu'on peut appeler une « esthétique du kitsch assumé ». Un discours issu de la marge mais devenu, en quelques années seulement, l'un des nouveaux grands refrains intellectuels de notre temps.

Le mauvais goût se justifie en effet aujourd'hui non seulement du fait qu'il est un goût hautement personnalisé, plus libre, qu'il représente une émancipation à l'égard de la norme ; mais aussi pour les raisons plus profondes que, d'une part, tout étant « relatif », il est posé comme acquis que plus aucun jugement ne peut différencier objectivement ce qui relève d'un « bon » et d'un « mauvais » goût, et que, d'autre part, ne pouvant prendre nous-mêmes que très difficilement des distances à l'égard des critères de notre société, c'est une illusion que de penser pouvoir juger une chose « de l'extérieur » en nous abstrayant d'elle. Comme nul ne peut plus avoir par conséquent la prétention d'« échapper au mauvais goût », autant convertir celui-ci en une valeur positive, ou si relative que cela en revient pratiquement au même [12]. Où une conception naïve de la liberté associée à une revendication elle aussi assez innocente au plaisir, assaisonnée d'un peu de vulgate structuraliste et de quelques bonnes intentions morales, vient avaliser en les rationalisant les rapprochements et collages les plus insensés. Au point qu'on peut se demander si nous nous trouvons encore ici dans le cas de figure classique de l'éclectisme tel qu'on l'a connu jusqu'à présent, notamment au XIXe siècle ; mais si on ne serait pas passé à une étape ultérieure d'« hybridation » de tous les styles ou, pour reprendre un concept venu de la musique électronique des années 90, de *sampling*, d'échantillonnage d'éléments prélevés dans certains contextes, puis mélangés à d'autres issus d'autres contextes, le tout *mixé* et *remixé* indéfiniment, afin d'aboutir à une autre réalité esthétique, à une œuvre nouvelle, censément « originale ».

12. Tel est bien le fond du discours, justificatif du présent – quoique, en l'espèce, fort cultivé et raffiné –, du beau petit essai de Jean-Yves Jouannais sur l'esthétique des nains de jardin, *Des nains, des jardins. Essai sur le kitsch pavillonnaire*, Hazan, 1993. Pour une simplification de cet argumentaire, on se reportera à n'importe quel article récent de magazine consacré au « mauvais goût », ou à n'importe quelle interview de stylistes ou photographes actuels se revendiquant du kitsch...

Moins ouverts et moins fluides qu'il y a deux ou trois décennies, témoignant d'une tendance au retour à une certaine clôture et à une différenciation plus marquée que naguère de la fonction des pièces, nos intérieurs reflètent également un indéniable repli sur la sphère privée – comme si nos maisons avaient remplacé, comme biens de statut et éléments de patrimoine, les voitures des *fifties* ou les titres russes et les bijoux de famille de nos grands-parents. Quant à leur définition, ainsi que nous l'avons vu quand nous avons cité des catalogues de décoration, comme autant d'« actes d'expression de notre identité personnelle », elle semble se coordonner à la quasi-perfection avec la recherche de notre « être total » que permet l'augmentation de la part de nos loisirs.

Avec un peu de mauvaise foi, on pourrait presque soutenir ici que nous vivons actuellement une sorte de « second Second Empire » ou d'ère « néo-Louis-Philipparde », avec son prosaïsme économique et sa respectabilité mondaine, son social-centrisme doux partagé par gauche et droite et sa mentalité bourgeoise-éclectique ; tracer des parallèles entre Napoléon III et un certain président, entre Guizot et quelque leader néo-libéral actuel, le boom spéculatif des chemins de fer et celui de feu la nouvelle économie, etc., etc. Sauf que, pour laisser là cette amusante caricature et revenir à notre sujet, si nos maisons actuelles ont tendance à redevenir, comme à ces époques, des sanctuaires du privé, cela se fait cependant, non comme alors et ainsi qu'avait voulu nous le faire accroire le slogan déjà daté du *cocooning*, sur la modalité d'un rejet du monde extérieur censé être celui du travail et de la violence économique, mais d'une façon dépassionnée, *cool*, car, technologies de communication aidant, nous savons bien désormais que plus jamais notre lien avec l'extérieur ne saurait être entièrement coupé. La frontière intérieur-extérieur, espace privé-espace public, qui s'était largement ouverte dans nos appartements et maisons sous les coups de boutoir du Mouvement moderne et de son idéologie de la socialisation, ne s'est donc peut-être pas tant reconstituée. Elle s'est simplement déplacée ; et elle se vit et se représente surtout dorénavant plus positivement, comme signe et symptôme d'une liberté et d'une « originalité » individuelles.

Ce n'est sans doute pas là le seul trait qui différencie l'éclectisme actuel de celui de la deuxième moitié du XIXe. Dans cette dernière époque, mis à part aux yeux de certains critiques pré-modernes, tels, manifestement, que ce Jacob von Falke que nous citions plus haut, l'éclectisme n'était pas en effet vécu de façon négative, sur le registre du manque ou de la déception, comme le signe d'une impuissance à forger un style stable et contemporain – ce dont la théorie moderne et sa réécriture rationnelle de l'histoire ont voulu et veulent encore nous convaincre –, mais au contraire comme une preuve de richesse et un principe positif de raison et de culture.

On mélangeait alors sans complexe les styles, parce qu'on jugeait que les solutions du passé, qui avaient, comme l'on dit, « fait leurs preuves », étaient sinon toutes à garder, du moins toutes à considérer. Fidèles en cela aux origines historiques du concept d'éclectisme, qui désignait en Grèce non point un vide de réflexion par refus timoré de tout choix, mais une véritable école de pensée ambitionnant de résumer toutes les autres, les hommes du milieu du XIXe siècle n'étaient pas éclectiques par défaut, mais *par excès* : de même qu'en philosophie le bien oublié Victor Cousin, un des proclamés « plus grands esprits de son temps », pouvait en appeler à l'élaboration d'une théorie syncrétique conservant d'Aristote comme de Platon, de Descartes comme de Hume, de Kant aussi bien que de Hegel, les éléments positifs conciliables [13], on cherchait à tirer parti en toutes choses de ce que chaque période du passé avait pu apporter de « meilleur ». C'était là sans doute une attitude sur le fond assez sceptique, voire secrètement mélancolique et empreinte de « décadence » – tout partait quand même du sentiment que tout avait déjà été dit, et de la meilleure façon qui se puisse être, qu'il n'y avait donc plus rien à inventer, seulement à reprendre, à préciser, à développer –, mais aussi pragmatique et opératoire, d'instrumentalisation, de capitalisation, de la culture et fondée sur la quête constante du « juste milieu » des choses. En quoi l'éclec-

13. Il est assez étrange qu'il n'existe aucun livre récent sur l'éclectisme philosophique du XIXe siècle. On peut sans doute se passer de lire en détail Cousin qui, avant de devenir le philosophe officiel de la monarchie de Juillet, cumulant les charges universitaires, politiques et les honneurs (ministre de l'Instruction publique sous Thiers, professeur en Sorbonne, directeur de l'École normale pendant vingt ans, pair de France, académicien), avait été pourtant dans sa jeunesse une des idoles intellectuelles des romantiques et fut l'ami de Hegel. Son œuvre est typique d'un temps, et s'est enfuie avec lui. Mais l'attitude qu'il traduisait n'était ni aussi grossière ni aussi vide de sens que, depuis le Mouvement moderne, nous avons tendance spontanément, et tout à fait injustement, à le penser ; et elle exerça une grande influence sur les arts. L'Opéra-Garnier, par exemple, en découle.

tisme était bien alors une notion assez typiquement « bourgeoise », au sens d'un certain mode d'être au monde dont l'illusion suprême consiste à rêver de bâtir une liberté par (et dans) le confort.

À ce désir de vouloir profiter de tout, y compris son contraire, à cette volonté de rationalisation économique quasi monétaire du moindre mouvement de l'esprit et de l'âme (ou du moins de ce qu'il en reste dans ce schéma) et à cette utopie ménagère d'une liberté sans ses affres – en douceur, en quelque sorte –, qu'il partage avec le XIXe siècle, l'éclectisme actuel ajoute néanmoins une autre dimension, d'évidence plus théâtrale, onirique et, surtout, *plus existentielle*. Ce qu'il semble en effet nous dire, c'est que nous avons aujourd'hui tous autant que nous sommes le droit, *si ce n'est le devoir*, de vivre plusieurs vies, d'expérimenter plusieurs destins, d'éprouver des plaisirs changeants, mêlés – comportement où se reflète à l'évidence une grande angoisse sur ce qu'est notre « vraie » personnalité, mais où se perçoit également l'influence grandissante de la psychanalyse sur notre pensée, le fait qu'elle est devenue même notre nouveau sens commun, la *doxa* de notre temps, avec son postulat selon lequel nous abritons en nous des pulsions et des désirs ambivalents, plusieurs personnages contradictoires qui changent en fonction des âges de la vie, des événements et des situations.

Et cela va plus loin encore. Ainsi que nous le serinent à l'envi les magazines de vulgarisation psychologique, nous avons tous, hommes comme femmes, notre « part masculine » et notre « part féminine ». Et nous sommes tous, nous modernes, *à la fois et de façon inséparable* des actif(ve)s conquérant(e)s et des amoureux(ses) fragiles, des *executives* rationnels battants et des poètes intuitifs maudits, des pères(mères) et des enfants, des jeunes et des vieux – soit, comme le disent dans leur *novlangue* les bureaux de style de la mode, des *kidultes* (*kids* + adultes) ou des *adulescents.* Et c'est la raison pour laquelle nous éprouvons le besoin de nous doter de ces décors variés, souples, mobiles, évolutifs, permettant à toutes les « facettes » de nos personnalités de s'exprimer, que l'on peut voir dans les revues de décoration. Comme si ces intérieurs si intensément scénographiques reflétaient le fait que nous vivons le temps des « moi » instables, pluriels, polymorphes, éclatés, passe-muraille – au point que certains psychologues ont pu évoquer très sérieusement, au début des années 90, l'apparition d'un nouveau trouble du comportement, du nom de *Multiple Personality Disorder* (MPD) [14], le syndrome de la « multiplication de la personnalité » !

Tout ce que nous venons de dire de nos espaces intérieurs vaut également, à quelques transpositions près, de nos espaces extérieurs. Le recyclage moderniste du passé se retrouve ainsi en architecture, où, l'idée d'un « patrimoine contemporain » s'imposant peu à peu, on préfère désormais, plutôt que de les abattre purement et simplement, greffer sur les bâtiments historiques des structures intérieures ou leur adjoindre des extensions extérieures modernes : les hybrider donc eux aussi, pour les adapter à notre époque [15]. Tandis qu'en urbanisme les temps corbuséens prométhéens héroïques des stratégies de table rase, de la reconstruction *ex nihilo* d'un univers urbain « rationnel », semblent parallèlement s'effacer au profit d'une vision des villes, y compris celles vieilles d'il y a à peine cent ans, comme des univers complexes relevant de plusieurs « temporalités » sédimentées les unes sur les autres, qu'il s'agit non plus comme avant d'égaliser – soit, en langage clair, de détruire –, afin de leur substituer une unité abstraite « supérieure », mais de moderniser et de combiner harmonieusement : de recycler donc également [16].

L'attrait de la décoration actuelle pour un certain mauvais goût, si ce n'est pour le kitsch, qui, d'un point de vue théorique, sur le plan de nos conduites intellectuelles, peut être interprété comme une conséquence lointaine mais en ligne directe de la nouvelle liberté formelle née du reflux de l'idéologie moderne, après avoir engendré dans les années 80 le post-modernisme, a aujourd'hui son pendant architectural dans le renouveau des formes organiques,

14. Sur cette maladie imaginaire d'époque, qui rappelle, sous une autre forme, les « langueurs » de nos grand-mères, le « spleen » des romantiques et les « vapeurs » des courtisanes du XVIIIe siècle, voir le supplément « Style 2 » de *Libération* du 29 avril 2000 : *Personnalité multiple. Je suis, donc je switche.*

15. Une bonne illustration de ce type d'« interventions », comme on les nomme significativement, peut être fournie, pour n'en donner qu'un exemple (réussi) parmi des milliers d'autres possibles, par le nouvel Opéra de Lyon de Jean Nouvel (1989-1993).

16. Telle est par exemple, rapidement résumée, la position de Christian de Portzamparc sur l'urbanisme, qui semble refléter la nouvelle vision dominante de la Ville des architectes et urbanistes actuels. Voir à ce sujet l'interview de C. de Portzamparc dans *Le Magazine littéraire* de mai 2000 sur « La renaissance de l'utopie ».

en particulier l'abandon des figures géométriques simples, le cercle et le carré, au profit de l'ellipse ou, comme on le voit dans les monuments récents les plus symboliques, de courbes plus complexes encore, voire aléatoires[17]. Comme si, sous des manifestations différentes, la même attitude de fond se retrouvait ici en jeu et cherchait à s'exprimer.

Quant à la volonté de vivre plusieurs vies parallèles, qui apparaît comme l'une des bases fantasmatiques les plus importantes de la décoration actuelle, elle se traduit dans le domaine de nos espaces extérieurs par l'apparition de ces bâtiments « déconstruits »[18] cherchant à multiplier les perspectives inédites et les parcours visuels complexes. Et, dans les cas les plus extrêmes, elle va jusqu'à donner naissance à d'étranges et passionnants bâtiments rêvant d'une « mobilité » non plus seulement scénographique mais inscrite dans leurs structures mêmes – avec pour finalité ultime, pour reprendre le vocabulaire de la théorie situationniste, elle aussi devenue l'une de nos nouvelles normes mentales, de construire des « situations » aptes à modifier, en même temps que nos comportements, la conscience que nous en avons, et plus avant, de nous changer[19].

Enfin, pour terminer ce rapide tour d'horizon par une remarque plus générale, concernant tous les secteurs de notre vie, aussi bien artistique que politique et quotidien, sans doute pourrait-on tracer un parallèle entre le décentrement stylistique de nos intérieurs et celui d'un monde où, n'ayant plus de convictions arrêtées, nous rêvons désormais de pouvoir *tout concilier*, l'argent et l'éthique,

17. C'est ce que montre de façon exemplaire le musée Guggenheim à Bilbao de Frank O. Gehry, qui est bien « le » monument de notre époque.

18. Tels que le récent musée juif de Libeskind à Berlin ou les réalisations de l'architecte anglaise d'origine irakienne Zaha Hadid.

19. De cette tendance à la résurgence d'un « rêve de mobilité » en architecture, influencé par la théorie situationniste, mais aussi par les fractales dessinées par les ordinateurs, on peut voir plusieurs illustrations dans le catalogue de la deuxième édition d'« Archilab », le salon annuel des nouvelles tendances architecturales d'Orléans de mai 2000. Ce catalogue montre non seulement le déjà célèbre immeuble du Français Frédéric Borel rue Pelleport à Paris, avec ses déconstructions de plans quasi cubistes, mais aussi beaucoup d'autres bâtiments en projet ou réalisés mettant en œuvre cette idée assez hérétique en architecture de mobilité, dont un surprenant hôtel, en cours de réalisation, conçu par l'architecte américain d'origine égyptienne, Tarek Naga, autour d'une immense lame tournante qui, en pivotant sur son axe, modifie tous les espaces intérieurs du bâtiment !

la gestion libérale et les préoccupations sociales, la révolte et le confort, le corps et l'esprit, l'Ordinateur et Dieu...

Si, ainsi que l'assurait Mario Praz dans sa célèbre *Histoire de la décoration d'intérieur*[20] – mais comme n'ont pu également que le noter tous ceux qui se sont un jour penchés sur cet enjeu en apparence mineur qu'est la décoration –, toute demeure est « une projection du moi », une mise en espace de l'ego de son propriétaire, les caractéristiques de nos intérieurs actuels ne font que refléter la nature profonde de notre âme contemporaine et les prémisses sur lesquelles elle repose. Une âme assez habile et véloce, opportuniste et attrape-tout, astucieuse, *rusée*, très rusée même parfois, bien que ce faisant aussi mixte, divisée, décidée mais en même temps emplie de doutes, souvent faussement énergique donc, tentée par le plaisir, voire la déviance[21], mais si attachée au confort matériel, si préoccupée de réussite et de reconnaissance, tellement respectueuse des bienséances ou peureuse des réactions de rejet des autres, en un mot *si convenable*, qu'elle en devient facilement velléitaire, indécise, timorée, malingre, presque muette et finalement insatisfaite et pour cela malheureuse.

Reste que ces explications plus ou moins rationnelles, mais se développant toutes sur fond de causalité logique, demeurent sans doute incomplètes. D'abord, parce qu'elles ne rendent compte, par définition, que du versant conscient des raisons qui nous poussent à organiser d'une certaine manière nos intérieurs : elles font l'impasse sur d'autres possibles structures communes qui, pour rester en deçà de notre conscience, n'en seraient, s'il s'avérait bien sûr qu'elles existent, que plus fondamentales. Ensuite, parce que ce type de raisonnement repose sur une interprétation somme toute assez mécanique des liens existant entre la société et ses manifestations stylistiques. Il mésestime l'apport propre, autonome, des formes

20. Mario Praz, *Histoire de la décoration d'intérieur. La philosophie de l'ameublement*, Thames & Hudson, 1994, pour la trad. fr. On ne saurait trop recommander la lecture de cet ouvrage qui, bien que souvent critiqué par les spécialistes pour ses imprécisions, demeure l'un plus beaux livres jamais écrits sur le sujet.

21. De cette fascination ouverte de notre époque pour la déviance, l'un des symptômes les plus flagrants est le statut qu'elle accorde au *serial killer*, promu en une espèce d'« artiste du crime ». Aux États-Unis, certains tueurs en série ont d'ailleurs leur *fan-club*, qui commercialise leurs interviews et vend des *tee-shirts* à leur image, comme n'importe quelle star de la musique ou du sport. Et leurs noms sont beaucoup plus connus que ceux de bien des artistes, écrivains et bien sûr penseurs...

dans la constitution de notre moi individuel et social – le fait, ainsi que n'a cessé de le rappeler Francastel dans ses ouvrages[22], que si elles dérivent en partie d'une situation extérieure, les formes sont aussi des productions indépendantes, qui constituent un langage parallèle et complémentaire aux autres et apportent elles aussi une connaissance, qu'elles ne sont donc pas de simples « reflets », même subtils, d'un dehors, mais aussi des événements en soi, parties prenantes de la vie et de la dynamique sociales.

Et il faudrait enfin examiner dans quelle mesure le discours que nous avons tenté de retranscrire décrit nos comportements *tels qu'ils sont*, ou tels que nous les imaginons être ou encore que nos représentations sociales autorisées *veulent qu'ils soient* – autrement dit, si ce que nous en avons dit correspond à la « réalité » de nos comportements ou, ainsi que nous l'avons suggéré plusieurs fois en passant, à des images, des simulacres de réalité, venant rationaliser, cacher, voire dévier celle-ci. Une autonomie prescrite peut-elle mener à autre chose qu'à un pur spectacle de choix ? Une liberté promue en norme, en idéal de vie, en est-elle toujours une, ou la seule acceptation de contraintes plus douces ? Et l'obligation au plaisir ne ruine-t-elle pas définitivement un désir, qui, de toute façon, n'a plus guère les moyens de se développer, tant il se voit encadré de toutes parts par les normes intériorisées du « bien se comporter » ? Bref, il faut tenter d'aller voir sous le discours conscient qui accompagne la décoration actuelle et lui donne une cohérence abusive ou incomplète, s'il n'existe pas d'autres paramètres irraisonnés, exerçant leurs effets à un niveau plus fondamental que les phénomènes que nous avons jusqu'à présent décrits, et, pour cela même, sans doute plus importants qu'eux.

À considérer de plus près tous ces décors, on ne peut qu'être frappé d'abord par le fait qu'ils dénotent tous un rapport au corps infiniment plus formel, compassé, qu'à la fin des années 60 et au début des années 70, quand la mode voulait que l'on s'assoie par terre sur des poufs et que l'on dorme à même le sol sur des matelas,

22. Voir notamment *Peinture et Société*, Denoël, 1977, et *Études de sociologie de l'art*, Denoël, 1970, repub. en Tel-Gallimard, 1998. Mais c'est presque toute l'œuvre, semble-t-il plus très lue aujourd'hui, de Francastel qui serait ici à citer.

quand triomphaient, dans le mobilier, les gonflables et autres structures molles tel le fameux « Sacco » de Gatti, Paolini et Teodoro, et que les décorateurs installaient dans les appartements ces drôles d'inventions nommées « fosses à conversation », censées favoriser les relations informelles entre les individus[23]. C'est d'ailleurs là un fait étrange, une manière de paradoxe même, que nos sociétés, qui vouent par ailleurs un tel culte à la beauté physique, bien loin devant l'intelligence, la culture et la rectitude morale, aient rétabli dans leurs intérieurs des attitudes aussi traditionnelles par rapport au corps. Ce nouveau maintien physique peut être interprété comme une conséquence directe de la remise en cause du fonctionnalisme. Le lien ergonomique « objectif » entre le corps et le meuble s'étant dissous, le symbolique, affranchi, revient en force[24]. Mais sans doute peut-on y percevoir aussi un effet de cette peur terrible, insensée, devant la Mort qui nous étreint en permanence et nous fige à la seule évocation de son nom, jusqu'à devenir un mot tabou, et que n'a bien sûr pu que renforcer le sida.

On mesure également ici l'écart phénoménal qui existe entre l'argumentaire d'une société qui ne cesse d'en appeler, via le *glamour*, la mode dite « gourmande »[25] et le *Porno Art*, au dérèglement des sens, et la misère sexuelle intense effective que révèle le fait que le fameux « retour au curviligne » dont se repaissent aujourd'hui les magazines de décoration se limite en réalité... aux meubles, et n'affecte en aucune manière le corps, qui semble au contraire enjoint aujourd'hui à se redresser de façon quasi militaire.

23. Les « fosses à conversation » étaient des sortes de dénivellations ou de petits « bassins » artificiels formés au milieu des livings à l'aide de remparts de matelas, poufs et autres coussins, où l'on était supposé, à moitié allongé, avoir plus de réceptivité à l'égard du discours des autres. Sur cette curieuse invention qui fait sourire aujourd'hui, et qui, bien que fort récente, puisqu'elle ne remonte qu'à une quarantaine d'années, nous semble venir d'une autre planète, voir A. Massey, *op. cit*.

24. C'est ce que nous avons vu dans le précédent chapitre, mais dont nous n'avions donné aucune manifestation extérieure. Pour une traduction en architecture et dans le design de ce retour du symbolique, voir les ouvrages théoriques des post-modernes, *La Casa Calda. Experienze del Nuovo Design Italiano*, d'Andrea Branzi, Milan, Idea Books Edizioni, 1984, et bien sûr *L'Enseignement de Las Vegas*, de Robert Venturi, Bruxelles, Pierre Mardaga Éd., 1977, pour la version fr.

25. Cette mode « gourmande », dont nous avons déjà rencontré des manifestations dans le chapitre consacré aux parfums, avec notamment « Angel » de T. Mugler, est aussi l'un des axes de *Taste*, le magazine de l'Observatoire international des tendances de Première Vision, avec une photo de J.-B. Mondino en couverture, où l'on voit un modèle aux lèvres maquillées avec du chocolat.

Plus intéressant encore est de remarquer que, quel que soit leur parti pris stylistique, il émane de tous ces décors une sorte de tonalité sensible commune, qui a trait à un certain effet de brillance, un caractère lisse, ordonné, « posé », comme si ces décors se tenaient jour et nuit devant l'objectif d'un appareil-photo ou d'une caméra, une obsession égotiste qu'accusent bien sûr la mode du translucide et cette dite « dématérialisation » architecturale qui entraîne un large recours aux parois en verre ou en d'autres matériaux transparents.

Si, comme le soutient encore Praz[26], il est de la nature de tout intérieur d'avoir conscience d'être *aussi* un espace de représentation, le podium d'une existence, nos appartements actuels vont cependant bien au-delà. Ils paraissent en effet, eux, tenir pour acquis qu'ils ne sont, ne peuvent être et ne sauraient jamais devenir *que cela*. Leur théâtralité non seulement n'est pas honteuse et cherche à inclure sans cesse l'œil du spectateur dans son jeu, mais elle semble aller en quelque sorte de soi – comme si, aussi, ces décors ne renvoyaient plus qu'à eux-mêmes, délivrés qu'ils sont de toute référence, comme dans le baroque, à un au-delà spirituel ou, dans le Mouvement moderne, à un en-deçà technologique ou scientifique.

Cette théâtralité dépasse en ce sens la fameuse « ironie postmoderne » des années 80, car elle n'a même plus à se présenter, à l'instar de celle-ci, sur le mode de la revendication : elle se vit et s'annonce désormais comme inéluctable, et même *déjà réalisée* dans la coïncidence parfaite et apaisée de ces essence et apparence qui jadis, et jusqu'il y a peu encore, s'affrontaient si violemment en nous. Au point qu'on peut se demander si la prescription négative de la décoration actuelle que nous cherchions en vain ne tiendrait justement pas à cette qualité, au sens neutre du terme, dont tous ces intérieurs, y compris quand ils se veulent minimalistes ou puristes, c'est-à-dire les moins tentés par l'ironie, semblent les plus dénués : à savoir, le premier ou le sans-degré. Comme s'il n'y avait aujourd'hui rien de plus déplacé, de plus étranger à nos nouvelles normes sociales de comportement et de pensée, que de paraître manquer de distance par rapport à soi, et que la seule référence de

26. *Histoire de la décoration d'intérieur*, *op. cit.*

ces décors se trouvait dans le libre désir, la « fantaisie », de l'individu...

Peut-être est-ce cette caractéristique éminemment imaginaire – car, de l'« individu » aujourd'hui, au-delà des discours sociaux de liberté et d'autonomie, qu'en reste-t-il ? –, qui forme ce qu'à défaut d'un mot plus précis, Praz appelait la *Stimmung*, le sentiment commun émanant des décors d'un même temps, et ici du nôtre. Une ambiance à l'établissement de laquelle participe tout ce que nous avons vu jusqu'à présent de normes et de structures sociales, d'attitudes de vie et de fantasmes, mais qu'on peut également compléter par une autre dimension apparemment plus formelle. Non moins déterminante, cette dimension, qui émane d'éléments comparables à ceux que nous venons de citer mais à niveau plus large et plus fondamental, se traduit concrètement par ce que, partant d'une étude de tableaux et de photos représentant le même intérieur à plusieurs époques, l'Anglais Peter Thornton a pu résumer dans la notion d'un certain encombrement, d'une « densité » spécifique à chaque époque, perçus comme « acceptables » ou « recommandés »[27].

À l'impression de vide conventuel des demeures aristocratiques du Moyen Âge où, à l'exception des lits fixes et des cheminées, l'ameublement se limitait à des coffres mobiles, des tables à tréteaux qu'on repliait après usage et des tentures qu'on emportait avec soi pour les redisposer ailleurs – comme si la vie concrète n'avait la valeur très limitée que celle d'un « passage » furtif, de quasi-spectre, dans la Vallée des Larmes, sans commune mesure avec l'ailleurs immobile de la Foi vers lequel l'espace continu et illimité de la cathédrale gothique appelait –, s'est ainsi substituée, vers la Renaissance, une décoration plus architectonique. Reposant sur des principes de régularité et de « justes proportions », ce nouveau décor, plus stable et plus humain, établira la distinction, qui prévaudra jusqu'au XVIIIe siècle, entre les meubles fixes, alignés le long des murs, et les autres, mobiles, dont on peut modifier la disposition en fonction des usages. Puis on verra, à partir de l'époque rococo, quand les notions de confort et de plaisir prendront le pas sur celles de représentation, les meubles venir occuper le centre des pièces, que l'Empire, avec sa volonté unitaire et formaliste de

27. Voir P. Thornton, *op. cit.*

grand État moderne aspirant à la conduite de l'Europe entière, rejettera à nouveau le long des murs, comme il répartissait dans les pays conquis ici les rois, là les consuls.

Et l'on en arrivera enfin à ces décors surchargés du XIXᵉ, comme prêts en permanence à l'emploi, où les meubles formaient autant de cercles dédiés aux fonctions de réception et de conversation, l'ensemble croulant de plus sous les tableaux, les tentures et les babioles et conférant aux intérieurs fin-de-siècle cette allure d'« aquariums » auxquels on les a si souvent et justement comparés. Une organisation qu'avec son apologie de l'espace, sa volonté proprement totalitaire de socialiser tous les individus et, en chacun d'eux, *tout l'individu*, et son choix esthétique au fond très classique et éthique, puritain, de retour à la nudité fonctionnelle, le Mouvement moderne réussira à briser à partir des années 20-30[28].

Ce ne sont là que quelques notations éparses et générales, qu'il faudrait beaucoup préciser. Retenons seulement le principe qu'elles semblent illustrer et sur lequel toute l'histoire sérieuse de l'art des XIXᵉ et XXᵉ siècles peu ou prou s'accorde : derrière la production de tous les espaces tant publics que privés, architecturaux qu'urbanistiques, de chaque époque gît une sorte de conception spécifique de l'espace[29], structure latente résultant du jeu d'un nombre quasi infini de variables sociales, intellectuelles, sensibles et idéologiques et donnant une clé à toutes les manifestations en ce domaine de cette époque : une « forme-matrice » en quelque sorte, générant, non sans l'apparition de tensions, son entière production spatiale.

Dans *L'Âge baroque*[30], Giulio Carlo Argan a ainsi pu montrer à quel point on retrouvait au XVIIᵉ siècle, sous des formes parfois hautement contradictoires, une identique volonté scénographique, rhétorique et persuasive, *de propagande* au sens plein du terme. Il en voyait des expressions aussi bien dans les peintures moralisantes et les plafonds en trompe-l'œil des palais que dans la distribution des demeures – il suffit de penser aux enfilades majestueuses de

28. Nous résumons à grands traits une évolution qu'un livre de mille pages ne suffirait pas à retracer. Mais l'important pour nous ici n'est pas l'histoire, mais ce qu'elle peut, dans le cadre des objectifs limités de cet essai, nous apporter. Pour plus de précisions, voir P. Thornton, *op. cit.*, et M. Praz, *op. cit.*

29. Voir sur ce point le fameux ouvrage de Bruno Zevi, *Apprendre à voir l'architecture*, Minuit, 1959, pour la version fr.

30. *Op. cit.* (chapitre IV).

salons et de galeries à Versailles et aux perspectives centrées sur l'horizon de ses jardins [31] –, dans l'art architectural et son accent sur la façade, ainsi, sur le plan urbanistique, que dans le tracé au cœur des capitales, Londres, Paris et Rome, de larges voies convergeant vers des monuments symboliques et la création de places Royales comme lieux de représentation du pouvoir. Autant de manifestations disparates mais cohérentes qui trouvaient, selon lui, leur origine commune dans un certain état de la sensibilité collective – en particulier la conception liée sur le plan religieux à la Contre-Réforme et, politique, à l'absolutisme royal, d'un divin incontestable et fondant le pouvoir, dont il ne s'agissait plus comme avant de démontrer l'existence mais, face aux menaces de la Réforme et aux difficultés d'établissement de l'État moderne, de faire intérioriser par les hommes, en la scellant le plus profondément et solidement à l'intérieur de leurs consciences.

Notre époque ne fait évidemment pas exception à la règle que nous venons d'énoncer. Ce qui, sous leur diversité, rapproche tous nos espaces tant intérieurs qu'extérieurs, c'est également un schème commun de perception, où s'agrègent et se résument nos habitudes, le type de relations réelles et idéales que nous établissons entre nous, nos conceptions sociales, intellectuelles, imaginaires et symboliques. Affirmer que cette vision existe est une chose ; la définir de façon pratique en est une autre. Car le recul nous manque pour l'analyser objectivement : cet espace est si « naturel » pour nous que c'est à peine si nous remarquons qu'il existe. Ce qui fait que la meilleure et peut-être même la seule chose que nous puissions faire pour tenter de comprendre la particularité sur ce point de notre époque est de raisonner par comparaison, en examinant les ressemblances et les différences que notre conception de l'espace entretient avec celles d'autres époques passées, plus ou moins lointaines.

À la vérité d'ailleurs, les mots de « conception » ou de « vision » que nous venons d'employer à plusieurs reprises ne sont sans doute pas les mieux appropriés. Car qui dit conception ou vision, utilisées comme synonymes, de l'espace suppose non seulement qu'il en

31. Sur ces deux sujets, voir le monumental *L'Espace du roi. La cour de France au château de Versailles 1682-1789*, de William R. Newton, Fayard, 2000, pour la version fr., et le très beau petit essai d'Allen S. Weiss, *Miroirs de l'infini. Le jardin à la française et la métaphysique au* XVII*e* *siècle*, Seuil, 1992, pour la version fr.

existe plusieurs dans le temps (selon les époques) et dans l'espace (selon les cultures) – ce qui est indéniable –, mais tend également à suggérer qu'il s'agit là de différentes modalités de perception d'un même espace commun ; et que, parmi ou derrière celles-ci, on pourrait donc en déterminer une plus légitime, plus « vraie » que toutes les autres, car plus proche d'une « réalité » incontestable, pouvant être vue telle quelle, hors des normes qui nous entourent. Or, ainsi que l'ont montré aussi bien Panofsky[32] que Francastel et que l'avaient déjà entrevu au XVIIIe siècle Berkeley et Condillac, la question ne se pose pas du tout en ces termes.

Si nous voyons en effet tous les mêmes choses, la façon de les arranger et de leur donner un sens, bien qu'elle nous vienne des normes mentales de la société et du temps auxquels nous appartenons, qu'elle soit donc en théorie extérieure à notre perception, ne peut se dissocier pratiquement d'elle. Car cette structure inconsciente s'impose tellement à notre regard, pénètre à ce point nos habitudes de vision, qu'elle en devient pour nous une seconde nature – la seule définition possible même pour nous de cette dernière –, dont nous ne pouvons nous abstraire que très exceptionnellement, comme lorsqu'un grand peintre, par exemple, arrive à nous « dessiller » comme l'on dit les yeux, ou encore qu'un mouvement ou une école d'artistes en vient à provoquer en nous et chez les autres une véritable « révolution visuelle » – modifications dont nous incorporons après ou non, en tout ou en partie, dans notre attirail de vision, les principes.

Nous avons perçu ainsi pendant si longtemps le monde selon la reconstitution mathématique qu'en propose pour nous depuis la Renaissance la perspective, que cette vision, bien qu'arbitraire et dérivant, au même titre que les autres, d'un parti pris, nous a semblé pendant des siècles et nous semble encore, en dépit des révolutions successives de l'impressionnisme, du pointillisme, du cubisme, etc., la seule vue légitime *et même physiologiquement possible* des choses, qui correspond pour nous à ce qu'on voit « objectivement », qu'on ne peut manquer de voir sauf si l'on est atteint d'une maladie physique ou mentale. Ce qui fait qu'il faudrait parler ici en toute

32. Dans sa *Perspective comme forme symbolique*, *op. cit.* (chapitre IV).

rigueur non point de « conception de l'espace » propre à telle ou telle époque, mais d'« espace » tout court.

Fermons cette parenthèse, essentielle pourtant pour notre propos, en ce qu'elle suggère que ce sont nos sens mêmes qui portent avec eux, *en eux*, l'esprit de notre temps, et qui, d'une certaine façon, ne fait que confirmer certaines remarques que nous avons faites aussi bien sur l'olfaction dans le chapitre sur les parfums que sur l'influence de nos théories des couleurs sur notre perception visuelle dans celui sur les objets, et n'est pas sans conférer une curieuse pertinence au paradoxe de Wilde dont nous sommes partis au début de cet essai, selon lequel ce n'est pas l'art qui imite la vie mais l'inverse – et revenons plus précisément à notre sujet.

S'il lui a repris un certain nombre de ses traits, l'espace actuel n'est plus entièrement, du fait de son éclectisme et de sa moindre fluidité, l'espace pragmatique et « objectif », trouvant une butée dans un principe de raison situé hors de lui et cherchant à abolir les frontières entre intérieur et extérieur, de l'architecture moderne des années 1930-1970. Mais cet espace n'est pas revenu non plus à celui du *Home, Sweet Home* de la fin du XIXe siècle, où tout participait à l'installation d'une finitude, d'une retraite absolue sur l'intimité, hors des perturbations du monde, que bornaient de toutes parts les tentures, les voilages et cette profusion d'objets dont on a souvent dit qu'elle confinait à une espèce de panique devant le vide, d'*horror vacui*.

On pourrait bien sûr dire de notre espace actuel qu'il se trouve à mi-chemin de ces conceptions. Mais ce serait mal comprendre la notion d'espace que de penser que celui d'une époque pourrait se situer entre deux autres, ou en faire la synthèse, comme s'il existait ici des « degrés » ou des « moyennes ». L'espace actuel a certes conservé de l'espace moderne un certain nombre de ses traits, en particulier dans sa distribution et son enveloppe architecturale ; mais il est d'abord un espace doté de sa propre logique. S'il flotte, c'est que, contrairement à l'espace moderne, il n'a plus d'arrière-plan extérieur. Il est dénué de toute profondeur spirituelle et même simplement mentale. Il s'est à ce point laïcisé qu'il est devenu sa propre référence. Il *est* tout simplement. Comme si nos espaces intérieurs avaient suivi et, dans une certaine mesure même, *anticipé* l'extraordinaire, abyssale, désidéologisation de nos sociétés. Un vide tel d'ailleurs qu'il semble bien qu'il ne puisse qu'être appelé à se remplir un jour proche par un nouveau système de croyances, par une nouvelle idéologie, si tant est, comme l'Histoire l'enseigne sans guère d'ambiguïté, qu'aucune société ne peut vivre durablement dans le doute...

Mais laissons là les prophéties ; et poursuivons l'analyse de notre présent. Le fait que nos décors reposent sur un espace autoréférentiel fait comprendre pourquoi ils ne se dénaturent pas en reprenant et en mélangeant des styles venus d'époques et de cultures différentes. Au contraire, même : plus ces espaces sont mêlés, plus ils brassent de référents, moins ils ont de centres explicites, et plus ils se rapprochent de leur idéal, plus ils coïncident avec leur nature profonde intrinsèque. Ce qui entraîne la conséquence paradoxale mais logique que plus les décors que nous avons évoqués dans ce chapitre cherchent à se différencier des autres, plus, en réalité, ils se ressemblent.

Pareille particularité, qui explique également que notre époque puisse se retrouver aussi bien dans le minimalisme que dans un certain baroque – ces deux esthétiques possédant en commun, malgré leur opposition formelle extérieure, la même possibilité de rendre compte, la première par contraste, la seconde directement, d'une « originalité » des références et des couplages –, confère à nos espaces un caractère éminemment « individuel », mais dans leurs intentions seulement. Car dépendant étroitement, comme nous l'avons vu, de la structure du goût de notre époque, cette « liberté » qu'exemplifient aussi bien nos espaces intérieurs qu'extérieurs est en fait si partagée et bornée de toutes parts qu'on peut se demander si elle ne s'exerce pas principalement, si ce n'est exclusivement, *dans le rêve*. L'individu contemporain a beau en effet se sentir, s'éprouver autonome dans la confection de ses décors et de sa vie, c'est à l'intérieur d'un registre extrêmement restreint qu'il en « choisit » les composants.

Il se passe donc en ce domaine la même chose que dans celui de sa mise vestimentaire, qui, à l'instar de ces poupées vendues accompagnées de trois ou quatre tenues alternatives que les petites filles s'amusaient dans les années 50 à habiller et rhabiller sans fin entre deux Noël, ne fait que rôder inlassablement autour d'une dizaine, voire quatre ou cinq seulement, de panoplies de styles de vie assermentées par l'époque. *Néo-bourgeois* le jour, *puriste-puritain* pour les cocktails, *rebelle* pour les sorties en boîtes, *cool*, décontracté et sportif, le week-end, *dandy* pour les grandes occasions et *punky-bohème* une fois l'an pour se donner des émotions et l'impression qu'il peut lui aussi « se lâcher » : voilà ce qu'on appelle aujourd'hui un « individu »...

À l'hymne radieux de la « liberté du sujet moderne démocratique », entonné en fanfare par les politiques, les marchands, les éditorialistes, les rédactrices de mode et, de façon plus surprenante, par certains « penseurs »[33], on est par conséquent en droit d'opposer une mélodie plus modeste, moins fière et moins positive, hélas ! plus grinçante, pas très *cool*, un peu désespérante quoique sans intention de nuire, bien au contraire, se voulant même libératrice mais cherchant à éviter la duperie du romantisme, cynique donc au sens originel du terme, tel que l'a illustré le Chien Céleste Diogène, pour une fois vraiment, intensément personnelle et « irresponsable » en ce qu'elle n'autorise guère l'instrumentalisation économique ou politique, fait plutôt tout pour qu'elle ne puisse se développer : l'air plus déplaisant mais plus vrai d'un *régime de liberté surveillée* dans lequel nous maintiennent notre société et notre époque.

Comme si nous avions effectivement le droit, si ce n'est, ainsi que nous ne l'avons que trop répété dans ce chapitre, le devoir d'être-apparaître libres, mais sans excéder certaines bornes implicites très strictes, sans déborder d'un registre étroit de comportements autorisés – attitude qui aurait pour conséquence de nous rejeter instantanément et impitoyablement dans les marges mentales mal famées, dans ce *Wild Side* sombre, que chantait Lou Reed[34], de nos si belles, si éclatantes sociétés.

Cette question d'une possible déviance pourrait être d'ailleurs des plus théoriques. Car, de même que parce qu'ils s'insèrent dans des structures sociales pratiquement inchangées depuis un demi-

33. Nous pensons évidemment ici à S. Lipovetsky, pour qui (dans *L'Empire de l'éphémère*, *op. cit.*) l'actuel « règne de la mode achevée » serait l'indice de l'apparition d'une société ultra-démocratique, où l'individu éprouverait désormais la plus grande des libertés de choix – et à tous ses suiveurs. Cette sorte de sociologie béate revient tout simplement à confondre le discours commercial des firmes avec l'analyse critique.

34. Dans *Walk on the Wild Side*, de l'album *Transformer* (1972).

siècle, qu'ils traduisent des conduites et des attitudes de vie, des mentalités apprises, et dépendent d'un schème de l'espace qui s'impose à nous comme la seule vue légitime du monde, tous nos décors contemporains se ramènent à d'infimes *variations du même* ; d'une identique façon, nos moindres mouvements de l'âme sont-ils, dès leur formation en notre esprit, encadrés, canalisés, bridés, lissés – et, pour certains, tués dans l'œuf – par cet instrument sans lequel ils ne sauraient ni s'exprimer ni, avant cela, advenir à notre conscience : le langage, dont nous allons analyser maintenant de quelle manière il fonde, diffuse et renforce l'esprit de notre temps.

CHAPITRE VI

Comment l'époque parle à travers nous
(Mots-Prononciation)

On ne sait pas toujours d'où ils viennent, comment ils sont apparus, qui les a créés – car il a bien fallu qu'un jour quelqu'un les invente... – ou en a lancé la vogue. L'inverse serait plutôt la norme : ces véritables « objets non identifiés » du langage courant naissent, croissent et meurent de façon apparemment tout aussi inexpliquée. Parfois, ils ne veulent rien dire, ou si peu que cela revient au même. Que signifient ainsi au juste *quelque part* ou *incontournable* ? Il est difficile de faire plus vague que la première locution ; quant à la seconde, un barbarisme inconnu des dictionnaires jusqu'au début des années 80, elle s'emploie dans des contextes si divers qu'on ne voit pas quel équivalent précis lui donner dans la langue « normale ». Car *incontournable* doit bien vouloir dire autre chose qu'« inévitable » ou « inéluctable », que les dictionnaires lui donnent pour synonymes, puisqu'il a réussi à s'imposer à côté d'eux dans notre vocabulaire.

Loin de les desservir, ces défauts de généalogie et de sens assurent au contraire le succès de ces termes. Car ils semblent se diffuser d'autant plus et mieux qu'ils sont flous, *improbables*, en proportion inverse de leur exactitude. Nous les reprenons au demeurant le plus souvent en toute inconscience, sans y prendre garde. Nous en usons dans nos phrases un peu à la manière de *gimmicks* dans les chansons, de refrains de pure forme, au rôle parfois exclusivement musical – ne nous apercevant de leur existence que lorsqu'ils triomphent en masse chez nos interlocuteurs. Alors, nous les rejetons en riant d'avoir pu nous laisser prendre... et nous en adoptons derechef de nouveaux.

Comment les appeler, au fait ? Des clichés ? Certes, ils relèvent de la catégorie des expressions toutes faites qui s'immiscent dans les blancs de nos conversations, comblent nos hésitations, ponctuent nos silences, et dont le règne se voit dénoncé à intervalles réguliers par les esprits lucides, tels Flaubert ou Bloy [1]. Ce sont pourtant à la fois moins que des clichés, car proches de ces expressions inarticulées qui parasitent nos propos, telles que *euh !*, *hein !* ou *j'veux dire* ; et plus que des clichés, car infiniment plus retors, s'imposant à nous de façon plus insidieuse et avec une plus grande force qu'eux.

Les mots d'époque – c'est ainsi désormais que nous les désignerons – font partie de notre langage, mais se situent au-delà ou en deçà de lui. Ils appartiennent à une sorte d'infra-langue, par rapport à laquelle nous n'entretenons que peu de recul et avons par conséquent le plus grand mal à exercer une critique. À peine si nous arrivons à contrôler les mots usuels dont nous nous servons quotidiennement ; mais, eux, nous échappent bien plus encore.

Scories de l'époque qui nous entoure, ils font irruption à l'insu de notre raison et de notre lucidité dans nos discours, comme s'ils nous « tombaient » littéralement de la bouche, et sans doute aussi, plus profondément – telle est la vraie question qu'ils posent –, dans nos pensées. Et de même que les archéologues se mettent parfois en devoir de rechercher dans les tombes des micro-organismes, afin, après analyse biologique ou chimique, d'évaluer la date d'un objet à l'origine indécise, nous pourrions les utiliser pour établir à quand remonte tel ou tel texte ou article dont nous ignorons la provenance. Il suffit en effet de tomber dans un vieux journal jauni dont la date a été malencontreusement arrachée sur des expressions telles que *société à deux vitesses*, *ascenseur* ou *fracture social(e)*, *politiquement correct* et *refondation politique*, ou encore les adjectifs *fragilisé*, *exclu* et *vrai-faux*, pour savoir immédiatement qu'on a affaire à un article datant du milieu des années 90. Et ce principe vaut pour toutes les époques, les plus récentes comme les plus éloignées.

1. Nous évoquons bien sûr ici le célèbre *Dictionnaire des idées reçues*, de Gustave Flaubert, qu'on peut trouver en annexe de l'édition de poche de *Bouvard et Pécuchet*, chez Garnier-Flammarion, 1966, et la moins lue et plus caustique *Exégèse des lieux communs*, de Léon Bloy, reprise en « 10/18 », 1983.

Car il serait extrêmement naïf de croire, ainsi qu'on l'entend souvent affirmer, y compris par certains spécialistes de la langue, qu'il s'agit là d'un phénomène récent, lié à notre désormais fameuse (mot d'époque) *médiatisation*. Pour s'en tenir à l'ère moderne, la Révolution puis le Consulat, qui se rêvaient la tête antique, ont restauré en France l'emploi de mots grecs ou latins et créé, à partir d'eux, de nouveaux mots français. Certains se sont durablement implantés dans nos dictionnaires. C'est le cas du *sénat*, des *comices*, des *consuls*, du *triumvirat* ou encore de la *jurisprudence*. Mais la plupart de ces créations sont depuis longtemps tombées en désuétude. Quel homme politique songerait ainsi à parler aujourd'hui, comme le faisaient alors régulièrement dans leurs interventions les Constituants, d'*hilotes* pour évoquer la nécessité d'accroître la démocratie, de *gérousia* ou d'*éphores* pour en appeler à la formation de nouvelles institutions politiques ? Qui porte encore le *péplum* et la *chlamyde* ? Qui aurait l'idée de donner à ses enfants, comme cela se pratiquait couramment à l'époque, des prénoms tels que Brutus, Cornélie, Scaevola, Gracchus ? Ou de rebaptiser certaines villes Marathon, Thermopyles ou Sparte [2] ?

Après 1830, les mondains délaissèrent les traditionnels « snob » et « chic », pour adopter l'anglicisme plus raffiné *fashionable*. Le mot revient assez souvent sous la plume du prolifique Balzac, mais également, plus tard dans le siècle, sous celles de ces deux maîtres de la prose classique que sont Baudelaire et Barbey d'Aurevilly. Vers 1840, la grande vague romantique atteignant la vie quotidienne se traduisit par le règne de l'épithète outrée : tout était ou devait alors être *stupéfiant*, *foudroyant*, *annihilant*, *échevelé*, *abyssal*, *pyramidal*, *babylonien*, *machiavélique*, *dantesque* ou *abracada-*

2. Les *hilotes* étaient, à Sparte, les esclaves dépourvus de droit politique et, pour les Constituants, des symboles de la servitude. La *gérousia* était, à Sparte également, le Conseil des Anciens, et les *éphores*, les cinq magistrats de Sparte toujours, dont les pouvoirs de justice et de police s'exerçaient sur tous les citoyens, y compris les rois, qui ont inspiré notre Conseil constitutionnel et, aux États-Unis, la Cour suprême. Le *péplum* est la robe longue et droite antique, que les élégantes du Directoire ressuscitèrent ; et la *chlamyde*, le manteau gréco-latin court et fendu, agrafé à l'épaule, qu'on voit sur les tableaux historiques de David. Saint-Maximin s'est appelé pendant la Révolution *Marathon*. Saint-Marcellin dans l'Isère était devenu *Thermopyles* et Saint-Eusèbe en Saône-et-Loire, *Sparte*. Et ce ne furent pas les seules villes portant des noms de saints qui furent ainsi rebaptisées. Voir Claude Mossé, *L'Antiquité dans la Révolution française*, Albin Michel, 1989.

brant. Et le Moyen Âge fit son retour : dans les rues ou les soirées, on s'apostrophait à coups de *Par Belzébuth !*, *Par les cornes de l'Auroch !*, *Terre et ciel !*, *Tête et sang !* ; on célébrait en toutes choses le *mystère* ; et les maisons s'assombrirent brusquement comme des *cryptes*[3]. Les symbolistes et décadents fin-de-siècle mettaient, eux, de la *névrose*, du *vice*, du *pervers*, de *l'âme* et du *mystique* partout ; et, à leurs yeux, les femmes ne pouvaient être qu'innocentes, des *anges*, ou fatales, des *Sphinges*[4].

Dans les années 20, *moderne* donnait le *la* à presque tout. Les décennies 30 et 40 virent se lever les spectres de la *ploutocratie* et de la *synarchie*[5], et le langage courant voyait de l'*épatant* en toute chose. Les jeunes existentialistes d'après la Libération n'avaient à la bouche pour seul critère que ce qui leur paraissait *valable* ou non. Sartre l'était assurément ; mais aussi, pêle-mêle, Audrey Hepburn, le *be-bop*, le pantalon-fuseau, Rome et les vacances en Corse ou sur la Côte d'Azur à dos de scooter. Les années 50 furent *formi-formi-formidables* : cela se chantait même ; et, dans les réclames, l'*extra* faisait fureur : gaine *extra*-souple, lessive *extra*-nette, amincissant *extra*-puissant, etc., etc.

Au début des années 60, l'optimiste *sensas* triompha – c'était le temps des *jeunes cadres dynamiques* et des *attachés-cases* – mais fut hélas ! bientôt débordé, annihilé, par l'horrible révélation que nous étions tous *conditionnés* par le *système* de la *société de consommation* et les ravages de ce que l'on nommait, au singulier et en l'ornant parfois d'une majuscule, *l'Idéologie*. Être *aliéné* ou *libéré*, telle était la question qui désormais nous *concernait* tous, y compris ceux qui avaient choisi de *prendre leur pied* en *faisant la route* ou en vivant dans l'*underground*. Le *décadent*, moderne version du pervers, revenait nous hanter au milieu des années 70. *Quelque part*, *quelque chose* ne *fonctionnait* plus, *à la limite* : c'était *la crise* ! Heureusement – *ce n'est pas un hasard* –, les années 80 renouant le fil avec *la modernité*, on recommençait bientôt à *positiver*. Devenus tous des *golden boys* en puissance, le grand débat était de savoir si nous étions *in* ou

3. Voir le chapitre sur les romantiques de notre *Morale du masque*, *op. cit.*
4. Voir J. Pierrot, *L'Imaginaire décadent (1880-1900)*, *op. cit.*
5. Voir à ce sujet le livre d'Olivier Dard, *La Synarchie. Le mythe du complot permanent*, Perrin, 1998.

out, et *branché* s'imposait comme le nouveau *must*, le *must des must* même. Las ! Malgré les progrès de la *convivialité*, *l'époque* se mettait à nouveau à nous *interpeller* rudement : *atypique*, elle ne *faisait plus sens*. La *faillite des idéologies* (au pluriel, cette fois), *autrement dit* la *perte des repères*, apparaissant *incontournable,* c'était le temps des *dérives*. Il nous fallut alors des personnalités *emblématiques*, capables de nous envoyer des *messages forts* pour *redresser la barre*. Mais, *cerise sur le gâteau*, tout est récemment redevenu *futé*, *jubilatoire* et *épatant*, *fashion*, *attitude* et *glamour*. *Du délire, quoi !* De toute façon, ce sont là des situations qu'il faut savoir apprendre à *gérer*. *C'est clair*, et on peut ajouter, *y a pas photo*.

On pourrait enchaîner ainsi à l'infini ces bizarreries d'époque. Certains articles ou romans de consommation courante en colportent même tellement qu'ils semblent avoir été écrits sans journaliste ni écrivain, comme en écriture automatique – au sens du pilotage bien sûr, pas de la célèbre méthode surréaliste. Bref, comme l'on disait il y a deux décennies, *ça* écrit parfois pour nous...

En général, les livres et les dictionnaires qui s'intéressent à ces mots dits « à la mode » se contentent de les recenser pour s'en amuser, avec pour interprétation sous-jacente, implicite, qu'il ne s'agit là que de simples manifestations de l'éternel snobisme[6]. La courte énumération de quelques-uns de ces clichés d'époque à laquelle nous venons de procéder amène cependant à poser un certain nombre de remarques préliminaires, sans lesquelles on pourrait s'embarquer sur de fausses pistes. La première est qu'on ne se trouve pas en présence ici, dans la plupart des cas, d'inventions de langage au sens strict, servant à désigner de nouvelles réalités qui n'avaient auparavant pas de nom – comme ce fut le cas par exemple de l'introduction réussie en France dans les années 60 du mot « ordinateur » ou, aujourd'hui, de tout un voca-

6. La bibliographie sur ce point est littéralement écrasante, bien qu'à de rares exceptions près, presque uniquement descriptive. Outre les classiques de Claude Duneton, qui s'intéresse plus aux expressions imagées traditionnelles de la langue française qu'aux créations ou engouements d'époques, on citera les livres de Pierre Merle (*Le Dico du français branché*, Seuil, 1986, 1989 et 1999, et *Le Prêt-à-parler*, Plon, 1999), ainsi que *Les Mots de la fin-de-siècle*, de Sylvie Brunet (Belin, 1996).

bulaire lié à Internet. Mis à part peut-être, et encore, celui de *médiatisation*, tous ces termes ne font que reformuler, que désigner d'une autre façon des réalités, idées, émotions ou valeurs qui étaient déjà pourvues d'un nom. Presque tous peuvent d'ailleurs être avantageusement remplacés par de plus usuels : *fashionable* par « chic » ou « à la page », *valable* par « intéressant » ou le fort simple « bien », *interpeller* par « questionner » ; et ainsi de suite.

Sans doute est-ce la raison pour laquelle peu de ces mots ont en définitive résisté. N'ayant pas de vraie nécessité, n'étant par rapport à notre lexique hérité que des variations, voire de pures redondances, un laps de quelques saisons à peine suffit à les déprécier et à les évincer. Tout passe, et il faut parfois faire un effort démesuré sur soi pour retrouver ces expressions qui, il y a peu encore, colonisaient notre langage quotidien et en faisaient le tissu. D'une certaine façon, ces travers ne sont donc pas très importants ou *graves* au regard de la vie de notre langue, car très transitoires : aussi vite ils affluent dans nos *discours*, tout aussi rapidement ou presque ils disparaissent...

Plus intéressant est de remarquer qu'à leur apogée ces mots sont universels. Différents en cela des *sous-langages* – au sens où les Anglo-Saxons parlent de *subcultures,* de « sous-cultures »[7] – qui affectent des communautés ou des cercles très précis et limités, tels aujourd'hui le verlan ou tout un vocabulaire *gay*, *rap* ou *techno*, et des jargons professionnels afférents à des activités ou à des milieux déterminés, tels un certain lexique boursier (*indices* stables, valeurs *en hausse*, en *repli* et autres *OPA*) ou médical (groupe-*témoin*, expérience-*aveugle*, remède *de confort*), les mots d'époque se logent, eux, au centre de notre langage – et non en une quelconque périphérie. Tous autant que nous sommes, nous devons d'ailleurs admettre, même si cela ne nous fait guère plaisir, qu'il nous est parfois très difficile de bâtir une seule phrase sans recourir à l'une ou l'autre de ces expressions. Les éviter requiert une attention constante, qui n'est pas toujours récompensée. Car si nous savons déjouer les stéréotypes les plus grossiers, il en est d'autres, moins caricaturaux ou plus humbles, qui parlent allégrement à notre

7. Voir à ce sujet Dick Hebdige, *Subculture : The Meaning of Style*, Londres, New Accents, Methuen & Co, 1979, et notre *Morale du masque*, *op. cit.*

place. Il arrive d'ailleurs que nous anticipions – de peu, mais cela suffit à nous aveugler – les poncifs de demain. Celui qui a ainsi le premier remplacé l'adjectif grand par *immense* pour qualifier un artiste ou un comédien, ou déplié le familier *impec* et réimposé le splendide *impeccable*, forgé par les théologiens du Moyen Âge (rappelons que le mot signifie « ce qui ne peut pas pécher »), pour parler d'un vêtement, d'une chanson ou d'un livre, a même sans doute eu sur le moment l'impression d'être profondément original et raffiné, alors qu'il ne faisait que devancer d'un ou deux printemps une mode déjà présente à l'état latent dans la société, à laquelle, pour une raison ou pour une autre, il était plus sensible.

Enfin – et c'est la chose la plus importante –, il saute aux yeux que ces expressions ne sont pas toutes du même genre et n'ont, partant, pas toutes la même importance. Certaines sont plus dérisoires que d'autres. On conviendra ainsi aisément que *valable* engage un arrière-plan moindre en matière de pensée ou de référence culturelle qu'*aliéné* ou *convivial*. Ces deux expressions sont liées, la première, au renouveau de la pensée marxiste à la fin des années 60, la seconde, au développement dans les années 80 d'une idéologie *soft*[8], où se réfractaient tout à la fois la superficialité des *années-look*, une certaine mentalité écologique montante et des bribes de cette attitude généreuse utopique que résumait dans les années 70 *l'autogestion*. À l'inverse, *tout à fait* ne porte aucune utopie sociale ou politique et pas d'analyse non plus.

Non seulement les origines de ces expressions sont diverses – *faut pas rêver* et *attention les dégâts* viennent respectivement des univers du cinéma et de la publicité, tous deux grands pourvoyeurs et utilisateurs de clichés, tandis que l'adjectif composé *vrai-faux* émane de l'actualité politique et judiciaire ou, mieux, *politico-judiciaire* –, mais leur registre n'est pas comparable. Il y a parmi eux de banals tics de langage, diffusés par les loisirs de masse, la presse ou la télévision, comme le *pointu* journalistique d'il y a une décennie, transposition hâtive du *sharp* anglo-saxon, le déjà passé *okayyyy* des *Visiteurs* dans les années 90, le terne *absolument* (pour dire « oui ») hier et l'américanissime *Whazzzaaah ?*, onomatopée issue de *What's up ?* (« Quoi de neuf ? »), qui, six

8. François-Bernard Huyghe, *La Soft-Idéologie*, Laffont, 1987.

mois à peine après son apparition, donne déjà de sérieux signes d'essoufflement[9].

Pour poursuivre cet essai de classification un peu scolaire mais indispensable, une seconde grande catégorie de mots ou d'expressions d'époque ressortit à ce qu'on pourrait appeler des « maniérismes », liés au besoin moderne de se différencier intellectuellement des autres. De cette catégorie relèvent par exemple aujourd'hui *interpeller* et *faire sens* – deux termes remplaçant les plus classiques « questionner » et « signifier », et dont l'emploi semble avoir pour but essentiel de pousser du col nos réflexions, de les faire passer magiquement, par cette seule intervention, à un plus haut degré de raffinement intellectuel. Et la même remarque vaut pour l'adjectif *emblématique*, censé beaucoup plus scientifique et précis que son équivalent « représentatif », pour la substitution de *déficit* à « manque » ou « insuffisance » comme dans l'expression *déficit de démocratie*, ou encore pour la généralisation du très culturel *opus* pour désigner le nouveau *compact-disc* d'un chanteur de variétés ou encore du compliqué *éponyme*, après un film tiré d'un roman par exemple, pour dire simplement « du même nom ».

Ce type de subterfuge, qui est un peu le pendant spirituel de la gonflette des culturistes et auquel ont beaucoup recouru certains philosophes du XXe siècle, pour qui création langagière et pensée originale paraissaient s'équivaloir, peut venir également se loger dans une prononciation particulière et particulièrement indue de certains termes courants. Dans les années 70, tous les journalistes de radio et de télévision semblèrent ainsi s'être donné le mot pour parler de communi*zme* et de fasci*zme*, après avoir prononcé tout aussi unanimement ce dernier fa*ssis*me au lieu de l'usuel et sans doute trop banal fa*chis*me. Et ce travers est loin d'avoir disparu. Il suffit d'entendre le plus célèbre de nos présentateurs de *jités* actuels jongler avec les qu*oua*dragénaires et les qu*oua*dratures du cercle, accumuler les *miyards* au lieu des milliards, et faire valser les *alll-légeances* et les *colll-lusions* en mettant en scène *crescendo* puis *diminuendo* le redoublement de leurs consonnes intérieures, pour se convaincre du contraire. Ces bizarreries de vocabulaire ou de pro-

9. Voir à ce sujet l'article de Jean-Michel Normand, « Whazzzaaa ?, mode d'interpellation international », *Le Monde*, 7 avril 2001.

nonciation ne sont certes pas *gratuites* : elles témoignent, dans le cas d'*éponyme*, de la montée d'une conception scientifique-technique de la vie, qui fait supposer à certains que tout ce qui ne paraît pas *complexe* ne saurait avoir de valeur, dans ceux de fasci*zme* puis de fa*ssis*me, d'une influence dominante anglo-saxonne puis d'une réaction *franco-française* à celle-ci ; et pour les derniers exemples que nous avons cités et pour tous, au fond, d'une volonté banale de se singulariser et de se montrer plus malin que l'on est – ce qui fait que leur importance ne doit pas être surestimée : ce ne sont là que les individuelles et très superficielles affectations des nouveaux précieux ridicules de l'ère des *médias*.

Notons d'ailleurs en passant que certaines, sinon la plupart, de ces expressions prétentieuses ne constituent pas en elles-mêmes des scies. Le plus microscopique des commentateurs actuels désireux de paraître intelligent et cultivé à peu de frais a beau avoir aujourd'hui sans cesse à la bouche ou au bout de son stylo les mots *emblématique*, *emblème* ou *icône*, cela ne fait pas de ces termes des clichés par nature ou par destination. Quand Jean Starobinski intitulait en 1973 son grand livre sur l'art pendant la Révolution *Les Emblèmes de la Raison*[10], il s'agissait en effet là non seulement d'un titre rigoureux et juste mais, de plus, poétique et stylé. Il en va de même d'*incantation* ou d'*incantatoire*, qui, bien que devenus des rengaines pour snobs intellectuels, peuvent s'avérer les mots idoines, et même les seuls possibles, dans certains *contextes* – l'utilisation de ce dernier terme pouvant même passer pour une démonstration de ce que nous venons d'affirmer car, bien que maniéré, beaucoup plus précis et adapté que le banal « phrases » auquel, après réflexion, nous l'avons substitué. C'est la généralisation de ces formules, plus que celles-ci en particulier, qui ont pu avoir dans certains cas et ont encore parfois leur utilité et leur pertinence, et leur emploi à tort et à travers qui en ont fait des clichés – ces « vérités qui ont mal tourné », ainsi que les définissait le jeune Aragon dandy du *Traité du style*[11].

10. Jean Starobinski, *1789. Les Emblèmes de la Raison*, Flammarion, 1973.

11. Louis Aragon, *Traité du style*, Gallimard, 1928, repub. dans la collection « L'imaginaire », 1983. Nous ne résistons pas au plaisir d'en citer un passage, qui pourrait valoir de commentaire à ce que nous venons de dire : « On sait que le propre du génie est de fournir des idées aux crétins une vingtaine d'années plus tard. Il serait injuste de lui en

Le passage incessant au superlatif explique l'arrivée d'une autre catégorie de mots passe-partout, telles l'interminable cohorte des *formidable*, *extra*, *sensas*, *génial*, *géant*, *méga*, *giga*, *supra*, *hype*, ou encore la substitution déjà évoquée d'*immense* à « grand » et son remplacement tendanciel actuel par *magnifique*. Si certains linguistes voient dans cette montée au superlatif un signe de faiblesse ou le résultat d'un (faux) complexe d'infériorité de notre langue – que *les jeunes*, face à une langue anglaise qu'ils estiment plus forte, pensent nécessaire de « pousser » afin de l'aligner sur un monde contemporain aux couleurs américaines –, il semble plus vraisemblable qu'on ne soit là en présence que d'une sorte de banale volonté de sacralisation du Nouveau. Comme si chaque génération avait l'impression de vivre des événements à ce point inédits et extraordinaires qu'il lui fallait se lancer dans une surenchère continuelle de vocabulaire pour en rendre compte.

Les exemples de ce type d'évolutions sont au demeurant très nombreux dans l'histoire du français. Rappelons ainsi que la « gêne » ayant été peu à peu ravalée à un simple embarras, soit à un désagrément des plus anodins – alors qu'elle désignait au Moyen Âge l'insupportable supplice de la géhenne –, il a non seulement fallu maintenir, à côté de sa forme moderne, sa forme primitive, mais aussi lui adjoindre un certain nombre d'adjectifs de renfort (gêne *insupportable*, *atroce*), de notions superlatives comme les difficultés forcément *insurmontables*, ou encore élargir l'emploi d'autres mots au registre initial plus restreint, telles les plus techniques *nuisances*, afin de pouvoir continuer à rendre compte de toutes ses significations originelles possibles, de maintenir son « aire sémantique ». À l'encontre de ce qu'affirment certains observateurs de la langue, il semble donc que cette montée permanente au superlatif n'ait rien de spécifique à telle ou telle époque donnée et, en particulier, à la nôtre.

Paradoxalement, les mots d'époque les plus importants – les seuls qui devraient peut-être même avoir en théorie le droit d'être nommés ainsi – semblent ceux qui portent sinon le moins de sens,

---

tenir rigueur. Mais il est intéressant de lui en tenir compte. Ces idées ont pris peu à peu une forme axiomatique, ou thématique, assez différente de leur expression première. Elles deviennent conneries. La mode alors s'en empare. Tyranniquement. »

du moins la signification la plus floue, qui sont, comme on dit en linguistique, les plus « polysémiques » : ceux qui n'évoquent pas une seule chose ou un sentiment unique mais circonscrivent un ensemble de réalités ou d'affects – une entière attitude de pensée ou de vie –, qu'on ne peut pas traduire par un équivalent simple, dont ne saurait par conséquent rendre compte qu'à l'aide de longues périphrases, d'interminables explications de texte. Et ces expressions les plus *récurrentes* sont également celles qui pèsent le plus sur ce que nous disons ou voulons dire. C'est à cette catégorie-reine qu'appartiennent aujourd'hui les locutions clichés *quelque part*, *incontournable*, *gérer* et *c'est clair*, sur lesquelles nous allons maintenant nous pencher.

Quelque part, et sa variante-objet *quelque chose*, peut être assez précisément daté. Son apparition remonte à l'époque où la pensée de Lacan s'est popularisée (on dirait, dans le jargon du *show business*, où elle a réalisé son *cross over*), soit *grosso modo* au milieu des années 70 – la question étant bien sûr de comprendre pourquoi notre société a cru bon de l'adopter à une si vaste échelle. Car si se diffusait parallèlement le recours, lui aussi *furieusement* lacanien, aux jeux de mots *révélateurs*, c'est néanmoins bien cette expression, et non une autre, qui s'est imposée. Le terme témoigne d'une certaine diffusion de la notion d'inconscient : il a en premier lieu valeur idéologique et, en prenant ce qualificatif au sens large, culturelle. À la même enseigne, une décennie plus tôt, que la vogue du *significatif* lancée par Barthes et la sémiologie, la fortune au début des années 70 du mot *institution* issu du vocabulaire de la sociologie « institutionnelle », pour désigner la société et ses rouages, ou la reprise dans les années 80 du verbe *fonctionner* aux univers de l'informatique et de la biologie, *quelque part* consacre donc d'abord l'arrivée d'une nouvelle vulgate intellectuelle et relève, en ce sens, indiscutablement de la catégorie des maniérismes. Il faut d'ailleurs noter que son apparition a coïncidé avec la redécouverte de l'œuvre de Groddeck [12] et le recours que celle-ci a entraîné au tout aussi indéfini *ça* – d'où l'apparition des horribles agrégats *quelque part ça fonctionne* ou *ça m'interpelle*. Mais

12. Georg Groddeck, *Le Livre du ça*, Gallimard, 1963 et 1973. C'est l'édition de 1973 qui a véritablement lancé en France la « vogue » de Groddeck.

le terme dépasse cependant à l'évidence le simple engouement idéologique.

Fidèle à son sens originel d'une localisation indéfinie, *quelque part* s'est d'abord limité à reconnaître l'existence d'une chose qu'on ne peut précisément situer. Élargissant au fur et à mesure de ses usages sa fonction d'une indication de lieu à une appréciation sur le contenu, son sens a par la suite muté. Car l'expression a très rapidement servi à désigner également toutes ces causes réelles indiscutables, mais qu'on ne sait ni nommer ni décrire : *quelque part*, *quelque chose* existe, dont on sent la présence et l'effet ou (pour parler maniéré) *l'efficace*, mais sans pouvoir vraiment l'appréhender. Vague et précis à la fois, le terme sert donc à affirmer l'indéniable réalité d'une chose, tout en réfutant ou, du moins, en mettant en doute pour cause d'indétermination cette affirmation : il traduit un certain sentiment de perplexité face au monde, dont on voit bien qu'il a un sens, qu'il est même tout sauf irrationnel, mais dont on ne sait par quel bout le prendre, comment rendre compte de ses raisons. Ce qui fait qu'on peut se demander si *quelque part* ne résume pas à soi seul la perception canonique du monde par toute une époque, la psychologie profonde d'une génération, qu'on pourrait qualifier de scientifique et rationnelle (car, même si nous échouons à déterminer celle-ci, tout a bien ou *doit avoir* une raison), mais aussi de profondément sceptique, voire de fataliste (car il y a des choses qui s'imposent à nous en dépit de notre contrôle, qui sont même tellement incontrôlables qu'on ne sait dire ni ce qu'elles sont ni où elles se trouvent), tout en intégrant quelques grandes notions épistémologiques modernes, telle la reconnaissance de ce qu'on appelle dans les sciences, et qui est devenu également un cliché d'époque, *la complexité*.

La généalogie d'*incontournable* est plus malaisée à retracer. Rien n'explique même en apparence qu'il ait pu se faire une place aux côtés du si simple et si précis « inévitable ». Non seulement il s'agit là d'un barbarisme d'une rare laideur, mais qui rompt de surcroît avec l'une des plus grandes tendances historiques de notre langue et, semble-t-il aussi, de toutes les langues modernes – à savoir, l'abandon progressif des mots trop longs au profit de diminutifs. *Incontournable* semble au contraire rechercher l'encombrement maximal, comme s'il entendait représenter *physiquement* ce qu'il veut dire. Car sa signification est infiniment plus forte et pressante que celle d'« inévitable ». On peut éviter, se passer de lire un livre, de connaître une pensée, un auteur – question de temps et d'intérêt. *Incontournable*, lui, désigne une chose d'une importance telle qu'on ne peut l'ignorer – en ce sens, on peut dire que sa vraie traduction dans la langue héritée est « imparable » –, renforcée de la part de ceux qui le manient par un jugement de valeur : telle chose est *incontournable*, parce qu'on est soi-même suffisamment intelligent, cultivé et malin pour le savoir – ceux qui l'ignorent ou veulent l'ignorer ne pouvant dès lors apparaître que comme des béotiens qui *n'ont rien compris au scénario*, des *ringards* à qui il faut *mettre les points sur les i*, ou des irréalistes qui ne veulent pas admettre *l'évidence*. Le mot relève donc tout à la fois de la catégorie des superlatifs et des maniérismes – avec, en prime, ce qu'on appelait dans la langue d'époque des années 70 un *argument d'autorité*. Sous ce regard, il poursuit et accuse l'usage antérieur et parallèle de l'adjectif *définitif*.

Plus avant, *incontournable* suggère qu'il existe des phénomènes à ce point *prégnants*, *ancrés dans la réalité*, qu'il est déraisonnable ne serait-ce que de songer aller à leur encontre. De façon sous-jacente mais simultanément des plus ouvertes, il transcrit la conception d'une réalité plus forte que tout – et, bien sûr, que nos modestes affects – et sur laquelle, quels que soient les efforts que nous pouvons faire, nous *n'avons pas* (de) *prise*. En ce sens, il reflète de façon passive mais très impérative l'image d'un monde dont les évolutions nous écrasent, car elles ne sont pas, autre mot d'époque, *négociables*. *Incontournable* nous dit : c'est ainsi quoi que vous en pensiez, que cela vous *défrise* ou non ; et votre seul choix est d'accepter en silence ce phénomène ou cette idée devenus intouchables du seul fait qu'on puisse les associer à cet adjectif magique.

Bref – et c'est là où nous voulions en venir –, si *incontournable* a pu coloniser à ce point notre langue quotidienne, c'est peut-être tout simplement parce qu'il reflète, consacre et renforce ce triomphe général qui prend nom aujourd'hui en politique de *libéralisme* et en économie de *mondialisation* : le règne actuel, posé comme universel et éternel, sans partage ni échappatoire possibles, du *réel* et de ses multiples déclinaisons, *réalisme*, *pragmatisme*, *principe de réalité* et autres *effets de vérité*. Vu ainsi, on pourrait presque en faire la traduction française de ce que le linguiste-activiste américain Noam Chomsky nomme[13], en condensant en un sigle une phrase-rengaine des discours de Margaret Thatcher dans les années 80, « TINA », le *There is no alternative* (soit : « il n'y a pas de solution de rechange » à la réalité qu'on vous donne) des grands conglomérats industriels planétaires et gouvernements néo-libéraux actuels.

Un trait commun aux deux termes que nous venons d'évoquer doit être d'emblée relevé : tous deux sont de part en part éminemment *contradictoires*, en ce sens qu'ils désignent dans les deux cas quelque chose que nous avons non seulement du mal à appréhender, mais que nous percevons et vivons sur un mode double, ambivalent, d'acceptation et de rejet. Car on aimerait bien pouvoir nommer plus précisément le *quelque part* dont on ne peut que suggérer l'importance, et s'opposer à l'*incontournable* qui s'impose aussi sournoisement mais impérieusement à nous, comme cette *mondialisation* dont tout nous assure journellement qu'elle est inévitable, un des éléments obligés de *notre paysage* présent et futur, alors qu'en émules de la merveilleuse Amélie Poulain, nous rêverions tant que l'inverse soit vrai !

Sans doute est-ce précisément ce caractère foncièrement *ambigu* et à plusieurs niveaux d'ambiguïté, qui explique la fortune de ces expressions. Rendant compte d'une réalité qui se dérobe devant les mots dont nous disposons, faisant la synthèse ou se contentant de jeter un pont entre un de nos espoirs intimes et ce que nous ressentons comme une contrainte, elles résument en un seul terme un complexe de sentiments mitigés. Ce faisant, ces locutions expriment à la quasi-perfection la perplexité que nous ne pouvons manquer d'éprouver devant le fait que, grâce à notre société et notre époque, nous pouvons donner un mot et, par là, un sens à ce qui, en notre for intérieur, n'en a point et ne saurait en avoir, puisqu'il échappe et à notre logique et à tout jugement simple.

Il résulte de ces remarques qu'on peut affirmer qu'il ne s'agit pas tant ou pas seulement, dans les deux cas de *quelque part* et d'*incontournable*, d'inventions de vocabulaire, mais – ce qui est

13. Noam Chomsky, *La Conférence d'Albuquerque*, Éd. Allia, 2001, pour la trad. fr.

beaucoup plus important – de *véritables créations de société et d'époque*. Car si ces deux locutions reviennent sans cesse sur nos lèvres, c'est qu'elles nous aident à exprimer ce qui, sans elles, nous obligerait à d'interminables exégèses, voire – ce que nous voulons à tout prix éviter et que, de toute façon, face à l'*indécidable* du monde, nous ne serions pas en mesure de faire : avancer, sur ces sujets vitaux, des analyses et des opinions personnelles.

Voilà pourquoi on ne peut qualifier naïvement ces expressions, comme l'ont proposé certains, de « modismes »[14]. Leur importance dépasse de très loin celle de simples travers éphémères de langage. Les prendre comme tels, c'est non seulement pécher par légèreté mais faire un contresens majeur. Car, quand nous les utilisons, ce n'est pas tellement nous en tant qu'individus autonomes et majeurs qui nous exprimons ; c'est notre société et notre époque qui parlent à travers nous : qui nous soufflent *notre texte d'acteur de la grande comédie sociale*.

C'est ce que montre également, bien que selon d'autres modalités, le couple d'expressions phares de ces dernières années, *gérer* et *c'est clair*. Le premier verbe n'est pas un cliché en soi. En ces temps de *réalisme des marchés financiers*, savoir bien gérer une entreprise constitue même plus qu'un atout pour celle-ci. C'est la condition, souvent, de sa survie. Et on peut en dire autant de la gestion des comptes de la Nation, si vitale en cette ère de *passage à* l'euro, de celle du Budget de l'État, qui est ou devrait être le *véritable débat* des consultations électorales, ou encore de notre épargne, qui fond à vue d'œil du fait de l'*effondrement*, hélas ! lui aussi réaliste, des mêmes marchés financiers... Si gérer est devenu un cliché d'époque, c'est en raison de l'extension presque infinie de ses possibles compléments d'objet directs. Car on ne se contente plus de gérer aujourd'hui des variables économiques plus ou moins mesurables ou – ce qui s'est fait pendant longtemps et se fait toujours – son emploi du temps, sa carrière, sa *cote de popularité*,

14. C'est le terme utilisé par S. Brunet (*op. cit.*), bien que ses analyses parfois assez fines entrent, d'une certaine façon, en contradiction avec cette dénomination vague et légère. Comme si la vie du langage n'était qu'un jeu puéril, et non, ainsi que l'assure Chomsky et comme tout l'indique, un des éléments essentiels de notre vie sociale et mentale : un des *champs privilégiés* (mot d'époque) de l'élaboration du *consensus* (concept d'époque) et du contrôle social de nos pensées et paroles (mot et concept valables pour toutes époques).

sa *nouvelle célébrité* (car si celle-ci est ancienne, il est vrai qu'on a dû résoudre à la longue le problème : on a forcément réussi à *vivre avec*), ou, plus modestement, sa *surcharge pondérale*, ses kilos en trop...

La grande nouveauté par rapport à ces temps déjà enfuis où seul le quantitatif ou presque pouvait faire l'objet d'une gestion au sens rigoureux du terme, c'est que désormais on *gère* ou doit *gérer* à peu près tout. Un problème, une situation ou une solution. La guerre, la paix et l'entre-guerre-et-paix ; les relations diplomatiques entre les pays, les scissions et unions de partis. Pour un artiste, son *image* ; pour un homme politique, son *capital confiance*, les montées trop rapides comme les baisses trop brusques, les *renversements* de celles-ci. Enfin, sur un plan personnel, ses pulsions, ses sentiments, son mariage, ses relations hors mariage, l'avenir de ses enfants, ses histoires d'amour, d'amitié, de désir, ainsi que les objets de ces amours, amitiés et désirs. Etc. Etc. « *Je me suis planté(e) parce que je ne suis pas arrivé(e) à gérer Untel ou Unetelle* », se lamente parfois devant nous un(e) amoureux(se) transi(e). Et c'est cet élargissement de « gérer » à tous ces emplois, en particulier sur le plan intime, qui change tout.

Gérer ses émois comme son bronzage l'été ou sa grippe l'hiver implique en effet d'abord une conception de la psychologie des individus et une vision de la société où elle s'insère, toutes deux assez profondément différentes que jadis. Il y a peu encore, les sentiments, par nature « spontanés » – cette association mécanique d'idées n'étant qu'un lointain écho dans notre langue des valeurs du romantisme –, étaient posés comme ne pouvant surgir et se développer que hors de notre contrôle. On éprouvait un sentiment sans le vouloir : *c'était ainsi* ; alors qu'aujourd'hui, cela semble être devenu sujet à une décision consciente de notre part. Comme si l'on entendait désormais garder la main sur la genèse et la destinée de nos affects : comme si, aussi, tout était plus ou moins devenu, y compris dans le domaine par nature un peu sauvage des émotions, une question de savoir-faire technique. L'amour se confondrait-il avec la gestion coordonnée des aspirations et des déceptions de l'autre et des siens ? Telle est peut-être la nouvelle conception majoritaire, très domestique et presque comptable, du couple, qu'il soit libre ou formé devant notaire.

L'emploi de *gérer* dans le domaine sentimental révèle donc la même volonté de réalisme, et la renforce, que nous notions dans *incontournable*. Ce nouvel usage y rajoute cependant une inflexion d'une autre nature, en extérieur assez peu compatible avec cette « ère de liberté individuelle » dont journaux, hommes politiques et émissions de télévision tentent quotidiennement de nous convaincre que nous sommes. Car si nous devons dans notre vie affective, comme au travail ou face à n'importe quelle autorité, nous comporter rationnellement, cela témoigne tout de même d'un contrôle de nos émotions par la société ou – ce qui revient au même – d'une intériorisation de notre part des normes sociales, dont on ne voit *a priori* guère d'équivalent historique. Où l'on mesure une fois de plus le fascinant décalage qui existe entre le discours de l'autonomie pleine et entière de l'individu, renforcé par les appels incessants des magazines au *retour de la Passion*, et la réalité de la pression sociale extrême qui s'exerce sur nous dans nos sociétés « ultra démocratiques » et fait de nous des espèces d'objets.

Gérer un intime, un proche ou un collègue de bureau s'inscrit dans ce cadre global de compréhension du monde, avec en prime la notion d'une reconnaissance intégrale de l'autre en tant qu'individu en soi, par soi et différent de soi. L'expression témoigne en effet, dans une première approche, d'un indéniable « progrès » de notre tolérance et de notre finesse psychologique quotidiennes. Car si l'on a échoué finalement à *gérer* l'objet de son amour ou d'une amitié, ce ne peut être que du fait, soit qu'on n'a pas réussi à le comprendre, à *pénétrer* ses raisons, soit qu'on ne l'a pas voulu, par égoïsme ou égocentrisme – comme s'il était posé tout à la fois que cet autre devait rester ce qu'il est, ne pouvait jamais devenir autre qu'il n'est, et que nous devions de plus nous interdire moralement de chercher à le changer ! Mais ce bel angélisme est cependant loin d'épuiser le nouveau sens du verbe *gérer*. À s'en tenir à lui, on risquerait même de faire un grossier contresens.

Car si on peut arriver à gérer certaines personnes, sinon même, en faisant montre d'habileté ou d'*empathie*, la plupart d'entre elles, il en existe en revanche qui, quels que soient les moyens affectifs et techniques que l'on peut mettre en œuvre pour y parvenir, résistent désespérément à cette gestion. Et ces personnes, nous les nommons logiquement... (des) *ingérables*. Certes, il ne s'agit là en l'espèce que d'un jugement personnel que nous portons sur ces personnes, qui *n'engage que nous*, qui relève du domaine des opinions, forcément *relatives*. Si ce n'est qu'à considérer le caractère intransitif de sa version qualificative (notons en effet qu'un individu est *ingérable* tout court, ce qui sous-entend avec tout le monde), la manière dont est formé ce néologisme, qui le situe *quelque part* entre « indigeste » et « insupportable », et son caractère phonétique, où l'on entend de façon vague mais néanmoins très présente « irrécupérable », *ingérable* suggère bien plus et même tout autre chose qu'une simple opinion personnelle subjective. Car même si en théorie il ne l'est pas en soi, de façon ontologique (cela arrive, c'est alors un fou), un *ingérable* ne peut de toute façon logiquement (ce qui revient au même) que l'être devenu de son propre fait : il n'a pas su *se gérer lui-même*. Il ne fait donc plus tout à fait partie de nos semblables. Cela dénote en lui un manque, une bizarrerie, si ce n'est un désordre psychique profond, qui ne peuvent le mener qu'à la solitude, la marginalité, voire, à terme, l'enfermement.

Ce qui s'annonçait donc dans un premier mouvement comme une magnifique démonstration libérale de l'acceptation de l'entière singularité de l'autre, la reconnaissance de son caractère individuel irréductible (sa vie, *c'est son choix*, et, même si *nous ne partageons pas avec lui les mêmes valeurs*, nous devons le respecter en tant qu'individu), reflue ainsi, dans un second temps et de façon imparable, vers un rejet, une *mise sur la touche* d'une rare violence de celle ou de celui qui a le défaut ou a eu la déraisonnable audace de n'être ou de ne se vouloir *pas comme les autres*...

De la même manière que nos intérieurs actuels reflètent les traits de notre personnalité « canonique », ce simple mot banal de *gérer* semble décrire toute une architecture des relations entre les individus de notre époque et, peut-être même plus encore, recommander un certain type de comportement face à eux. Dans ce terme passe-partout et apparemment dérisoire gît, en résumé, à l'état condensé un certain mode de relations sociales et interpersonnelles de notre temps, telles qu'elles sont autant que telles qu'elles doivent, devraient être. Comme si se révélait ici à nouveau et se précisait la structure psychique de notre âme contemporaine, ouverte aux autres, libérale-libertaire – *lili*, comme l'on dit aujourd'hui –, mais à l'intérieur de bornes très strictes. Une âme éprise de tolérance et d'originalité mais cherchant en même temps la paix dans les relations, le *pas de vague* ou le moins de vagues possible, se méfiant comme d'une peste des conflits, quand ce n'est pas des simples éclats de voix, éprouvant enfin une sainte horreur, une divine terreur de la maladie mentale. À considérer l'évolution de notre langage, celle-ci n'apparaît en effet plus, à l'instar de ce qui se passait dans les années 70, quand tout le monde se revendiquait d'Artaud et de l'antipsychiatrie, comme l'indice sinon à coup sûr d'un génie, du moins d'une parole plus libre, plus vraie, plus authentique. Mais elle tend à redevenir, comme au XIXe siècle et dans la première moitié du XXe, le signe d'une foncière et presque sans remède inadaptation sociale et intime par – voilà le grand crime, le grand désordre actuel – déni de la « réalité ».

Sous ce regard, l'*ingérable* apparaît comme l'exact inverse, le contre-exemple de ce que nous devons être, apprendre à devenir : une personne équilibrée, rationnelle, raisonnable, sachant gérer au mieux de ses intérêts et en silence ses affects. Comme si notre nouveau devoir social, *notre nouvelle adresse*, résidait dans le fait d'être-apparaître libres mais sans excès, en restant *cool* et sans s'écarter, ne serait-ce que d'un iota, du troupeau social hors duquel il n'est plus ni d'avenir ni pareillement de présent. Et si l'on nous autorise à être un « rebelle » – il n'y a rien de plus *tendance* –, il faut savoir qu'il ne peut s'agir que d'un rebelle domestiqué, qui doit rester parallèlement en toute circonstance *un gagnant* à l'existence confortable, dont l'hypothétique rébellion ne peut donc s'exercer qu'à l'intérieur du champ abstrait de son esprit ou à la surface étanche de son apparence, sans s'épancher au-dehors ni pénétrer plus profondément – faute de quoi il se dégraderait immanquablement en un marginal, un *déclassé* et, à terme, un sinistre *SDF*.

Où l'on retrouve ici les traits de notre âme actuelle que nous décrivions ailleurs, qui se vit spirituellement « libre » et déborde de « générosité », mais est si profondément et intensément contaminée par l'obligation sociale à la réussite, à ce point assoiffée de confort, de reconnaissance et de *célébrité*, qu'elle se transforme et se décompose pratiquement en l'inverse de ce qu'elle se revendique être : une âme d'un conformisme et d'une hypocrisie morale tels – le fameux *double langage* dont il est commun aujourd'hui d'accuser *les politiques* – que ceux-ci rappellent les pires moments de ce

XIXe siècle bourgeois qu'on se plaît à qualifier d'« horrible », qui était certes d'une grande tartuferie mais qui, ne s'aimant guère, se haïssant même en secret, éprouvait sans doute un amour moins innocent, plus mélangé, des faux semblants que notre présente époque « désilllusionnée ».

Le *c'est clair* que *la France* a découvert au travers des insectes du *Loft*, mais qui faisait depuis un certain temps déjà office de locution bouche-trou dans les discours des jeunes néo-bourgeois branchés, n'a à l'évidence pas la même portée de signe d'époque que *gérer*. Il semble relever intégralement, lui, de la sous-catégorie *cheap* des refrains langagiers pour fins de phrases. En même temps, pour peu qu'on la regarde sans mépris, cette expression est loin d'être aussi débile et indifférente qu'elle ne paraît à première vue. Car tout en effet semble d'autant plus *clair* à ceux qui ont sans cesse à la bouche ce *gimmick*, qu'il paraît en réalité brouillé et confus dans leur perception des choses, leurs pensées et leurs sentiments. *C'est clair* fait, en ce sens, la paire avec cet autre cliché actuel qu'est l'adjectif-adverbe *indécidable*. Il en semble bizarrement même tout à la fois l'inverse et la conséquence logique. Au point qu'on pourrait presque se demander si cette phrase-interjection ne remplit pas une fonction de compensation, si elle ne sert pas à conjurer une situation *vécue comme* sinon douloureuse, du moins *inconfortable*, si elle n'agit pas en bref à la manière d'un exorcisme, dérisoire mais efficace : de même qu'il faut un *discours fort* à une *classe politique* gestionnaire qui n'a plus de *projet*, *tout est clair* parce que, justement, tout est devenu en nous et autour de nous d'une rare obscurité...

On ne peut s'empêcher d'ailleurs, au vu de ces dernières notations, d'esquisser un parallèle entre les mots d'époque et ces attitudes et comportements que la psychanalyse appelle – en un sens partiellement différent de l'acceptation courante ou médicale du terme – des « symptômes ». Eux aussi contradictoires, les symptômes révèlent pour les analystes, comme pour les médecins, l'existence d'un malaise interne chez un individu, mais – et c'est ici qu'apparaît une inflexion de leur signification par rapport à leur sens purement médical – donnent également à cet individu enferré dans un désordre intérieur, en lui offrant par ce biais un canal d'expression et un dérivatif, la possibilité de rationaliser, de masquer et même, pour une part, de surmonter celui-ci. Comme le disent les analystes, les symptômes font partie des « mécanismes de défense » et, d'une façon plus générale, des « formations de compromis », dont l'une des fonctions, sur leur versant en quelque sorte « positif », est de résoudre magiquement l'action perturbatrice des forces antagoniques qui menacent parfois notre équilibre.

S'ils apportent de fausses solutions car imaginaires, les symptômes sont néanmoins bel et bien aussi des réponses au sens propre du terme – en ce qu'ils nous permettent, *via* une création fantasmatique, de reconquérir une certaine stabilité perdue. Il en résulte que les individus s'attachent souvent à eux, les chérissent et s'y enferment volontiers, au point de ne bientôt plus reconnaître qu'ils ne sont en réalité que leur propre création. Et certains psychologues vont plus loin : parce qu'ils rationalisent le malaise des individus, qu'ils s'imposent peu à peu comme leur « théorie explicative du monde », les symptômes se confondent avec la maladie. Ils sont la maladie elle-même ; et les faire disparaître, c'est plus ou moins résoudre celle-ci [15].

De façon similaire, si les mots d'époque se glissent si aisément dans nos propos, c'est parce qu'ils remplissent une fonction vitale, qu'ils sont même les seuls à pouvoir assurer. En collant une espèce de mastic sur les imprécisions et les *points aveugles* de nos discours, ils nous permettent d'affronter à bon compte ces situations déplaisantes où nous sentons que nous perdons le contrôle de ce que nous tentons de penser et donc aussi de dire. En lissant notre langage, ils nous épargnent ainsi la nécessité d'un examen plus approfondi : comme les symptômes, ils apportent une solution elle aussi illusoire, formelle, de pur vocabulaire, à un malaise que nous éprouvons, mais qui nous aide cependant à accepter et à formuler, à accepter grâce à cette formulation, ce qui sans eux demeurerait pour nous *problématique* et donc douloureux.

15. Nous faisons référence ici à l'École dite « de Palo Alto », pour laquelle le symptôme est plus (ou tout autre chose) que le signe extérieur de la « maladie », mais un élément de celle-ci, voire la maladie elle-même. Ainsi, pour les membres de cette école, très influencée par une certaine lecture de Wittgenstein et la théorie des « types logiques » de Russell, la dépression étant constituée par les mécanismes de défense qu'élabore un individu afin d'échapper à une (plus ou moins) légitime tristesse, résoudre la dépression revient à faire en sorte que le sujet accepte sa tristesse, sorte du monde irréel qu'il s'est construit et dans lequel il se trouve, s'est lui-même « piégé ». Sur cette conception contestée qui a fait couler énormément d'encre, on lira les ouvrages publiés par le Seuil, notamment ceux de Paul Watzlawick.

Le bon sens qui interprète le recours aux clichés de langage comme une « facilité » voit donc juste, sauf qu'il n'en détaille pas plus la vraie raison que ses conséquences. Car, comme chez les individus, ce rôle de symptôme n'est pas sans comporter un coût. Il se paie même parfois très cher. Exactement comme une psychose ou un comportement psychotique qui, chargé(e) initialement de témoigner de l'existence en nous d'un malaise, lui offre d'abord une réponse *ad hoc*, puis se mue pour nous en une théorie générale qui rationalise notre déséquilibre et vient remplacer enfin la question qui se posait (et se pose encore à nous) et définir notre nouvelle « réalité », ces poncifs d'expression ne se contentent en effet pas de nous aider à traduire dans la langue commune de notre société et époque nos interrogations personnelles. Ils pèsent sur le cours de nos pensées, les imprègnent, les guident et les orientent, jusqu'à atteindre ce que nous possédons en théorie de plus individuel et intime : nos sensations.

Si nous les reprenons sans penser à eux, eux pensent en revanche continûment à nous, pour nous, à notre place, affectant non seulement l'expression de nos sensations mais également, de proche en proche, leur contenu. Ce d'autant, comme nous n'avons cessé de le voir, que ces mots d'époque n'apparaissent jamais isolés, mais en bandes, en familles, qu'ils se renforcent l'un l'autre et forment de véritables réseaux de signification, dans les filets desquels toutes nos paroles se trouvent prises et bientôt infléchies. Bref, si ces clichés ouvrent d'un côté notre langage et notre esprit à des réalités indicibles, ils les enferment parallèlement, de l'autre, dans des cadres d'expression et de perception très délimités, voire les rabattent sur des formes déterminées à l'avance, rigides, figées.

Cette substitution progressive, à la réalité telle que nous pouvons l'entrevoir plus ou moins spontanément, d'une autre réalité entièrement construite, n'est pas le fait des seuls « mots d'époque » tels que nous les avons définis et jusqu'à présent analysés. C'est tout le vocabulaire de notre société et de notre époque, son lexique, ainsi que la façon dont on doit l'utiliser, sa syntaxe, qui participent à la formation de cette « nouvelle réalité », laquelle devient pour nous très vite la seule, la vraie réalité – la « réalité » tout court. Car non seulement la société et l'époque dont nous relevons – et la tradition dont elles émanent toutes deux – nous fournissent les concepts avec lesquels nous interprétons les informations que nous délivrent nos sens et forgent des mots nouveaux ou des usages nouveaux de certains mots, mais recommandent également ou au contraire interdisent l'emploi de certains termes, leur attribuent des valeurs spécifiques et les plongent dans des réseaux spécifiques d'associations automatiques d'idées. L'ensemble de ces interventions fait plus que baliser notre perception des choses, que dessiner les bornes de son espace et l'ordonner – ce qui est déjà beaucoup. Il diffuse également en nous des valeurs, des modes de raisonnement et, à la longue, des jugements tout faits ou obligés.

De cette influence sur nos pensées des usages évolutifs de la langue, un livre entier ne suffirait pas à en faire le tour. Donnons-en ici seulement quelques exemples récents, à titre d'illustration. C'est ainsi que le simple fait de reprendre le mot *intégrisme* à la langue commune de notre époque pour désigner ce qui se passe aujourd'hui dans le monde musulman équivaut de fait à émettre un *a priori* négatif. On peut même soutenir qu'*intégrisme* est en soi, comme jadis en esthétique *gothique* ou *baroque*, un jugement de valeur – en ce que tout ce qui recherche l'intégrité, au sens d'un retour à une vérité révélée ou simplement déterminée, ne peut par nature prétendre à la *modernité*, ne peut être par définition qu'anti-moderne, qu'*archaïque*. Et cette dénotation se voit renforcée par les correspondances d'idées que ce mot établit avec d'autres phénomènes, tel celui des intégristes catholiques jadis groupés autour de Mgr Lefebvre. Comme si tous ces mouvements procédaient de la même réaction anti-*cool*, de pères-la-pudeur, menaçant notre « liberté individuelle ». Ce type de jugement de valeur implicite fait partie intégrante de la vie de notre langage – si tant est que reprendre un mot, une expression ou un corps de phrase revient toujours plus ou moins à avaliser les notions sous-jacentes sur lesquelles ils sont fondés, qui ont présidé à leur formation.

Le remplacement dans les années 70 du terme classique d'*économie politique* – laquelle, rappelons-le, fut pendant longtemps dans nos universités une spécialisation des études de droit, qui étaient alors une des voies d'accès à la politique – par la dénomination plus technique de *sciences économiques* valait ainsi acceptation sous-jacente de toute une conception des mécanismes économiques censés objectifs et, de ce fait, impossibles à réformer par la seule volonté. Recourir à cette dernière expression, c'était donc et c'est toujours, quoi que l'on puisse affirmer par ailleurs de manière consciente et éventuellement contradictoire, se rallier à une vision proprement libérale, au sens doctrinal du terme, de l'économie, selon laquelle le marché assure de lui-même, *via* la « main invisible » d'Adam Smith, l'optimum. À l'inverse, le retour actuel à l'ancienne désignation d'économie politique reflète le fait que, face à certains *enjeux*, tel par exemple celui de la monnaie unique européenne, on ne peut que reconnaître que c'est bel et bien l'initiative politique qui a prévalu, prévaut et prévaudra encore à l'avenir.

Toute habitude de langage, étant également de façon indissociable une habitude de pensée, porte de ce fait avec elle des représentations, des opinions et des convictions latentes que nous ne mettons que très rarement en question. Car cet examen demanderait un temps infini et ruinerait en partie la fonction de communication de la langue, et pour la raison aussi que ces présupposés sont parfois extrêmement malaisés à déloger, puisque avec le langage nous ne pouvons que fort difficilement et peut-être même que jusqu'à un certain point interroger le langage.

Remplacer ainsi, comme on le voit faire aujourd'hui dans la plupart des commentaires artistiques, l'ancien adjectif « moderne » par le plus neutre *contemporain* induit, par la simple dissociation entre un fait (le contemporain) et une valeur (le moderne), jadis confondus par le Mouvement moderne (à son profit d'ailleurs, puisque cela le mettait à l'abri de toute critique de fond), que l'on reconnaît désormais que toute forme *contemporaine* n'est pas pour autant forcément moderne. Ce qui veut dire bien d'autres choses encore : d'abord, que le « moderne » n'est plus une valeur en soi [16] ;

16. Ce discrédit, d'où est sorti le *post-modernisme*, pourrait aussi expliquer l'extraordinaire fortune, depuis les années 80, du terme baudelairien de *modernité*. Car si ce mot semble le plus souvent un simple maniérisme pour désigner l'époque présente (dans l'expression *notre modernité*, par exemple, qu'utilisent beaucoup certains essayistes à la mode, les éditorialistes branchés ou même les présentateurs de télévision *chic*), il sert parfois également à assurer qu'une chose est « neuve » (et donc supérieure à une « ancienne ») sans avoir à le démontrer. C'est ce qu'on voit dans une certaine critique littéraire actuelle, qui y a sans cesse recours dans ses arguments : Houellebecq, par exemple, faisant partie « de notre modernité », est intouchable, alors que ses concurrents n'y participant pas, sont inférieurs ou ringards. Pourquoi ? On ne le saura jamais. Le terme semble en effet avoir ici valeur en lui-même de preuve. Comme s'il manifestait chez ceux qui l'emploient une nostalgie de l'ancienne opposition classique-moderne (et une angoisse devant sa disparition soudaine), qui, bien que fausse, avait cependant l'avantage d'offrir une lecture simple (et reposante),

ensuite – ce qui va ensemble – que la notion d'une *avant-garde* nécessaire et quasi « naturelle », qui triomphait il y a peu encore en art, n'a plus cours et, par voie de conséquence, qu'il n'existe pas de « progrès » en la matière.

Il ne s'agit pas pour nous, en faisant ces remarques, de prendre parti pour l'une ou l'autre de ces interprétations de la dynamique de l'art – c'est là une autre question. L'important à noter ici, en déroulant une partie de la chaîne des présupposés latents impliqués par l'emploi de l'expression d'*art contemporain*, est que nous pouvons donc très bien endosser et avaliser l'attitude actuelle de rejet des notions d'avant-garde et de progrès en art *sans le savoir* – en croyant même dire tout l'inverse –, par la simple reprise d'un tour en apparence exclusivement « formel » mais en réalité *éminemment social et culturel* de langage. Et il est fréquent – cela nous arrive presque à chaque mot que nous prononçons – que nous énoncions ainsi des jugements de valeur sans en être conscients, du seul fait que nous utilisions sans recul certains des termes fournis par notre époque. On peut même soutenir que, quand nous prétendons tenir un « discours personnel », avancer une « position individuelle » ou produire une « remarque originale », c'est en réalité, dans l'écrasante majorité des cas, notre temps qui s'exprime à travers nous et délivre ses propres jugements, sa propre appréciation des choses, à notre place.

L'évaluation, ou ce qu'on pourrait appeler plus justement la « valuation »[17] des mots par notre société et notre époque, nous met sur la voie de certaines réflexions plutôt que d'autres, rendant même quelques-unes de ces dernières impraticables. Il fut ainsi un temps, pas si lointain et peut-être pas totalement terminé, où le mot « nation » était systématiquement rapporté chez nous à une position réactionnaire – la raison de ce jugement de valeur se

---

en terme de progrès, du cours du monde. C'est ce qu'on pourrait appeler, en sabir intellectuel des années 70, *le retour du refoulé dogmatique*...

17. En proposant ce terme, nous avons évidemment en tête la « conversion » ou « transvaluation de toutes les valeurs » à laquelle appelait Nietzsche, en particulier dans ses fragments posthumes regroupés par sa sœur Elisabeth Förster-Nietzsche sous le titre abusif de *La Volonté de puissance*. Et il ne s'agit pas là d'une simple ressemblance phonétique ou morphologique. Car l'objectif de Nietzsche était bien de modifier de fond en comble les valeurs attachées automatiquement par le christianisme et par notre culture occidentale à certains *mots concepts*.

trouvant bien sûr dans le souvenir des débordements nationalistes de la Seconde Guerre mondiale. Or, pour *légitime* que puisse paraître cette habitude de langage, force est de remarquer qu'elle rend impossible la compréhension de nombres d'événements passés, présents et futurs. Comment comprendre dans ces conditions l'élan à la fois patriotique et révolutionnaire de Valmy ? Le fait que la politique d'expansion napoléonienne ait pu avoir des effets libérateurs en Europe ? La politique de Mossadegh en Iran dans les années 50 ? Celle de Nasser en Égypte ?

Et la même torsion s'est produite à propos du mot « révolution », rattaché, *amalgamé* dans la langue commune depuis les années 70 au bolchevisme, à sa conception de la prise du pouvoir et du projet qui l'accompagnait – une définition-association d'idées qui avait pour conséquence de discréditer par avance toutes les autres voies possibles d'un changement politique radical, telles celle des sociaux-démocrates, parce que *réformiste*, ou encore celle des anarchistes, rejetée dans la catégorie romantique de la *révolte*, par définition vaine car sentimentale et passionnelle. Cela sans parler de la « révolution conservatrice » allemande des années 30, qui ne pouvait apparaître dans ce cadre que comme de la pure confusion mentale...

Or, force est d'admettre que le langage usuel nous pousse ici à considérer comme des réponses, qui se passent de commentaires, ce qui n'est en réalité qu'autant de questions. Car, même si la social-démocratie s'est faite depuis les années 50 la gestionnaire zélée du capitalisme et si on ne voit plus guère aujourd'hui la différence qui peut exister entre un Tony Blair en Grande-Bretagne et un Jose Maria Aznar en Espagne, rien n'interdit d'imaginer une révolution se comprenant comme une suite d'évolutions lentes mais radicales, de « structures ». On peut également soutenir que la rébellion des marins de Kronstadt ou le mouvement des conseils d'usines en Catalogne, loin de simples actes de révolte désordonnés, portaient avec eux des projets très pratiques de réorganisation économique et politique. Et, quand bien même la « révolution conservatrice » allemande n'aurait été qu'un leurre, car très vite instrumentalisée à d'autres fins par le nazisme, il ne s'en déduit pas automatiquement que l'idée d'un bouleversement de la société par un retour à son « essence originelle » soit nulle et non avenue, ni qu'elle ne puisse pas être elle aussi considérée comme une vision tout à fait possible de la « révolution ». Sans prendre parti sur le fond de tous ces débats, en s'en tenant aux seules questions qu'ils posent, on ne peut qu'en conclure que la langue d'époque organise sur ce sujet, comme sur bien d'autres, un véritable *trou noir* de l'analyse, qui produit de la conformité et nous ferme la porte à une compréhension de réalités autres que celle qu'elle définit par ses mots comme seule possible et seule vraie [18].

À ce choix du vocabulaire par l'époque et à sa valuation, il faudrait ajouter, pour être complet, bien d'autres variables encore, telles que l'évolution de la syntaxe – qui semble cependant très lente [19] –, de la ponctuation et de la prosodie. Car chaque époque impose une prononciation particulière de certains mots et un rythme spécifique d'énonciation des phrases, ces deux interventions traduisant et renforçant sa vision du monde. Nous avons tous ainsi encore à l'oreille – la publicité les a récemment ressuscitées – ces voix haletantes, un peu voilées et au débit frénétique des commentateurs de radio des premiers temps, reflet d'un monde moderne « héroïque » qui s'extasiait sur les vertus de la Science et de la Technique et d'où il croyait qu'allait sortir un univers absolument neuf, réconcilié, où il n'y aurait plus jamais ni guerre ni pénurie : que demain, et déjà aujourd'hui, *on allait raser gratis*. Et qui a oublié la prosodie ample, impérieuse et un peu compassée, déridée toutefois par un fond d'ironie grinçante voltairienne mêlée à une

18. Nous allons très vite, car il ne s'agit pas pour nous de mener ici une discussion historique mais une réflexion sur l'usage linguistique du mot « révolution ». Pour ajouter cependant juste un commentaire à ce propos, on peut se demander si le fait de refuser de prendre à la lettre l'expression « révolution conservatrice » n'a pas constitué pendant longtemps un obstacle à la compréhension de l'essence même du nazisme. Car cela revenait à tenir pour accessoire ou pour un mensonge, une illusion fomentée par le « Grand Capital » qui se tenait derrière Hitler, ou encore, tout simplement, à le rendre *invisible*, un fait *à l'évidence central* chez lui – à savoir, la fascination qu'il a pu exercer sur la population allemande, en partie parce qu'il avait brisé un ordre ancien et permis l'ascension de certaines couches de la population : qu'il s'était donc établi sur une « révolution » au sens purement dynamique, physique, du terme, quels qu'en soient par ailleurs et le contenu et la finalité. Briser cette association d'idées entre révolution et bolchevisme afin de pouvoir regarder aussi le nazisme comme une révolution au moins fantasmatique, là réside sans doute même le grand apport de la nouvelle interprétation du nazisme apparue depuis une vingtaine d'années. Voir à ce propos le livre passionnant de l'Anglais Ian Kershaw, l'auteur de la dernière biographie en deux tomes du Führer, *Hitler. Essai sur le charisme en politique*, Gallimard, 1995, pour la trad. fr.

19. Voir Marina Yaguello, *Petits Faits de langue*, Seuil, 1998.

crudité aristocrato-militaire et des bribes de gouaille faubourienne, des discours du général de Gaulle, où s'exprimait et se matérialisait, plus que son histoire personnelle, le projet même qu'il proposait, d'une alliance de la France « éternelle » avec l'élan jacobin-napoléonien et les doux flonflons de musette du Front popu' ? La voix serrée aux commissures des lèvres, comme si elle avalait la réalité qu'elle seule connaissait et pouvait comprendre, crispée mais satisfaite d'elle-même, d'un Giscard d'Estaing, où tout était également dit d'un certain rêve technocratique, d'une vision raisonnée, « scientifique », des choses, devant laquelle nous n'avions qu'à nous incliner ? Ou encore le débit sinueux, aux inflexions sans cesse changeantes, aux incessantes chausse-trapes et aux mille niveaux d'interprétations, cachant certains secrets pour mieux les dévoiler, en dévoilant d'autres afin de mieux les celer, très Vieille France ou chancelleries de l'entre-deux-guerres à la Morand, de François Mitterrand ?

Le *medium* constituant ici souvent, ainsi que l'assurait Marshall McLuhan dans les années 60, le vrai message, sans doute faudrait-il prêter attention de ce point de vue à nos émissions de radio, journaux télévisés, magazines de grands reportages et de variétés, afin de comprendre ce qui, dans le ton des voix actuelles et le rythme de la phrase propre à notre époque, passe comme information normative sur notre monde et modèle nos comportements et pensées. Que cherchent ainsi à nous dire ces interminables flux de phrases s'enchaînant *crescendo*, ponctués par des paliers où l'on appuie sur certains mots marquants, que l'on nous décompose, qu'on nous labialise même littéralement, afin que nous puissions mieux les comprendre, et se terminant immanquablement par une formule détachée de cette logorrhée que l'on fait claquer et retomber à terre, que nous délivrent les magazines télévisuels d'enquêtes ? Comme si le commentateur nous faisait d'abord ressentir tous les efforts qu'il lui a fallu faire pour obtenir certaines *révélations*, qui ne peuvent être que vraies puisqu'elles ont été si difficiles à obtenir, puis triait parmi elles celles qu'il nous fallait retenir et nous délivrait enfin les leçons que nous devons en tirer, *ce qu'on doit en penser* – ces conclusions apparaissant comme les seules possibles puisque résultant d'un long travail de « description de la réalité », émanant des faits eux-mêmes. Faudrait-il en déduire que, dans notre *société d'information* actuelle, et ce en dépit de notre désidéologisation profonde et de notre scepticisme épistémologique, nous nous situons encore face à la « Vérité » dans une position infantile et même acritique, selon laquelle il faut que certains nous l'apportent et nous disent de plus quoi en penser, parce que nous ne sommes pas assez adultes pour la trouver nous-mêmes et en tirer nos propres enseignements ? Mais cela nous entraînerait sans doute beaucoup trop loin...

Limitons-nous à résumer ce que ces considérations apportent, sur le plan des principes, à notre sujet : ce qu'on pourrait appeler, en y incorporant toutes les manifestations précédemment évoquées, notre « langue générale d'époque » non seulement reflète les inflexions de sensibilité de notre société, mais les précipite et les renforce par le moyen d'une sorte de réverbération de miroirs à l'infini, par l'instauration d'un grand mécanisme en boucle – avec pour conséquence que finit par s'installer en nous une vision tarifée du monde, qui pénètre dans notre conscience et va parfois jusqu'à la contrôler entièrement. Toutes proportions gardées, on retrouve ici un constat similaire à celui que faisait en 1947 le philologue allemand d'origine juive Victor Klemperer dans *LTI. La langue du IIIe Reich*[20], quand il montrait comment le succès intérieur du nazisme avait été aussi et d'abord *une victoire remportée par et sur le langage*, *via* la contagion irrésistible dans la société d'un vocabulaire singulier, de valeurs, d'associations d'idées, d'un rythme d'énonciation et même d'une ponctuation particuliers (le fameux point d'exclamation qui terminait toutes les phrases imprimées, comme si elles étaient toutes détachées de discours en public)

20. Victor Klemperer, *LTI, Lingua Tertii Imperii. La langue du IIIe Reich*, publié en allemand en 1975, Albin Michel, 1996, pour la trad. fr. Dans ce livre passionnant, le cousin du célèbre chef d'orchestre explique ainsi qu'un des renversements de valeur les plus importants opéré par la langue du IIIe Reich portait sur le mot « fanatisme », investi dès les premières années du régime dans tous les discours officiels – contre son sens négatif classique, issu des Lumières, de comportement obtus et irrationnel – d'une qualité positive, associée au courage intellectuel et « créateur ». Une notion qui se retrouvait également dans l'usage, lui aussi dévoyé, que les nazis firent de l'« héroïsme » et de l'introuvable « surhomme » nietzschéen (car, rappelons-le, il *n'y a pas* dans l'œuvre de Nietzsche d'*Übermensch* mais, ce qui est tout différent, seulement le principe d'*Übermenschlichkeit*, de « sur- » ou de « trans-humanité »). Tous ces déplacements et contresens volontaires décrits par Klemperer préparaient bien sûr, en la justifiant par avance dans les mots du quotidien, la sinistre suite de l'histoire...

– cet ensemble dessinant une entière nouvelle vision du monde qui avait pris peu à peu possession de l'esprit des Allemands et avait fini par être ressentie par tous, y compris par les opposants les plus déclarés à l'hitlérisme, comme la seule définition possible, indiscutable, de la « réalité ».

Recenser toutes les fausses « réalités » que les sociétés ont pu ainsi créer grâce au langage, et qui n'existent nulle part ailleurs, reviendrait à retracer leur histoire mentale. Car chaque époque invente de purs concepts langagiers, qui structurent notre perception et notre jugement des choses bien après même que nous les savons imaginaires. Ainsi en va-t-il du mot « race », dont on sait bien aujourd'hui qu'il n'a aucune réalité profonde, qu'il ne correspond qu'à la description de différences morphologiques entre les hommes aussi superficielles que celles qui existent entre une rose rouge et une rose blanche, mais que nous utilisons quasi quotidiennement dans nos conversations avec les autres[21].

Et la même remarque vaut de nombre de nos mots concepts, qui sont *presque tous suspects*. Que signifie ainsi le mot de *crise*, non spécifié, que nous avons sans cesse à la bouche, comme si les déroutages provisoires de l'Histoire auxquels nous assistons provenaient d'*événements* extérieurs à elle, alors que dans 99,99 % des cas, ils n'en sont que les produits ? Celui de *besoins*, que nous utilisons comme s'il s'agissait là de réalités objectives, alors qu'ils sont tous ou presque construits ? Et celui de *rationalité*, alors que, comme nous l'avons vu à propos des objets, sa signification dépend de l'aire auquel on l'applique, de la plus ou moins large définition qu'on veut bien lui donner ? Etc., etc. Au point qu'il faudrait sans doute préalablement repréciser tous les mots que nous utilisons, si nous voulions tenir des discours rigoureux, et non cette suite d'opinions empruntées aux uns et aux autres et enchaînées les unes à la suite des autres, qu'ils sont le plus souvent.

C'est à un tel effort qu'en appelait, dans la Vienne du début du XXe siècle, Karl Kraus dans son brûlot satirique bimensuel, *Die Fackel* (*Le Flambeau*), qu'il rédigeait seul et où il passait en revue

21. Voir sur ce point L. Cavalli-Sforza, *op. cit.* (chapitre I), ainsi que Jacques Ruffié, *De la biologie à la culture*, Flammarion, 1983, rééd. en Champs-Flammarion.

les usages dévoyés des mots par la presse et l'opinion de son temps, assurant qu'on retrouvait dans la société le même flou, la même incertitude, dans l'usage de la raison et des principes éthiques que dans celui du vocabulaire. Ne serait-il pas nécessaire de reprendre aujourd'hui ce projet ? Car rien n'a vraiment changé depuis Kraus. Tout s'est au contraire aggravé – la déviation des mots produite par leur usage n'ayant aujourd'hui presque plus de limites et scellant le plus grand des conformismes[22].

À ce constat pessimiste on peut certes opposer que les bornes que dressent devant nous les langues d'époque n'ont pas toutes la même force ni la même pertinence. Elles ont des aires de validité temporelles différentes. Il en est, s'apparentant à des modes, qui sont à très court terme ; d'autres, représentant des courants plus fondamentaux, qui durent plus longtemps. Selon les cas, elles seront donc plus ou moins faciles à lever. Il faut noter ensuite la présence, dans toutes les sociétés et toutes les époques, de sous-sociétés et de rémanences d'autres époques, qui apportent avec elles d'autres possibilités langagières concurrentes. Personne, enfin, n'est condamné par destination à reprendre tels quels les fausses évaluations ou les contresens les plus flagrants de son temps.

Les langues d'époque apparaissent de ce fait non comme des cadres d'interprétation uniques impératifs, mais plutôt comme des séries de cadres partiels et diversement contraignants, emboîtés les uns dans les autres à la manière de poupées russes, dont les temporalités peuvent se mêler et les validités se critiquer. Il nous est par conséquent toujours possible de jouer avec ces manques de cohé-

22. Pour illustrer cet usage dévoyé, on pourrait prendre le cas aujourd'hui du mot « philosophe ». Car, à lire la presse, il semble en effet que ce terme soit réservé à ceux, soit qui se proclament tels avec suffisamment de force prétentieuse pour qu'on ne puisse pas les ignorer, soit encore, plus banalement, qui peuvent faire état d'une formation (et plus encore fonction) universitaire en la matière. Il en résulte que les journaux et, d'une façon générale, la société considèrent comme « philosophes » certains moralistes d'un autre siècle, qui nous ressortent les mêmes platitudes morales qu'au bon vieux temps d'Alain, des professeurs d'université qui nous délivrent les mêmes commentaires de Kant qu'on a pu lire au lycée, ou encore des crypto-penseurs qui nous vendent la recette miracle de l'« épicurisme », etc. À l'inverse, ils s'acharnent à parler (quand ils le font), avec une insistance qui ne peut être fortuite, de l'« essayiste » Cioran, du « dixhuitémiste » Starobinski, du « sociologue » Baudrillard, etc., alors qu'il y a dans les œuvres respectives de ceux-ci mille fois plus de philosophie vraie que dans celles des premiers. Il est vrai que ce travers est tout sauf récent : n'a-t-il pas fallu près d'un siècle pour qu'on reconnaisse l'« esthéticien » Kierkegaard comme un philosophe – cela sans parler bien sûr à nouveau de Nietzsche ?

rence ou de nous glisser dans les fissures de cet ensemble pour avancer un propos singulier. Nous pouvons ainsi reprendre certaines notions déclarées « périmées » et rebâtir une vision personnelle à partir d'elles. Choisir un des nombreux « dialectes » existant parallèlement à la langue commune de notre temps. Ou encore faire un pas de côté, en allant chercher d'autres mots dans d'autres contextes culturels. Bref : nous pouvons lutter contre la détermination de nos pensées par le langage obligé de notre époque, ou tenter de la modérer.

Il reste que s'opposer, même partiellement, à la langue commune de son temps demeure une tâche ardue et périlleuse, car comportant plusieurs risques majeurs : celui de passer pour scandaleux, déviant, hérétique ou, plus simplement... inintelligible.

Délicat ainsi, en une époque qui met du scientifique partout, de revenir à des appréciations morales – et *vice versa* bien sûr. Difficile en un temps où, comme au début des années 60, tout se devait d'être *formidable*, de contester ou d'apporter quelques correctifs à l'idéologie sous-jacente du progrès qui rendait précisément tout à cette époque *formidable*. Et ainsi de suite : quand, dans les années 70, triomphaient une vision critique globale (*le système*) marquée par le marxisme, le structuralisme et la psychanalyse, ainsi qu'un désir d'échapper au monde par *l'utopie*, faire profession d'individualisme ou de réalisme ne pouvait que susciter contre soi l'accusation d'*archaïsme* ou de *ringardisme*, s'il ne rendait pas ce que l'on disait tout simplement *inaudible*. Et l'inverse se produit aujourd'hui, où, du fait de la pression du réalisme, toute idée cherchant à dépasser *le cadre du possible* ne peut qu'apparaître utopique mais cette fois au sens commun du terme d'improbable, de fou – quand il ne devient pas suspect d'une volonté *dogmatique* d'en *revenir à* ces idéologies devenues désormais toutes, en quelque sorte par nature, *mortifères*.

Chaque époque dessine ainsi, au travers des mots dont elle promeut ou au contraire dissuade l'usage, qu'elle valorise ou dévalue, *qu'elle marque de son fer moral*, et des associations d'idées machinales dans lesquelles elle les plonge, une sorte de *plus petit discours commun recommandé*, voire plus ou moins obligé, à partir duquel et *seulement duquel* nous avons le droit d'exercer notre si belle autonomie de jugement et de pensée. Un mécanisme qui a d'autant plus de force que nous nous en croyons affranchis. Car dans ce domaine où il n'y a guère d'explication simple et semble-t-il également peu de stratégies infaillibles pour développer une parole libre – si ce n'est peut-être *la très ancienne et indémodable lucidité* –, on peut néanmoins affirmer que s'il existe une seule loi, ce pourrait être celle en vertu de laquelle plus nous pensons parler en pleine « spontanéité », plus nous nous rallions en fait au langage commun de notre époque, et plus, bien sûr, nous sommes asservis à l'esprit de celle-ci.

Cela veut dire d'ailleurs que ce que certains nomment aujourd'hui, et présentent régulièrement comme une nouveauté de nos temps *médiatisés*, la *pensée unique*, ne saurait passer en aucune manière pour un phénomène récent ou singulier [23]. C'est là au contraire une réalité de tout temps et de toute société, à laquelle, de Socrate à Genet en passant par Spinoza, Nietzsche, Kraus, Artaud, etc., tous les esprits authentiquement libres n'ont pu un jour que s'affronter. Car de même que nous avons pu définir le « goût » d'une époque comme n'étant que l'autre nom des structures de tous ordres de ce temps, ce « texte imposé » n'est, lui aussi, que la manifestation pratique, le résumé en un mot du lien social qui unit tous les membres d'une même collectivité dans une époque déterminée – un phénomène « naturel » donc, inéluctable, logique et sans doute aussi universel dans le temps comme dans l'espace, car lié tout simplement à la constitution des sociétés [24]. Tel est précisément ce que nous allons tenter de montrer et d'en analyser les conséquences pour notre sujet, en examinant comment se forment nos idées.

23. À lire ou à écouter de près les articles, livres ou discours de ceux, journalistes, essayistes ou hommes politiques, qui ont sans cesse à la bouche ce mot, on se rend d'ailleurs très vite compte qu'ils semblent surtout se lamenter du fait que leur propre pensée reste désespérément marginale, soit... pas assez « unique ». Comme si l'introuvable doctrine de la *pensée unique* était d'abord, avant tout, une *rhétorique de l'échec*...

24. Il est d'ailleurs à noter que presque tout ce que nous avons dit dans ce chapitre avait été déjà remarqué par Tocqueville, notamment dans cet extraordinaire aperçu du tome II, première partie, chapitre XVI de *De la démocratie en Amérique*, où il examine « comment la démocratie américaine a modifié la langue anglaise ».

CHAPITRE VII

Jusqu'à quel point « nos » idées nous appartiennent-elles ? (Idées-Attitudes)

Il y a une quinzaine d'années de cela, au beau milieu des *eighties* du *look*, des *golden boys* et de la *gauche caviar*, un magazine français avait imaginé d'offrir tous les mois à ses lecteurs une « bourse des valeurs » illustrée des idées en cours [1]. À l'instar de ce qui se passe tous les jours dans les salles d'échange des grandes banques de Paris, Londres et New York pour les actions et les obligations, on pouvait suivre d'un numéro à l'autre sur un vaste graphique coloré de deux pages, portant en abscisse une échelle allant du plus durable au plus éphémère et en ordonnée de la baisse à la hausse, l'évolution de la « cote » des grands concepts contemporains – la progression ou le repli temporaires des valeurs « multiculturelles », la montée en grâce ou au contraire l'effritement du post-modernisme, la confirmation ou l'infirmation des tendances vers plus de libéralisme ou d'étatisme, de chauvinisme ou de cosmopolitisme, d'individualisme ou de socialisation, et ainsi de suite. Comme dans les suppléments boursiers des quotidiens, ce tableau s'accompagnait de courtes notes sur le comportement récent de ces idées-valeurs, de prévisions à moyen terme sur leurs variations à venir, ainsi que d'un commentaire plus général en quelque sorte sur l'« état du marché ».

Le système de cotation, comme l'on dit dans le jargon des courtiers, restait rudimentaire. On voyait des concepts monter ou baisser, et à qui était concédé plus ou moins d'avenir, leur localisation sur le graphique matérialisant à gros traits ces fluctuations.

1. Il s'agit du mensuel *Globe*, qui a paru de 1985 à 1992. La rubrique était tenue par Brice Couturier.

Ainsi que dans les bourses, qui n'échangent que certains titres, les idées disponibles n'étaient pas non plus toutes présentes. Certaines – souvent les plus marginales, soit potentiellement aussi les plus prometteuses – semblaient se trouver pour une raison jamais explicitée « hors marché » : le tableau reposait sur un tri discutable des idées en cours, reflétant le champ d'observation du magazine et, plus avant, ses positions sociales, politiques, idéologiques et morales. Il ne pouvait guère par conséquent, dans bien des cas, que produire des constats proches de la tautologie.

L'interprétation des « symptômes », la signification donnée aux faits choisis, baignait, de son côté, dans un grand arbitraire. Le succès de tel tube de *raï* était ainsi posé, sans discussion aucune, comme le signe d'un « progrès de l'intégration », tandis que celui d'un autre morceau de *world music* était censé refléter, lui, une « montée en force de l'Afrique ». L'apparition d'une affiche moins scandaleuse qu'à l'ordinaire de Benetton ou du nom d'un parfum un peu plus chargé de références culturelles se voyait associée à un opportun bien que fort vague « retour du sens », la vogue des bouquets de fleurs séchées dans les appartements à un « nouveau rêve de nature », le port du catogan pour les hommes à une « volonté dandy d'être soi », ou encore la mode des cheveux ondulés plutôt que raides... à une « progression des valeurs humanistes » (?). Et, ainsi que le montrent les quelques exemples que nous venons de citer, on y traitait en réalité beaucoup plus des comportements que des concepts, de ce qu'on désigne habituellement sous le vocable de mentalités, voire de ce qu'on pourrait appeler plus justement encore des fantasmes collectifs – car, à considérer les bouleversements décrits par la rubrique, on en retirait parfois l'impression que le monde se renouvelait de fond en comble au rythme de parution du magazine – plutôt que des idées au sens classique, platonicien, du terme.

Le ou les auteurs de cette rubrique semblaient enfin ne pas s'être aperçus – ou, du moins, faisaient-ils comme si – du fait que cette représentation participait intégralement de ce que par ailleurs ils critiquaient. Pareil tableau évolutif de l'air du temps procédait en effet lui aussi de l'esprit de son époque, car ne pouvant advenir que dans une société où les idées s'apparentent de plus en plus à une typologie de quelques grandes « attitudes » possibles et où, surtout, elles peuvent s'adopter, s'échanger et s'abandonner aussi aisément que des slogans publicitaires. Bref, tant par sa forme que dans ses présupposés, cet ingénieux tableau émargeait de plein droit à cette *culture-kleenex* que les articles de réflexion du magazine ne cessaient mensuellement de fustiger...

En dépit de ces limites de fond – et de bien d'autres de détail –, il s'agissait cependant là d'une initiative louable, dont il faut saluer la lucidité. Car c'est une expérience presque journalière dans nos sociétés que de s'apercevoir que nous pensons et disons à peu près tous la même chose pratiquement au même moment. Ces convergences sont d'ailleurs si nombreuses, si fluctuantes et parfois si énigmatiques, qu'on pourrait passer sa vie à les dénombrer, à les observer et à tenter de leur donner une raison, même en s'en tenant par prudence aux seules époques récentes.

Il est indéniable ainsi que nous croyons quasiment tous aujourd'hui – et le langage, ainsi que nous le notions dans le précédent chapitre, en poussant à l'utilisation des mots de *réalisme*, de *pragmatisme* et de l'expression d'*effet de vérité*, renforce ce pli – au caractère proprement *indépassable* du couple formé par la démocratie et le marché. Au point que certains futurologues ont pu prétendre, un temps, que nous vivrions une ère de « fin de l'Histoire », où l'effondrement du communisme laissant seul régner le libéralisme nous laisserait en héritage un monde à ce point « pacifié » que plus aucun véritable événement historique n'y adviendrait[2] ; et que les rares qui rejettent encore cette double suprématie prennent presque toujours soin dans leur argumentaire de se démarquer de tout « utopisme » – en avalisant donc indirectement la valeur de « vérité » irréfutable de cette représentation idéologique d'ensemble.

De même, pour en revenir au champ des idées pures, peut-on soutenir que nous accordons depuis une dizaine d'années dans notre interprétation de l'Homme un moindre poids aux facteurs culturels, en faveur de données plus « objectives » ou « innées », d'ordre physiologique, éthologique, voire chimique. Alors que la décennie 70 avait rendu plus ou moins tous les problèmes sociologiques-ethnologiques puis psychologiques-psychanalytiques, nous nous mou-

2. Voir Francis Fukuyama, *La Fin de l'Histoire*, Flammarion, 1992.

vons, pour paraphraser le titre d'un ouvrage paru il y a quelques années [3], dans un système général de pensée qui tend à « biologiser » les passions. Bien que, comme le montre entre autres le regain d'intérêt manifesté par certains analystes pour la technique de l'hypnose [4], nous nous soyons parallèlement rouverts à des méthodes sinon moins « scientifiques » (car encore faudrait-il déterminer dans quelle mesure la psychanalyse est une science), du moins plus relatives ou intégrant une part de spiritualisme : nous sommes devenus plus sceptiques quant au pouvoir de la raison [5] et, partant, plus perméables à des démarches comportant un certain inexpliqué.

Bref, et là aussi notre langage, comme nous le remarquions quand nous tentions d'analyser la signification d'*incontournable*, suit ou a précédé le mouvement, nous évoluons dans un univers intérieur à la fois plus déterministe et plus ouvert, plus fataliste et paradoxalement plus incertain que naguère. Des contradictions qui pourraient indiquer l'existence d'une certaine *crise* de nos conceptions intellectuelles fondamentales et la tentative de surmonter celle-ci *via* l'élaboration d'une « nouvelle alliance » [6] entre la science et la métaphysique, voire, comme semble l'exprimer sous son versant le plus raisonnable le courant de pensée planétaire dit *New Age* [7], avec une spiritualité renouvelée et syncrétique.

Dans un autre registre, et à l'encontre de ce que nous avons pu nommer la « sociologie béate » des années 80, il semble que progresse également depuis quelques saisons une vision plus critique du monde contemporain, notamment en ce qui concerne le pouvoir de la publicité et la « dictature des marques ». Cette interprétation, agrémentée de bribes de situationnisme et colorée de rébellion *anti-mondialisation*, en arrive bizarrement à retrouver aujourd'hui les vieux concepts néo-marxistes un peu paranoïaques des années 70 de fétichisme de la marchandise, de création de faux besoins par l'industrie et même du méchant *Système* qui expliquait

3. Voir *Biologie des passions*, par Jean-Didier Vincent, Odile Jacob, 1986 et 1994.

4. Voir François Roustang, *Qu'est-ce que l'hypnose ?*, Minuit, 1994. Rappelons que F. Roustang fut, à la fin des années 70, l'un des « dauphins » présumés de Lacan.

5. Voir *Adieu la raison*, par Paul Feyerabend, Seuil, 1989, pour la trad. fr.

6. C'est en effet, semble-t-il, le sens (car les propositions finales n'en sont pas très claires) de *La Nouvelle Alliance*, d'Ilya Prigogine et Isabelle Stengers, Gallimard, 1979 et 1986.

7. Voir *Le New Age*, par Jean Vernette, PUF, 1992.

tout pour les gauchistes, qu'on avait pourtant pu croire après tout ce temps à jamais dépassé [8].

Enfin, dans le domaine de l'esthétique, on peut affirmer sans grand risque non plus que nous nous trouvons, depuis une bonne vingtaine d'années, dans un contexte global plus sensualiste, spontanéiste et « émotionnel », moins intellectualisant que dans les décennies 60-70. Ce que tendraient par exemple à prouver l'importance de plus en plus grande – parfois même exclusive – dévolue à l'image au théâtre et dans la danse, et le recul en musique des avant-gardes sérielles issues des Viennois au profit d'une invention purement sonore héritée des recherches de Varèse, du développement d'une école dite « néo-tonale » (de retour à la tonalité) ou encore de l'extraordinaire floraison des genres nés du rock, dont certains semblent sur le point aujourd'hui de se fondre dans la musique dite « sérieuse ».

Dans le même ordre d'idées, on pourrait évoquer également la tendance à un certain bannissement actuel de l'écrit dans la publicité et du texte littéraire au cinéma, ainsi, enfin, que la prééminence littéralement écrasante, en littérature, du roman sur l'essai, de la fiction sur les « sciences humaines » – le premier terme semblant devenu à beaucoup incompréhensible, comme si ni Voltaire, ni Valéry, ni Michaux n'avaient jamais existé ; et les secondes paraissant relever désormais pour le sens commun du genre des descriptions de la « réalité », à classer, comme cela se fait d'ailleurs dans

8. Nous pensons bien sûr ici au déjà fameux *No Logo*, de Naomi Klein, paru au Canada en 1999 et traduit chez nous l'année dernière, auquel on pourrait rattacher en France le livre de Dominique Quessada, *La Société de consommation de soi*, Verticales, 1999, et, en version roman et *light*, le *99 Francs* de Frédéric Beigbeder, Grasset, 2000. Si l'on considère ce courant sur le plan des attitudes qu'il implique, on pourrait d'ailleurs y faire entrer bien d'autres signes encore : non seulement tous les commentaires actuels, proliférants, du situationnisme ; mais également, sur un certain plan, les dernières brochures de Pierre Legendre, tel le (très beau) texte du documentaire sur *La Fabrique de l'Homme occidental*, Mille et Une Nuits/Arte, 1996 ; les petits opuscules de Michel Bounan, notamment *L'État retors*, 1997, publiés par les Éd. Allia ; ainsi, en littérature, que les romans de Michel Houellebecq, en particulier son premier, *Extension du domaine de la lutte*, Maurice Nadeau, 1994. Toutes ces références forment significativement aujourd'hui le fonds « théorique » du magazine des nouveaux branchés *Technikart*, le *Globe* des années 00, passé sans transition en quelques mois de l'apologie de la *fashion*, de la *jet-set* et du *clubbing* au plus pur de ce que Tom Wolfe appelait, dans *Le Gauchisme de Park Avenue* (Gallimard, 1972, pour la trad. fr.), le *radical chic* – expression qui rend mieux compte que celle de « gauchisme », par quoi on l'a (mal) traduite en français, de quoi il retourne. Avec les « nouveaux rebelles » de *Technikart*, on jouerait plutôt à un *Anti-mondialisation dans le faubourg Saint-Germain*.

les listes de vente, avec les documents d'actualité, les guides de voyage et les manuels pratiques de beauté, les uns et les autres étant censés s'équivaloir dans la même absence d'imagination, domaine apparemment réservé aujourd'hui du roman[9].

Bien qu'à l'intérieur des tendances comme celles que nous venons d'évoquer il existe en général une infinité de degrés, et que surgissent régulièrement des réactions de nature inverse venant les infléchir ou les contrebalancer, les grandes idées semblent donc

9. Toutes ces conceptions (ou cette conception d'ensemble) esthétiques s'inscrivent bien sûr dans ce vaste courant de remise en cause du « moderne » (ou de ce qu'on avait appelé ainsi) et de la notion corrélative d'« avant-garde », qui a pris un temps le nom de *post-modernisme* et dont nous avons vu bien d'autres traductions dans cet essai. En même temps, et au-delà de la question de la pertinence de cette critique, cette attitude a d'autres raisons plus directes, plus simples. Le retour à une vision purement « narrative » (pour autant que cette expression ait un sens) du roman est à l'évidence à relier au rejet ou à l'épuisement du « Nouveau Roman » des années 60, réflexif, référencé et où, comme on le dit vulgairement, il ne « se passait rien ». On se trouve donc également ici en présence d'un phénomène classique de balancier, d'opposition aux normes de l'époque précédente, époque reine du « recul critique » et des « sciences humaines », correspondant à l'avènement d'une nouvelle génération et qui a apporté au début une indéniable fraîcheur, un renouvellement. Sauf que cette fraîcheur et ce renouvellement sentent déjà le rance et qu'on peut s'interroger sur les impasses auxquelles ils mènent. Non seulement en effet cette vision oublie le fait que le roman est une forme récente, qu'il fut un temps pas si lointain où roman et essai étaient unis dans une même forme, que ce temps s'est même confondu avec la grande ère française car l'essai correspond peut-être aux caractéristiques profondes, sinon au « génie », de notre langue – bref, elle pèche par un manque de connaissance historique : elle prend pour « naturel » un état de fait purement transitoire – ; mais elle repose de plus sur une conception particulièrement naïve du « style ». Comme si celui-ci n'était qu'un accessoire, et non la matière même aussi bien de toute fiction que de toute pensée (car il ne peut y avoir par définition de pensée qu'à l'intérieur du langage : c'est *un exercice conjoint de rigueur et d'invention conceptuelles et langagières*), et de l'« imagination », comme s'il y avait *par nature* plus d'invention dans un roman de Barbara Cartland que dans *La Critique de la raison pure* ou *La Phénoménologie de l'esprit* ! Ces deux positions sont évidemment intenables, débiles même, car issues d'une représentation extrêmement simpliste de l'art et de la pensée et sur le présupposé de leur disjonction radicale. C'est oublier que Nietzsche fut l'un des plus grands stylistes de l'allemand (et, *pour cette raison aussi*, un très grand penseur) et Kierkegaard, l'un des esprits les plus imaginatifs de tous les temps. Plus fondamentalement, c'est oublier aussi que penser n'est pas « refléter le réel » mais émettre des hypothèses sur le monde – ce qui engage infiniment plus d'« imagination » que la reprise de quelques schémas stéréotypés de sentir et de description de cette sensation. Si cette conception générale est donc, comme toutes les conceptions, un parti pris, ce dernier repose sur un déni si radical de l'histoire et de la culture (et, plus avant, de l'intelligence) et une absence si totale d'analyse, qu'il est vraisemblable qu'on en vive aujourd'hui les derniers feux. Autrement dit, il y a tout à parier que cette conception va être bientôt remplacée par une autre, plus équilibrée, plus consciente de l'endroit où culturellement nous nous trouvons et dont nous sommes issus : que le balancier est en train de s'inverser, *si même il ne l'a pas déjà souterrainement fait*, ne manquant plus que d'une ou plusieurs illustrations éclatantes de ce fait pour qu'on en prenne conscience et passe à l'élaboration d'un nouveau sens commun esthétique.

toujours, comme l'on dit, *dans l'air*. Et c'est parfois sur les doigts d'une seule main qu'il faut compter les déviants ou les hérétiques qui entendent tracer leur propre voie hors des routes ou des autoroutes de pensée balisées à une époque donnée par nos sociétés.

Mais en formulant la question ainsi, ne lui donnons-nous pas implicitement une explication, ne la supposons-nous pas déjà résolue ? Parler de « sens commun » [10] ne revient-il pas, en effet, à mettre en cause de façon quasi automatique la responsabilité des mécanismes d'imitation et du système de médiation dans la production de ce phénomène d'uniformisation des pensées ? Pour une part, sans doute. Il y a, de toute façon, une sorte d'évidence dans le fait que nos moyens actuels de communication et de diffusion de masse, dont on souligne souvent le caractère *explosif*, ne peuvent que renforcer la communauté de vue de nos collectivités, qu'engendrer en elles toujours et encore plus de *consensus*. – Sauf que ni l'un ni l'autre de ces mécanismes pris isolément ni les deux joints ensemble ne semblent capables de rendre compte de certains faits qu'on observe à ce sujet dans nos sociétés.

Si le mimétisme paraît un comportement humain assez naturel et inévitable, plus troublant est en effet de remarquer que cette conformité affecte parfois et même très régulièrement des univers qui n'entretiennent aucune relation entre eux, s'ignorent, voire se méprisent, et n'ont par conséquent aucune raison de s'être influencés les uns les autres par une contagion *via* l'imitation ou la diffusion médiatique.

Comment expliquer ainsi par exemple qu'on ait vu surgir *la même année*, en 1977, et des deux côtés du Channel, *une identique réaction* de rejet des utopies politiques, sociales et culturelles chez les « nouveaux philosophes » français et chez les punks anglais [11] ? Tout ou presque, pourtant, les séparait. Les nouveaux philosophes étaient de jeunes idéologues conscients et cultivés, issus pour la plupart de la bourgeoisie et tous passés par l'Université, voire par ce parangon de la tradition qu'est Normale sup', et avaient été nourris tout à la fois d'une culture philosophique classique et marxiste althussérienne

10. En prenant cette expression dans le sens élargi que nous lui avons donné dans cet essai. Cf. la note 3 de l'introduction, p. 14.

11. Nous ne pouvons que renvoyer ici une fois de plus à notre *Morale du masque*, *op. cit.*, qui consacre deux chapitres au mouvement punk et à son analyse.

– ce qui en faisait des héritiers directs du gauchisme de l'après-Mai 68, auquel certains d'entre eux avaient d'ailleurs appartenu. Les punks regroupaient, eux, quelques marginaux urbains venus de la *lower middle class* britannique et sans grande culture – quoique certains avaient fréquenté des *art schools*, mais qui sont des institutions infiniment plus démocratiques et anarchiques que nos Beaux-Arts – dont les seuls centres d'intérêt dérisoires dans la vie semblaient se ramener à la musique rock, à la mode vestimentaire et à la fréquentation assidue, le week-end, des *dance-floors*.

Non seulement leur action ne s'exerçait pas dans le même champ, mais elle émanait de surcroît de contextes radicalement différents. Nouveaux philosophes et punks n'appartenaient ni au même pays, ni à la même culture et tradition de culture, ni à la même génération. *Baby-boomers* français des années 40, les premiers avaient vécu leur enfance sous les ombres portées de la Guerre froide, de la menace nucléaire planétaire et du glacis des mentalités gaullien ; et leur adolescence avait été bercée par les luttes de libération nationale et les théories de l'« engagement » intellectuel. Nés autour de 1960, en un temps où régnaient en Angleterre les travaillistes, les seconds, qui auraient pu être leurs fils ou presque, avaient eu de leur côté une enfance et une adolescence beaucoup plus libres, car marquées par le *Swinging London*, puis par le grand rêve de désertion hippy, contre lesquels ils n'avaient jamais songé auparavant à se révolter. Et, à l'inverse de leurs aînés qui avaient milité contre la guerre du Vietnam, ils paraissaient avoir abandonné toute prétention à vouloir peser sur le cours de l'Histoire.

Et chacun de ces mouvements ignorait l'autre. Jamais les punks anglais n'entendirent parler de Bernard-Henri Lévy, André Glucksmann et consorts. Quant à ces derniers, non seulement ils ignoraient avec superbe tout ce qui pouvait se dérouler hors du splendide royaume de l'Idéologie, mais ils auraient été même sans doute profondément révoltés à l'idée qu'on pût les confondre avec ces déclassés « fascistes », ainsi que la rumeur qualifiait au début les punks en France [12], ou simplement d'apprendre que ces va-nu-pieds

12. Rappelons que certains journaux de l'époque, comme *Le Matin de Paris*, ont été jusqu'à présenter les punks en 1977 comme des descendants ou des héritiers des « SA », les membres de la « section d'assaut » de Röhm, dont on a pu dire qu'elle formait une sorte de « gauche populiste » du nazisme et dont les cadres devaient être exécutés par les SS sur

procédaient dans leurs chansons à des constats similaires, à l'excès et à la provocation près, aux leurs : à savoir, que toutes les pensées utopiques s'équivalant dans la nullité, il n'y avait désormais, comme le chantait l'un des groupes les plus sauvages à l'époque, les Stranglers, plus de héros (*No More Heroes*) ; que le monde, ainsi que le hurlaient les Sex Pistols, n'avait plus d'avenir (*No Future*) et confinait de ce fait au vide (*Pretty Vacant*) ; et que tout cela enfin, ainsi que le susurraient dans leurs chansons proprettes les Jam, ne pouvait que provoquer logiquement à terme un retour au réalisme (*The Real World*).

Certes, quelques passerelles enjambaient bien le gouffre qui séparait ces deux univers disjoints ; mais elles étaient des plus frêles. D'un point de vue démographique, les nouveaux philosophes relevaient de la génération de l'*underground*, qui s'était initiée, *via* Dylan, les Doors et Hendrix, à une contestation s'exprimant par la musique, le vêtement et l'« attitude » – à ceci près que pas grand-chose, sinon rien, n'en passait dans leurs réflexions. De leur côté, certains groupes punks parmi les plus radicaux, tels les Sex Pistols, se réclamaient de la critique situationniste de la « société du spectacle ». Mais, bien qu'issue du marxisme, cette théorie n'avait guère de liens avec les analyses finalement très orthodoxes des nouveaux philosophes, qui rêvaient au fond d'un « socialisme à visage humain ». Elle jouait manifestement plus pour eux le rôle d'une rationalisation *a posteriori* d'un comportement spontané que d'une détermination idéologique. Et elle venait de surcroît de quelques personnalités plus « conscientes » et âgées du mouvement, qui y participaient par la bande – à la manière de grands frères, d'oncles ou, comme McLaren, d'intermédiaires intéressés entre cette révolte anarchique des rues et l'*establishment* des grandes maisons de disques et de la mode.

Se faisait jour, pour résumer, entre les nouveaux philosophes français et les punks anglais, une convergence indiscutable qu'aucun mécanisme d'imitation n'était capable d'expliquer. Ce d'autant que ces mouvements ayant surgi en même temps, il aurait fallu pour que

---

l'ordre de Hitler le 30 juin 1934 lors de la « Nuit des longs couteaux » !!! Se remémorer certaines analyses autorisées « à chaud » de la presse avec quelques années de recul est toujours une bonne leçon de scepticisme...

cette imitation pût agir dans un sens ou dans l'autre qu'elle ait débuté bien avant, au moment de la *gestation* de ces deux courants, quand les punks étaient encore des adolescents ingrats qui se gavaient de séries télé débiles et les nouveaux philosophes déjà de brillants sujets de notre Université... Et la même remarque vaut pour la prééminence actuelle, dans les arts, de l'image pure sur le contenu thématique que nous évoquions précédemment, qui affecte des secteurs de création aujourd'hui entièrement séparés et qui semblent même n'éprouver aucune réelle curiosité les uns à l'égard des autres.

La médiatisation ne saurait non plus valoir à elle seule comme une explication de ces phénomènes de convergence. Qu'une marque de vêtements de sport adopte il y a quelques années pour slogan de ses publicités – au moment où triomphaient à la télévision et dans les journaux les nouveaux MM. Homais du « retour de la morale », où les firmes, y compris celles qui vendaient des missiles atomiques et des mines anti-personnel, se gargarisaient d'éthique et où proliféraient ces salons du pauvre qu'étaient les cafés philosophiques – l'adage socratique repris par Zarathoustra *Deviens ce que tu es* [13], l'effet de copie médiatique se passe de commentaire. Mais ce mécanisme ne saurait expliquer en revanche que ce que l'on qualifiait alors de *retour à la philosophie* et qui correspondait de façon plus profonde, contre l'invention quasi semestrielle de nouveaux concepts par les penseurs « désirants » des années 70, à une volonté de revenir au projet philosophique originel d'une recherche de la sagesse plutôt que de la vérité, ait pu également se retrouver dans les derniers ouvrages de Michel Foucault [14], dans les livres de quelques professeurs exigeants, secrets, voire anti-médiatiques, tel Pierre Hadot [15], ou encore dans l'œuvre d'un penseur aussi peu suspect de vouloir flatter l'opinion publique, longtemps même désespérément à rebours d'elle, que fut Cioran [16].

13. Il s'agit de la firme Adidas.

14. Notamment dans le tome 3 de son *Histoire de la sexualité*, *Le Souci de soi*, paru en 1984 chez Gallimard.

15. Voir Pierre Hadot, *Qu'est-ce que la philosophie antique ?*, Gallimard, « Folio-Essais », 1995.

16. Dont la « vogue » a coïncidé avec cette époque, son premier « succès de librairie » (enfin, il ne faut pas exagérer : de 30 000 exemplaires) ayant été le recueil *Aveux et Anathèmes* de 1987 – les *Cahiers* arrivant même à se classer en 1997 pendant deux semaines dans le *Top Twenty* des ventes.

Et la façon dont nous venons de présenter ces quelques faits mériterait sans doute un examen plus approfondi. Car même si la marque de vêtements dont nous parlions en premier lieu a d'évidence cherché à *surfer sur la vague* du retour à la philosophie et si nombre de firmes n'ambitionnaient à l'époque, par le biais d'une référence formelle à l'« éthique », qu'à s'octroyer à bon frais, comme on disait alors, un certificat de *citoyenneté entrepreneuriale*, cheminaient peut-être dans d'autres cas comparables des volontés plus authentiques – ne serait-ce qu'à des fins de bonne gestion – de tenir compte d'une certaine nécessité de sens dans la consommation ou d'intégrer dans le calcul économique des critères sinon plus moraux, du moins plus politiques ou *environnementaux*.

Ce que nous voulons insinuer par là, c'est que, quand bien même le système de médiatisation aurait dans ces deux cas « gonflé » certaines attitudes – ce qui est indéniable –, celles-ci ne provenaient toutefois pas intégralement de lui. Elles n'avaient pas été *fabriquées* par lui. Pour une part, elles lui préexistaient. On peut d'ailleurs en voir une sorte de confirmation dans le fait que cette « réhumanisation » de la pensée, contre les *morts du sujet* des années 70, formait depuis assez longtemps déjà un des thèmes des philosophes auto-proclamés « néo-kantiens ». Tandis qu'en littérature devait surgir parallèlement à cette époque une vague d'écrivains adeptes du « presque rien », tournant le dos aux thèmes « héroïques » pour célébrer les petits plaisirs du quotidien [17], qui participaient eux aussi, bien que sous une forme différente, en y mêlant une nostalgie de la France « authentique » des michelines, des pâtés de canard non encore trafiqués et de la baguette de pain à 25 centimes, de la même conception d'une existence centrée sur les valeurs « humaines » du Moi.

Et sans doute serait-on en droit de rattacher à cette attitude bien d'autres phénomènes encore, sans rapport avec le slogan médiatique de *retour à la philosophie* et plus ou moins proches de lui – tels, par exemple et sans prétendre à l'exhaustivité, que la vogue des réédi-

17. Nous faisons bien sûr allusion ici à la célèbre *Première Gorgée de bière et autres plaisirs minuscules* de Philippe Delerm, *best-seller* des *best-sellers* français pour la période de la fin des années 90 – un livre qui a fait beaucoup pour la popularisation de toute une vague d'écrivains, dont certains écrivaient avant cela, et parfois depuis très longtemps, des livres de contenu ou d'inspiration similaires.

tions en poche des manuels de vie gréco-latins d'Épictète, de Sénèque ou de Cicéron, et des ouvrages dits « de spiritualité », le regain de curiosité en Occident pour le bouddhisme ou pour la pensée mystique de Maître Eckhart, le retour d'une certaine écriture aphoristisque, l'extraordinaire succès au cinéma du *Grand Bleu*, la percée des musiques d'« éveil de la conscience », une certaine conception-mode de vie de l'écologie, la montée dans notre vocabulaire du mot si vague de *convivialité*, etc., etc.

Le système de diffusion industriel des informations semble par conséquent avoir ici beaucoup plus *accompagné* des convergences sous-jacentes déjà existantes, que provoqué leur apparition. Comme un porte-voix, la médiatisation révèle, promeut, amplifie et, en les désignant et en leur permettant de prendre conscience de leur proximité, en les érigeant en « tendances », cristallise certaines communautés de pensée – ce qui est déjà beaucoup. Elle paraît en revanche incapable, sauf dans des cas limites mettant en jeu des objets assez dérisoires et éphémères, tel ce *glamour* dont s'abreuvaient l'an dernier les magazines de mode, de les tirer à elle seule du néant : de les *inventer*. Bref, elle introduit un changement *quantitatif*, et souvent majeur, dans la façon dont se pose la question de la conformité, mais non qualitatif.

S'il n'en allait pas ainsi, il faudrait logiquement en conclure que de tels phénomènes de convergence ne peuvent advenir que dans nos sociétés occidentales modernes développées. Or, n'importe quelle histoire culturelle ou des mentalités dément pareille affirmation, qui forme, ainsi que nous le disions dans le chapitre précédent, l'une des prémisses de la thèse de la *pensée unique*. Même si les historiens d'art s'affrontent depuis des siècles sur sa définition, ses origines et la pertinence de son nom[18], il semble ainsi impossible de nier qu'il y a bien eu un « esprit de la Renaissance », qui a pris sa source en Italie au début du XIVe siècle, s'y est développé au long du XVe puis généralisé au XVIe aux autres pays de l'Occident – tout comme également une « pensée des Lumières », qui s'est élaborée conjointement en France et en Angleterre dans

18. Voir à ce sujet la très longue discussion menée par E. Panofsky dans *La Renaissance et ses avant-courriers dans l'art d'Occident*, *op. cit.*, dont le titre original rend mieux compte des intentions, puisqu'il s'agit d'un essai sur « la Renaissance et les renaissances dans l'art occidental » (*Renaissance and Renascences in Western Art*).

la première moitié du XVIIIe siècle, puis a été adoptée par toutes les couches sociales, aussi bien les clercs que les têtes couronnées, de l'Europe. En dépit des réactions dites d'*intégrisme*[19], il paraît de même assez difficile de soutenir que le repli des grandes croyances collectives ne prend pas aujourd'hui un tour planétaire, dont les effets se font sentir aussi bien à Paris, Londres, New York que dans les pays *émergents*, sans tradition de presse et ne connaissant qu'imparfaitement notre notion d'*opinion publique*. Et il convient enfin de rappeler que Tocqueville avait déjà décrit au milieu du XIXe siècle, dans *De la démocratie en Amérique*[20], une situation assez comparable sur ce point à la nôtre, alors que n'existait pas encore aux États-Unis, ou de façon très rudimentaire, de système des *mass media*.

À moins de considérer qu'on se trouve en présence ici d'une série de coïncidences particulièrement heureuses ou malencontreuses, force est d'admettre que s'exerce bien dans tous les cas dont nous venons de parler, hors de toute médiatisation ou avant elle et en tenant compte de l'inéluctabilité d'une certaine imitation, l'action d'une espèce de « tronc commun », influençant suivant des expressions différentes et à des degrés divers toutes les manifestations ou presque de l'esprit humain en une société et à une époque ou un moment d'époque déterminés. Reste bien sûr à déterminer de quoi ce « socle » est composé, comment il se définit et interfère avec l'imitation et la présente *mass-médiatisation*...

Avant d'aller plus loin, il est nécessaire cependant de passer en revue ne serait-ce que brièvement, et de leur apporter une première esquisse de réponse, quelques questions de méthode, que nous avons d'ailleurs déjà rencontrées plusieurs fois sous d'autres formes dans ce livre, et sans l'examen desquelles nos analyses ultérieures pourraient bien ne s'avérer que de purs bavardages.

La première est évidemment de savoir ce que nous entendons exactement ici par le mot « idée ». S'agit-il de ce que la philosophie

19. Voir la remarque à ce propos du précédent chapitre, p. 199.

20. Voir notamment la partie du chapitre VII de la deuxième partie du tome I de *De la démocratie en Amérique* sur « Du pouvoir qu'exerce la majorité en Amérique sur la pensée », le chapitre XVII de la troisième partie du tome II sur « Comment l'aspect de la société, aux États-Unis, est tout à la fois agité et monotone » et, bien sûr, le très connu chapitre VI de la quatrième partie de ce même tome sur « Quelle espèce de despotisme les nations démocratiques ont à craindre ».

occidentale depuis Platon s'est plus ou moins entendue pour appeler ainsi – soit des représentations abstraites autonomes, « pures » car délivrées de toute détermination matérielle, ou « désintéressées », au sens où Kant employait ce terme, c'est-à-dire détachées des enjeux ou des objectifs (des intérêts) particuliers de notre vie concrète, donc émanant, sinon de notre esprit ou de notre « âme », du moins d'une part spirituelle de notre entendement ?

Comme on a pu s'en rendre compte, ce n'est pas tout à fait ni toujours et même parfois pas du tout de cela dont nous avons jusqu'à présent parlé. Nous avons en effet, d'une part, très largement ouvert le champ des idées – c'est même un des principes de cet essai[21] – à des domaines perçus en général comme non, peu ou qu'accessoirement « intellectuels », tels ceux de l'esthétique, des styles et du quotidien. De l'autre, nous avons très régulièrement substitué à ce mot ceux d'« attitude », de « mentalité » et de « croyance » – introduisant par là un indéniable flottement aussi bien dans nos descriptions des phénomènes que dans leur début d'analyse, et tombant de ce fait accessoirement nous-mêmes sous la critique que nous avons dressée à ce propos de la « bourse des idées » évoquée au début de ce chapitre.

N'aurions-nous donc fait jusqu'à présent qu'illustrer à nos dépens le vieux ressort comique des premiers films muets dit de l'« arroseur arrosé » ? Pas forcément. Car ce flottement de vocabulaire désigne peut-être l'une des questions de fond, voire *le centre de gravité auquel on ne peut échapper*, de toute réflexion sur les liens existant entre une société et les idées qui y naissent, sur la signification globale, sociale mais aussi individuelle, de celles-ci. Ce balancement sémantique, qui est aussi une indécision de pensée, résulte en effet de ce qu'on ne décèle pas toujours bien à première vue quelles parts respectives d'invention pure et d'inscription sociale (donc d'attitude, de mentalité ou de croyance), de conceptualisation abstraite et de rationalisation *a posteriori*, entrent dans

21. Comme il s'agit là effectivement d'un des *postulats* de cet essai, on nous permettra de ne pas nous y attarder davantage, et de nous contenter de rappeler ici l'une des *Remarques mêlées* (TER-bilingue, 1984) de Wittgenstein, à laquelle nous souscrivons sans réserve : « Les hommes croient aujourd'hui que les savants sont là pour les instruire, les poètes, les musiciens, etc., pour leur donner du plaisir. *Que ces derniers aient quelque chose à leur enseigner*, cela ne leur vient pas à l'esprit. »

la formation de « nos » idées. Car il semble clair, et nous en avons vu bien des illustrations dans cet essai, que les idées ne sont pas totalement « pures » – la seule question se posant alors étant d'analyser comment elles sont régulièrement dévoyées par les sociétés : on retombe ici sur la thèse de la méchante médiatisation. Mais il est patent aussi que les idées ne sont pas toutes ni entièrement de simples « reflets » de la société – ce qui signifierait d'ailleurs qu'étant des objets conséquents d'autres, il n'y aurait pas lieu de les considérer en elles-mêmes.

Il est bien sûr inutile d'attendre de notre part que nous tranchions dans ce débat, qui a fait couler des fleuves d'encre depuis des millénaires et engage des conceptions fondamentales sur la question de la Connaissance humaine ; et surtout en cette étape préliminaire de notre réflexion. Ce qu'on peut néanmoins retenir de ces remarques à titre d'hypothèses, c'est que non seulement il existe manifestement *des degrés dans l'ancrage social de nos idées*, lesquelles dérivent plus ou moins directement et lointainement d'enjeux matériels et sociaux extérieurs à elles ; mais qu'il est possible aussi qu'elles soient, de façon générale, *à la fois* intrinsèquement sociales et profondément asociales. Nous prenons ce dernier terme non dans son acception courante de marginales ou d'inadaptées à la société (encore que ce pourrait être le cas, que c'est peut-être même précisément ainsi qu'on devrait qualifier les idées *les plus authentiquement, les seules vraiment « originales »*), mais dans le sens où, si nos idées sont pour une part ou sur un versant socialement déterminées, non seulement certaines arrivent à s'échapper par le raisonnement, du fait de leur développement, de cette détermination, mais bien d'autres sont également dotées dès leur apparition d'*une relative autonomie*. Non pas que nos idées se situeraient à mi-chemin du monde prosaïque des enjeux concrets de la société qui les environne et d'un Royaume de l'abstraction pure – ce serait une thèse absurde, comme si l'on pouvait occuper un lieu par définition vide –, mais, tant du fait de leurs conditions d'élaboration que d'acceptation, elles sont vraisemblablement toutes (bien qu'à des degrés divers), y compris les plus abstraites et même « scientifiques », *composites*, mobilisant pour leur création et leur déploiement des capacités spirituelles pures aussi bien que matérielles et sociales. Et leur part sociale ne vient pas uniquement ou toujours d'elles, mais de phénomènes qui se déroulent alentour, à l'égard de certains desquels elles peuvent exercer une certaine liberté, tandis qu'elles ne peuvent que suivre et inscrire en elles, que refléter, l'influence des autres.

Laissons ces hypothèses en leur état, encore à préciser et clarifier ; et passons à la deuxième précaution de méthode, d'ailleurs très liée à la précédente. La question ici paraît plus simple, mais elle n'est pas moins redoutable : il s'agit de savoir quelle est la pertinence de notre description « naturelle » des « faits » de la « réalité » – les guillemets inesthétiques que nous avons apposés sur ces trois termes entendant suggérer que sous chacun de ces mots gît un problème. Car de même que nous avons vu que l'esprit de notre temps s'immisçait dans notre perception de l'espace, jusqu'à définir notre seule vision *physiologiquement possible*, que les décors présentés par les revues de décoration actuelles ne décrivaient pas nos intérieurs quotidiens mais leur rêve, et que nos mots forgeaient pour une grande part ce que nous appelons en toute innocence « la réalité », la question se pose en effet de savoir dans quelle mesure les idées que nous jugeons, en particulier, comme nos idées d'époque le sont véritablement, ou ne représentent que le fantasme de ce que nous (en désignant par là notre perception personnelle des choses mêlée indistinctement à celle que nous en fournit notre société à ce moment donné) croyons ou aimons à penser qu'elles sont. Ainsi que nous l'avons vu avec la « bourse des idées » du début de ce chapitre, cette interrogation en apparence très abstraite est en réalité des plus concrètes et pratiques. Car le tri auquel procédait ce magazine, en fonction de ses positions sociales, politiques, idéologiques, etc., et de ses fantasmes concernant la société française et sa possible (attendue, espérée ou redoutée) évolution dans l'avenir, aussi bien en ce qui concerne la nature des faits que leur désignation et leur signification – tri dont nous avons noté l'arbitraire –, ne diffère pas *sur le fond* de celui que la société dans son ensemble effectue sans cesse pour (et avec) nous.

Il est donc tout à fait possible que des idées ayant actuellement pignon sur rue, faisant partie de notre *pensée commune*, non seulement n'aient aucun avenir, mais ne soient plus du tout aperçues et même simplement *vues* comme des idées par les hommes des époques qui nous suivront. Nous avons au demeurant rencontré une illustration particulièrement éclatante de ce fait, quand nous avons évoqué l'éclectisme philosophique du milieu du XIXe siècle, théorie alors ô combien régnante, et dont presque plus personne ne semble aujourd'hui savoir qu'elle a existé – comme si, plus ou autre chose qu'une théorie, elle n'était qu'une espèce de norme mentale-sociale de ce temps, qui s'était enfuie avec lui. À l'inverse, des idées passant aujourd'hui pour extrêmement minoritaires, dont personne ou presque ne parle et ne sait même qu'elles sont, pourraient bien être considérées dans un siècle ou deux non seulement comme les plus inventives – ce qui est un renversement banal –, mais surtout comme les plus *significatives*, et même *descriptives*, de notre époque : tel est le cas de la pensée de Nietzsche pour la fin du XIXe siècle, qui représente aussi (car elle ne se limite bien sûr pas à cela) la meilleure chronique, au sens presque journalistique, de ce temps.

Cela veut dire – c'est un constat trivial sur le plan général, mais sur lequel nous passons régulièrement outre dans l'action quotidienne – qu'il y a toute une catégorie d'idées, sans doute d'ailleurs de très loin la plus nombreuse, que nous présentons et nous représentons comme « pures » ou tendanciellement telles, et qui ne sont que l'expression quasiment directe, sans transcendance ou presque, de nos intérêts matériels ou sociaux du moment.

Même s'il résulte de l'effondrement effectif du système communiste, donc d'une manière de « preuve expérimentale » du caractère erroné de la théorie sur laquelle celui-ci reposait, on ne peut ainsi manquer de se demander si le couple formé par la démocratie politique et le libéralisme économique, donné aujourd'hui comme le seul horizon possible d'action et de réflexion en matière d'organisation économique, sociale et politique, n'appartient pas à ce type d'idées – si cette représentation n'est pas aussi en grande part une simple réaction de défense et d'auto-justification de nos intérêts d'Occidentaux : la rationalisation intellectuelle d'une domination de fait qui, comme toutes les hégémonies, a une tendance naturelle à s'élargir indéfiniment[22].

22. Cette interrogation est sans doute banale. Elle est celle aujourd'hui de tous les néo-gauchistes et nous l'avons déjà rencontrée dans le chapitre sur les mots quand nous avons évoqué le « There is no alternative » (TINA) de Mrs. Thatcher repris par Noam Chomsky. Elle n'en constitue pas moins l'un des plus grands enjeux matériels et intellectuels à moyen terme d'aujourd'hui.

Une autre catégorie d'idées, qui recoupe en partie la précédente, servant à exprimer les inévitables contradictions que les époques rencontrent sur leur chemin et à les conjurer en leur donnant un nom, il en est de celles-ci qui tombent à terme d'elles-mêmes, qui s'évaporent même parfois en un éclair, soit parce que la société a réussi à résoudre les contradictions temporaires dont elles procédaient par une intervention consciente, soit parce que l'Histoire, de par son seul mouvement, les a rendues obsolètes, les a annulées, ou encore... qu'elles n'étaient que de fausses interrogations, des « brouillages », *un simple bruit de fond éphémère du discours*.

Et il ne s'agit pas là non plus d'une remarque abstraite ou qui ne concerne que des cas extravagants. C'est au contraire un phénomène fort concret et très courant dans nos sociétés : celui de l'apparition de « faux débats », de ces questions qui nous paraissent sur le moment (et là le hideux barbarisme s'impose) *incontournables*, sur lesquelles s'accumulent en un rien de temps les réactions, déclarations, opinions, tribunes, *petites phrases*, avis d'experts ou d'« honnêtes gens », polémiques, cris, fureurs et insultes, et qui s'avèrent après coup aussi peu consistantes et nulles que si elles non plus n'avaient jamais existé [23]...

23. Faire l'historique de tous les faux débats « essentiels », « décisifs », « de société », « de civilisation », etc., que les sociétés ont produits et dont notre époque semble s'être fait une spécialité, serait une tâche passionnante et des plus instructives, quoique sans doute, à la longue, très déprimante. Si l'on ne veut donner que deux exemples récents de ces sortes de délires collectifs annuels ou semestriels qui saisissent nos sociétés, auxquels tout se ramène pendant un temps, sur lesquels tout le monde a, *doit avoir*, une opinion, mais dont il faut, quelques années plus tard, une circonstance inouïe ou faire un effort insensé sur soi pour s'en souvenir tellement ils étaient de purs fantasmes collectifs, on peut penser à la question de l'*intégration des Beurs* qui a résonné en France pendant toutes les années 80 et dont plus personne ne parle, car elle s'est résolue spontanément et même joyeusement *via* le *Mundial* de foot, les mariages ou liaisons « inter-communautaires » (quelle horrible expression pour un simple phénomène de désir !) et l'apparition, en musique et au cinéma, de « figures » qui ont renouvelé en partie ces deux secteurs. La grande question en revanche qui demeure posée, qui avait été confondue avec la précédente et qui, elle, n'est pas un faux débat, mais une mèche allumée en permanence aux franges des nos belles capitales embourgeoisées, étant celle de la production par nos sociétés dites « solidaires » d'un nombre de plus en plus grand de laissés-pour-compte de tous ordres et de tout, dont on ne sait que faire et qui forment une marge à laquelle ne restera plus bientôt comme seul signe de vie possible que l'ultra-violence. Une autre illustration plus *anecdotique*, comme l'on dit, et même totalement dérisoire, bien qu'elle ait occupé temporairement une grande place dans les médias, de ces faux débats est l'apparition, il y a quelques années, de ces intellectuels auto-proclamés « néo-réactionnaires de gauche » (???), qui tentèrent de nous convaincre que nous nous sentions perdus parce que nous nous étions trop émancipés de Dieu-le-Père et malheureux parce que « trop libres » (!!!)... Le fait que ces apologues de la servitude volontaire ne posaient même pas la question de fond – qui était pourtant déjà celle de

Quand nous réfléchissons sur les idées de notre temps ou sur celles d'un passé proche, il nous faut donc garder en permanence à l'esprit qu'en dépit de toutes les précautions que nous pouvons prendre pour qu'il n'en soit pas ainsi, il est possible que nous ne fassions très souvent que refléter la façon « tarifée » dont notre société voit les choses, et que, de toute façon, nous ne pouvons exprimer qu'avec ses concepts, ses mots et ceux que nous a légués la tradition et le passé dont elle procède, qui nous amènent mécaniquement à un certain nombre d'assertions, de représentations ou de perceptions dont rien n'assure qu'elles sont fondées[24].

On ne voit, à la vérité, guère quelle parade on peut opposer à cela, si ce n'est une fois encore la lucidité, à laquelle peut contribuer la référence constante au passé, où nous disposons d'assez de recul pour éviter les pièges les plus grossiers de ces perspectives faussées. Une solution consiste donc à nous efforcer de *considérer en permanence ce type de problèmes sous le regard de l'Histoire* – ce

---

Dostoïevski – de savoir dans quelle mesure nous désirons vraiment la liberté, montre qu'il ne s'agissait là que d'une banale réaction de ressentiment de quelques ratés de l'existence. La vie, heureusement, les a *très vite balayés*...

24. Profitons de cette remarque pour signaler un de ces biais, qui s'est glissé dans le court aperçu que nous avons donné du règne actuel de l'Image en esthétique : il concerne l'opposition, que nous semblions tenir pour acquise et sur laquelle reposaient et notre commentaire et notre description des faits, entre image et contenu thématique. Or cette opposition ne tient évidemment pas une seule seconde : une image peut exprimer ou porter un thème, un contenu. Mais si l'on sait cela depuis longtemps, si la notion d'une « connaissance poétique » des choses est vieille comme le monde, il n'en reste pas moins que notre langage et nos instruments conceptuels sont, jusqu'à un certain point du moins, incapables d'en rendre compte. Ce qui fait que, à moins de traiter de long et en large cette question – ce qui est le travail d'une vie au moins –, nous sommes réduits ici à user d'une opposition qui non seulement mène à une analyse contestable et à un jugement erroné, mais aussi à une collecte et à une perception des faits *dès le départ* faussée. De cela on a pu voir une illustration à la fin des années 80, quand s'est enclenché ce faux débat par excellence sur le statut de la « culture basse » par rapport à la « haute », la « vraie culture », lancé par le livre d'Alain Finkielkraut, *La Défaite de la pensée* (Gallimard, 1987), et celui d'Alan Bloom, *L'Âme désarmée* (Julliard, 1987, pour la trad. fr.), qui avait fourni le départ de la polémique. Or, ce genre d'analyse, déniant toute valeur possible à un art fondé sur d'autres critères que ceux de notre « grand art occidental », est non seulement hâtif, mais dénote même une méconnaissance radicale de l'histoire récente de l'art. C'est renvoyer en nullité, pour ne s'en tenir qu'à quelques exemples dans le seul champ de la musique, aussi bien en jazz Ellington, Parker, Coltrane, Davis, etc., que dans les genres nés du rock Zappa, Eno, Wyatt, Tom Verlaine, etc. – en qui il est probable que les siècles à venir verront *des pairs selon d'autres modalités* de nos Stravinski, Webern, Berg et Varèse. Ce type d'« analyse » repose sur une vision figée, morte, de l'art, dénuée de tout vrai sens esthétique. Mais la chose la plus importante à noter ici, c'est qu'en l'absence de concepts permettant de penser ces équivalences, le débat n'ayant par conséquent pas eu lieu, il peut resurgir demain sur *les mêmes bases erronées*.

que nous allons précisément faire dans la suite de ce chapitre, quitte à revenir ensuite à notre époque présente.

Si cette deuxième interrogation est très liée à la précédente, c'est qu'elle pose sous un autre angle la même question de savoir ce que nous désignons par le mot « idée » : les représentations d'un milieu « éclairé » (on ne voit pas comment le dire autrement, bien qu'il ne s'agisse pas de cela, mais plutôt des idées plus « vraies » ou plus profondes ou de plus d'avenir, qui peuvent par conséquent surgir de n'importe où, être portées par des individus sans pedigree et appartenir à tout le monde) ou celles du sens commun ? Ce qui ne revient évidemment pas au même : nous retenons aujourd'hui de la Renaissance la première tentative réussie de « sécularisation », d'émancipation de la pensée face à la théologie, alors que nul ne peut l'ignorer depuis les travaux de Delumeau sur la peur en Occident[25], c'était aussi la grande époque du Diable et des procès en sorcellerie. De même, le XVIIIe siècle a-t-il été à la fois l'époque des Lumières et celle où proliféraient les ouvrages de défense du christianisme et les « théologies » appliquées aussi bien à la morale qu'à la physique, l'astronomie, la géographie, l'eau, les insectes, etc., sans parler des bouffées d'irrationalisme ou de mysticisme engendrées par Swedenborg, Madame Guyon ou Mesmer[26]. De ces deux visions concurrentes et ayant chacune leur part de vérité de la Renaissance et des Lumières, laquelle donc privilégier et au nom de quoi ?

C'est en ce point précis qu'intervient la dernière grande question de méthode qu'il nous faut examiner. L'« esprit d'un temps » ne pouvant jamais être, si on reste fidèle à une démarche relativement empirique (qui ne suppose en tout cas pas le problème déjà résolu, en postulant que cet « esprit » participe de l'« essence » des choses), qu'une interprétation *a posteriori*, rétroactive – ce délai de rétroaction serait-il extrêmement court – d'événements qui ont

25. Jean Delumeau, *La Peur en Occident*, Fayard, 1978.

26. Reprenant un constat fait par l'Américain R. R. Palmer, l'historien anglais Norman Hampson rapporte dans son *Siècle des Lumières* (Seuil, 1972, pour la trad. fr.) qu'il est paru pendant l'année 1770 en France pas moins de 90 ouvrages (sur un total de 1 300) de défense du christianisme. Si les suppléments littéraires de nos journaux avaient existé à l'époque, gageons qu'ils en auraient tous tiré des numéros spéciaux sur « Le grand retour du religieux ». Or, 1770 est aussi l'année où a été publié le *Système de la nature* du baron d'Holbach, la charge la plus violente qu'on ait jamais écrite contre l'existence de tout « projet divin » dans l'Univers !

déjà eu lieu, le point de vue d'où nous réalisons cette interprétation interfère forcément avec notre jugement des faits et avec leur perception, introduisant potentiellement (et le faisant de façon régulière) des modifications profondes de ceux-ci. Parce que nous ne gardons et même ne pouvons voir du passé que ce qui en reste d'intelligible ou d'utile pour nous dans le présent ; parce que, aussi, en dépit de toutes les remises en cause récentes de l'idée de progrès, nous restons attachés à une vision linéaire, cumulative, du temps, nous « lissons » sans cesse après coup, de façon consciente ou non, les événements passés en fonction de notre propre logique et de nos propres buts : nous reconstruisons entièrement ou en partie les périodes révolues, leur attribuant des cohérences ou des incohérences dont rien n'assure qu'elles les aient eues ou autant que nous le pensons. Ainsi que nous le remarquions déjà dans le chapitre sur les objets, nous nous trouvons en bref ici dans un domaine où il est par nature difficile, sinon impossible, de séparer ce qui relève de la vérité « vraie » et du commentaire – ce qui nous amène sur ce point à des interprétations toujours contestables et qui évoluent d'ailleurs sans cesse avec le temps.

Il n'y a, au demeurant, pas à chercher loin pour illustrer ce fait. Lorsque nous avons rapproché les nouveaux philosophes des punks, nous avons ainsi négligé ou considéré comme secondaires certaines divergences existant entre ces deux courants, en particulier le choix de leur champ d'intervention, politique, idéologique et écrit pour les premiers, culturel, d'attitude et musical pour les seconds. Or, non seulement cette différence est un élément de la question, mais c'est peut-être précisément *sur ce point* que, bien que véhiculant un contenu à peu près identique, ces deux courants se différenciaient le plus radicalement. Car ce n'est pas la même chose, cela implique deux décisions d'ordre idéologique très différent, voire opposé, que de s'en tenir, comme les nouveaux philosophes, à l'espace politique classique ou, à l'instar des punks, de choisir de porter son action de façon quasi exclusive dans le domaine de la vie quotidienne[27].

27. On peut d'ailleurs se demander si ce n'est pas justement ce choix spontané d'une « révolte du quotidien » qui, au-delà des références un peu formelles (qui participaient bien sûr en grande part d'une pose, d'un snobisme intellectuel) de McLaren à Debord, rendait les punks naturellement proches des situationnistes et, plus avant, faisait (et fait encore) de leur révolte un mouvement beaucoup plus profond et novateur *sur le plan des idées* (alors

La raison de cette « négligence » est fort simple et très instructive pour notre propos : elle réside tout simplement dans le fait que, depuis le début des années 80, notre société a peu à peu reconnu l'importance des contestations s'exerçant dans le quotidien, et non seulement d'ailleurs leur valeur (ce qui relève de l'éthique et peut changer), mais, plus profondément, leur *efficacité pratique* (ce qui est du domaine du *constat* et est donc infiniment plus stable) ; et que cette reconnaissance est même devenue une idée très largement acceptée : un des traits de notre esprit du temps actuel[28].

Cette inévitable subjectivité, qui fait entrer dans notre vision des époques passées – y compris de la nôtre, car on ne peut observer que ce qui s'est produit, est par conséquent au moment de notre observation *déjà du passé* – des facteurs étrangers à celles-ci, va-t-elle, ainsi que le prétendent les sceptiques[29], jusqu'à nous faire

---

qu'ils affectaient de ne pas en avoir !) que celui des Nouveaux Philosophes – lesquels apparaissent aujourd'hui, avec un recul de seulement vingt-cinq ans, comme des idéologues post-marxistes d'un autre temps, dont plus personne ne lit les livres qu'ils ont publiés à cette époque, alors que l'on continue (et que l'on continuera encore pendant un certain temps) d'écouter *Anarchy in the UK* des Sex Pistols. On vérifie ici indirectement ce que nous disions dans la note consacrée au faux débat de la « culture basse » : non seulement l'image peut aller dans certains cas plus loin que les mots ; mais certaines images peuvent porter des idées que ces derniers sont incapables de véhiculer ou de traduire. Le débat n'est donc pas entre « image » et « contenu thématique », mais entre ce qui peut s'exprimer par *l'un ou l'autre de ces moyens*, chacun ayant sa fonction et sa pertinence propres. On ne fait, en somme, ici que retrouver ce qu'a toujours dit Jean-Luc Godard à propos du cinéma : qu'il pouvait être le vecteur d'une autre manière de penser, de philosopher, ni inférieure ni supérieure à celle que permet les mots, mais simplement différente, mieux adaptée dans certains cas et moins dans d'autres. Il n'y a donc pas, ainsi que le soutiennent les adversaires de la « culture basse » et pour en terminer peut-être avec ce faux débat, un seul *right way* de rendre compte du monde, mais plusieurs méthodes de compréhension de celui-ci, correspondant à ses divers niveaux de signification ou d'intelligibilité.

28. Cela se voit également dans le fait que l'idée, qui passait dans les années 70 pour déplacée ou frivole, pour une *non-idée*, que le dandysme peut avoir une signification politique au sens large du terme (ce qu'avait noté déjà Camus, à la suite de Baudelaire et de Barbey d'Aurevilly) est aujourd'hui très largement acceptée, voire est devenue, maniée par certains pantins de la *jet-set*, pour reprendre le terme cru d'Aragon, une des « conneries » de notre temps. Car si le dandysme n'était qu'un simple exercice de futilité, jamais Brummell ni Wilde ne se seraient immolés pour lui. Il y faut en plus du *tragique*, et du plus intense même – mais cette notion, étant métaphysique, sinon mystique, n'est évidemment pas accessible à tous les petits marquis de la *fashion*...

29. Dont certains en arrivent à contester non seulement l'existence d'une Renaissance ou d'un Âge des Lumières mais, plus avant, toute possibilité de périodisation historique ou culturelle – ce qui se conçoit, mais rend évidemment alors toute histoire autre qu'événementielle impraticable et réduit le possible apport de l'analyse historique à la compréhension du présent à une peau de chagrin, pour ne pas dire à rien. Il faut donc convenir que, même si l'on doit exercer à ce propos la plus grande lucidité critique, on ne peut pas se passer,

prendre parfois pour identiques des idées dissemblables, et *vice versa* ? Cela est difficilement contestable, quoique l'on puisse opposer à cette objection que tout dépend de ce que l'on entend par « ressemblance » (et « dissemblance ») – point qui ouvre, ainsi que nous l'avons noté dans le chapitre sur les objets, un espace presque infini et sans doute à jamais instable de questions car circulaires de ce que la mathématique appelle la topologie. À quoi on peut ajouter qu'il n'y a sans doute pas une Histoire objective unique, mais plusieurs possibilités d'histoires subjectives reposant sur des hypothèses évolutives qu'on arrive plus ou moins bien à tester. Enfin, il n'est pas sûr qu'on ait toujours à se plaindre de ces distorsions. Il arrive en effet fréquemment que les époques soient à ce point dominées par leurs passions générales et individuelles du moment, engluées dans l'un de ces faux débats dont nous parlions tout à l'heure, qu'elles s'avèrent incapables, au-delà de l'opposition formelle qui les déchirent, de percevoir la proximité effective existant entre certaines idées – l'inverse, soit qu'elles confondent des idées en réalité divergentes, pouvant évidemment se produire aussi.

Qu'on se trouve même là en présence d'une quasi-« loi », dépassant et généralisant le phénomène classique en histoire de « recul », c'est ce que montre le fait, si fréquent qu'il en est presque la norme – et dont nous avons déjà donné une illustration dans le domaine des objets [30] –, que bien des idées qui semblent à leur apparition sans relation entre elles ou antinomiques finissent par apparaître, quelques années, décennies ou siècles plus tard, sinon identiques, du moins redevables d'une cohérence supérieure. Comme si, envolées les passions d'époque qui en avaient déformé la perception, leur « réalité commune » reprenait le dessus.

Dans les années 60, on avait ainsi coutume de voir dans les pensées de Camus et de Sartre les symptômes de deux attitudes inconciliables envers le monde, l'une, métaphysique et pétrie

au moins à titre d'hypothèse, d'un découpage de l'histoire par périodes et ici, même si le mot est flou, par « époques ».

30. À propos, rappelons-le, du débat, particulièrement violent, lors de l'exposition des Arts décoratifs de Paris en 1925, entre les tenants d'un Arts-Déco esthète, nostalgique et « cultivé » regroupés autour de Ruhlmann et ceux d'un « Esprit nouveau », moderne, pratique et puriste, menés par Le Corbusier. Voir p. 129.

d'humanisme classique, l'autre, matérialiste car imbibée de marxisme. Or, qui ne voit que cet antagonisme ne vaut d'abord, en ce qui concerne Sartre, que pour une époque de sa pensée et non pour toutes, et ensuite qu'il s'effacerait (et se dissipe déjà pour cette raison) dans des temps plus fatalistes que les années 60, qui ne partageraient pas la croyance commune sur laquelle, au-delà de leurs différences, ces deux pensées sont fondées, soit la prémisse selon laquelle l'individu peut exercer une certaine liberté face à l'Histoire ? Au point qu'il semble légitime de rassembler aujourd'hui ces deux pensées, et sans faire d'*amalgame*, sous l'égide d'un même « existentialisme » conçu de façon plus large.

De tels biais peuvent à l'inverse obscurcir la dynamique d'époques entières et rendre même celles-ci inintelligibles, par l'introduction de simplifications ou de contresens durables. Nos manuels d'histoire littéraire résument ainsi invariablement le XVIIIe siècle par le choc entre les deux personnalités posées elles aussi incompatibles de Voltaire et de Rousseau, le premier, défenseur de la Raison, censé fermer la période classique, le second, apologue du Sentiment, ouvrir au contraire l'ère romantique. Cette opposition, qui fait partie de ces nombreuses idées reçues que nous utilisons sans y penser et finissons par considérer au-dessus de tout examen, a certes sa part de pertinence. Pour des raisons qu'il est inutile de détailler ici, mais qui semblent aussi individuelles, le « maître fou »[31] Rousseau s'est (ou a été) tenu en marge du cercle des Encyclopédistes. Et il est vrai que dès ses premiers *Discours*, il a fait montre d'une constante suspicion à l'égard de l'idée, qui était l'une des pierres de touche de la *doxa* éclairée de son époque, que la civilisation ne pouvait être en soi qu'un bienfait[32]. Mais, pour le reste, cette opposition dérive d'une vision assez pauvre des enjeux théoriques de ce temps, historiquement, factuellement,

31. Selon l'une des nombreuses aménités proférées par Voltaire à son égard. Il le traitait aussi de « Diogène subalterne et manqué ». Voir l'article « Rousseau » du *Dictionnaire de la pensée de Voltaire par lui-même*, par André Versaille, Complexe, 1994.

32. Sur ce point en particulier et sur la suite de nos considérations sur les Lumières, qui n'ont pas la prétention d'apporter une vision neuve, mais simplement d'éclairer notre sujet, on se reportera au classique d'Ernst Cassirer, *La Philosophie des Lumières*, Fayard, 1966, pour la trad. fr., qui, en dépit des nombreuses critiques qu'on lui a adressées, demeure l'un des plus grands ouvrages concernant cette époque.

contestable et, de plus, passablement condescendante à l'égard des hommes des Lumières.

C'est en effet d'abord une vision qui repose, dans le cas particulier de Rousseau, sur une intelligence assez grossière de sa pensée. Rousseau n'oppose pas le sentiment à la raison. Il le considère simplement plus authentique, plus « pur », et voit en lui un principe plus vrai, le plus (le seul ?) vrai même, à partir duquel on peut fonder par la raison une loi d'organisation de la Cité – c'est la notion de « contrat social » – plus juste, plus « naturelle » et, en ce sens, également plus rationnelle. Le sentiment n'annule par conséquent pas à ses yeux la raison ; c'est au contraire par lui que cette dernière peut avoir les meilleures chances de se développer, d'imposer sa valeur incontestable. On ne voit d'ailleurs pas comment il pourrait en aller autrement, sauf à faire de Rousseau l'adepte d'une démocratie « sensualiste », une sorte d'anarchiste désirant de l'après-Mai 68 – ce qu'il n'est manifestement pas.

Et ce conflit entre raison et sentiment contrevient également à la façon générale dont a été vécu à l'époque ce débat. Car les Lumières ne dressaient pas la raison contre les passions. Diderot, sans doute l'homme le plus attaché à la raison, voire « matérialiste » (ces deux affirmations pouvant se discuter), de son siècle, perd ainsi rarement une occasion d'insister dans ses écrits sur le rôle spirituel vital des passions, sans lesquelles la raison s'assécherait[33]. Helvétius, dont l'œuvre entière représente ce qu'il était alors de bon ton de penser si l'on voulait faire partie de l'élite éclairée de son époque, proclamait dans son *best-seller* européen *De l'esprit* la « supériorité des gens passionnés sur les gens sensés ». Et, synthétisant l'évolution du siècle, une phrase de l'*Encyclopédie* n'affirmait-elle pas qu'« à mesure que l'esprit acquiert plus de lumières, le cœur acquiert plus de sensibilité » ? Cette opposition, que nous plaquons sur les Lumières entre raison et sentiment provient donc en grande part, sinon intégralement, de

33. Il suffit, pour s'en convaincre, d'ouvrir ses *Pensées philosophiques*, datant de 1746, et d'en lire la première, où il affirme : « On déclame sans fin contre les passions. [...] On ne les regarde jamais que du mauvais côté. On croirait faire injure à la raison, si l'on disait un mot en faveur de ses rivales. Cependant il n'y a que les passions, et les grandes passions, qui puissent élever l'âme aux grandes choses. Sans elles, plus de sublime, soit dans les mœurs, soit dans les ouvrages ; les beaux-arts retournent en enfance, et la vertu devient minutieuse. »

notre regard. Elle est historique. Elle fait partie de l'héritage mental que nous a légué le romantisme du XIXe siècle, dont, sous certains aspects, nous ne sommes toujours pas sortis.

Ne voir entre Voltaire et Rousseau qu'opposition tranchée passe ensuite outre ce simple fait de logique que ce qui affirme prend par force en compte ce qui se trouve par là même nié. D'une certaine façon, la raison ne peut donc pleinement s'accomplir que par rapport aux notions dont elle a dû se dégager pour s'affirmer que sont la superstition, la croyance, ou, si l'on accepte le dilemme de nos manuels, les passions, le sentiment. Aussi, quand bien même l'apport de Rousseau aurait été d'affirmer le rôle du sentiment dans un siècle dit « de raison », cela ne ferait pas moins qu'il serait resté solidaire de la problématique d'ensemble de son époque.

Il s'agit d'ailleurs là d'un phénomène courant dans le domaine idéologique[34], où l'opposition à une idée, voire sa négation, parce qu'elle signifie aussi l'affirmation de l'existence de celle-ci, revient dans bien des cas à la renforcer[35]. Nous avons du reste déjà donné un exemple de ce mécanisme, quand nous remarquions la coexistence dans notre système mental actuel d'un grand déterminisme et d'une ouverture à l'inexplicable, qui forment, au niveau des intentions, un « couple logique », en ce sens que la présence de l'un des deux termes de cette opposition appelle immanquablement celle de l'autre. Et on pourrait en dire autant du rejet des systèmes,

34. Nous prenons ici ce terme, comme à d'autres reprises dans ce chapitre, comme pur synonyme de « des idées », hors du sens d'illusion ou de manipulation auquel on l'associe souvent – sans, par conséquent, la *connotation* plus ou moins péjorative que lui ont conférée les années 70. Lorsque nous parlons d'idéologie dans cette dernière acception, nous avons pris soin, soit de lui adjoindre une majuscule, soit de l'entourer de guillemets, mais pas toujours cependant, afin de ne pas multiplier des signes déjà trop fréquents dans cet essai. On mesure ici, soit dit en passant, *concrètement* la difficulté à se dégager du sens que certaines époques ont pu donner à certains mots, la pesanteur de ces associations d'idées machinales temporaires, et comment celles-ci poussent à des assertions automatiques, qu'on a parfois toutes les peines du monde à déjouer.

35. Pas toujours cependant. Car la trop grande généralisation de ce principe est aussi à la source de certaines lectures hâtives et même d'erreurs d'interprétation, telle celle que Bataille a pu reprocher dans *La Littérature et le Mal* à Sartre à propos de son *Baudelaire* – lequel, chaussant les sabots de la dialectique, fait de l'auteur des *Fleurs du mal* une espèce d'adolescent tardif célébrant le Mal parce qu'il n'est en quelque sorte pas assez « positif » ou « adulte » pour se rallier à un Bien qu'il suppose du seul fait qu'il ait choisi son inverse. Alors que c'est peut-être précisément, ainsi que le soutient Bataille, de cette ambivalence, de cette inconséquence, voire de cette véritable « irresponsabilité », que naît le regard et la connaissance poétiques. Il est vrai que mis à part *La Nausée* et quelques pages des *Mots*, Sartre fut bien *l'anti-poète par excellence*...

de l'esprit de système, et de la nostalgie des explications globales, de quelque ordre qu'elles soient, scientifiques, religieuses ou nationales, qui affectent conjointement notre époque. Contradictoires eu égard à un certain niveau d'explication, ces deux postulations retrouvent une unité à un niveau plus élevé de questionnement : elles émanent toutes deux de la même interrogation de fond, à savoir s'il est encore possible et souhaitable d'élaborer des explications universelles du monde. Tout dépend donc ici de ce que Bertrand Russell nommait les « types logiques », soit les divers niveaux d'intelligence auxquels nous choisissons d'appréhender les phénomènes observables.

Opposer radicalement Voltaire à Rousseau comme prototypes du règne de la Raison ou du Sentiment revient enfin à sous-estimer la profondeur des hommes des Lumières, à les prendre pour des sous-modernes, des espèces de *sous-nous*, car c'est faire l'hypothèse qu'ils ont pu se rallier à l'une ou l'autre de ces possibilités sans en avoir discuté à fond la pertinence et les conséquences.

Or, si les époques entretiennent à l'évidence un certain nombre d'opinions définitives *a priori*, d'idées fixes – voire organisent à propos de certaines interrogations de véritables « trous noirs » de la réflexion, à la proximité desquels se désagrègent toutes les questions possibles –, la plupart des autres, elles ne les acquièrent qu'à la suite d'une lente gestation, non sans avoir examiné auparavant longuement leur contraire, avoir considéré au préalable toutes les facettes de la question. Concevoir l'histoire intellectuelle d'un temps comme une suite d'oppositions radicales, c'est oublier que la pensée repose en règle générale, dans son régime normal, sur un développement, une exploration de prémisses (avec possibilité d'en modifier certaines, bien que sans doute pas toutes), qu'elle n'est pas fixe, qu'elle est *un mouvement*, qu'elle se confond avec celui-ci.

Ce qu'il est convenu d'appeler, selon une formulation à la fois trop vague et trop tranchée, la remise en cause de l'absolutisme religieux au XVIIIe siècle n'a pas ainsi surgi d'un coup du néant, mais résultait d'un conflit qui se déroulait dans les consciences depuis plusieurs siècles. Elle ne s'est dégagée de son contraire que lentement et imparfaitement, en s'accommodant avec lui et avec ce qu'il en restait. Il s'est donc produit sur ce point une évolution certes rétroactivement radicale mais, sur l'instant, progressive, ponctuée d'avancées et de reculs, procédant non par sauts brusques ou renversements subits, par « tables rases » successives, mais par une série de glissements auxquels chacun dans le siècle, *même s'il s'y est opposé*, a apporté sa contribution. Et la conception qui en est résultée correspondait de ce fait infiniment plus à un compromis, intégrant des traits des périodes précédentes, qu'ainsi que nous avons parfois la naïveté de le croire, à l'avènement d'une rupture brutale, « inouïe »[36]. Il en va de même du passage du classicisme au romantisme, qui s'est échelonné sur un bon demi-siècle et fut des plus contradictoires et incertains, puisque, pour aller vite, à une première vague « pré-romantique » rousseauiste devaient succéder un retour à la raison *via* Mme de Staël, le culte révolutionnaire de l'Antique et le néo-classicisme de David, avant que tout ne bascule à nouveau avec le *Génie du christianisme* de Chateaubriand. Même si entre Lumières et romantisme on a bien « changé d'époque », il en est par conséquent résulté là aussi – la chose est évidente dans le cas de la France, moins sans doute, en raison d'un point de départ historique différent, dans celui de l'Allemagne – une manière de « compromis ».

Sous ce regard, Voltaire ne s'oppose donc pas à Rousseau : ils forment les deux faces, l'avers et l'envers, d'une problématique commune, les deux versants contradictoires et complémentaires d'un *même mouvement de pensée*.

Pour en revenir après cette parenthèse méthodologique à notre question initiale – mais dont nous ne nous sommes en réalité jamais ou que très peu écartés, car nous n'avons pas cessé de la traiter indirectement – de savoir de quoi est fait ce « socle » qui, en deçà des phénomènes d'imitation et de médiatisation ou avant eux, scelle l'unité d'une époque et en constitue l'« esprit », on peut avancer que celui-ci se définit moins par les thèmes forcément (heureusement) dispersés, et parfois hautement contradictoires, que cette époque agite, que par *les axes autour desquels elle gravite*. Et c'est à l'intérieur de ces axes en nombre relativement limité, émanant

36. On retrouve ici un constat identique à celui que nous faisions dans le chapitre sur le goût à propos de la « grande révolution gastronomique » française du XVIIe siècle. Cf. p. 107.

de facteurs d'origines et de natures diverses – certains plus « objectifs », en ce qu'on peut les rapporter à des raisons ou à des évolutions matérielles situées en dehors d'eux, d'autres plus « subjectifs » (quoiqu'on puisse les considérer eux aussi d'une certaine manière comme objectifs, car évoluant très lentement, ayant donc peu ou prou un statut de « données »), réfractant les grands choix sociaux, intellectuels et culturels faits par cette époque et dont la diffusion est liée à des phénomènes de croyance, s'exprimant comme tels ou par le biais de mentalités ou d'attitudes – que vont naître et se développer les pensées « individuelles » plus ou moins autonomes des hommes de ce temps. Cet ensemble formant un système cohérent d'éléments en interaction constante (doté, selon les cas, d'une unité variable), et étant totalement explicable, bien que redevable en même temps de plusieurs significations et portant, autant de ce fait que de ceux de l'action des individus et de l'influence d'événements plus ou moins exogènes par rapport à lui, des évolutions potentielles diverses et des conclusions réelles assez radicalement imprévisibles.

Afin de rendre moins abstraite cette interminable phrase à tiroirs, le mieux est de l'illustrer tout de suite par un exemple suffisamment riche pour ne pas s'avérer trivial et cependant assez simple et limité dans le temps et l'espace pour qu'on puisse l'appréhender, tel ce qu'on a appelé en France entre les années 1880 et 1900 la période « décadente » ou « fin-de-siècle »[37]. Que l'on puisse interpréter ces années comme formant une « époque » paraît assez incontestable, si l'on considère que c'était d'abord bien là la perception qu'en avaient les hommes de ce temps, et qu'on peut y repérer ensuite un certain nombre de grandes thématiques, références et autres images mythiques et symboliques récurrentes, se retrouvant aussi bien dans la pensée que dans le contenu et la forme des romans, pièces de théâtre, peintures, œuvres musicales, etc., de ces années, ainsi que des partis pris esthétiques et éthiques spécifiques, un style et une mentalité. Et, sans le caricaturer outre mesure, il paraît loisible de ramener cet ensemble, comme l'ont fait certains[38], à un nombre plus

37. Ce que nous disions précédemment de nos considérations sur les Lumières vaut aussi de ces quelques notations sur la mentalité fin-de-siècle : il ne s'agit que d'un exemple. Rendre compte de la richesse de cette époque demanderait un livre entier au moins.

38. En particulier J. Pierrot dans *L'Imaginaire décadent (1880-1900)*, *op. cit.*

limité de ce qu'on pourrait appeler de grands « composants de base » plus ou moins fortement et logiquement liés entre eux – en l'occurrence, le pessimisme et son (ou un de ses possibles) double(s), le rejet du monde extérieur, l'« idéalisme » ou ce qu'on appelait ainsi à l'époque [39], un certain nombre d'interrogations sur le pouvoir de la science et de la religion, ainsi qu'une volonté presque « pré-freudienne » de renouer avec les forces de l'inconscient.

Agis ensemble, ces ingrédients semblent rendre assez fidèlement compte des traits observables de cette époque. Ils en expliquent à la fois la présence d'un fort sentiment de « décadence », avec ses figures historiques, mythologiques et sa traduction dans le quotidien en termes de langueur, de lassitude, de mélancolie, d'ennui ; l'apparition concomitante d'une ardente cérébralité « naturelle » [40] et d'une artificialité revendiquée dans les arts, confinant l'une à l'introspection abstraite, l'autre, à un antinaturalisme féroce, avec sa variante antiféministe non moins exacerbée ; une exaltation de l'anormal, du déviant et du pervers ; une volonté d'évasion dans l'imaginaire ou de repli dans un univers fictif, voire fantastique ; l'avènement enfin d'une « nouvelle spiritualité » mêlant à une curiosité pour l'occulte, si ce n'est pour ce qu'on appelle aujourd'hui le sectaire, le renouveau d'une foi catholique orthodoxe.

Non seulement on peut donc dénombrer les quelques grands axes singuliers (car toutes les époques ne sont pas pessimistes, idéalistes et travaillées par des inquiétudes religieuses) autour desquels s'organise et gravite cette époque, mais – fait qui relativise la critique des sceptiques que nous évoquions précédemment – cette synthèse était, à quelques erreurs d'appréciation près, réalisable *en l'instant*, ainsi que le montrent les *Essais de psychologie contemporaine* de Paul Bourget [41] qu'admirait tant Nietzsche, et où toutes les caractéristi-

39. Voir les remarques que nous faisions à ce sujet dans le chapitre I, p. 24.

40. Malgré les apparences, cette expression n'est pas un *oxymoron*. Ce que nous voulons dire en juxtaposant ces deux termes en général contradictoires, c'est que cette intense cérébralité découlait des prémisses sur lesquelles la « mentalité décadente » était fondée – l'exemple le plus éclatant de cela étant le comportement de Des Esseintes, le personnage du roman-manifeste d'Huysmans *À rebours*, véritable odyssée de l'esprit pur introspectif, attitude qu'on retrouve d'ailleurs chez D'Entragues, le héros de *Sixtine*, de Remy de Gourmont. Bien que découlant elle aussi de ces prémisses, l'artificialité ressortit, elle, à un *choix esthétique conscient* : c'est pourquoi nous la qualifions ici de « revendiquée ».

41. Paul Bourget, *Essais de psychologie contemporaine*, Lemerre, 1885, et *Nouveaux Essais de psychologie contemporaine*, Lemerre, 1886. Ce sont là les ouvrages du jeune

ques que nous venons d'énumérer se trouvaient déjà répertoriées et inscrites dans une cohérence.

Pour poursuivre sur ce sujet, remarquons que cette époque est redevable de plusieurs principes de compréhension ou d'unité, chacun exprimant un de ses niveaux de signification. On peut en effet d'abord y voir une réaction de révolte de la « jeune génération » d'alors contre le prosaïsme bourgeois ambiant, son mol enlisement dans le bien-être, ses passions attiédies, son hypocrite décence, et, en ce sens, sur un plan plus historique ou théorique, les derniers feux jetés par le romantisme des années 1830 : une « agonie romantique », selon la formule de Praz [42]. De façon plus positive et en se projetant vers l'avenir, on peut qualifier aussi ce temps de pré-moderne, au sens précis où l'histoire de l'art utilise ce terme, en remarquant que s'y est élaborée, à l'encontre de l'éclectisme cultivé et pratique qui l'environnait, une vision artificialiste, formaliste, de l'art, essentielle dans le surgissement de la peinture moderne du début du XXe siècle et du roman proustien. On peut encore en faire l'époque d'une protestation dandy, voire pré-surréaliste, contre le monde, et bien sûr enfin en rester à sa désignation traditionnelle de décadente – toutes ces interprétations, non exhaustives, étant à la fois contradictoires et complémentaires, comme si elles décrivaient les multiples potentialités ou « virtualités » de ces années.

On peut également noter que cette époque portait avec elle son envers, le sacre des « nourritures terrestres », le retour aux pulsions brutes, qui devait se manifester par l'apparition au début du XXe siècle d'une réaction dite « naturiste » influencée par la découverte de l'œuvre de Nietzsche, laquelle se situe précisément à cheval sur ces deux moments, sur la ligne de leur pliure – l'ambiguïté de son « nihilisme », à la fois négateur et positif, fin et commencement, semblant même résumer à la quasi-perfection le balancement souterrain du décadentisme. Sur un autre versant, on ne peut manquer de noter que les partis pris esthétiques de ce temps

Bourget, quand il était un fin observateur et un critique brillant de son temps, et pas encore ce romancier des alcôves bourgeoises qui faisait se pâmer d'émotion nos arrière-grands-mères.

42. *The Romantic Agony* est le titre de la traduction anglaise de *La Carne, la Morte e il Diavolo nella Letteratura Romantica*, de Mario Praz (*La Chair, la Mort et le Diable dans la littérature du XIXe siècle*, Denoël, 1977) – ouvrage à la réputation au demeurant un peu surfaite, auquel on réduit souvent Praz en France, alors qu'il est très loin d'être son meilleur.

s'accompagnaient de choix éthiques ou comportementaux profondément liés entre eux, en symbiose, comme s'ils n'étaient, les uns et les autres, qu'une seule et même chose se traduisant différemment. On peut également relier tous ces traits à la constitution d'un grand capitalisme et aux mouvements de contestation de celui-ci, marxistes et plus encore anarchistes. Enfin, on ne peut qu'être frappé par le contraste entre la profusion littéralement baroque (au sens commun du terme) des thématiques de cette époque et le fait qu'on puisse les ordonner, qu'elles semblent s'ordonner d'elles-mêmes, autour d'un nombre limité de grands axes.

On pourrait presque dire à ce propos qu'il en va des époques un peu comme des œuvres de certains penseurs, telle celle de Nietzsche justement, dont le fait qu'elles se présentent sous la forme de fragments contradictoires et qui ne le cachent point, revendiquent au contraire leur dissonance, amène certains à en conclure que ces œuvres affirment tout et le contraire de tout, donc en définitive rien, alors qu'il est manifeste que leur dispersion est régie par un ou quelques principes de cohérence supérieurs quoique implicites et évolutifs. Bien loin de se ramener à une suite de remarques disparates sans perspective autre que celle de la personnalité de leur auteur et de ses caprices (ou étant en même temps plus et autres que cela), ces œuvres retracent la dynamique d'une pensée cohérente, mais dont les conclusions ne sont pas, comme dans un système, fixées à l'avance, parce que déjà contenues dans leurs prémisses – il suffit alors, comme en une démonstration mathématique, de développer les secondes pour obtenir les premières –, mais *en perpétuel devenir*. Ces œuvres portent donc elles aussi des pensées unitaires mais qui demeurent *expérimentales*, qui tentent d'élucider leurs conséquences, de s'élucider elles-mêmes, à partir d'un centre qui, bien que jamais explicité, leur fournit leur impulsion et où gît aussi la clé de leur signification la plus profonde, ultime[43]. Ce qui

43. Dans *L'Entretien infini* (Gallimard, 1969), Maurice Blanchot qualifie ces pensées de « fragmentaires », pour les différencier à la fois des systèmes au sens propre du terme et des « pensées par fragments », qui ne sont que des systèmes déguisés mais décomposés, en « miettes », comme pourraient l'être (quoique pas totalement) les *Pensées* de Pascal ou l'œuvre de Kierkegaard. Ces différences issues de l'analyse littéraire sont à l'évidence très intéressantes pour comprendre la dynamique des époques ou des sociétés. Ce type de question se posant aussi dans le cas de Cioran, nous renvoyons à notre *Cioran, l'hérétique*, *op. cit.*, où nous avons examiné plus longuement les conséquences de cette analyse. Ajoutons

fait qu'elles sont *à la fois* extrêmement précises quant à leur signification et très ouvertes quant aux modalités concrètes que celle-ci peut prendre dans les divers domaines qu'elles concernent[44].

De la même manière, ce qui fait l'unité idéologique des époques n'est pas tant à rechercher dans les réponses qu'elles élaborent que dans *la nature des questions fondamentales qu'elles se posent* – questions qui, bien que susceptibles de certaines modulations, s'inscrivent néanmoins dans un champ circonscrit, sinon très étroit, qui canalise ces réponses et leur empêche d'excéder certaines bornes, tout en leur laissant une relative autonomie, expliquant ainsi que, bien qu'elles soient déterminées par leur époque, elles puissent prendre des formes pour une part imprévisibles. Cela veut dire d'ailleurs également que cette unité idéologique doit s'apprécier au moins autant de façon positive, par les thématiques que les époques promeuvent ou laissent fleurir, que *négative*, par celles qu'elles rejettent, empêchent d'examiner et même, avant cela, peu ou prou de formuler.

Si le XVIIe siècle s'est ainsi attaché, par la voix de Descartes notamment, à faire valoir les droits de la raison, celle-ci demeurait subordonnée à l'existence d'un principe supérieur incarné par Dieu. En dépit de la méthode du doute systématique, Descartes ne pouvait donc en rester qu'à la vision d'une raison déductive issue de « fins dernières » situées hors de son emprise (il est vrai que ce recours avait aussi pour fonction d'assurer la cohérence interne de son système, car il fallait bien qu'intervienne un principe qui rende compte de l'universalité de nos raisons individuelles). Et Pascal ne pouvait, de son côté, que rompre l'examen qui l'amenait sur le plan moral au pyrrhonisme intégral et revenir en partie sur son

---

que, dans le cas de Nietzsche, et pour ne pas laisser la dernière phrase de notre développement en suspens, il semble que l'on puisse affirmer que ce « centre de gravité » est occupé par la grande question, toujours actuelle, de savoir comment (et si cela est possible) nous pouvons « sortir » du christianisme et, de façon plus large, de l'Occident.

44. C'est pourquoi, si l'on nous permet d'apporter un dernier commentaire à ce propos, on peut assurer que l'interprétation *grosso modo* « nazie » de Nietzsche est *fausse*, car elle n'est pas contenue dans son œuvre, que tout en elle même s'y oppose. Tandis que l'on peut en revanche tirer *légitimement* du nietzschéisme des enseignements ou mystiques, ou totalement pragmatiques, ou encore esthétiques-dandys. C'est la confusion de ces deux niveaux de fermeture (au sens de précision) et d'ouverture de la signification de l'œuvre de Nietzsche qui a fait que certains ont pu, il y a quelques années, s'annoncer « anti-nietzschéens », repoussant ainsi un apport intellectuel à mille encablures de leur pauvre (absence de) pensée *rad' soc* à la sous-Alain.

choix pour une démarche expérimentale en science qui le poussait à une conception utilitariste de celle-ci, par l'hypothèse d'un « pari » sur l'existence de Dieu[45]. Sauf à basculer dans une autre problématique, leurs deux réflexions étaient incapables de se porter au-delà d'une limite alors posée et vécue comme infranchissable : en dépit de leur rejet des principes de *l'École*, comme on disait alors, elles ne pouvaient s'émanciper totalement du cercle défini par la scolastique médiévale[46].

Si le XVIIIe siècle a pu en revanche affranchir, quoique de façon imparfaite et contradictoire, la raison de ce principe souverain et poser les bases d'une « humanisation » du divin, c'est que, du fait d'évolutions en grande part extérieures à ce débat, en particulier la remise en cause de l'absolutisme politique, cette question avait été préalablement ouverte. Il se peut donc qu'il se soit passé ici l'inverse de ce que racontent en général nos manuels d'histoire : que ce ne soit pas la contestation de la religion qui ait précipité la chute de l'absolutisme monarchique, mais un certain épuisement de ce dernier et son rejet concret par la paysannerie, le tiers état

45. En résumant ainsi aussi bien les positions de Descartes que de Pascal, nous sommes conscients que nous faisons comme si la Foi ne pouvait pas être conçue comme une rationalité supérieure à la raison, une Raison ultime qui domine cette dernière. Or, cette idée, d'ordre général mystique, est non seulement légitime mais peut-être même aussi très actuelle. La réduction à laquelle nous procédons ici doit donc être prise comme le simple résultat de notre tentative de considérer la structure des questions majeures de cette époque *de l'extérieur*, quoiqu'il soit sûr que passe ici par la bande une grande part des conceptions de notre temps. Où nous ne faisons ici qu'illustrer les difficultés soulevées par la troisième question de méthode dont nous avons fait état.

46. Ainsi qu'on l'a souvent noté, cette dépendance est encore très visible chez Descartes, en particulier dans ses *Méditations métaphysiques* et leurs *Objections et Réponses*, dont certains développements, certains arguments et plus encore *le style général*, évoquent ceux d'une *disputatio* scolastique et ne sont pas sans leur conférer aujourd'hui un petit cachet désuet. Nous employons bien sûr ici le terme de scolastique en son sens historique de tentative de synthèse entre le christianisme et l'aristotélisme, ou, plus généralement, de recherche d'un équilibre entre la foi et la raison, et non au sens dégradé d'une discussion absconse sur des questions obscures, qu'il a pris dans notre langage courant. Cette évolution sémantique est d'ailleurs très significative des renversements de perspectives et même *de goût* provoqués par le remplacement de certaines grandes problématiques par d'autres – les changements de paradigmes –, dont nous parlerons plus tard dans ce chapitre, lesquels ont aussi pour effet de rendre presque incompréhensibles aux hommes d'une époque nombre de discussions jugées essentielles par les siècles précédents. Car la question du « sexe des anges » (pour ne considérer que celle que l'on cite toujours pour se moquer de la scolastique) était aussi vitale et *centrale* pour les hommes du XIIIe siècle que bien de nos débats actuels *incontournables*, qui n'ont de sens qu'à l'intérieur du cadre de référence actuel commun à toutes nos pensées, et le perdront immanquablement, sinon deviendront même pour certaines rigoureusement inintelligibles, quelques siècles, décennies *ou même jours* après que l'humanité aura décidé de remettre en question ce cadre...

et la noblesse qui aient révélé la relativité du principe commun sur lequel ces deux pouvoirs étaient fondés[47]. Où l'on retrouve ici ce que nous disions précédemment quant au caractère intrinsèquement social de nos idées – aussi bien en ce qui concerne leurs conditions de formation que d'acceptation – et à l'influence parfois déterminante des phénomènes sociaux extérieurs de croyance au sens large du terme sur leur destin.

Un rapide détour par l'épistémologie des sciences peut aider à préciser et à ordonner les hypothèses que nous venons d'avancer. Si l'on met de côté la question dite aujourd'hui « de la certitude », à laquelle il est probable qu'on ne sache jamais répondre, de savoir s'il existe une vérité absolue, valable en tous temps et en tous lieux, le développement de la connaissance scientifique – surtout depuis la relativité einsteinienne, qui a montré de façon éclatante que la conception newtonienne n'était qu'une représentation possible parmi d'autres de l'Univers – demeure en effet incompréhensible hors de l'hypothèse, suggérée par Popper[48] (et sans doute entrevue par d'autres avant lui[49]), qu'elle relève de l'apparition d'une succession de « conjectures » résistant plus ou moins bien et longtemps aux tests auxquels on les soumet et qu'on peut déduire d'elles – suppositions provisoires de caractère plus ou moins universel, dont la fécondité est inversement proportionnelle à leur réalisme, et

47. C'est ce que semblent montrer les deux faits historiques assez établis que, d'une part, le XVIIIe siècle est resté jusqu'au bout un siècle profondément religieux (car se dresser contre l'« Infâme » n'équivaut pas à remettre en question la religion en tant que telle, mais, dans une certaine mesure, au contraire à la renforcer, en suggérant qu'elle se justifierait mieux débarrassée de ses superstitions ou de certaines pratiques de son clergé), où les thèses ultra-matérialistes de La Mettrie et de D'Holbach n'ont jamais eu qu'un très faible écho, et de l'autre, que les lecteurs des « philosophes », y compris de Rousseau, se recrutaient aussi et peut-être même *surtout* parmi les nobles. Voir sur ce point Roger Chartier, *Les Origines culturelles de la Révolution française*, Seuil, 1990, et, bien sûr, *L'Ancien Régime et la Révolution*, de Tocqueville (rééd. « Folio-Histoire »).

48. Karl R. Popper, *Conjectures et Réfutations*, Payot, 1985, pour la trad. fr.

49. Il est en effet probable que certains scientifiques aient aperçu bien des éléments, sinon le système de compréhension qu'il en a tiré, des réflexions épistémologiques de Popper ; mais que, soit parce qu'ils considéraient que ce n'était pas là leur rôle ou que cela n'était pas indispensable pour eux, ils n'aient cherché ni à en faire état ni en tirer une complète épistémologie. Popper, qui était un grand esprit droit, le reconnaît souvent entre les lignes, tout comme le fait qu'un grand nombre de ses thèses avaient été anticipées par Berkeley – sauf que ce dernier les arrangeait différemment et en tirait de tout autres conclusions, puisqu'il voulait réassurer ainsi le pouvoir absolu de la théologie. Voir à ce sujet la « Note sur Berkeley, précurseur de Mach et d'Einstein » des *Conjectures et Réfutations*, *op. cit.*

la qualité scientifique, de pouvoir être plus encore que prouvées, réfutées [50].

Or ces conjectures ne surgissent ni du néant d'un imaginaire conçu comme un grand réservoir d'intuitions pures, magiques, sur la Vérité des choses, ni, non plus, ainsi que le soutiennent les partisans de l'induction – d'un empirisme strict –, de l'« expérience » entrevue comme une observation objective, neutre, sans aucun présupposé, du réel, dont on induirait par généralisations successives les lois auxquelles celui-ci est soumis. Car non seulement on ne peut observer qu'une partie du réel, et non le réel dans son entier ; mais, pour observer cette partie restante, encore faut-il avoir une idée de ce qu'on y cherche et s'attend à trouver, et forger des instruments adéquats à cet effet.

Autrement dit, la formulation des conjectures, des hypothèses scientifiques, dépend intégralement de la nature des questions que nous adressons au monde, de la localisation que nous leur attribuons, ainsi que des présupposés nécessaires à leur établissement. Impossible, ainsi, de forger l'hypothèse d'une loi universelle de la gravitation, sans celle, préalable et abstraite, de l'existence dans la matière de certaines « forces » dont on peut mesurer les effets extérieurs mais qu'on ne saurait observer en tant que telles (et dont le statut reste d'ailleurs encore problématique), et sans la notion plus large d'« inertie », soit la conception que ces forces appliquées à un objet ne modifient pas la nature interne de celui-ci et lui communiquent un mouvement théoriquement (dans des conditions de vide parfait) infini [51]. Impossible encore d'élaborer la thermo-

50. Cette dernière thèse est devenue la notion aujourd'hui classique dite de « réfutabilité » ou de « falsibilité ».

51. Ce dernier point explique d'ailleurs pourquoi la célèbre expérience de Galilée, lâchant du sommet de la tour de Pise des sphères de poids et de matières différentes mais d'identique grandeur afin de montrer aux savants stupéfaits qu'affectées toutes d'une vitesse identique, elles atteignaient en même temps le sol, dont parlent les manuels de physique et qu'évoquent même encore parfois certains historiens des sciences (!!!), a toutes les chances de n'être qu'une agréable légende. La raison en étant que Galilée savait que cette expérience ne pouvait pas être entièrement concluante (quoique sur une hauteur comme celle de la Tour, on aurait eu du mal à s'en rendre compte), du fait des différences de frottement avec l'atmosphère sur les graves ainsi lâchés. Il ne s'agissait donc là que d'un théorème abstrait, valant pour des conditions de vide parfait et par approximation dans notre atmosphère sur des distances relativement courtes, dont Galilée pouvait assurer la validité, sans avoir besoin de le vérifier par l'« expérience ». Voir à ce propos les classiques d'Alexandre Koyré, *Études d'histoire de la pensée scientifique* et *Du monde clos à l'univers infini*, rééd. en Tel-Gallimard.

dynamique sans la notion, qui ne découle pas elle non plus des sens, d'« énergie ». Et impossible enfin d'inventer la théorie de la relativité, sans l'hypothèse abstraite et en rupture avec notre perception « naturelle » des choses d'un temps à la vitesse d'écoulement variable. Bref, non seulement nous ne pouvons obtenir, dans les sciences expérimentales, de réponses qu'aux seules questions que nous posons, mais la nature de ces réponses dépend également de celle des questions posées et du découpage du réel sur lequel nous nous appuyons pour les poser – que nous considérions ce découpage comme « donné par les sens », c'est-à-dire que nous reprenions celui que l'histoire nous a transmis, ou que nous en adoptions, en proposions un autre.

Les conjectures successives que sont nos théories dépendent et ne peuvent exister en résumé hors de ce que Popper nomme leurs *problem situations*, qui relèvent *d'un choix* de l'observateur, et plus généralement de la communauté scientifique à un instant donné [52]. Et l'on peut se demander, en élargissant cette remarque à notre propos, si ce ne sont pas ces « zones » ou « configurations problématiques » [53] changeantes – qui, du fait qu'elles émanent de notre esprit, sont par force liées ensemble – qui fondent la cohérence profonde des époques, délimitant un espace commun de saisie et de traitement des informations, dont nous dépendons, que nous ne mettons en question et plus encore ne renversons que de façon exceptionnelle par l'élaboration de nouveaux concepts ; et non pas nos réponses, qui peuvent aller au contraire et, comme l'histoire de la science le montre, vont naturellement en ordre plus ou moins dispersé.

Pour en revenir aux idées sociales, Ernst Cassirer fait ainsi procéder toutes les manifestations intellectuelles de l'Ère des Lumières

52. Il est sûr que c'est par ce dernier biais que s'insinuent dans les sciences expérimentales des éléments extérieurs à elles et qui en modèrent fortement ce qu'il est convenu d'appeler leur « objectivité ». Même les théories scientifiques ont un ancrage social ou culturel, s'inscrivent dans un cadre de référence qui les dépasse, sauf qu'elles ont la possibilité de s'en autonomiser pour une part grâce aux protocoles de vérification et de réfutation auxquels on les soumet. C'est ici tout le problème (fondamental) des liens entre science et société, sur lequel on ne s'est pas beaucoup interrogé et à propos duquel une vraie clarification serait indispensable. Dans sa partie critique, *La Nouvelle Alliance*, d'I. Prigogine et I. Stengers (*op. cit.*), présente à cet égard un certain nombre de synthèses et de réflexions intéressantes.

53. Cet adjectif doit être pris ici en son seul sens descriptif de « de problème ».

du choc initial (il faut bien le dire, renversant) provoqué par la découverte à la fin du XVIIe siècle de la loi de la gravitation universelle par Newton et de la volonté des esprits éclairés de cette époque d'en tirer tous les enseignements politiques, sociaux et moraux possibles [54]. Car – ainsi pensaient à tort, note Cassirer, les hommes des Lumières, puisqu'ils confondaient ce faisant une conjecture sur le monde avec une description de celui-ci : ils prenaient une hypothèse ayant une certaine aire de validité, mais non entière, pour la révélation de « la Vérité » ultime des choses [55] –, si l'on peut déduire de l'observation de l'univers physique et du Cosmos tout entier une loi universelle, c'est que la Nature possède un ordre immanent – notre rôle consistant dès lors à clarifier cet ordre, afin de nous y soumettre et de le faire triompher en tout. Tel était bien, au demeurant, l'objectif de Montesquieu, qui entendait extraire de l'analyse des faits historiques un « esprit des lois », conçu comme un système de grands principes de gouvernement valables, sinon en tous temps et en tous lieux, du moins en fonction d'une typologie des régimes politiques humains.

La grande question qui ne pouvait que se poser à partir de là aux hommes des Lumières était bien sûr de savoir comment situer cette « loi naturelle » par rapport à la loi divine. Et cette question était redevable de plusieurs grandes catégories de réponses, avec

54. C'est évidemment cette façon de rendre compte d'un siècle aussi foisonnant et inventif (et dans lequel, d'une certaine mesure, *on a tout pensé*) que le XVIIIe par une seule grande « cause », qui a été le plus reprochée à Cassirer, notamment par les « dixhuitémistes ». Il est certain qu'il existe un niveau d'abstraction tel qu'à partir de lui tout est plus ou moins dans tout. Mais Cassirer, d'une part, tentait surtout par là de décrire d'où le siècle et ses manifestations dispersées provenaient – la notion d'« impulsion » diffère de celle de « cause » : c'est un moteur plus qu'une détermination – et ne mésestimait nullement les tentatives qui avaient échappé à cette problématique, telles (en partie) celle de Berkeley dans le domaine de la Connaissance ou, en Histoire, de Vico ; d'autre part, il tentait de rendre compte de la nature de ce « socle » dont nous sommes également à la recherche, ce qui lui imposait un certain degré de généralité. Enfin, on peut considérer cette analyse comme une hypothèse, une *conjecture* elle aussi, offrant des Lumières une intelligibilité à tester et à discuter – bref, comme un simple cadre d'approche de cette époque.

55. Kant, comme le rappelle souvent Popper et ainsi que l'avait déjà noté Brunschvicg, ne faisait pas exception à la règle : il croyait lui aussi dans le caractère de « vérité » de la théorie de Newton. Il est certain qu'une analyse critique de la théorie kantienne de la Connaissance ne devrait jamais oublier ce fait, qui change à peu près tout, alors qu'il n'est que très rarement, sinon jamais, signalé par les commentateurs actuels de la *Critique de la raison pure*, qui en font une sorte de réflexion idéale, détachée de son temps – comme si elle n'y était pas par force, *comme n'importe quelle réflexion à n'importe quelle époque*, profondément plongée.

toutes les variantes intermédiaires s'interposant entre elles et les synthèses partielles qu'elles offraient, entraînant des attitudes de portées et d'ordres différents, voire opposés.

Face à cette question, on peut en effet d'abord en rester à la solution pratique (nous voulons dire par là celle qui, *en définitive*, en dépit du fait qu'il poursuivait un objectif inverse, en est demeurée, soit à proprement parler une « méthode ») de Descartes, de deux domaines séparés, de la Nature et des fins dernières divines. Autrement dit et de façon plus générale, on peut décider de se désintéresser en quelque sorte du problème : appliquer la méthode expérimentale aux divers phénomènes de la nature, tout en conservant une foi pour ainsi dire de convention en Dieu : faire le choix d'une conception purement utilitaire de la Science, qui n'engage qu'elle et n'a que peu d'implications dans les autres champs. D'une certaine façon, c'était l'attitude de Newton lui-même.

On peut aussi, à la suite de Malebranche, tirer de tout cela la conclusion que Dieu s'exprime plus ou moins au travers de cette Raison. On peut également considérer que cette dernière se confond avec une « religion naturelle », un principe universel venant coiffer toutes les religions particulières et dont celles-ci ne sont que des sortes de « traductions » culturelles et historiques particulières : ce sera la position dominante des Lumières, influencée par le déisme anglais, et qui se retrouvera plus tard dans le culte robespierriste de l'Être suprême[56]. Et on peut enfin voir dans cette Raison un principe autonome qui doit à terme évincer le Divin, cette mutation étant même censée représenter un progrès incomparable, une libération décisive de l'Humanité – conséquence esquissée au XVIIIe siècle par La Mettrie et D'Holbach, mais que devait surtout tirer, comme on le sait, au XIXe siècle, la philosophie matérialiste d'après Hegel. Ce qui fait l'unité des Lumières, ce ne sont donc pas ces réponses, en ordre dispersé, mais bien la nature de la question centrale d'où elles dérivaient toutes – interrogation très

56. Il y aurait sans doute lieu ici de distinguer les deux notions de « déisme » et de « théisme », dont on a parfois beaucoup de mal aujourd'hui à percevoir la différence. Où l'on retrouve ici ce que nous disions dans la note sur la scolastique, à savoir que quand une grande conception du monde fait place à une autre, un certain nombre de débats, qui étaient essentiels sur le moment, deviennent après cela presque inintelligibles ou semblent autant d'arguties sans importance.

ancienne, mais à laquelle la découverte newtonienne semblait donner plus encore qu'une actualité, l'espoir de la résoudre définitivement.

Bien que du fait de l'insuffisance de recul l'exercice soit par définition périlleux, il faut bien tenter d'illustrer ce que nous venons de dire par des exemples actuels. Quels seraient donc, au-delà des quelques débats que nous avons évoqués au début de ce chapitre, les grands « axes » autour desquels gravite (ou pourrait graviter) notre temps, comparables à ceux dont nous avons parlé pour les Lumières ou l'époque décadente ? Le premier, et sans doute le plus fondamental, car il engage notre conception de la connaissance, pourrait être la question du statut, voire de la définition, de la « réalité ». On sait qu'il s'agit là d'une des interrogations centrales de la science depuis un demi-siècle qui, sous l'impulsion de la théorie quantique et de son hypothèse probabiliste résultant de l'indétermination des trajectoires de certains objets physiques élémentaires, s'interroge de plus en plus sur la validité de la position classique d'un univers « objectif » indépendant de toute observation[57], que celle-ci ne saurait modifier et dont les mécanismes physiques étaient posés comme pouvant être toujours en théorie « réversibles »[58]. Mais cette question est aussi celle qui se trouve posée, en psychologie, par ce qu'on appelle le « cognitivisme » et le « constructivisme », qui sont tous deux fondés sur l'idée (très représentée dans cet essai) que le réel est en large part une création de notre regard et des normes qui nous entourent. Et on peut dire qu'elle est également celle qui chemine sous la notion de « virtuel » ou encore de ce que Jean Baudrillard a pu nommer, d'une façon non dénuée parfois d'accents métaphysiques, le « simulacre »[59].

57. Prigogine et Stengers (*op. cit.*) avancent à ce propos les qualificatifs particulièrement bien choisis (d'un monde) « simple et limpide, sans ombre, sans épaisseur », « livré et sans mystère » et même « muet ».

58. Au sens où on peut abstraitement étudier un phénomène physique de la cause à l'effet, et *vice versa*, ce qui est le cas dans la mécanique classique, issue de Galilée, mais qui ne vaut pas en thermodynamique, où ce qui se passe produit un changement définitif, donc « irréversible » – ce point modifiant évidemment la conception d'un « réel » ayant, quelle que soit la transformation subie, toujours la même qualité ou « essence ».

59. Voir notamment *Simulacres et Simulation*, Galilée, 1981 et « La précession des simulacres », *Traverses*, nº 10, février 1978. Mais c'est presque toute l'œuvre de J. Baudrillard depuis *L'Échange symbolique et la Mort* (Gallimard, 1976), où apparaît cette notion, qu'il faudrait citer à ce propos.

Le second grand axe, assez lié au précédent, pourrait être constitué par toutes ces interrogations concernant le caractère universel ou non de la raison, dont nous avons déjà parlé, et, plus généralement, le statut de ce que Kant nommait les *a priori* aussi bien intellectuels que moraux – débat dont une des manifestations est évidemment la question de la validité universelle ou non des « droits de l'homme ». Quant au troisième axe, en symbiose avec les précédents, il est de caractère plus ethnologique, quoique en même temps profondément philosophique ; et certains, comme plus personne ne l'ignore, lui ont même attribué une dimension d'explication géo-stratégique [60]. C'est bien sûr celui de savoir quelle sorte de dialogue (ou de non-dialogue) peut s'établir entre les divers systèmes de pensée existant dans le monde. C'est le débat de fond de la mondialisation, avec son envers et identique (sur le plan des interrogations) qu'est la conscience d'une « citoyenneté planétaire » issue de l'écologie et de tout ce qu'on a pu appeler, dans les *eighties*, le « multi-culturalisme » ou, de façon plus courante, le « métissage ».

Ces débats ne sont pas neufs, certains sont aussi vieux que le monde. Mais, comme dans le cas de Newton et des Lumières, ils ont été réactivés aussi bien par les développements de la science, par ceux de l'ethnologie, en particulier du structuralisme, que par la configuration économique et politique globale actuelle.

Si l'on accepte les axes que nous venons d'évoquer, on pourrait d'ailleurs avancer qu'ils s'inscrivent tous dans une question plus large, à savoir l'interrogation fondamentale, qui était déjà celle de Nietzsche [61], de savoir dans quelle mesure nous pouvons, nous,

60. Nous faisons bien sûr référence ici au désormais célèbre *Choc des civilisations* (Simon & Schuster, 1996, pour l'éd. originale, et Odile Jacob, 1997, pour la trad. fr.), du politologue américain Samuel P. Huntington, dont on a beaucoup parlé récemment et à propos duquel on s'est beaucoup affronté sans toutefois l'avoir toujours vraiment lu. Car si cet ouvrage est sous certains de ses aspects contestable, il reste que la question qu'il pose, elle, est non seulement bien réelle mais aussi *urgente*.

61. Voir la note 42 de ce chapitre. Cette question, autour de laquelle tournent les interrogations dont nous avons fait état au début de ce chapitre sur la définition de la philosophie, en tant que recherche de vérité ou de sagesse, est aussi celle qui structure l'une des tentatives les plus originales (une des rares qui ne soit pas la simple répétition de pensées mortes) dans la philosophie française d'aujourd'hui : celle de François Jullien, « sinologue » qui entend interroger les différences entre les pensées chinoise et occidentale afin de mettre à jour leurs présupposés latents respectifs et ainsi de comprendre, en quelque sorte « de l'extérieur », plus « objectivement », ce que nous, Occidentaux, sommes vraiment. Toute

Occidentaux, « sortir de l'Occident », renouveler notre pensée en y intégrant des éléments différents d'elle sans pour autant mettre en péril la fonction d'intelligibilité qu'elle a jusqu'à présent remplie pour nous [62].

Reste à expliquer, dans ce schéma, pourquoi les sociétés éprouvent parfois la nécessité, dans le domaine idéologique, de passer d'une grande conjecture à une autre. Or, la réponse qu'on donne usuellement à cette question, en terme de « génie individuel » ou « moral », n'est guère satisfaisante. Car qu'aucun penseur, y compris Montaigne et Montesquieu, n'ait par exemple songé avant le milieu du XVIIIe siècle à poser la question *politique* de l'esclavage ne résulte évidemment pas d'une impuissance intellectuelle ou d'un défaut de moralité, mais du fait qu'il était jusqu'alors acquis, qu'*il allait implicitement de soi pour nous*, que nous étions les seuls au monde à posséder une conscience.

Pour que l'idée d'une humanité partagée par tous (du fait que nous sommes des hommes) naisse, il fallait que ce dernier présupposé cédât. On se trouve donc bien en présence ici d'un phénomène de croyance au sens propre du terme. Et il semble manifeste que cette croyance a changé essentiellement en raison de la fantastique ouverture de l'Europe au monde, entamée à la fin du XVe siècle avec les grandes découvertes, confirmée aux XVIe et XVIIe et élargie au XVIIIe siècle, quand on a commencé à se passionner pour la Chine et, plus tard, les Indiens d'Amérique.

Le même raisonnement vaut à l'évidence aussi pour l'idée de tolérance, dont on peut précisément dater l'apparition en l'attribuant à Bayle et à son *Commentaire philosophique* de 1686 [63]. Car si avant lui il s'était trouvé des hommes pour s'élever contre certains faits concrets d'intolérance religieuse ou, à l'instar de Montaigne, pour admettre la relativité absolue de nos coutumes, aucun

---

l'œuvre de F. Jullien serait ici à citer, mais une bonne introduction en est le livre d'entretiens récent avec T. Marchaisse, *Penser d'un dehors (La Chine)*, Seuil, 2000.

62. De ce point de vue, ce qu'on a appelé un temps le « néo-kantisme » ne saurait guère être considéré que comme une façon de suspendre ce débat, de le figer à une étape de la réflexion occidentale. Bref, il s'agit là d'un *parti pris*, une opinion légitime sans doute en tant que telle, mais qui ignore ce faisant, entend ignorer de façon délibérée les questions extrêmement pratiques et actuelles que nous venons d'évoquer : une façon de fermer la question, en réassurant contre elle les fondements de l'Occident.

63. Repub. en Presses Pocket, 1992, sous le titre de *De la tolérance*.

d'entre eux n'en avait cependant tiré la conclusion que la tolérance pouvait avoir valeur de « principe » détaché de tout enjeu précis, d'*a priori* moral, et placé celui-ci au centre d'une vision intelligible du monde. Il y a donc bien eu à un moment donné une intervention individuelle qui a fait basculer ce qui ne pouvait être jusqu'alors qu'une réaction accidentelle de critique ou de révolte, dans l'ordre incomparable d'une « idée » universelle et opératoire. Sauf qu'il faut remarquer tout de suite que, sans avoir lu Bayle, dans un autre contexte et sur d'autres bases – en partant d'une réflexion sur le droit libéral, et non d'une méditation sur l'autonomie de la conscience –, Locke aboutissait au même moment à un constat identique dans sa *Lettre sur la tolérance*[64]. L'idée intensément « morale », « pure », « désintéressée », du respect des valeurs intérieures de l'individu se trouvait alors dans l'air, car elle correspondait à un changement concret des relations entre les hommes, à la généralisation d'une nouvelle structure de leurs liens.

À la limite, on pourrait presque envisager de tirer de tout ce que nous venons de dire une sorte de représentation simplifiée, de « modèle » au sens mathématique du terme, du surgissement et du développement des idées. Partant d'un instant initial t dans une société donnée, on établirait la configuration problématique de cette époque. On en extrairait les grands axes et déterminerait leur évolution possible. On y adjoindrait des variables sociales et de croyance, tenant compte des effets d'imitation et de diffusion médiatique, dont on repérerait la nature et les évolutions probables par l'étude de certains symptômes déjà présents. Il faudrait bien sûr tenir compte de toutes les idées, y compris celles apportées par les arts et l'invention du quotidien ; mais surtout on devrait réserver une place à l'influence aléatoire mais concrètement parfois déterminante d'éléments exogènes à ce système. Car si on arrivait ainsi à peu près à décrire et à prévoir dans quel(s) espace(s) nos idées vont se situer, à quelles grandes questions elles vont devoir se confronter et de quelle nature est leur impulsion initiale, il ne faudrait pas oublier que leur avenir dépend également de variables qui semblent les dépasser. Outre les initiatives individuelles, qui

64. La *Lettre sur la tolérance* a été écrite par Locke pendant son exil en Hollande en 1685, un an donc avant la parution du *Commentaire philosophique* de Bayle.

peuvent en modifier le cours, il faut en effet compter avec les retombées de ces grands événements historiques dont on a coutume de dire qu'après eux *plus rien n'est comme avant*. Il est de fait qu'on ne peut guère comprendre l'évolution des Lumières sans considérer les effets du tremblement de terre de Lisbonne, qui a déstabilisé l'idée d'une « Providence divine ». Vrai aussi que notre monde moderne est issu du choc de la boucherie de 14-18, peut-être même plus encore que de celui provoqué par les infamies commises entre 39 et 45. Et comment prévoir ces événements ? La tentative semble *a priori* totalement impossible.

Si ce n'est qu'il faut remarquer que si l'on ne pouvait savoir qu'un tremblement de terre aurait précisément lieu à Lisbonne en 1755, on pouvait en revanche prédire, à partir de l'examen de la configuration problématique du XVIIIe siècle en l'année 1700, que la question de la Providence divine *se poserait nécessairement* un jour, qu'elle émane d'un tremblement de terre, d'un raz de marée ou d'une guerre atroce. De leur côté, les deux grands conflits mondiaux du XXe siècle ne sauraient guère être considérés comme absolument exogènes au système d'idées de leur temps. Ils provenaient au contraire en grande part des déséquilibres internes de celui-ci – dont certains très anciens, d'autres connus et sus de tout le monde, mais qu'on préférait oublier : qu'*on ne voulait pas voir*. Et ce système, il n'est pas sûr qu'ils l'aient substantiellement transformé. Ils en ont précipité seulement certaines virtualités plutôt que d'autres. La même remarque vaut, et peut-être plus encore, de l'attentat contre le World Trade Center de New York du 11 septembre 2001. Car, à considérer les grands thèmes de notre temps que nous évoquions précédemment, il paraît difficile de soutenir que cet événement leur est étranger. On peut même avancer que, d'une façon ou d'une autre, sous cette forme ou sous celle d'un conflit classique, il ne pouvait que sortir d'eux : *il devait en quelque sorte se produire*. Émanant en très grande part de ce système, il ne l'a d'ailleurs lui non plus pas modifié de fond en comble : il en a apporté un nouvel éclairage, en rendant certains de ses paramètres plus présents ; il n'a fait lui aussi que précipiter certaines de ses virtualités. La prise en compte de ces éléments dits « exogènes » ne serait donc pas forcément insurmontable. Ce qui s'avérerait en revanche sans doute impossible, ce serait de prévoir les interactions risquant de se produire entre les innombrables paramètres du modèle et les conséquences de celles-ci sur le développement de certaines idées. Bref, même si l'on réussissait à en poser les bases, ce modèle n'aurait *pas la moindre valeur prédictive* : il ne pourrait être au mieux – ce qui est déjà beaucoup et constitue peut-être la fonction profonde des modèles – qu'un cadre général d'intellection servant à trier et à classer et, avant cela, à observer et simplement *voir* les phénomènes que nous avons sous les yeux...

Laissons par conséquent cet improbable rêve d'une mathématisation de l'Histoire à quelque savant désœuvré ; et reprenons notre examen plus modeste. D'une certaine façon et depuis quelque moment déjà, on rôde autour d'une notion, issue, elle, moins de l'épistémologie *stricto sensu* des sciences que de leur histoire, et qui est celle de « paradigme ».

En passant dans le langage courant, celle-ci, il est vrai, s'est beaucoup dégradée. Le terme de « paradigme » n'est même pas loin d'être devenu un cliché, qui sert à justifier tout et n'importe quoi. Le *New Age* se targue d'en avoir inventé un « nouveau », les adeptes de l'astrologie s'en saisissent pour défendre leur « vérité » face à la « science officielle »[65], et aucun nouveau courant de l'art contemporain, y compris ceux qui sont programmés pour ne durer qu'un semestre, ne semble pouvoir s'en passer. Si la notion, ainsi que le pressentait Popper, a ouvert par ses relents relativistes la porte à toutes les auto-justifications ou presque, il faut cependant revenir à son acception première, à la façon dont l'histoire de la science la définit, pour comprendre ce qu'elle peut apporter à notre propos.

Comme le suggère Thomas Kuhn[66], l'inventeur sinon du mot, du moins de sa nouvelle définition, il semble en effet que l'on puisse distinguer dans le fonctionnement de la science deux « régimes » très différents : un régime en quelque sorte « normal », au cours

65. La dernière opération de ce genre ayant bien sûr été l'« affaire » de la thèse de « sociologie » de la voyante Élisabeth Tessier. Il faudrait prescrire sur ordonnance la lecture de Popper à ceux qui, dans l'institution universitaire, ont pu permettre une telle opération de confusionnisme mental, qui oublie tout simplement la question fondamentale, et sur laquelle il n'y a aucune ambiguïté, qu'on appelle traditionnellement celle de la « démarcation » entre science et non-science.

66. Thomas S. Kuhn, *La Structure des révolutions scientifiques*, Flammarion, 1983, pour la trad. fr. (le livre a été publié dans sa première version aux États-Unis en 1962).

duquel elle explore les conséquences des grands systèmes de concepts, de questions, de moyens d'observation et d'évaluation acceptés, c'est-à-dire hérités des époques passées ; et un régime « exceptionnel », où, s'émancipant de ces derniers, elle élabore des systèmes nouveaux de compréhension, de nouveaux « paradigmes ». Ainsi s'accomplirent les passages cruciaux en astronomie du géocentrisme à l'héliocentrisme, en chimie, du phlogistique à l'oxygène, ou encore l'invention par Einstein de la relativité. Ces nouvelles hypothèses fondamentales sont révolutionnaires en ce qu'elles bouleversent notre interprétation du monde, nous le font voir sous un jour neuf, apportant non seulement avec elles de nouveaux calculs et de nouvelles applications mais aussi *de nouveaux faits*. Elles ouvrent à la science de nouveaux espaces, permettent d'autres conquêtes. Et elles durent jusqu'à ce qu'elles s'avèrent elles aussi incapables de rendre compte de certains phénomènes, amenant alors les scientifiques à les rejeter et à en adopter de nouveaux : à *changer de paradigme*.

Un des premiers faits importants à signaler pour nous ici, c'est que, comme le montre l'histoire de la science, ces nouvelles représentations ont parfois beaucoup de mal à se faire accepter par la communauté scientifique. N'étant pas plus « vraies » – au sens où on ne peut pas prouver qu'elles se trouvent plus proches de la « Vérité »[67] – que celles qui les précédaient et qu'elles ont poussé à abandonner, elles doivent convaincre les scientifiques de leur fécondité avant d'être adoptées : leur diffusion repose sur des phénomènes de conviction, *de croyance au sens propre du terme*[68].

67. Ce point est évidemment central et a fait l'objet d'une intense polémique entre Kuhn et Popper, ce dernier rejetant la notion de « paradigme », dans laquelle il voyait la porte ouverte à tous les relativismes et à laquelle il opposait sans preuves (on ne voit guère celles qu'on pourrait apporter à cette assertion) le fait que la science avance, malgré tout, vers la « Vérité », qu'elle en est une approximation de plus en plus fine, et qu'il y a donc bien de ce fait sur ce point un « progrès ». Convenons pour le moment que s'exprime ici la part peut-être à jamais irraisonnée, de croyance encore, qui demeure même après les clarifications de Popper et de Kuhn.

68. Rappelons que, comme cela s'était déjà produit à propos de théories antérieures, qui font partie aujourd'hui du « patrimoine » de la science, plusieurs grands esprits ont rejeté, voire activement combattu, la relativité, sous le prétexte généralement qu'elle était « irréaliste » ; et qu'Einstein lui-même n'a jamais pu accepter intellectuellement les hypothèses probabilistes de la théorie des quanta, qu'il avait pourtant contribué à lancer (c'est le sens de sa fameuse phrase selon laquelle « Dieu ne joue pas aux dés »). Ce qui montre bien que la question n'a rien à voir ici – *se situe sur un autre plan* – avec ce que nous avons coutume,

Bien qu'accepter un nouveau paradigme soit, à la longue, une opération raisonnée (on l'adopte en fonction de sa fécondité), le fait est que nombre de grandes théories ont semblé, à leur apparition, beaucoup moins performantes que les anciennes. Ce qui fait qu'elles nécessitent au début une véritable « conversion » de la communauté scientifique à leurs thèses. Comme si elles « créaient » en quelque sorte une nouvelle « réalité », leur propre réalité...

Or, des analogues de telles formations dans le domaine social au sens large[69], nous en avons rencontré beaucoup dans ce chapitre et, plus généralement, dans cet essai : les Lumières, le romantisme, la mentalité fin-de-siècle, tout comme, à un niveau moins global, les grands styles comme le Moderne ou les inventions isolées de concepts, tel celui de tolérance, semblent en effet partager bien des traits avec ces grands renversements de perspective que nous venons d'évoquer dans le champ des sciences. On pourrait même dire que notre vie quotidienne et celle de notre esprit fourmillent littéralement de paradigmes, de natures et de portées extrêmement diverses. Il en est des conscients et des inconscients, des à court terme ou des plus stables ; certains que l'on peut assez aisément repérer et auxquels on peut substituer sans trop de mal de nouveaux ; d'autres, beaucoup plus résistants, car formant l'une des pierres de touche de notre époque ou du type de société dont elle relève ; d'autres enfin presque impossibles à déloger, parce que constituant une des bases de notre existence. Il se pourrait même que ce que nous avons nommé dans cet essai l'« esprit du temps » – c'est-à-dire la conscience confuse que quelque chose qui nous échappe le plus souvent en temps ordinaire, et dont nous percevons l'existence surtout quand il se met à vaciller, qu'il évolue ou change, néanmoins nous domine et nous structure – ne soit pas autre chose que *la conscience elle aussi diffuse que nous nous mouvons à l'intérieur d'un (ou de plusieurs) paradigme(s).*

Comme dans les sciences, en sélectionnant dans la réalité ce qui les corrobore, ces entiers systèmes d'explication et d'action

de façon d'ailleurs très floue, d'appeler l'« intelligence » et même, de manière plus précise et quantifiable, la « culture ».

69. Soit aussi intellectuel et culturel, « socioculturel » comme l'on disait un temps : c'est en ce sens élargi que nous utiliserons désormais dans la suite du chapitre cet adjectif.

modèlent notre perception des faits et leur jugement. Bien qu'ils restreignent plus notre champ de vision et d'interprétation qu'à proprement parler ils ne le dirigent, ils pèsent néanmoins fortement sur notre pensée. Ils l'orientent, la déterminent. Ils se comportent à la manière de prismes, de lentilles ou de verres teintés, par lesquels ne se réfracte qu'une partie du monde, pré-sélectionnée, déjà cadrée et *colorisée*. C'est au travers d'eux que nous jugeons tout, ils influent sur toutes nos représentations, y compris les plus intimes : ils tendent à s'imposer comme notre « réalité ».

Ce sont bien en bref, ainsi que l'écrit Kuhn, des espèces de « visions du monde », sans doute pour une part incommensurables entre elles[70]. Et s'en dégager exige de profonds renversements de perspective, lesquels ne sont ni si fréquents ni si aisés que cela[71]. Car de même qu'en chimie il fallait, pour pouvoir accéder à la notion d'oxygène, abandonner le paradigme – dominant jusqu'à Lavoisier et qui fournissait une explication à bien des phénomènes – du phlogistique, de la présence au sein de la matière d'une substance expliquant la combustion, ce qui était d'ailleurs bien près d'être une tautologie ; de même le XVIIIe siècle devait-il rompre avec le paradigme de l'unité des mondes divin et physique sur lequel reposait avant lui toute la pensée (quand bien même certains l'avaient contesté), pour pouvoir affirmer l'autonomie de la raison et ouvrir la voie de son entière sécularisation. Avec toutes les conséquences que ce déplacement entraînait, en particulier le

70. Le « pour une part » de cette phrase est évidemment une manière de suspendre la réponse à la question posée par la note 67.

71. C'est peut-être pourquoi, ainsi qu'on l'a souvent noté, ces grands renversements émanent la plupart du temps dans les sciences d'hommes jeunes, comme s'il fallait une certaine innocence et une culture pas encore fixée dans des certitudes ou des habitudes, voire un peu lacunaire sur certains points, pour avoir l'audace de rejeter des problématiques que tout le monde en une époque partage. La même remarque pourrait d'ailleurs être faite en philosophie où, à quelques exceptions près, les plus grands penseurs furent, sinon des autodidactes, du moins des non-spécialistes. Nietzsche était certes un des plus beaux produits de l'Université allemande, mais de formation philologique et non philosophique. Sa rencontre avec Wagner, c'est-à-dire avec un monde très différent de l'universitaire et dans un domaine esthétique qui passait alors pour très éloigné de la pensée, fut décisive pour l'élaboration de ses thèses. Ses centres d'intérêt n'avaient pas grand-chose à voir avec ceux de ses pairs « philosophes », et il semble même qu'il n'ait jamais lu Kant autrement que dans une version allégée de morceaux choisis. Quant à Wittgenstein, c'était, rappelons-le, un ingénieur mécanicien de formation, qui s'était même inscrit un temps dans l'annuaire des postes autrichien sous la rubrique des « architectes » – il est vrai qu'il avait réalisé une maison pour sa sœur Gretl à Vienne dans le style de Loos –, fut instituteur pour les pauvres et jardinier dans un couvent, avant de s'établir définitivement à Cambridge.

passage d'une théorie absolutiste du pouvoir à une représentation contractuelle du lien politique entre les hommes, sans lequel la Révolution française n'aurait pu être fondée. Dans les deux cas, il a donc fallu modifier en profondeur le cadre général de compréhension du monde jusqu'alors accepté, bouleverser l'ancienne *doxa* pour lui en substituer une autre : élaborer une nouvelle logique de la pensée. Une remarque qui pourrait d'ailleurs amener à proposer une ultime définition de l'esprit d'un temps, comme étant la grammaire de toutes les idées de ce temps, sa *syntaxe intellectuelle*.

Le parallèle entre ce qui se passe dans le champ de la science et celui des idées sociales ne saurait toutefois être poursuivi trop loin. La différence fondamentale, d'où découlent toutes les autres, réside en effet dans le fait que, même si le référent auquel on doit rapporter nos hypothèses pour les tester, « la réalité », est bien dans les deux cas également construit, il l'est différemment et porte de ce fait des conséquences de nature différente. La notion de « vérification expérimentale » n'a, partant, ni le même statut ni les mêmes implications dans le champ du physique que dans celui du social. D'abord, parce qu'on se trouve dans le second cas, celui du social donc, dans un domaine qui concerne des questions très directes (du moins infiniment plus directes que dans le cas des sciences) d'existence, qui mettent en jeu non des dispositifs matériels, mais des conceptions de la vie, entre lesquelles le choix ne saurait se faire de façon entièrement raisonnée. Ensuite, parce que – et ce, même si la science a rompu en partie avec la vision d'un monde extérieur « objectif » indépendant de toute intervention de l'observateur – le domaine social est, lui, le lieu par excellence des interactions, qui sont même infinies, entre la « réalité » et le regard qu'on porte sur elle. Ce qui fait que, si la notion de preuve possède bien également dans le domaine social une certaine validité, celle-ci demeure par définition infiniment plus problématique, car elle manque d'un référent stable (comme peut l'être, *malgré tout*, la « réalité » matérielle), et les conclusions pratiques qu'on peut en tirer peuvent de ce fait *toujours être contestées ou même déniées*.

Bien qu'il ne soit ainsi pas exclu que la science revienne un jour futur au paradigme du phlogistique pour tenter de rendre compte de certains phénomènes chimiques encore inexpliqués[72], elle ne reprendrait assurément pas cette hypothèse telle quelle. Elle y intégrerait une partie des connaissances qu'elle aurait acquises entre-temps. Elle ne ferait que s'inspirer de certains de ses éléments ou principes pour bâtir une théorie nouvelle. Il en va très différemment dans le domaine des idées sociales. Car même si l'on peut affirmer que le marxisme, par exemple, a été « invalidé » par l'Histoire, non seulement (et il n'est pas besoin d'être un marxiste pour le reconnaître) cette faillite n'entame pas la pertinence d'un certain nombre de ses analyses ou conceptions ; mais elle n'entraîne de plus nullement le fait que bien des hommes y restent (y resteront sans doute encore longtemps) attachés et, à l'occasion, y reviendront. Car, à la différence du phlogistique et de la chimie lavoisienne, la pensée marxiste remplit bien d'autres fonctions que celle de connaissance. Comme toutes les croyances (ce qu'elle est sans conteste sur un de ses versants), étant « infalsifiable », pouvant toujours retourner en sa faveur ce qui la conteste, elle ne saurait même *jamais être mise intellectuellement en défaut en tant que système.*

En dépit de bien des analogies, la notion de paradigme ne recouvre donc pas entièrement la même réalité dans le domaine social et scientifique. Car si, dans les deux cas, il existe des paradigmes dominants dont on ne peut s'extraire qu'à grand-peine, la spécificité du domaine social est qu'y coexistent en un même temps, même s'ils ne se font pas entendre tous autant, plusieurs paradigmes concurrents, dont on ne saurait par définition partager entièrement, « objectivement », la validité[73].

Il résulte de tout ceci plusieurs conséquences, d'ordres très divers. La première est que le mot d'« invention » ne revêt à l'évidence pas

72. Ce ne serait en effet pas la première fois que la science reprendrait une conception ancienne, rejetée comme fausse ou mythologique. Ce fut le cas, comme l'on sait, de l'atomisme qui, élaboré par Leucippe et Démocrite au Vᵉ siècle avant notre ère, puis délaissé, devait resurgir en chimie avec Dalton au début du XIXᵉ siècle.

73. Il serait peut-être même loisible de reprendre ici la distinction, faite par certains scientifiques, entre ce qui relèverait d'un « noyau dur » (telle, par exemple, en physique la prémisse de l'irréversibilité du temps, sur laquelle sont fondées toutes nos théories, *y compris la relativité*), et d'éléments plus périphériques, éphémères, en quelque sorte plus « mous » ; et compléter ce schéma par l'hypothèse que ce noyau dur pourrait correspondre à une certaine invariance humaine – où l'on retrouverait sous une autre forme ce qu'on appelle communément (et dont on a contesté régulièrement l'existence, dont *on ne peut* même qu'interroger l'existence) la « nature humaine ».

la même signification dans les sciences que dans le domaine social. Dans les sociétés, les innovations ou combinaisons semblent en effet à la fois plus ouvertes, car non subordonnées (ou moins que dans les sciences) à la notion de preuve, et paradoxalement (mais peut-être aussi logiquement) plus limitées et récurrentes, car reposant sur un choix antécédent, celui des grandes conceptions possibles de la vie, lesquelles sont en nombre très limité, se comptent peut-être même sur les doigts d'une seule main [74].

La seconde conséquence est que l'on trouve peut-être ici, sinon une explication, du moins un terrain à partir duquel on peut lui donner un fondement, du caractère à la fois social et asocial de nos idées. Car le fait que puissent exister, en un temps et en une société donnés, plusieurs paradigmes concurrents à côté d'un paradigme central est ce qui nous ouvre la possibilité, du moins en théorie, d'une parole libre. Sauf que cette liberté est limitée, hors des cas où se produisent des révolutions collectives de la pensée.

Sur un autre plan, plus fondamental encore, la différence entre les notions de paradigmes scientifiques et sociaux pose en définitive la question de savoir de quelle nature est le lien entre le monde de la matière et celui de l'humain. Car, de deux choses l'une. *Ou bien* l'on pose avec Popper que, bien que l'on ne puisse jamais connaître celle-ci, les sciences avancent vers la Vérité, et que cela vaut également, à quelques nuances près, pour le social. On se retrouve alors dans ce qui a fait jusqu'à présent le cœur de la pensée occidentale, la Raison triomphante fondant une vision du « Progrès ». Et il en découle automatiquement tout ce que l'on connaît : qu'il y a bien une forme de société supérieure aux autres, parce que reposant sur les « valeurs universelles » des droits de l'homme, de la démocratie et, plus ou moins, mais plutôt plus que moins, dans le même *package*, le libéralisme économique. *Ou bien* l'on considère que la science ne repose pas sur une progression, qu'elle est simplement diverse selon les

74. Cioran affirmait que nous n'avons finalement le choix qu'entre trois ou quatre grandes façons de vivre et de mourir. Bien qu'il ne les ait pas détaillées, on peut penser qu'il faisait allusion au scepticisme, au stoïcisme et à l'épicurisme – auquel il adjoignait peut-être le bouddhisme. Le fait que les trois premières émanent de la Grèce ne doit pas être considéré forcément comme de l'« ethno-centrisme » de sa part, car Cioran prenait ces attitudes comme des sortes de grands systèmes de liens entre quelques principes fondamentaux, la Vie, la Mort et peut-être le Plaisir ou la Joie, qui semblent dresser une définition tout de même des plus minimales, donc assez sûre, de l'homme.

lieux, et que cela vaut pour tout. Et l'on retombe alors dans le relativisme, postulation en soi tout à fait légitime, qui est même l'une des grandes tentations de notre époque, mais dont nous devons mesurer à l'avance les conséquences. Car si tout se justifie, si tout est plus ou moins égal car incommensurable, il se pourrait que l'esprit humain n'en sorte pas tout à fait gagnant, qu'il ne rompe ce faisant avec ce qui a rendu jusqu'à présent possible sa marche.

Il faut donc convenir qu'on se trouve ici face à un véritable *point nodal* de la réflexion : en présence même peut-être du paradigme de tous nos paradigmes actuels, qui en fournit l'impulsion et aussi la dynamique. Ce nœud de la réflexion, de toutes nos réflexions, cet ultime centre de gravité, c'est tout simplement la question de savoir quelle est la part d'universalité dans l'homme. Énigme millénaire, dont la question de la nature de la « réalité » n'est au demeurant qu'une déclinaison ; mais interrogation qui se pose encore, peut-être même plus que jamais du fait de l'interpénétration actuelle des sociétés et des cultures ; et dont on peut se demander si elle est redevable d'une réflexion ou seulement d'un choix pur, fondé par lui seul, d'un *pari*[75]. À moins, bien sûr, d'imaginer une autre logique introduisant une liaison plus souple entre les choses, une pensée qui ne serait pas fondée sur l'exigence absolue d'une non-contradiction mais qui oscillerait, *errerait* volontairement entre des choix contradictoires sans tenter de rabattre ceux-ci sur un seul – bref, une nouvelle, et différente, raison : telle est peut-être la voie, *le nouveau paradigme*, qui pourrait nous sortir de l'impasse logique que nous venons de décrire et nous permettre de la dépasser...

Si, mettant de côté ces dernières remarques, il nous fallait pour conclure ce chapitre donner une réponse claire à la question que nous posions dans son titre : (jusqu'à quel point) *« nos » idées nous appartiennent-elles ?*, celle-ci ne saurait évidemment être, après

75. Certains pourront penser qu'il n'était pas nécessaire d'en passer par des considérations sur les paradigmes pour en arriver à une conclusion apparemment aussi banale, que nous aurions pu tout aussi bien déduire de nos remarques sur les grands axes de la pensée aujourd'hui. À quoi on peut répondre d'abord que ce n'est pas du tout la même chose que d'avancer une conclusion directement que de la faire dériver d'un raisonnement, car c'est montrer que cette question n'est pas d'ordre moral ou éthique (ou du moins que cette dernière caractéristique n'en est qu'une conséquence) mais plus profondément *logique*, que ce raisonnement établit donc en quelque sorte *la centralité de cette question*, et qu'enfin tout raisonnement vaut aussi pour les questions que, dans son cours, il doit examiner – qu'il a (ou peut avoir) en lui-même une valeur.

tout ce que nous avons dit, entièrement positive. Elle ne serait cependant pas totalement négative non plus. Car si, du fait qu'elles émanent d'une certaine structuration-définition de la réalité propre à notre temps et s'accompagnent de phénomènes de croyance sans lesquels elles ne sauraient être acceptées et entendues, nos idées[76] ne peuvent que de façon exceptionnelle dépasser certaines limites – au point qu'il n'y a pas lieu pour la société, sauf quand elles menacent un des éléments centraux de son architecture, d'exercer une police à leur égard : *elles l'assurent d'elles-mêmes* –, elles sont capables aussi dans certains cas, soit par l'imaginaire, soit par la critique, de s'extraire tendanciellement de ces déterminations : de se faire donc véritablement, *stricto sensu*, les « nôtres ».

Et non seulement ces idées qu'on pourrait qualifier d'« originales » au sens plein du terme sont bien alors, comme nous l'avions noté en passant, « asociales » dans les deux sens du terme, parce que les plus détachées de la société et souvent, étant les plus contradictoires par rapport à son *statu quo* matériel, social et intellectuel, celles qui entrent le plus violemment en conflit avec elle. Mais ce sont elles aussi qui, dans ces moments où nos collectivités, prises dans des antinomies, acculées dans des impasses, piétinent, sont les seules aptes à leur offrir des voies de sortie : les seules susceptibles de *les renouveler*. Comme si, en dépit de tout ce qu'on a pu dire contre elles, voire d'un certain climat anti-intellectuel dans lequel se complaît notre temps, c'était bien les idées qui détenaient encore entre leurs mains, *en ultime ressort*, la destinée de notre monde.

76. En prenant ce mot au sens large, soit, comme nous l'avons précisé dans la note 21 de ce chapitre, en y incorporant celles venues de l'esthétique et de l'invention du quotidien.

CONCLUSION

Contre les « allant de soi » ?

Partis de l'examen de normes minuscules s'exerçant dans des domaines jugés usuellement dérisoires, nous en sommes arrivés finalement, au terme du dernier chapitre, à une véritable déclaration d'idéalisme, attribuant aux idées, du moins à certaines d'entre elles et dans certains cas, un rôle fondamental, *fondateur*, comme l'on dit aujourd'hui. Ce drôle de renversement, que nous n'avions pas prévu en commençant ce livre, qui est venu de sa logique même, qui s'est par conséquent imposé à nous sans que notre volonté y ait de part, n'est, à la réflexion, pas vraiment un paradoxe. Le caractère commun à toutes les manifestations de l'esprit du temps que nous avons passées en revue ne réside-t-il pas dans ce que nous avons appelé, selon les cas, des ressemblances ou des dissemblances – des proximités mathématiques –, des analogies ou des correspondances, des liens de caractère symbolique ou poétique, ou encore, de façon plus précise, presque causale, des connexions et des enchaînements, entre d'une part des perceptions ou des objets, et de l'autre, des idées ou des valeurs, entre des idées et des valeurs et enfin entre ces dernières elles-mêmes ?

Et y a-t-il opération mentale plus abstraite que l'établissement de ces « associations d'idées », que le grand philosophe sceptique anglais David Hume [1] posait au XVIIIe siècle comme constitutives de ce que l'on nommait alors l'entendement humain, et que nous appellerions plutôt aujourd'hui la connaissance ? Certes, ce concept s'insérait dans un système de lecture du monde qui diffère nota-

1. Dans son *Enquête sur l'entendement humain*, titre donné par Hume en 1758 à ses « Essais philosophiques sur l'entendement humain », parus initialement en 1748.

blement de celui auquel nous avons plus ou moins recouru (car si nous avons beaucoup utilisé celui de Popper, nous nous en sommes aussi dans une certaine mesure pas mal éloignés). Mais, bien que rapportée d'un univers à un autre, cette notion n'en est pas moins apte à donner un éclairage général à tout ce que nous avons dit.

Qu'il s'agisse de la façon dont, selon les époques, se matérialisent les traits de nos visages, dont nous aimerions ou faisons en sorte qu'ils le fassent, ou de celle dont nous jugeons la qualité des parfums ou des senteurs ; de notre goût culinaire ou pictural versatile ; des formes variables que nous donnons à nos objets, de leurs styles donc ; de nos conceptions spatiales évolutives, des mots à la mode que nous employons ou encore des mutations récurrentes qui affectent nos idées : ce sont bien en effet ces équivalences machinales, pas toujours conscientes, le plus souvent même qui ne le sont pas, liées aux caractéristiques des époques et qui changent avec elles, qui semblent à chaque fois fonder ce que nous avons appelé l'esprit du temps. Au point que nous pourrions élargir ici la conclusion du chapitre sur les parfums, selon laquelle l'esprit d'un temps pourrait être défini comme le plus petit dénominateur commun des associations d'idées recommandées, assermentées par ce temps, en disant que le sens commun d'une époque se ramène à ce qui fédère *tout ce qui va de soi* pour nous à ce moment donné et dans la société à laquelle nous appartenons : l'ensemble – et ce sera le terme que nous utiliserons désormais pour les évoquer – de ses, de nos, *allant de soi.*

De ceux-ci, nous en avons rencontré, débusqué, analysé ou signalé un certain nombre. Pas tous cependant, et loin de là. Car soyons clairs : nous en portons également beaucoup nous-mêmes. Pas une seule phrase que nous ayons énoncée dans ce livre qui n'en soit, à un certain niveau, remplie. Car ils forment la syntaxe de nos discours d'époque, qui les rend intelligibles à nos contemporains, ils tissent la trame qui nous permet de communiquer avec autrui. Ces allant de soi sont bien sûr, selon les cas, plus ou moins fondés. Certains sont caricaturaux et, de ce fait, assez faciles à déjouer. D'autres, plus fins ou retors, exigent un tel recul pour s'en débarrasser et même, avant cela, les apercevoir, qu'on peut soutenir qu'il s'agit là d'un véritable *travail,* dont on sait quand on le commence, mais pas quand on le finira. La lucidité sur son époque n'est pas une donnée, elle est une conquête. Et ce livre sur les esprits des divers temps, bien que critique de tous, baigne pour une large part dans l'esprit du sien. L'exercice, par conséquent, est à poursuivre ; mais peut-être avons-nous réussi au moins à montrer que la question se posait et de quelle manière elle le faisait : à en énoncer le principe de recherche.

De cette « méthode », on pourrait d'ailleurs, pour commencer cette conclusion, s'employer à résumer les grands axes. Le premier de ceux-ci est qu'un bon moyen de comprendre l'esprit de son temps est de s'attacher à la considération attentive de signes relativement modestes – l'analyse des petits objets permettant de comprendre les grandes lois qui s'appliquent à tous. Flaubert ne disait pas autre chose, quand il prétendait qu'à force de regarder une chose stupide, elle en prenait de l'intelligence. Il pensait bien sûr à *Madame Bovary*, portrait d'une gourde romantique qui devient, parce que poussé dans ses derniers retranchements, celui d'une époque et même de tout un monde. L'historien d'art allemand Max J. Friedländer affirmait, lui, qu'une chaussure nous en apprenait plus sur une civilisation qu'une cathédrale. Et Panofsky ne résumait-il pas toute l'histoire de l'art anglais par les caractéristiques esthétiques de la calandre de la Rolls-Royce [2] ? C'est aussi ce que nous avons voulu faire dans cet essai, mais à notre manière.

Le second principe de cette méthode est la nécessité impérieuse de recourir sans cesse à l'Histoire, qui peut seule offrir le recul pour comprendre où, dans un problème, les allant de soi dont nous avons parlé peuvent se nicher. Ce n'est même qu'ainsi que nous pouvons entrevoir à quel point bien des choses que nous croyons naturelles, dont tout nous dit qu'elles sont telles, ne le sont en réalité d'aucune façon – soit parce que la « nature » a reçu des définitions contradictoires selon les époques, soit parce que nous plaçons sous ce terme des choses qui ne relèvent pas d'elle, soit encore pour la raison, comme le soutenait Wilde, qu'elle n'existe tout simplement pas : qu'elle n'est que l'autre nom de nos habitudes, que par conséquent rien ou presque n'est « éternel », que tout flotte avec les siècles, que nos comportements, nos croyances, nos

2. Dans son essai *Les Antécédents idéologiques de la calandre Rolls-Royce*, Le Promeneur, 1988, pour la trad. fr.

idées et même nos perceptions ne sont jamais que *des maniérismes de notre temps*.

Le dernier principe de cette méthode est d'un ordre tout différent. C'est qu'on ne peut comprendre qui nous sommes (et donc devenir ce que nous pourrions être), sans nous attaquer à des choses qui peuvent s'avérer fort déplaisantes. Cet exercice de « dés-adhérence » à l'égard des normes qui nous environnent, auquel nous appelions dans notre introduction et que nous avons tenté dans chaque chapitre de poursuivre, implique en effet que l'on abandonne un certain nombre de conforts et de préventions – ce qui exige des vertus non seulement ou non tant d'ordre intellectuel, que d'audace, de courage. Car on ne peut espérer se libérer de ces connexions en voulant plaire aux autres ni non plus, et peut-être plus encore, à soi. C'est pourquoi nous avons pu nous revendiquer de ce que Nietzsche appelait être un « esprit libre » – notion qui peut facilement devenir un slogan, dont n'importe qui peut se saisir pour habiller son mensonge, mais qui revêt pour nous une signification très précise : à savoir, que nous sommes convaincus que la seule chance qui s'offre à nous de devenir autre chose qu'un pantin de notre époque, *une personne*, c'est de nous confronter sans relâche à ce qui nous porte continûment à la copie et à la répétition, à l'oubli de la conscience.

Le tableau que nous avons dressé des allant de soi, nous l'avons dit, n'est pas exhaustif. Comment aurait-il pu l'être ? Assurer le contraire équivaudrait à prétendre avoir produit une « description du monde », objectif que n'approchent – et encore très imparfaitement – que cinq ou six grands artistes par siècle et prétention donc que nous laisserons aux naïfs. Ce sont les principes de cette recherche qui nous ont retenus. Mais, même en se limitant à eux, il manque à cet essai une dimension sans laquelle il demeurerait incomplet. On ne peut en effet, surtout si l'on entend faire jouer à cette analyse le rôle d'un apprentissage de la lucidité, éviter de se pencher sur ces associations d'idées plus larges, plus fondamentales et plus profondément enfouies encore en nous que celles que nous avons décrites par époques, dans l'espace desquelles ces dernières se meuvent et hors desquelles elles n'ont même, pour la plupart, pas de sens : les allant de soi qui nous viennent des cultures où s'insèrent ou dont dépendent nos sociétés et leurs époques respectives – soit, ce que nous avons appelé l'« esprit des cultures ».

Il faudrait un autre livre, et même sans doute pas qu'un ou alors très volumineux ou en plusieurs tomes, pour examiner de façon un tant soit peu sérieuse ces associations d'idées fondamentales, qui fournissaient jadis l'inépuisable matière de la question bien délaissée aujourd'hui – mais sur laquelle, du XVIIIe siècle jusqu'au milieu du XXe, chacun, y compris les plus grands, de Voltaire à Spengler en passant par Kant et Taine, se sentait tenu d'apporter son mot, pas toujours des plus heureux d'ailleurs [3] – qu'il était convenu d'appeler des « caractères nationaux », de l'« esprit » ou de l'« âme des peuples ». Il nous faut cependant bien en donner quelques aperçus, en extraire là aussi quelques principes et discuter brièvement ceux-ci.

Puisqu'il ne s'agit pas ici de traiter un sujet, mais d'en esquisser seulement les grandes lignes, de suggérer la nature des questions qui risquent de s'y poser et d'indiquer quelques pistes dont on pourrait partir pour les aborder – de pratiquer en bref ce qu'on appelle au cinéma un « repérage » –, on peut se contenter de quelques notations dispersées, de fragments. Parce qu'il faut bien cependant les ordonner, on pourrait reprendre le schéma de cet essai, en allant des phénomènes les plus extérieurs et en théorie les plus simples aux plus abstraits et intimes, censés les plus difficiles et importants ; et même en suivre le plan, en abordant les mêmes champs que lui. Enfin, pour que les choses soient plus resserrées et plus claires, on peut décider de se limiter à des comparaisons avec quelques cultures parmi les plus éloignées de la nôtre, telles celles du Japon, de la Chine ou des sociétés amérindiennes. Et on pourrait commencer cet examen par la question des physionomies.

3. C'est avec une véritable stupeur qu'on relit aujourd'hui les pages consacrées à ce propos – pour ne prendre que deux exemples, car s'il fallait faire le tour de toutes les stupidités qui ont été émises sur ce sujet, c'est un véritable bêtisier international qu'on pourrait constituer ! – par Voltaire dans son *Essai sur les mœurs et l'esprit des nations* ou encore par Kant dans l'*Anthropologie du point de vue pragmatique*. Comment l'auteur des *Critique* a-t-il pu laisser passer sous sa plume des considérations aussi schématiques que la « non-amabilité » des Anglais ou la « cruauté » des Espagnols, dont l'origine, assure-t-il, ne saurait se trouver qu'hors d'Europe, dans le fait que le sang espagnol a été historiquement mêlé à celui du « Maure » !!! Nietzsche, qui avait voyagé et était infiniment plus subtil, ne faisait pas toujours mieux. Il qualifiait les Anglais de « race peu philosophique », à laquelle manquaient la « puissance intellectuelle » et la « profondeur du coup d'œil spirituel » – comme si ni Hobbes, ni Locke, ni Shakespeare n'avaient existé !

Périodiquement, il se trouve des sociologues ou des scientifiques pour assurer avoir découvert une « norme universelle » de la beauté, en général féminine, avoir en quelque sorte percé l'énigme du Beau idéal sur laquelle philosophes et esthéticiens s'étaient cassé en vain avant eux les dents depuis des millénaires. Eux, disent-ils, ils ont procédé sans *a priori*, par la simple considération des faits. Et non seulement ils sont arrivés à extraire de ces derniers une loi, mais ils ont « vérifié » celle-ci. Ils en ont la preuve. Les réponses au questionnaire qu'ils ont élaboré montrent en effet que cette théorie est unanimement valide. Et l'on apprend alors que le monde entier, toutes ethnies, toutes cultures confondues, vénère la régularité, la proportion, la symétrie, en un mot, l'« harmonie »... comme nos ancêtres grecs ou renaissants[4] !

Il ne s'agit évidemment là que d'une tromperie. Si l'enquête prétendument empirique a si bien réussi, le mystère en est simple. Et des plus pauvres : c'est tout simplement que les réponses se trouvaient déjà dans les questions posées. Car si l'on demande à qui que ce soit s'il préfère le visage rayonnant de confiance en elle d'un *top-model* international à celui, anguleux et un peu revêche, d'une jeune fille sans pedigree, il n'y a pas grand miracle à apprendre qu'en général il choisira le premier. Bref, on se trouve en présence ici d'une de ces études, très fréquentes en sociologie et ailleurs, que les Anglo-Saxons appellent des *self-fulfilling prophecies*, des prophéties auto-vérificatrices, variété techno de nos très anciens raisonnements en cercle.

Comment de telles « théories » pourraient-elles être d'ailleurs autre chose, quand on entend encore des personnes avouer avoir de la difficulté à distinguer les individus d'une autre « race » tant « ils

4. L'une des dernières en date de ces tentatives émane d'un certain Dr Victor Johnston, professeur de « biopsychologie » à la Nouvelle Université d'État de Mexico (voir l'article de Brad Lemley, *Isn't She Lovely ?*, dans la revue *Discover*, février 2000), qui affirme que la beauté féminine se caractérise partout dans le monde par le fait d'avoir des yeux plus grands, des mâchoires plus fines et des lèvres plus pulpeuses que les hommes. La « preuve » ? Les nouveau-nés à qui l'on montre deux photos de la même jeune femme, l'une à l'état normal, l'autre retravaillée à l'ordinateur par la technique du *morphing* selon ces critères, préfèrent la seconde !!! On se demande comment les promoteurs de cette étude ont pu interpréter les grognements d'aise ou de rejet des bébés... Le plus étonnant dans ce genre d'enquêtes, c'est que le monde ne semble pas s'en lasser. Dans trois millénaires, si la Terre existe encore, il y a aura encore des Dr Johnston pour nous assurer avoir « scientifiquement » percé l'Énigme du Beau.

se ressemblent tous », montrant par là à quel point les logiques des physionomies autres que la leur, et partant les formes concrètes qu'elles peuvent engendrer, leur sont étrangères ? Et la simple expérience de la vie ne nous convainc-t-elle pas de la relativité des critères du Beau, quand, rencontrant une Japonaise que nous trouvons belle parce qu'elle est grande et mince, qu'elle a des pommettes hautes et des lèvres pulpeuses, elle avoue se sentir infiniment mieux à Paris qu'à Tokyo, où les hommes la jugent pas très gracieuse, voire un peu « monstrueuse », parce que trop grande, pas vraiment belle, car n'ayant pas les traits assez fins, et la soupçonnent régulièrement pour ces raisons... de n'être pas vraiment une Japonaise « historique », mais plutôt une descendante de Chinois ou de Coréens ?

Penser que nous puissions avoir tous la même conception fondamentale de la beauté est du reste facile à déjouer par la seule réflexion. C'est supposer que nous avons la même définition de l'« harmonie », alors que certaines langues n'en possèdent même pas le mot. Et c'est oublier que l'art occidental ne s'est pas toujours plié à cette règle, qu'il l'a même très souvent et violemment rejetée, comme, pour ne s'en tenir qu'aux plus connues, lors des périodes gothique, maniériste, baroque et expressionniste. Et comment une norme, qui n'est même pas valable pour l'histoire de l'Occident, le pourrait-elle être pour toutes les cultures ?

Le même type de remarque vaut pour les senteurs. Nous avons vu que la définition du « sentir bon » avait évolué en Occident selon les époques, qu'elle évolue même pratiquement tous les jours. Comment pourrions-nous dès lors nous attendre à ce qu'existe aussi sur ce point un canon universel ? La preuve *a contrario* est d'ailleurs des plus simples à apporter. L'un des plus grands problèmes auquel sont confrontées les grandes maisons de cosmétique occidentales n'est-il pas qu'elles ne savent jamais à l'avance, et n'arrivent jamais à en comprendre la raison, pourquoi certaines fragrances qui connaissent d'extraordinaires succès dans certains pays échouent au contraire lamentablement dans d'autres, et *vice versa* ? Car non seulement les normes esthétiques et les pratiques diffèrent – les Japonais ont ainsi longtemps refusé le contact sur leurs peaux des parfums, qui étaient par tradition réservés à l'atmosphère, pour conférer une certaine qualité, un certain sens spirituel, à l'air –, mais plus profondément encore les cadres de référence. La sensation olfactive n'étant qu'une suite de processus cérébraux de comparaison et de souvenir, c'est la différence entre les imaginaires occidentaux et japonais, lesquels résultent d'une très longue histoire qui fut séparée jusqu'à une période très récente, qui porte ici ses effets.

Et cela se vérifie également en ce qui concerne le goût culinaire. Nous en avons donné quelques exemples, comme lorsque nous avons noté que les Japonais possédaient une catégorie de plus que les nôtres dans le registre des saveurs fondamentales, et que le goût suprême pour les Chinois était le « fade », ce qui est bien près de n'avoir aucun sens dans notre système de référence, puisque le fade se définit précisément pour nous par... l'absence de goût. La difficulté que nous avons à traduire de façon intelligible cette dernière notion montre d'ailleurs que ce qui se manifeste ici n'est pas une simple différence de degré, quantitative – qu'on pourrait formuler en disant que les Chinois n'aiment pas les saveurs trop accusées, ce qui semble d'ailleurs faux, à considérer certains de leurs plats, beaucoup plus épicés que les nôtres. Ce qui s'y révèle, c'est au contraire un véritable fossé qualitatif, dû au fait que les Chinois possèdent un concept là où n'en avons pas, concept qui engage bien plus que cette seule notion en particulier, mais l'entier système sensible et intellectuel dont elle procède.

Il faut d'ailleurs se méfier des parallèles que l'on peut tirer de certaines convergences apparentes. Les effets peuvent se ressembler mais les causes différer profondément. On dit ainsi souvent que la cuisine japonaise est faite autant pour être vue que consommée. Mais on se tromperait si, nommant cela du formalisme, on entreprenait de le rapprocher de notre tradition d'esthétisme. Car ce formalisme participe chez nous d'un scepticisme fondamental. Depuis Montaigne, nous sommes des incroyants. Et c'est pourquoi le monde des formes nous requiert : il n'est pas plus faux que celui de la réalité ; et, en plus, il est plus beau. L'esthétisme japonais, lui, est une mystique : c'est à une communion avec la Nature qu'il aspire. Si la cuisine japonaise se soucie tant de sa présentation, ce n'est donc pas pour « faire beau » ; c'est, si l'on suit sur ce point Tanizaki dans son *Éloge de l'ombre*[5], pour célébrer la profondeur

5. Junichiro Tanizaki, *Éloge de l'ombre*, trad. par René Sieffert, Publication orientalistes de France, 1977.

des liens que l'homme entretient avec un certain ordre naturel et en souligner le caractère spirituel.

Et cela vaut également des objets. Le même Tanizaki a pu soutenir que l'esprit du Japon se trouvait tout entier dans son papier, qui n'est pas brillant et lisse comme le nôtre, mais mat et poreux, avec quelque chose d'humide et de caoutchouteux qui lui donne l'aspect d'une matière vivante. Ce papier n'est pas à proprement parler blanc, mais dans une tonalité de gris pâle, où perce un fond d'ombre. Il ne réfléchit pas non plus, comme le nôtre, la lumière, mais l'absorbe et ne se plaît jamais tant que dans la pénombre du *toko no ma*, cette alcôve des maisons traditionnelles qu'on éclaire très peu, car c'est le lieu du repli sur soi.

Chaque culture définit ainsi un rapport différent au monde, qui entraîne la naissance d'autres chaînes sensibles ou logiques de déduction, d'autres allant de soi. Et lorsque Tanizaki encore nous convie de porter nos regards sur les reflets d'une lueur tremblante de bougie sur un fond de soupe déposée dans le creux d'un bol de laque noir afin de comprendre ce que représente pour lui l'ombre, que pouvons-nous donc y voir, nous, Occidentaux, si ce n'est un liquide brûlant reposant dans un ustensile de cuisine différent des nôtres, dont nous pouvons certes apprécier la beauté, mais où il est sûr que jamais nous ne verrons ce qu'il y perçoit et retranscrit si magnifiquement ?

Ce qui se passe, c'est que nous n'avons ni les mêmes conceptions de l'Ombre, de la Lumière et des rapports entre eux deux, ni des couleurs et, partant, des qualités physiques des choses. Nous aimons, en Barbares que nous étions il n'y a pas si longtemps encore, les objets étincelants, qui jettent des feux de partout, alors qu'ils sont presque insupportables aux Japonais. Nous vénérons le diamant car il est régulier et clair. Les Japonais lui préfèrent le jade, parce qu'il est imparfait et insondable. Et si, malgré la mondialisation, nous savons reconnaître presque au premier coup d'œil un objet *made in Japan*, c'est qu'il repose, dans sa conception et sa mise en couleurs, sur d'autres normes profondes que les nôtres. Car on ne crée pas les mêmes objets quand on voit, comme nous, le monde réparti en couleurs nettement différenciées, ou qu'on apprécie et recherche dans chaque ton des caractères qu'ils partagent tous à des degrés divers, tels que la matité, dont les Japonais peuvent apprécier un large registre de modalités, alors que nous ne possédons qu'un seul et grossier substantif dans notre langue pour en désigner la qualité.

Et comment pourrions-nous avoir également la même conception de l'espace intérieur, quand on sait que l'un des concepts centraux de l'esthétique japonaise – qui ne vaut d'ailleurs pas qu'à ce propos, car il constitue aussi un principe éthique, qui structure la conversation, en obligeant à laisser des silences entre les interventions de son interlocuteur et les répliques qu'on lui apporte – est le *Ma*, soit ce qu'on peut traduire par l'« espace entre les choses » ? Cela veut dire que face à un tableau ou une image, là où, nous, Occidentaux, en suivrons spontanément les contours, pour entrer ensuite dans le plein qu'ils dessinent, les Japonais, eux, seront requis par l'espace que ces délimitations forment avec les frontières visuelles des autres objets, afin d'apprécier la forme qu'elles dessinent entre elles pour ainsi dire « en creux ».

Nous pouvons certes tenter d'apprendre tout cela, essayer de pénétrer les valeurs des valeurs en quelque sorte d'une autre culture. Mais il faut savoir que l'instrument par lequel nous devrons nécessairement passer pour ce faire ne s'y pliera pas volontiers, qu'il se raidira, se cabrera même parfois, qu'il nous faudra en dépasser les déterminations, ce qui n'est pas aisé et même dans une certaine mesure est impossible. Cet outil, c'est bien sûr le langage. Et il est certain qu'il constitue, comme dans le domaine de l'esprit du temps, une des sources les plus profondes des différences que nous venons d'évoquer. Car les langues ne sont pas de purs et neutres moyens de communication mais, de façon plus fondamentale, les instruments par lesquels nous expérimentons le monde, qui permettent l'activité de conceptualisation, et d'où nos idées par conséquent surgissent.

Dans les années 1940, le linguiste américain « amateur » – c'était un chimiste qui travaillait habituellement comme expert en incendies pour les compagnies d'assurances – Benjamin Lee Whorf a eu ainsi l'idée de traduire en schémas, presque en bandes dessinées, la façon dont certaines cultures se représentent au travers de leur langue la succession des perceptions correspondant à de mêmes actes banals, quotidiens[6]. Soit la phrase : « Il invite des amis à un festin ». En français et dans la plupart des langues occidentales, le schéma correspondant fait apparaître, à quelques modifications d'ordre près, un sujet (il), puis une action (invite), d'autres sujets (des amis), une affectation ou une direction (à) et enfin une action localisée (un festin).

Traduite en nootka, une langue amérindienne, l'action se rend par un seul mot, où apparaît d'abord un terme correspondant à notre notion de cuisson (et aussi de feu), puis un suffixe indiquant que celle-ci a un résultat, un verbe correspondant à « manger » mais utilisé sur le mode de la qualité, soit un équivalent de « mangeable », celui-ci étant précisé par un nouveau suffixe d'agencement, qu'on fait suivre par un verbe spécifiant qu'on se rend à un endroit – l'ensemble étant finalement précisé par un ultime suffixe impliquant qu'il s'agit là d'une action collective. Les deux séquences perceptives paraissent, tant dans leur structure que dans la vision du monde qu'elles mettent en œuvre, si éloignées, qu'on peut se demander si elles décrivent la même action...

Il faudrait bien sûr se garder de faire dire à cet exemple plus qu'il n'en peut signifier. Ce qu'il suggère néanmoins, c'est que de la même façon que nos tics temporels de langage réagissent sur la nature de nos pensées, les langues influent profondément sur les messages qu'elles sont censées porter. La plupart des idiomes amérindiens numérotent non en cardinaux, mais en ordinaux. On ne dit pas ainsi en hopi « dans dix ans », mais « dans la onzième année à partir de celle-ci ». Car le temps n'est pas vécu comme une distance, un objet qu'on peut segmenter, mais à la manière d'une simple succession d'« après ». Il n'y a d'ailleurs à proprement parler en hopi ni passé ni futur. Toutes les actions sont au présent de la parole – les notions de ce qui est arrivé ou peut arriver n'étant pas rendues, comme dans nos langues, par des déclinaisons du même verbe selon des « temps », mais par différents verbes de perception. Si l'on veut évoquer une action à venir, on fera intervenir un verbe montrant qu'on fait une hypothèse ; une action passée, un autre indiquant qu'on sait ce qui s'est passé – ces verbes étant toujours déclinés au présent. De même, on ne parlera pas du

6. Benjamin Lee Whorf, *Language, Thought, and Reality*, The MIT Press, 1997.

« printemps » de façon générale, mais de celui qu'on voit ou dont on se rappelle au moment où l'on parle et qu'on décrira par des apparences physiques, par le fait que la nature se met (s'était mise) à bourgeonner, tandis que l'été sera associé, lui, à une notion de chaleur. Et Whorf émet en conclusion l'hypothèse qu'il se pourrait que la grande différence entre nos langues et le hopi tienne à ce que nous possédons un espace imaginaire, là où les Hopis vivent dans le monde réel du constat.

Cela n'est qu'une supposition, dont on ne saurait de plus tirer une quelconque remarque sur la supériorité d'une langue sur l'autre. La logique hopie apparaît en effet sur bien des points beaucoup plus rigoureuse que la nôtre, puisqu'elle ne fait jamais d'hypothèses, elle se refuse à induire des formes générales à partir de formes particulières. Dans la langue hopi, pour dire « il tonne », on dit simplement « tonne » sans indiquer de sujet ; et pour exprimer que la lumière luit, « luit », sans sujet non plus. Or, ces deux expressions sont beaucoup plus justes scientifiquement que les nôtres, car dire « il tonne » implique qu'existe une puissance hors de notre portée qui produit le tonnerre, et non qu'advient là un simple phénomène magnétique s'auto-produisant et éclatant en tonnerre. Notre séparation entre une « pensée magique », propre aux sociétés primitives, et une « pensée scientifique », dont nous aurions seuls le secret, apparaît ainsi des plus relatives : tous nos constats physiques reposent sur une vision déiste de l'Univers, dont il nous a fallu des siècles pour nous débarrasser et appréhender de façon plus instrumentale le réel.

Non seulement ces différences de structures impliquent des visions différentes du monde, mais elles nous poussent aussi de façon inconsciente à les renforcer, à les reproduire. Émile Benveniste a ainsi pu suggérer que, loin de correspondre à des mécanismes universels, les catégories de la logique aristotélicienne n'étaient qu'un décalque des structures du grec et de toutes les langues indo-européennes, que n'ont donc aucune raison de partager les autres cultures usant d'autres langues[7]. Et la construction sujet-verbe-complément amène dans les phénomènes physiques à séparer ce qui relève de la matière inanimée (le complément) du

7. Émile Benveniste, *Problèmes de linguistique générale*, Gallimard, 1966, repub. en Tel-Gallimard.

sujet qui l'observe ou entend agir sur elle : elle véhicule une position épistémologique implicite, celle de notre science classique, dont on sait qu'elle est aujourd'hui remise en question.

On pourrait multiplier ainsi à l'infini les exemples. Et il y aurait beaucoup de précisions à apporter et aussi de précautions à prendre. Sans doute d'ailleurs ne faudrait-il pas se limiter à la considération du seul langage *stricto sensu*, mais y incorporer aussi ces autres modes de communication que l'anthropologue américain Edward T. Hall a pu appeler les « langages silencieux », ou mieux, car ils sont moins et en même temps infiniment plus que cela, les « dimensions cachées »[8] : toute cette panoplie d'attitudes inconscientes jamais ou rarement formulées face aux enjeux quotidiens que sont nos définitions implicites de l'espace, des sens et du temps, qui modèlent profondément nos comportements. On ne pourrait éviter bien sûr d'interroger la nature des liens entre langue et culture. Nous les avons posés ici comme devant avoir un effet. Mais il ne faudrait pas se contenter de cette intuition, ne pas en rester à ce que les ethnologues, y compris Lévi-Strauss, appellent – c'est d'ailleurs plus une façon d'écarter la question que de reconnaître qu'il y a là quelque chose à creuser – « l'hypothèse Whorf-Sapir », que ce dernier, l'un des plus grands linguistes du XXe siècle, avait élaborée avec l'« amateur » Whorf. Car la relation qui existe entre les caractéristiques des langues et les univers qu'elles sécrètent est sans doute très loin d'être rigide et univoque, elle s'exerce à l'évidence de façon extrêmement subtile, par des interactions continues et parfois contradictoires. Mais ce serait là déjà commencer le livre dont nous ne sommes censés présenter que quelques grands axes...

La question que tout cela pose pour notre sujet est de savoir dans quelle mesure nous pouvons avoir à partir de là les mêmes idées selon les cultures auxquelles nous appartenons. Protocole grâce auquel nous entrevoyons la réalité, la langue organise un pré-classement du monde que nous ne pouvons qu'à grand-peine remettre en question car, ainsi que le remarquait Wittgenstein, on ne peut penser qu'avec la langue, et avec la langue on ne peut aller au-delà de la langue. D'une certaine façon, nous sommes donc

8. Edward T. Hall, *La Dimension cachée* et *Le Langage silencieux*, Seuil, 1971 et 1984 pour la trad. fr.

enfermés presque sans retour dans une « grille » linguistique de perception dont, malgré tous nos efforts de lucidité, nous ne pouvons entièrement avoir conscience et nous abstraire en totalité – structure qui nous pousse à certains allant de soi.

La question de ce que signifie le mot « décider » peut illustrer ce qu'il en résulte. Il est ainsi « évident » pour nous, Occidentaux, que décider veut dire choisir les moyens les mieux appropriés afin d'atteindre dans les meilleures conditions possibles un but que nous nous sommes préalablement fixé. Telle est la définition que donnent tous nos dictionnaires, qu'ils soient anglais, allemands ou français, de la notion de stratégie. Agir, pour nous, c'est fixer un horizon dans l'avenir, puis comparer cet horizon avec notre situation présente, afin de déterminer le meilleur chemin, le plus court et le plus efficace, qui puisse relier l'un à l'autre. Notre conception de la stratégie repose sur une vision téléologique de toute action, qui fait du futur quelque chose de différent du passé, bien qu'en même temps un lien de causalité s'exerce entre eux par où l'individu peut intervenir. Une telle représentation suppose donc non seulement que nous soyons capables d'agir et de peser sur le cours des choses – que, bien que nous soyons déterminés par les situations, nous demeurions néanmoins dans tous les cas des « sujets » –, mais plus profondément aussi que le temps se définit pour nous comme un développement, une création continue, dotée plus ou moins d'un sens et, de ce fait, redevable d'une notion de progrès.

Or, comme l'a montré François Jullien [9], cette conception, qui a pour nous la valeur d'un « fait » de nature, n'est pas universellement partagée. Pour un Chinois, l'histoire, et plus généralement la réalité, ne ressortit en effet pas à une création mais à un « procès » : comme la Nature, elle va et elle vient, émanant de l'action de principes sans cesse opposés et en même temps complémentaires. Telle est la loi de toute chose, la Nature, la Vie, l'Histoire, qu'on peut l'épouser mais jamais la dominer. Décider ne peut dès lors plus se définir comme l'action de se donner un but puis de chercher le moyen d'y parvenir, mais seulement de tenter de profiter de ce flux incessant de la réalité : non pas de s'immiscer dans son cours

9. François Jullien, *Procès ou Création. Une introduction à la pensée chinoise*, Seuil, 1989.

– ce qui, dans cette conception, ne saurait avoir de sens –, mais de profiter de ses potentialités de façon en quelque sorte « opportuniste », sans conférer à cet adjectif le caractère dépréciatif qu'il a pour nous. De là, entre autres, les oppositions entre les stratégies militaires d'un Clausewitz et d'un Sun Zi. De là, aussi, nos définitions différentes de la transcendance, la nôtre venant d'une intervention extérieure, d'un « Créateur » ; chez les Chinois, n'étant que la matérialisation d'une immanence sur laquelle rien ne peut avoir de prise : un simple principe universel de « Nature ».

La chose intéressante à noter ici, c'est que ce que l'on a récemment appelé et présenté comme une grande invention de stratèges, les guerres dites « asymétriques », où l'on ne recherche pas le conflit central avec un adversaire, mais seulement indirect, où l'on entend avancer dans son propre espace et non conquérir celui de l'autre, repose sur des bases qui ne participent pas aux allant de soi de l'Occident, mais précisément, bien que lointainement, à un type de pensée que nous venons d'évoquer[10].

Ce que nous voulons suggérer par là, c'est que pour élaborer des concepts nouveaux, il nous faut parfois nous attaquer à ce qui nous fonde le plus profondément, aux allant de soi les plus ancrés en nous. Si réfléchir aux associations d'idées des autres cultures est donc plus qu'un agréable passe-temps intellectuel, c'est qu'il est des cas où notre pensée, butant sur des contradictions impossibles à lever, ne peut en sortir qu'en allant examiner ce qui la fonde, afin d'en déplacer tel ou tel élément apte à dégager un espace où puisse se loger une solution.

Cela nous ramène directement à notre sujet et, plus précisément, à la question qu'il faut bien poser et à laquelle on ne peut même manquer de répondre dans la conclusion d'un livre. Cette question est bien sûr de savoir quel enseignement on peut tirer de tout ce que nous avons dit – soit, ainsi que l'écrivaient jadis en toute

10. Nous tirons un peu le raisonnement, car il est manifeste que cette stratégie dite « asymétrique » dérive plus simplement et directement des règles du jeu de *go*, dont les principes diffèrent de ceux de nos échecs, en ce qu'à la mise à mort symbolique de l'adversaire que pratiquent les échecs, le *go* substitue le contrôle et l'extension de zones pour en quelque sorte l'« asphyxier ». Là où cependant le parallèle tient, c'est que le *go* ne trouve sa pleine signification qu'à l'intérieur d'un système général de pensée, d'une chaîne d'allant de soi qui est celle que nous venons de décrire.

innocence les auteurs de romans à visée éducative : quelle est donc la morale de toute cette histoire ?

La première leçon, la plus immédiate, concerne le constat de conformisme dont nous sommes partis. Les allant de soi formant ce que nous partageons avec nos semblables et ne cessons de réaffirmer, de réassurer entre nous – c'est cette activité qu'on appelle dans nos sociétés « converser » –, ne pas les analyser et, *a fortiori*, ne pas en être conscients nous met forcément sous le coup d'un alignement sur le jugement des autres. Et les autres s'alignant également sur nous, il en résulte cette splendide *karaokéisation du monde* que dénonçait McLaren. Si ce n'est que lui opposer une hypothétique « authenticité » que nous détiendrions du fait que nous sommes des individus n'est bien évidemment, comme nous ne l'avons que trop vu dans cet essai, qu'un leurre. Surmonter cette uniformité impose que l'on exerce la plus grande lucidité à l'égard de ce qui nous fonde en notre époque : telle est la seule façon pour nous d'avoir une chance d'échapper à notre destinée naturelle de *replicant.*

Cela veut dire aussi que ce que nous nommons « originalité » ne saurait être considéré comme une qualité innée que nous recevrions de naissance, tels un capital ou un bien inaltérables que nous n'aurions qu'à faire fructifier, à la manière de « rentiers de l'individualité ». Ce ne peut être au contraire qu'une chose éminemment volontaire, construite, lucide, résultant d'une connaissance. C'est même une conquête incessante, jamais finie, toujours à reprendre, qui n'apporte pas forcément la béatitude, crée peut-être autant de désagréments qu'elle n'en résout, mais qui comble cependant par le sentiment d'être non un homme libre, du moins une personne qui cherche à le devenir.

On peut d'ailleurs se demander si l'illusion puérile d'une originalité qui nous serait donnée de naissance, chimère que nous avons tous eue, quand nous ne l'entretenons pas encore à des âges avancés, ne constitue pas l'un des contrôles les plus efficaces qu'aient inventé nos sociétés sur nous. Car tandis que nous nous lamentons d'être des « incompris », nous plaignons sur tous les tons de n'être pas suffisamment reconnus pour notre « originalité », c'est autant de temps d'enfui pendant lequel nous aurions pu concrètement, réellement, bâtir celle-ci...

Cela veut dire également que la notion d'« allant de soi » pourrait servir à faire la part dans ce que nous voyons et qui s'annonce comme « original », entre ce qui relève de la pure répétition, ou qui, au contraire, introduit par rapport à elle une vraie rupture : qui produit littéralement du « neuf ». Bref, ce pourrait être un instrument utile d'évaluation : montre-moi quel allant de soi tu as renversé, et je te dirai dans quelle mesure tu as le droit de considérer ce que tu as fait et nous présente « original » comme l'étant vraiment...

Tirer de cette analyse des normes pratiques de comportement – des recettes, en quelque sorte – semble en revanche une opération plus délicate, périlleuse et qui n'est sans doute valide que jusqu'à un certain point et dans certains cas seulement. Expliquons-nous : si en matière esthétique être original, c'est renverser nécessairement une ou plusieurs de ces connexions automatiques d'idées ou de sensations que nous fournit en *kit* notre société et notre époque, il faut tempérer cette affirmation par trois remarques.

La première est qu'on ne peut abolir toutes les règles. Non seulement c'est là une tâche matériellement impossible – cela reviendrait à questionner sans cesse tout et sur tous les points ; mais, quand bien même nous le pourrions, cela nous conduirait à nous rendre incompréhensibles aussi bien aux autres qu'à nous-mêmes. Certes, certains l'ont fait, produisant ainsi des œuvres qui ont dépassé leur temps. Joyce y est parvenu dans *Finnegan's Wake* ; et il y a les *Cantos* de Pound. Mais le premier poème est beaucoup plus fréquemment cité que vraiment lu. Quant au second, s'il continue et continuera sans doute encore longtemps d'exercer une fascination, c'est précisément *en tant que monument d'inintelligibilité*, force d'énigme que rien ne saurait jamais entamer, bastion inexpugnable du délire fantasmagorique d'un homme. Et, face à cet exemple quasi unique, combien d'autres œuvres dites, auto-proclamées, au moment de leur parution, « révolutionnaires », « décisives », parce que renversant ici la sémantique, là la syntaxe ou la ponctuation, ne sont plus aujourd'hui que d'obscures curiosités visitées une fois par siècle par de tout obscurs lettrés ?

La seconde limite, qui explique en partie et renforce la première, c'est que si ces renversements sont nécessaires, ils ne sont que rarement suffisants. Peut-être est-ce même l'erreur d'une certaine musique post-sérielle d'avoir cru pouvoir déduire du fait que toute musique était une création de sons, que l'invention pouvait suppléer à tout, qu'elle était ici la valeur suprême.

S'il n'en va pas ainsi – et voici la troisième limite que l'on peut apporter à notre affirmation initiale –, c'est que l'invention n'est en art qu'une des dimensions, parmi bien d'autres, de la question. Car il ne s'agit peut-être pas tant ou seulement ici de créer de l'inouï, mais aussi que cet inouï soit transmissible. Et cela ne peut se faire que par le respect d'une partie conventionnelle en nous, qui reste attachée aux allant de soi de notre temps et de notre société. Peut-être est-ce d'ailleurs pour cette raison que bien des civilisations, des sociétés et même des époques de la nôtre n'ont pas eu le même culte que nous de la « nouveauté », voire l'ont rejetée ou activement combattue.

Ces sociétés ou époques de notre société, nous les considérons volontiers obscurantistes, régressives, « traditionalistes », car fermées à l'expression individuelle : c'est là encore notre vision tarifée aujourd'hui, en dépit du travail de nos historiens, du « Moyen Âge ». Mais qui nous dit qu'elles n'étaient pas en fait plus sages, plus lucides que la nôtre ? Elles savaient en effet non seulement que la nouveauté n'étant qu'une exception, ce que l'on désigne par ce mot n'est le plus souvent que pure velléité, désir de faire parler abusivement de soi : simple péché d'orgueil, comme le disaient justement les théologiens de ces époques ; mais peut-être avaient-elles aussi aperçu que l'originalité, y compris la vraie, ne saurait garantir la valeur esthétique d'un objet.

Bien qu'il soit également sûr, d'un autre côté, que les artistes qui ne débusquent pas en eux les automatismes de leur époque – qui vont, comme l'on dit vulgairement, *dans le sens du poil* –, s'exposent forcément à produire des œuvres qui ne survivront pas à celle-ci, rejoignant ces livres morts dont plus rien ne s'échappe quand par hasard nous les ouvrons, qui ne nous parlent plus et sont même parfois à la lecture presque incompréhensibles, tant leur fait défaut le contexte de leur temps qui seul leur donnait un sens. Devant ces contradictions, peut-être faut-il en conclure que la réflexion sur les allant de soi ne saurait valoir en art que comme un critère analytique, dont on peut, dont on doit même se servir pour fonder ses buts, élaborer sa démarche, mais s'empresser d'oublier dès que l'on passe à l'ouvrage...

Il est toutefois un domaine où les limites que nous venons de tracer n'ont pas cours, un domaine où la vraie question est justement, précisément, de repérer, d'analyser et de dénoncer nos allant de soi, *tous* les allant de soi : cet autre domaine, c'est évidemment celui de la pensée. Ici, la démarcation est même aisée à tracer, évidente, limpide : il ne peut tout simplement être de penseur qui ne s'attaque à ces connexions et associations d'idées automatiques. C'est là sa matière centrale, son objectif premier, l'ennemi contre lequel il se bat. Sous ce regard, penser c'est chercher à briser cette partie mécanique de nos raisonnements et de nos perceptions : mettre en question, *autant que la langue le permet*, ce qui nous vient de notre naissance dans un univers physique, social et mental particulier.

Et il ne s'agit pas là d'un plaisir intellectuel, d'une *libido sciendi*, comme la nommaient les théologiens du Moyen Âge, qui y voyaient une révolte déplacée contre les vérités révélées, posées une fois pour toutes pour seules vraies. Débusquer les allant de soi représente en effet aussi une tâche pratique essentielle pour le monde. Car il est des problèmes – ce sont les vrais, non les faux débats dont nous avons parlé dans notre dernier chapitre – qui n'ont pas de solution à l'intérieur de nos normes de pensée, d'action et d'intellection acceptées. On pourrait même soutenir que c'est à cela que l'on reconnaît les problèmes authentiques – sinon, il ne s'agit que d'actions à préparer, de décisions à prendre, de choix à opérer entre deux ou plusieurs intérêts : les vraies questions – les seules qui devraient porter ce nom – sont toujours des questions de fond, qui mettent en jeu les associations d'idées les plus fondamentales sur lesquelles nous reposons, qu'on ne peut donc résoudre qu'en s'attaquant résolument à elles, qui demandent, exigent des renversements de fond en comble de nos problématiques, des changements radicaux de paradigmes.

Alors, combattre les allant de soi ne représente plus seulement un loisir ou une quelconque revendication de singularité aristocratique. Cela devient une nécessité, une urgence. Cette façon de s'affronter à ce qui nous fonde, d'aller jusqu'au bout de la logique insérée dans notre langage pour la perturber, la tordre, la désarticuler, afin de desserrer ses filets et faire apparaître entre leurs mailles un espace, un coin de ciel, où nous pouvons nous engouffrer et éprouver une nouvelle et *cette fois vraie liberté* : sans doute est-ce à cette seule action vitale, et qui demande du courage, car c'est soi-même plus que les autres que l'on affronte alors, que l'on devrait réserver le nom devenu aujourd'hui si flou, si mou, si incertain, de *philosophie*.

Bibliographie

BIBLIOGRAPHIE GÉNÉRALE

Aragon, *Traité du style*, Gallimard, 1928, repris dans la collection « L'imaginaire », 1980.

Aron (Raymond), *Introduction à la philosophie de l'histoire*, Gallimard, 1938, repub. en « Tel », 1986.

Balzac, *Des mots à la mode*, *Traité de la vie élégante* et *Théorie de la démarche*, Seuil, « L'Intégrale », t. 7, 1966.

Barthes (Roland), *Mythologies*, Seuil, 1957.

Bataille (Georges), *La Littérature et le Mal*, Gallimard, 1957 ; *La Part maudite*, Minuit, 1967.

Baudelaire, *Le Peintre de la vie moderne* et *Mon cœur mis à nu*, in *Œuvres complètes*, Seuil, « L'Intégrale », 1968.

Baudrillard (Jean), *L'Échange symbolique et la Mort*, Gallimard, 1976.

Berkeley (George), *Principes de la connaissance humaine*, repris en GF-Flammarion.

Burckhardt (Jacob), *Civilisation de la Renaissance en Italie*, 3 tomes, trad. par H. Schmitt, Plon, 1958, repub. en Livre de Poche biblio Essais.

Cassirer (Ernst), *La Philosophie des Lumières*, trad. par P. Quillet, Fayard, 1966, repub. en Pocket.

Duby (Georges), *Art et Société au Moyen Âge*, Seuil, 1995 et 1997.

Elias (Norbert), *La Civilisation des mœurs* et *La Dynamique de l'Occident* (*Über den Prozess der Zivilisation*), trad. par P. Kamnitzer, Calmann-Lévy, 1973, repub. en Pocket ; *La Société de cour*, trad. par P. Kamnitzer, Calmann-Lévy, 1974 ; *Qu'est-ce que la sociologie ?*, trad. par Y. Hoffmann, Éd. Pandora, 1981, repub. en Pocket ; *La Société des individus*, trad. par J. Étoré, Fayard, 1991, repub. en Pocket ; *Engagement et Distanciation*, trad. par M. Hulin, Fayard, 1993, repub. en Pocket.

Flaubert, *Bouvard et Pécuchet*, repris en GF-Flammarion.
Foucault (Michel), *Les Mots et les Choses*, Gallimard, 1966.
Francastel (Pierre), *Art et Technique*, Minuit, 1956, repris en Tel-Gallimard ; *La Réalité figurative*, Denoël/Gonthier, 1965 ; *La Figure et le Lieu*, Denoël/Gonthier, 1967 ; *Études de sociologie de l'art*, Denoël, 1970, repris en Tel-Gallimard ; *Peinture et Société*, Denoël, 1977.
Hume (David), *Enquête sur l'entendement humain*, repris en GF-Flammarion.
Kant, *Critique de la raison pure*, repris en GF-Flammarion, et *Critique de la faculté de juger*, repris en Folio-Essais.
Koyré (Alexandre), *Du monde clos à l'univers infini*, PUF, 1962, et *Études d'histoire de la pensée scientifique*, PUF, 1966, repris tous deux en Tel-Gallimard.
Kuhn (Thomas), *La Structure des révolutions scientifiques*, trad. par L. Meyer, Flammarion, 1983, repris en Champs-Flammarion.
Lévi-Strauss (Claude), *Anthropologie structurale*, Plon, 1958 et 1974 ; *Race et Histoire*, Unesco, 1952, repris en Folio-Essais ; *Race et Culture*, in *Le Regard éloigné*, Plon, 1983.
Mauss (Marcel), *Essais de sociologie*, Minuit, 1968 et 1969, repub. en Points-Seuil.
Panofsky (Erwin), *Architecture gothique et Pensée scolastique*, trad. par P. Bourdieu, Minuit, 1967 ; *La Perspective comme forme symbolique*, trad. par G. Ballangé, Minuit, 1975 ; *La Renaissance et ses avant-courriers dans l'art d'Occident*, trad. par L. Meyer, Flammarion, 1976, rééd. en Champs-Flammarion ; *Trois Essais sur le style*, trad. par B. Turle, Gallimard, Le Promeneur, 1996.
Popper (Karl R.), *La Logique de la découverte scientifique*, trad. par N. Thyssen-Rutten et P. Devaux, Payot, 1973 ; *Conjectures et Réfutations*, trad. par M.-I. et M. B. de Launay, Payot, 1985 ; *La Connaissance objective*, trad. par C. Bastyns, Complexe, 1978.
Praz (Mario), *Mnémosyne*, trad. par C. Maupas, G.-J. Salvy Éd., 1986 ; *Goût néo-classique*, trad. par C. T. Pasquali, Le Promeneur, 1989 ; *Histoire de la décoration d'intérieur*, trad. par A. R. Salem et M.-P. et C. Boulay, Thames & Hudson, 1994, pour la trad. fr.
Starobinski (Jean), *L'Invention de la liberté, 1700-1789*, Skira, 1964, et *1789. Les Emblèmes de la Raison*, Flammarion, 1973.
Tarde (Gabriel), *L'Opinion et la Foule*, PUF, 1989 ; *Les Lois sociales*, *La Logique sociale*, Les Empêcheurs de penser en rond, 1999, *Les Lois de l'imitation*, Les Empêcheurs de penser en rond/Seuil, 2001.
Tocqueville, *De la démocratie en Amérique*, repris en GF-Flammarion ; *L'Ancien Régime et la Révolution*, repris en Folio-Histoire.
Wilde (Oscar), *Intentions*, trad. par Philippe Neel, Stock, 1928.

Wittgenstein (Ludwig), *Remarques mêlées* (*Vermischte Bemerkungen*), trad. par G. Granel, TER-bilingue, 1984.
Wölfflin (Heinrich), *Principes fondamentaux de l'histoire de l'art*, trad. par C. et M. Raymond, Gérard Monfort Éd., 1992 ; *Réflexions sur l'histoire de l'art*, trad. par R. Rochlitz, Klincksiek, 1982, repub. en Champs-Flammarion.

SUR L'HISTOIRE DU CORPS ET DES VISAGES ET LA MODE

Bollon (Patrice), *Morale du masque. Merveilleux, zazous, dandys, punks, etc.*, Seuil, 1990.
Chevrel (Claudine) et Cornet (Béatrice), *Grain de beauté. Un siècle de beauté par la publicité*, Somogy, 1993.
Courtine (Jean-Jacques) et Haroche (Claudine), *Histoire du visage*, Rivages, 1988.
Fontanel (Béatrice), *Corsets et Soutiens-gorge. L'épopée du sein de l'Antiquité à nos jours*, Éd. de La Martinière, 1992.
Gabor (Mark), *The Pin-Up. A Modest History*, Benedikt Taschen Verlag GmbH, 1996.
Jeannin Da Costa (Sabine), *La Beauté*, Éd. de La Martinière, 1995.
Kaufmann (Jean-Pierre), *Corps de femmes, Regards d'hommes*, Nathan, 1995.
Laver (James), *A Concise History of Costume*, Thames & Hudson, 1969 et 1979.
Le Breton (David), *La Sociologie du corps*, PUF, 1992.
Leroy (Geneviève) et Vivian (Muguette), *Histoire de la beauté féminine à travers les âges*, Éd. de l'Acropole, 1989.
Lipovetski (Gilles), *L'Empire de l'éphémère,* Gallimard, 1987.
Mary (Bertrand), *La Pin-Up ou la Fragile Indifférence*, Fayard, 1983.
Mendes (Valérie) et De la Haye (Amy), *La Mode au* XXe *siècle*, Thames & Hudson, 2000.
Morris (Desmond), *Magie du corps*, Grasset, 1986.
Mulvey (Kate) et Richards (Melissa), *Féminin. L'image de la femme, 1890-1990*, trad. par M. et A. Bories, Éd. de l'Orxois, 1998.
Paquet (Dominique), *Une histoire de la beauté*, Découvertes-Gallimard, 1997.
Perrot (Philippe), *Le Corps féminin,* XVIIIe-XIXe *siècle*, Seuil, 1984.
Rustenholz (Alain), *Maquillage*, Éd. du Chêne, 2000.
25 Ans de Marie-Claire. De 1954 à 1979, numéro spécial, 1979.
Les Années Elle. 1945-2000, Filipacchi, 1999.
In Vogue. Sixties Years of Celebrities and Fashion from British Vogue, par Georgina Howell, Penguin Books, 1978.

Dictionnaire de la mode au XXe siècle, sous la dir. de B. Remaury, Éd. du Regard, 1994.

SUR LES PARFUMS ET LA SENSATION OLFACTIVE

Blamont (Véronique), *Souvenirs de parfums*, Mille et Une Nuits, 1998.
Charles-Roux (Edmonde), *L'Irrégulière ou mon itinéraire Chanel*, Grasset, 1974.
Chastrette (Maurice), *L'Art des parfums*, Hachette, 1995.
Corbin (Alain), *Le Miasme et la Jonquille*, Flammarion, 1986.
De Barry (Nicolas), Turonnet (Maïté) et Vindry (Georges), *L'ABCdaire du parfum*, Flammarion, 1998.
Delbourg-Delphis (Marylène), *Le Sillage des élégantes. Un siècle d'histoire des parfums*, Jean-Claude Lattès, 1983.
Demornex (Jacqueline), *Lancôme*, Éd. du Regard, 1985.
Edwards (Michael), *Parfums de légende. Un siècle de créations françaises*, trad. par G. Robert, HM Éditions, 1998.
Girard (Sylvie), *Le Livre du parfum*, Messidor, 1986.
Holley (André), *Éloge de l'odorat*, Odile Jacob, 1999.
Huysmans (Joris-Karl), *À rebours*, Folio-Gallimard, 1977.
Le Guérer (Annick), *Les Pouvoirs de l'odeur*, Odile Jacob, 1998.
Martin-Hattemberg (Jean-Marie), *Caron*, Éd. Milan, 2000.
Morand (Paul), *L'Allure de Chanel*, Hermann, 1976.
Morris (Edwin T.), *Senteurs. Une histoire parfumée de l'Antiquité à nos jours*, Minerva, 2000.
Rimmel (Eugène), *Le Livre des parfums*, Muquardt, 1870.
Roudnitska (Edmond), *Le Parfum*, PUF, 1980.
Veuillet-Gallot (D.), *Le Guide du parfum*, Hors Collection, 1995.
Classification des parfums et Terminologie, Publication du Comité français du parfum (CFP), s. d.
Odeurs. L'essence d'un sens, *Autrement*, n° 92, septembre 1987.

SUR LA CUISINE ET LE GOÛT EN GÉNÉRAL

Amat (Jean-Marie) et Vincent (Jean-Didier), *Pour une nouvelle physiologie du goût*, Odile Jacob, 2000.
Aron (Jean-Paul), *Le Mangeur du XIXe siècle*, Payot, 1989.
Bourdieu (Pierre), *La Distinction. Critique sociale du jugement*, Minuit, 1979.
Brillat-Savarin, *Physiologie du goût*, Hermann, 1975.

Camporesi (Piero), *Le Goût du chocolat*, trad. par M. Bouzaher, Grasset, 1992.

Ferniot (Jean), *L'Europe à table*, Éd. du Mécène, 1993.

Flandrin (Jean-Louis), *Chronique de platine. Pour une gastronomie historique*, Odile Jacob, 1992 ; avec Jane Cobbi, *Tables d'hier, Tables d'ailleurs*, Odile Jacob, 1999 ; avec Carole Lambert, *Fêtes gourmandes au Moyen Âge*, Imprimerie nationale, 1998.

Garrier (Gilbert), *Histoire sociale et culturelle du vin*, Larousse, 1998.

Gillet (Philippe), *Soyons français à table !*, Payot, 1994.

Grasser-Hermé (Frédérick E.), *Délices d'initiés*, Éd. Noesis, 1999.

Haskell (Norman), *La Norme et le Caprice*, trad. par R. Fohr, Flammarion, 1986, repris en Champs-Flammarion ; *De l'art et du goût. Jadis et naguère*, Gallimard, 1989 ; *L'Amateur d'art*, trad. par P.-E. Dauzat, Livre de Poche, 1997.

Hay (Donna), *La Cuisine d'aujourd'hui*, Könemann, 1998.

Keenan (Ruth), *2000 Ans de festins*, Éd. de La Martinière, 1999.

Lévi-Strauss (Claude), *L'Origine des manières de table*, Plon, 1968.

Montesquieu, *Essai sur le goût*, repris en Rivages poche, 1993.

Neirinck (Edmond) et Poulain (Jean-Pierre), *Histoire de la cuisine et des cuisiniers*, Éd. Jacques Lanore, 2000.

Ory (Pascal), *Le Discours gastronomique français des origines à nos jours*, Archives Gallimard-Julliard, 1998.

Revel (Jean-François), *Un festin en paroles*, Plon, 1978, 1995.

Toussaint-Samat (Maguelonne), *Histoire naturelle et morale de la nourriture*, Larousse, 1997.

Vigarello (Georges), *Histoire des pratiques de santé. Le sain et le malsain depuis le Moyen Âge*, Seuil, 1993, 1999.

Wheaton (Barbara Ketcham), *L'Office et la Bouche. Histoire des mœurs de la table 1300-1789*, trad. par B. Vierné, Calmann-Lévy, 1984.

La Gastronomie au Moyen Âge, par Odile Redon, Françoise Sabban et Silvano Serventi, Stock, 1991, 1993 et 1995.

La Gastronomie au Grand Siècle, par F. Sabban et S. Serventi, Stock, 1998.

Larousse gastronomique, trois tomes.

SUR LES OBJETS, LE DESIGN INDUSTRIEL ET LES STYLES

Barrielle (Jean-François), *Le Style Empire*, Flammarion, 1982.

Baudot (François), *Les Assises du siècle*, Éd. du May, 1990.

Baudrillard (Jean), *Le Système des objets*, Gallimard, 1968.

Bony (sous la direction d'Anne), *Les Années 50, Les Années 60, Les Années 70, Les Années 80, Les Années 90*, Éd. du Regard, respectivement 1982, 1983, 1993, 1995 et 2000.

Brusatin (Manlio), *Histoire des couleurs*, trad. par C. Lauriol, Flammarion, 1986, repris en Champs-Flammarion.
Byars (Mel) et Barré-Despond (Arlette), *Cent Objets. Un siècle de design*, Éd. de l'Amateur, 1999.
Cornand (Brigitte) et Marcadé (Bernard), *Les Années 50 de A à Z*, Rivages/Styles, 1988.
Cranz (Galen), *The Chair. Rethinking Culture, Body, and Design*, New York-Londres, W. W. Norton & Co, 1998 et 2000.
Dion-Tenenbaum (Anne), *Le Style Louis-Philippe*, Flammarion, 1990.
Dormer (Peter), *Le Design depuis 1945*, Thames & Hudson, 1993, pour la trad. fr.
Favardin (Patrick), *Les Années 50*, Éd. du Chêne, 1999.
Fayolle (Claire), *Le Design*, Éd. Scala, 1998.
Fiell (Charlotte et Peter), *Design du XXe siècle*, Taschen, 2000.
Garner (Philippe), *Les Arts décoratifs 1940-1980*, Bordas, 1982, pour la trad. fr.
Giedion (Siegfried), *La Mécanisation au pouvoir. Contribution à l'histoire anonyme*, 3 tomes, Denoël/Gonthier, 1980, pour la trad. fr.
Guidot (Raymond), *Histoire du design, 1940-2000*, Hazan, 1994 et 2000.
Hauffe (Thomas), *Design. A Concise History*, Londres, Laurence King, 1998.
Heskett (John), *Industrial Design*, Thames & Hudson, 1980.
Hillier (Bevis), *The Style of the Century*, Londres, The Herbert Press, 1983 et 1998.
Honour (Hugh), *Le Néo-classicisme*, trad. par P.-E. Dauzat, Le Livre de Poche, 1998, pour la trad. fr.
Laurent (Stéphane), *Chronologie du design*, Flammarion, 1999.
Le Corbusier, *L'Art décoratif d'aujourd'hui*, G. Grès et Cie, 1925, repris en Champs-Flammarion.
Lesueur (Patrick) et Lefebvre (Claude), *Ces belles Américaines. 20 ans de publicité automobile*, La Sirène, 1994.
Loewy (Raymond), *Design industriel*, trad. par O. Boissière, Chêne/Hachette, 1979.
Lucie-Smith (Edward), *Histoire du mobilier*, Thames & Hudson, 1990, pour la trad. fr.
Nouvel-Kammerer (Odile), *Le Style Second Empire*, Flammarion, 1999.
Pernodet (Philippe) et Mehly (Bruce), *Luigi Colani*, Éd. Dis Voir, 2000.
Riegl (Alois), *L'Origine de l'art baroque à Rome*, trad. par S. Muller, Klincksieck, 1993.
Schapiro (Meyer), *Style, Artiste et Société*, Gallimard, 1982, pour la trad. fr.
Design automobile. Les maîtres de la carrosserie italienne, Éd. Giorgio Mondadori, 1990.

Design, miroir du siècle, catalogue de l'exposition présentée au Grand Palais à Paris du 19 mai au 25 juillet 1993, sous la dir. de J. de Noblet, Flammarion/APCI, 1993.

Nouvelles Tendances. Design. Les avant-gardes de la fin du XXe siècle, Éd. du Centre Georges-Pompidou, 1986.

SUR LES ESPACES INTÉRIEURS ET EXTÉRIEURS

Argan (Giulio Carlo), *L'Âge baroque*, trad. par A. Tripet, Skira, 1964 et 1989.

Ariès (Philippe) et Duby (Georges, sous la direction de), *Histoire de la vie privée*, 5 tomes, Seuil, 1985 et 1999, repub. en Points-Seuil.

Branzi (Andrea), *La Casa Calda. Esperienze del Nuevo Design Italiano*, Milan, Idea Books Edizioni, 1984.

Comar (Philippe), *La Perspective en jeu*, Découvertes-Gallimard, 1992.

Eleb (Monique) avec Debarre (Anne), *L'Invention de l'habitation moderne. Paris 1880-1914*, Hazan, 1995.

Le Corbusier, *Vers une architecture*, G. Grès et Cie, 1923, repris en Champs-Flammarion ; *La Charte d'Athènes*, Minuit, 1957, repub. en Points-Seuil.

Massey (Anne), *La Décoration intérieure au XXe siècle*, Thames & Hudson, 1991, pour la trad. fr.

Montenegro (Riccardo), *Styles d'intérieur. Les arts décoratifs de la Renaissance à nos jours*, Éd. de La Martinière, 1997, pour la trad. fr.

Newton (William R.), *L'Espace du roi. La cour de France au château de Versailles 1682-1789*, trad. par J.-P. Babelon, Fayard, 2000.

Roger (Alain), *Court Traité du paysage*, Gallimard, 1997.

Sitte (Camillo), *L'Art de bâtir les villes. L'urbanisme selon ses fondements esthétiques*, trad. par D. Wieczorek, Seuil, 1996, pour la trad. fr.

Thornton (Peter), *L'Époque et son style. La Décoration intérieure 1620-1920*, trad. par J.-F. Allain, Flammarion, 1986.

Venturi (Robert), avec Scott Brown (Denise) et Izenour (Steven), *L'Enseignement de Las Vegas ou le Symbolisme oublié de la forme architecturale*, Bruxelles, Pierre Mardaga Éd., 1977.

Weiss (Allen S.), *Miroirs de l'infini. Le jardin à la française et la métaphysique au XVIIe siècle*, trad. par M. Sitbon, Seuil, 1992.

Zevi (Bruno), *Apprendre à voir l'architecture*, trad. par L. Trichaud, Minuit, 1959.

SUR LES MOTS

Benveniste (Émile), *Problèmes de linguistique générale*, 2 tomes, Gallimard, 1966, repub. en « Tel ».
Brunet (Sylvie), *Les Mots de la fin du siècle*, Belin, 1996.
Klemperer (Victor), *LTI. La langue du IIIe Reich*, trad. par E. Guillot, Albin Michel, 1996.
Merle (Pierre), *Le Dico du français branché*, Seuil, 1989 et 1999 ; *Le Prêt à parler*, Plon, 1999.
Sapir (Edward), *Linguistique*, trad. par J.-E. Boltanski et N. Soulé-Susbielles, Minuit, 1968, repub. en « Folio-Essais ».
Whorf (Benjamin Lee), *Langage, Thought, and Reality*, New York, MIT Press, 1956.
Yaguello (Marina), *Petits Faits de langue*, Seuil, 1998.

SUR LES PÉRIODES ÉVOQUÉES DANS LE CHAPITRE SUR LES IDÉES

Chartier (Roger), *Les Origines culturelles de la Révolution française*, Seuil, 1990 et 2000.
Chaunu (Pierre), *La Civilisation de l'Europe des Lumières,* Arthaud, 1971 et 1993.
Dupront (Alphonse), *Qu'est-ce que les Lumières ?*, Gallimard, 1996.
Flash (Kurt), *Introduction à la philosophie médiévale*, trad. par J. de Bourgknecht, Éd. universitaires de Fribourg, Suisse, 1992, repub. en Champs-Flammarion.
Hampson (Norman), *Le Siècle des Lumières*, trad. par F. Werner et M. Janin, Seuil, 1972, pour la trad. fr.
Hazard (Paul), *La Crise de la conscience européenne 1680-1715*, Fayard, 1961, repub. en Livre de Poche Références ; *La Pensée européenne au XVIIIe siècle*, Fayard, 1963, repub. en « Pluriel ».
Le Goff (Jacques), *Les Intellectuels au Moyen Âge*, Seuil, 1957 et 1985.
Libera (Alain de), *Penser au Moyen Âge*, Seuil, 1991.
Pierrot (Jean), *L'Imaginaire décadent (1880-1900)*, PUF, 1977.
Prigogine (Ilya) et Stengers (Isabelle), *La Nouvelle Alliance. Métamorphose de la science*, Gallimard, 1979.

BIBLIOGRAPHIE

SUR LES CULTURES (CONCLUSION)

Clausewitz (Carl von), *De la guerre*, trad. par D. Naville, Minuit, 1955, repris en « 10/18 », 1965.

Hall (Edward T.), *La Dimension cachée*, Seuil, 1971, pour la trad. fr. ; *Le Langage silencieux*, Seuil, 1984, pour la pub. en poche.

Jullien (François), *Procès ou Création. Une introduction à la pensée chinoise*, Seuil, 1989 ; *Éloge de la fadeur. À partir de la pensée et de l'esthétique de la Chine*, Éd. Philippe Picquier, 1991 ; *Dialogue sur la morale*, Grasset, 1995, tous repub. en Livre de Poche biblio Essais ; *Traité de l'efficacité*, Grasset, 1997.

Kant, *Anthropologie du point de vue pragmatique*, trad. par M. Foucault, Vrin, 1964.

Spengler (Oswald), *Le Déclin de l'Occident*, trad. par M. Tazerout, 2 tomes, Gallimard, 1948.

Sun Zi, *L'Art de la guerre*, trad. par V. Niquet-Cabestan, Economica, 1990.

Tanizaki (Junichiro), *Éloge de l'ombre*, trad. par R. Sieffert, Publications orientalistes de France, 1977.

Index

Table

COMPOSITION : IGS-CHARENTE PHOTOGRAVURE À L'ISLE-D'ESPAGNAC
IMPRESSION : NORMANDIE ROTO IMPRESSION S.A. À LONRAI (61250)
DÉPOT LÉGAL : MARS 2002. N° 13367 (02-0373)

Dans la même collection

Pierre Ansart
Les Cliniciens des passions politiques

Mark Anspach
À charge de revanche
Figures élémentaires de la parenté

Michael Franz Basch
Comprendre la psychothérapie
Derrière l'art, la science

Isabelle Baszanger
Douleur et Médecine, la fin d'un oubli

Gregory Bateson
Vers une écologie de l'esprit, t. 1 et 2

La Nature et la Pensée

Une unité sacrée
Quelques pas de plus vers une écologie de l'esprit

Patrice Bollon
Esprit d'époque
Essai sur l'âme contemporain et le conformisme naturel de nos sociétés

Michel Callon/Pierre Lascoumes/Yannick Barthe
Agir dans un monde incertain
Essai sur la démocratie technique

Raymonde Carroll
Évidences invisibles
Américains et Français au quotidien

Cornelius Castoriadis
Le Monde morcelé
Les Carrefours du labyrinthe III

La Montée de l'insignifiance
Les Carrefours du labyrinthe IV

Fait et à faire
Les Carrefours du labyrinthe V

Anne Cauquelin
Petit Traité d'art contemporain

L'Art du lieu commun
Du bon usage de la *doxa*

Giordana Charuty
Folie, Mariage et Mort
Pratiques chrétiennes de la folie en Europe occidentale

Malek Chebel
Le Sujet en Islam

Françoise Choay
L'Allégorie du patrimoine

Collectif
Système et Paradoxe
Autour de la pensée d'Yves Barel

Denis Collin
Morale et Justice sociale

Colloque de Cerisy
autour de l'œuvre de Gregory Bateson
Bateson : premier état d'un héritage

Colloque de Cerisy
L'Auto-organisation
De la physique au politique
(sous la direction de Paul Dumouchel et Jean-Pierre Dupuy)

Colloque de Cerisy autour de l'œuvre d'Henri Atlan
Les Théories de la complexité

Antoine Compagnon
Le Démon de la théorie
Littérature et sens commun

Alain Didier-Weill
Les Trois Temps de la Loi
Le commandement sidérant, l'injonction du Surmoi et l'invention musicale

François Dubet
Sociologie de l'expérience

Mikel Dufrenne et Paul Ricœur
Karl Jaspers et la Philosophie de l'existence

Jean-Pierre Dupuy
Ordres et Désordres
Enquête sur un nouveau paradigme

Pour un catastrophisme éclairé
Quand l'impossible est certain

Jacques Ellul
La Subversion du christianisme

La Raison d'être
Méditation sur l'Ecclésiaste

Edward T. Hall
L'Ouest des années trente
Découvertes chez les Hopi et les Navajo

Marcel Hénaff
Le Prix de la vérité
Le don, l'argent, la philosophie

Philippe d'Iribarne
Vous serez tous des maîtres
La grande illusion des temps modernes

avec Alain Henry, Jean-Pierre Segal, Sylvie Chevrier
et Tatjana Globokar
Cultures et Mondialisation
Gérer par-delà les frontières

Philippe Julien
L'Étrange jouissance du prochain

Sudhir Kakar
Chamans, Mystiques et Médecins

Ronald D. Laing
Paroles d'enfants

Bernard Lempert
Critique de la pensée sacrificielle

Alexandre Luria
L'homme dont le monde volait en éclats

Abdelwahab Meddeb
La Maladie de l'Islam

Thierry Melchior
Créer le réel

Jean-Claude Milner
Le Périple structural
Figures et paradigme

Olivier Mongin
La Violence des images
ou comment s'en débarrasser ?

Éclats de rire
Variations sur le corps comique
Essai sur les passions démocratiques III

Franco Moretti
Atlas du roman européen

Stéphane Mosès
L'Éros et la Loi
Lectures bibliques

John Rawls
Théorie de la justice

Justice et Démocratie

Myriam Revault d'Allonnes
Ce que l'Homme fait à l'Homme
Essai sur le mal politique

Paul Ricœur
Idéologie et Utopie

Paul Ricœur et André LaCocque
Penser la Bible

Oliver Sacks
Des yeux pour entendre
Voyage au pays des sourds

L'homme qui prenait sa femme pour un chapeau, et autres récits cliniques

Un anthropologue sur Mars
Sept histoires paradoxales

L'Ile en noir et blanc

Edward W. Said
L'Orientalisme
L'Orient créé par l'Occident
(nouvelle édition)

Michael Sandel
Le Libéralisme et les Limites de la justice

Richard Sennet
Les Tyrannies de l'intimité

Lucien Sfez
Technique et Idéologie
Un enjeu de pouvoir

Daniel Sibony
Les Trois Monothéismes
Juifs, chrétiens, musulmans entre leurs sources et leurs destins

Le Corps et sa danse

Violence

Traversées

Psychopathologie de l'actuel
Événements III

Nom de Dieu
Après les trois monothéismes

Jacques Soulillou
L'Impunité de l'art

Charles Taylor
Les Sources du moi
La formation de l'identité moderne

Tzvetan Todorov
La Vie commune
Essai d'anthropologie générale

Francisco Varela
Autonomie et Connaissance
Essai sur le vivant

Michael Walzer
Sphères de justice
Une défense du pluralisme et de l'égalité

Paul Watzlawick et Giorgio Nardone
(sous la direction de)
Stratégie de la thérapie brève

Marina Yaguello
Petits Faits de langue

Yirmiyahu Yovel
Les Juifs selon Hegel et Nietzsche

Paul Zumthor
Babel ou l'inachèvement